全国高职高专教育“十三五”规划教材

现代美学

郭青格　刘际平　编著

中国·武汉

内容提要

本书以美学研究的基本问题为线索，在保持传统美学基本概念与原理的基础上，既沿袭传统美学关注基本原理的特点，又合理吸收当代美学新的理论成果，以美学基本原理、生命美学与生态美学三部分为基本内容，着重突出现代美学的基本原理、理论范畴，以及现代美学的现实针对性和实用性等特征。

在当今技术文明和商业文明高度发达所导致的拜金主义、物质主义和享乐主义思想盛行的社会社会背景下，《现代美学》作为一部研究人们如何超世俗功利、并与人类终极关怀相关的书籍，其不仅可以为人们研究美学提供一定的理论参考，而且还可以作为人们超脱世俗平庸与鄙陋、提高审美修养、加速精神腾飞的工具，进一步保证人们在新时期、新阶段“诗意地栖居在大地上”。

图书在版编目(CIP)数据

现代美学/郭青格，刘际平编著. —武汉：华中科技大学出版社，2015.9(2020.11 重印)
全国高职高专教育“十三五”规划教材
ISBN 978-7-5680-1239-3

Ⅰ. ①现… Ⅱ. ①郭… ②刘… Ⅲ. ①美学-高等职业教育-教材 Ⅳ. ①B83

中国版本图书馆 CIP 数据核字(2015)第 223034 号

现代美学　　郭青格　刘际平　编著

策划编辑：曾　光
责任编辑：倪　非
封面设计：孢　子
责任校对：张　琳
责任监印：朱　玢
出版发行：华中科技大学出版社(中国·武汉)　电话：(027)81321913
武汉市东湖新技术开发区华工科技园　邮编：430223
录　　排：华中科技大学惠友文印中心
印　　刷：武汉科源印刷设计有限公司
开　　本：710mm×1000mm　1/16
印　　张：18.25
字　　数：362 千字
版　　次：2020 年 11 月第 1 版第 5 次印刷
定　　价：38.00 元

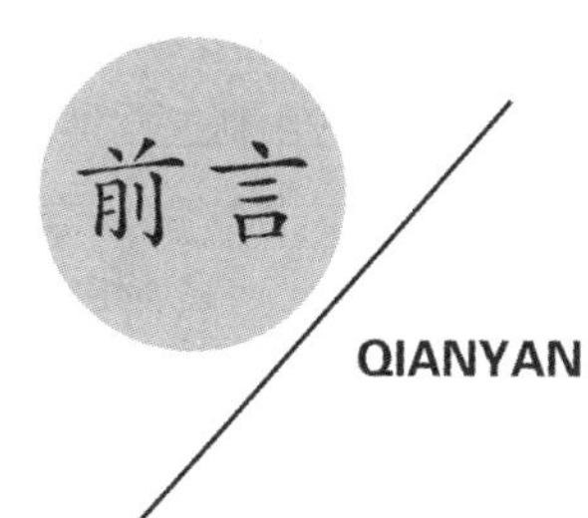

前言

QIANYAN

美学是一门与文学、哲学、心理学、教育学、艺术学等学科都有着密切联系的边缘性学科，主要研究美的本质与规律、人类的审美活动与特征以及各种审美现象的本质属性，旨在帮助人们提高自身发现美、欣赏美和创造美的能力。随着现代社会技术文明和商业文明高速的发展，人们的拜金主义、物质主义和享乐主义思想日益盛行，这就迫切需要引入一种特殊的“媒介”去“干预”人们的这种思想的进一步滋长。美学恰恰能充当这种特殊的“媒介”，它作为一门超世俗功利而对人类进行终极关怀的学问，不仅可以使人们超脱世俗的平庸与鄙陋，而且还可以提高人们的精神境界，促使审美活动全面融入人们的生活，全面提高人们的审美修养，从而使人们像德国哲学家海德格尔所说的那样——“诗意地栖居在大地上”。

由于社会发展的需要，不少学者以及美学研究工作者都曾编写与出版了各种各样、各有特色、各有千秋的美学著作。这些美学著作都曾为美学理论的研究与传播做出贡献，都曾为高等院校的美学教学工作服务，都曾为提高人们的审美修养以杜绝拜金主义、物质主义和享乐主义思想进一步滋生奉献力量。但是从总体来看，当前国内外同类著作大多都是沿用美学原理的基本结构与内容，以传统的美学基本原理为线索，主要研究美的本质论、审美心理（又称美感）、美的范畴、美的形态与审美教育等内容，其研究内容与研究体制大多比较陈旧。

当前，我国社会处于社会转型时期，传统的美学著作已经难以满足现代教学任务的综合需求，正是在这样一种局势下，《现代美学》这样一本更加注重美学新理论、新内容的研究的著作应运而生。《现代美学》在创作过程中，力求以沿用美学基本概念和基本原理为基础，着重研究现代美学的新理论和新内容，以满足现代社会发展的需求、满足现代审美教育发展的需求。另外，《现代美学》编写所依据的讲义已经在教学中使用十多年，已经经过了实践的检验、得到了广大师生的认可，并且在实践教学过程中得以修改、补充与完善。

该书整体内容和撰写思路由郭青格统筹，并由郭青格负责第一编美学基本原理的第一章至第五章与第二编生命美学的撰写，刘际平负责第一编美学基本原理的第六章至第九章与第三编生态美学的撰写。

在本书出版后，我们搜集了读者的反馈意见，在本印次中，对书中内容做了一些勘误。本书的每一次完善都离不开读者的批评指正，希望本印次能更好地服务于读者，为美学的研究、美学的教育工作发挥最大效用。

编者

2020 年 10 月

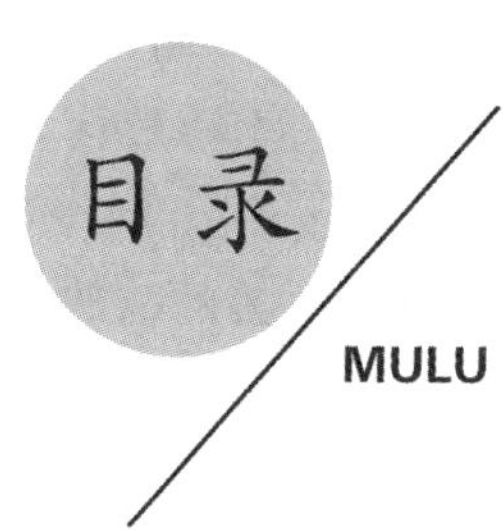

第一编　美学基本原理

第二编　生命美学

第三编　生 态 美 学

第一编
美学基本原理

第一章　绪论——为什么要学习美学

有关美的历史始终伴随着人类历史发展的进程。从原始人的小装饰品、图腾、巫术礼仪，到古代人类社会中的文学、绘画、音乐、舞蹈，再到现代人类社会中的美食、服饰、房屋装修、环境美化等，美一直是人类生活的一项重要内容。

第一节　美在人类社会发展中的价值与意义

以发展的眼光来看，人类社会生活的发展具有阶段性。人类的社会生活在不同阶段具有不同的生活方式，但是美在人类发展的不同阶段中所扮演的角色都是不可替代的，是人类生活的必需元素，甚至是一种真正的人类的生活方式，是衡量人之为人的一个重要尺度。总之，人类越进步，社会越发展，美就越重要、越必不可少。尽管我们可以说原始社会人类的生活方式是生存型的，但这并不意味着原始人类不需要美和艺术。大量考察发现，早在原始社会，美和艺术就是人们生活的一个组成部分，它们已广泛而普遍地存在于原始人类的生活之中，存在于他们家庭生活的日用品中。所以，雷蒙·弗斯说："原始艺术是高度社会化的。"

随着原始社会的逐渐崩溃、人类文明社会的逐步发展，人类的生活方式开始由生存型向发展型过渡。在人类文明社会发展的这一阶段，在发展型的生活方式下，尽管生存问题仍然很重要，但人类如何发展却开始在其生活中扮演头等重要的角色。人的发展，特别是人的精神发展日趋重要，在这种历史背景下，美和艺术在人类生活中日趋重要。如果说在生存型的生活方式中，美和艺术还处在较低的、生理的、动物性的层面，并且在许多时候是从属于实用的话，那么在发展型的生活方式中，美和艺术则开始逐渐摆脱其生理和实用属性，转而作用于人的精神发展，并成为人类的生活方式的一个重要参数。

随后，在人类社会发展的高级阶段，人类的生活方式转变成完善型的生活方式。完善型的生活方式是人生的一种更高境界，它对人类自身的发展提出了更高的要求。在这种生活方式下，人类所面临的中心问题就是如何全面发展、如何塑

造一种健康的人格，它要求人类不仅应在认知方面和道德方面得到很好的发展，更应在美的方面得到很好的发展。人不仅是生产者、创造者，同时也是享受者、欣赏者，人和人的生活都将作为审美对象进入人们的审美领域。与此相应，美将作为一种必需元素，而不是一种点缀元素或奢侈元素，进入人类生活。因此，我们说美是一种真正的人类生活方式，是人自身的发展、人类社会的发展和人类文明的发展所要求的一种生活方式。所以，美与人类生活有着既密切又直接的联系。

在全球化的境遇里，人们正在经历"当代审美泛化"的质变，它包含两个方面：一方面是"生活的艺术化"，特别是"日常生活审美化"的滋生和蔓延；另一方面则是"艺术的生活化"。当代艺术摘掉了头上的"光晕"逐渐向日常生活靠近，这便是"审美日常生活化"。与此同时，美学也面临着当代文化与前卫艺术的双重挑战。美与日常生活关联的问题再度凸现。

一、"日常生活审美化"

所谓"日常生活审美化"，就是指直接将审美的态度引进现实生活，使人们的日常生活被越来越多的艺术品质充满。在人们日常生活的衣、食、住、行、用之中，外套和内衣、高桌椅和床具、电话和电视、住宅和汽车、霓虹灯和广告牌，无不都显示出审美泛化的力量，就连人的身体也难逃大众化审美设计的捕捉，如从美发、美容、美甲到美体都是如此。可见，在当代文化中，审美消费可以实现在任何地方，任何事物都可以成为美的消费品，这便是"日常生活审美化"的极致状态。

"日常生活审美化"的最突出表现，就是仿真式"类像"在当代文化内部的爆炸。当代影视、摄影、广告的图像泛滥所形成的"视觉文化"，给人们的视觉提供了无限复制的影像产物，从而对人们的日常生活形成了包围。由于这些复制品与原有的模仿对象发生了疏离，所以就成为一种失去了摹本的"类像"。它虽然能"反映基本现实"，但也会"掩饰和歪曲基本现实"，最终造成"掩盖基本现实的缺场"，使其不再与任何真实发生关联。这种"类像"创造出一种"第二自然"，人们沉溺其中看到的不是现实本身，而只是脱离现实的"类像文化"，如电视、网络游戏等，且网络已充斥于当代青少年的主要文化精神生活。如此一来，人们与"类像"世界之间的距离被销蚀，"类像"已内化为人们自我经验的一部分，造成现实与幻觉混淆。这种"虚拟真实"与"实存真实"区分的抹平，带来的正是一种"超真实"的镜像。

这种由审美泛化而带来的文化状态，被鲍德里亚形容为"超美学"，也就是说艺术形式已经渗透到一切对象之中，所有的事物都变成了"美学符号"。

"日常生活审美化"是特定语境的产物，这个语境就是"消费文化"或"后现代主义"。费瑟斯通强调，从建筑到广告，从商品包装到个人穿戴，都被赋予了美的预约，提供了美的佐餐。商品的交换价值和代用品的使用价值之间既统一又有差

异的这种双重性质，使得商品具备了一种审美的影像，不管它可能是什么，它肯定会为人们所梦想和追求。从这个关于审美化的描述中，我们已经清楚地看到，消费社会及其文化是构成“日常生活审美化”的重要语境。具体来说，就是商品及其服务所带来的“日常生活审美化”似乎已远离了美学意义上那种具有乌托邦性质的审美化。商品＋形象＝美，这个公式似乎道出了当代“日常生活审美化”的真谛。因为较之于使用价值，商品的形象价值或象征价值变得更加重要。如从可口可乐饮料到好莱坞电影，从麦当劳快餐到耐克运动鞋，从 BMW（宝马）汽车到香奈儿化妆品，这些知名的世界品牌的形象价值远胜于其使用价值。于是，审美化展现了一幅难以察觉的日常生活外观的“审美拜物教”的画面，商品和服务的魅力日益转化为吸引眼球的奇观。

波斯特丽尔在谈到当代审美的迫切性时表示，她坚信传统美学关于美的界定过于狭窄，已经完全不适应当代社会的需求。波斯特丽尔直言，美学之所以变得如此重要，是因为它已不仅仅是美学家的差事，而且是不屈不挠的工程师、设计师、不动产发展商、工商管理者的分内之事。“审美的创造性就像是技术发明一样，它也是经济发展和社会进步的指标，和它们一样重要。”从产品设计到环境改善，从美容手术到外观打扮，哲学意义上的审美被彻底地世俗化了，成为当代日常生活的一个指标。当代社会所呈现的是一种“审美的普遍性”，它植根于人类最深邃的本性之中。所以，审美化告别了哲学的抽象思辨，进入了现实生活的具体实践，在当代日常生活中得到了最彻底的体现。

消费社会和消费文化在中国的兴起已经是不争的事实。仔细考量这个概念的流行，一方面与文化研究在中国的勃兴有关，另一方面又与消费社会在中国的发展关系密切。

二、“审美日常生活化”

“日常生活审美化”的另一面是“审美日常生活化”。如果说“日常生活审美化”更多关注“美向生活播撒”、美学问题在日常生活领域的延伸的话，那么，“审美日常生活化”则聚焦于“审美方式转向生活”，并力图去抹除艺术与日常生活的边界。

自 20 世纪 70 年代始，欧美“前卫艺术”以另一种“反美学”的姿态走向观念艺术、行为艺术、装置艺术、环境艺术等领域，即回归到了日常生活世界。

观念艺术是 20 世纪 60 年代中期在欧美各国兴起的一种美术思潮。观念艺术认为，真正的艺术作品并不是由艺术家创造成的物质形态，而是由作者的概念或观念的组合创造成的。当一件具有物质形态的艺术作品呈现在观众面前时，观众所获得的信息并不比某一事物的概念或某一事物的意义在时空中更强烈。因此，

照片、教科书、地图、图表、录音带、录像乃至艺术家的身体都被当作观念艺术的传达媒介,用于表现观念形成、发展及变异的过程。

如杜尚的《喷泉》(见图 1-1)无关形式或材料,而是关于观念和意义的。它不可能被定义为任何媒介或风格,而更多地关系到它为什么是艺术的疑问,尤其是它作为观念艺术对作为独特的、可收藏的或可买卖的艺术对象的传统地位提出了挑战。由于作品不再以一种传统形式出现,所以它需要观众做出更为积极的反应。事实上,观念艺术不只存在于观众的头脑之中,这种艺术具有各种形式,还存在于日常用品、摄影照片、地图、录像、图表,特别是语言自身,且这些形式常常也会结合在一起。

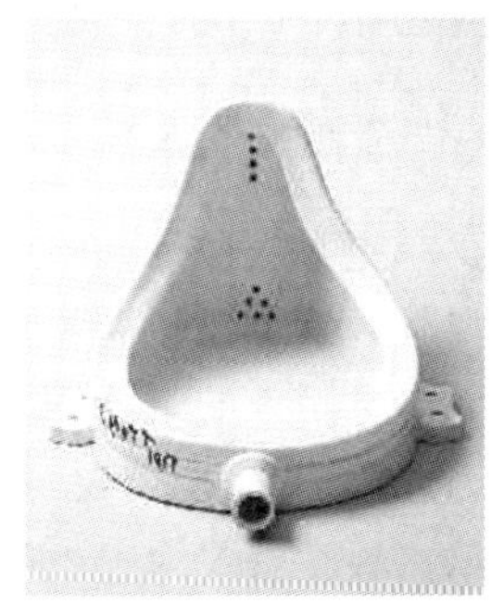

图 1-1 《喷泉》

总之,当代前卫艺术努力拓展自身的疆界,力图将艺术实现在日常生活的各个角落,从而改变人类的审美方式。在这种"艺术生活化"的趋势下,艺术与日常生活的界限变得日渐模糊。这也就是美学家阿瑟·丹托所专论的"平凡物的变形"如何成为艺术的问题。

如安迪·沃霍尔的《布乐利盒子》这件艺术作品,该艺术作品是将几个商品包装盒简单地叠放在一起,拿到艺术展览馆展览后,一举成为一件著名的艺术品。安迪·沃霍尔已被誉为是继毕加索后另一位前卫艺术界名人。不论是一卷厕纸或一个厕板,只要盖上他的印章,随即便时髦起来!

1962 年,他因展出坎贝尔汤罐和布利洛肥皂盒"雕塑"而出名。他的绘画图式几乎千篇一律。他把那些取自大众传媒的图像,如坎贝尔汤罐、可口可乐瓶子、美元钞票、蒙娜丽莎像以及玛丽莲·梦露头像等,作为基本元素在画上重复排列,试图完全取消艺术创作中手工操作的因素。他用丝网印刷技术制作所有作品,并无数次地重复形象,使画面具有一种特有的呆板效果。对于他的作品,哈罗德·罗森伯格曾经戏谑地说:"麻木重复着的坎贝尔汤罐组成的柱子,就像一个说了一遍又一遍的毫不幽默的笑话。"

第二节 美在个体的人生中的价值与意义

美作为人类必然的生活方式,在人类个体的人生中的价值与意义究竟是怎样的呢?

一、美是人性需要的最高层次

从人性的需要来说,美是人性需要的最高层次。人是有多种需要的,人的任

何需要都是人的本性的、直接的或间接的体现，在人的本性中现实存在，人对美的需要也是如此。美国人本主义心理学家亚伯拉罕·马斯洛认为，人性的需要可以分为五个层次。

（一）生理需要

生理需要是人的基本需要，它包括人无须费力就可以从自然中获得的阳光、空气、水，也包括需要耗费一定体力和脑力才可以得到的食物、住所等。人的生理需要也是人的本能需要、生存需要，一个人的生命得以继续的是最基本的条件。因此，人的生理需要也给人带来终生的困扰和困惑。为了满足人的生理需要，人从一出生就要为一生的衣、食、住、行而奔波、劳作，甚至迷失自我。所以，有人说，人的一生就是为口所困的一生。为口，我们可能会丧失做人的尊严，去看别人的脸色、去听别人的使唤，为的是能得到一个机会，能谋得生计。为口，我们还可能会丧失或葬送生命。为了生计的需要，我们有可能会不顾一切地冲上去，做没人愿意做的危险工作，如《骆驼祥子》中的祥子的一生为生活所奴役。

（二）安全需要

人类在生存过程中，会遇到很多不安全的因素，如天灾、人祸、疾病等。这些不安全因素有偶然的，也有必然的，它们常常对人类的生存造成一种或隐或显的威胁。面对这些威胁，人类的心理会情不自禁地产生一种恐惧的、不安全的紧张情绪，而这种紧张情绪就导致了人类对安全的需要。

事实上，不安全因素是常存的，人类对安全的需要也是相应的，而人类对安全的需要在不同的历史时期有相同的表现方式。在原始社会，人们以其丰富的想象来制造一些具有超人力量的神灵或英雄人物来安慰他们不安的心灵；在文明社会，人们又用宗教来抚慰他们受伤的灵魂。美国人E. O. 威尔逊在他的《论人的天性》一书中写道："宗教信仰的先天倾向是人类心理中极其复杂而强大的力量，也可能是人性中一个根深蒂固的部分。"人是有一种先天的宗教情怀的，特别是对生产力水平极为低下的原始人来说，他们觉得这个世界极为神秘，也极为恐怖，于是他们就设想有一种如同人一样有思想、有情感的神灵存在，这种神灵具有极大的能量，是世界的主宰，人们只有获得它们的同情、认可，才能够生存，这样就产生了最早的神灵崇拜，也就是最早的宗教。同时，在原始社会阶段，由于生产力水平低下，在人类的生存环境中，危机四伏，所以在那时候，宗教在人类的生活中的地位特别突出、特别重要。原始人宰杀猎物时，也要祷告神灵，恳求猎物之神不要报复他们。而在今天，宗教依然是人类精神生活的一个重要组成部分。这一切都是出于人类的安全需要。

（三）归属与爱的需要

归属与爱的需要其实是人的安全需要的社会化表现。在人类社会初期，当人类受到外在事物的威胁时，人类的还带有一些自然属性的“血亲之爱”给予人类的心灵以极大的帮助和安慰，也给人类的心灵带来一种安全感。于是，随着人类社会的不断发展，人类的这种“血亲之爱”使人与人之间的关系更加密切，也更加稳定。人类不仅拥有了家庭，同时也有了各种各样的社会团体，人类的归属感开始逐渐形成。归属与爱的需要成了人类生活中的一项重要内容。寻根、叶落归根以及人人都想拥有一个家等现象，都是人的归属与爱的需要的具体表现。

（四）尊重的需要

人们生活在现实社会之中，其自我需要不能只求助于自身，还必须求助于自我之外的对象、周围的环境（包括自然环境和社会环境）才能得到满足。在人类社会的发展过程中，人与人之间既需要分工，又需要协作，而分工与协作的前提和基础就是自尊和他尊。所谓自尊，就是自我尊重；所谓他尊，就是他人对自我的尊重。对每个人来说，没有自我的尊重，就没有自我的尊严；没有自我的尊严，也就没有自我独立的人格；没有自我独立的人格，也就不能赢得他人的尊重；而没有他人的尊重，也就不能得到社会的认可和肯定，不能实现自我的社会价值。所以，尊重的需要是人类社会生活中的又一项重要内容，也是人的重要社会属性之一。在实现尊重的需要的过程中，他尊很重要，而在实现他尊的过程中，自尊又很关键。一个人首先要自尊，才能赢得他人的尊重，一个人只有赢得他人的尊重，才能实现自身的价值，也才能变得更富有自尊。同时，在实现尊重的需要的过程中，人们对自尊的实现更有主动权，而人们对他尊的实现则不能强求，因为尊重的根源更多地在于人们的情感，所以，实现尊重的部分主动权的丧失有时也会让人们感到痛苦，从而使人们产生更多的其他需要。

（五）自我实现的需要

人之所以为人，主要还在于人能发展自己，能不断地超越自然，甚至超越自己，从而不断地从自然的生活上升到人的社会生活，继而又从人的社会生活上升到人的理想的自由生活。人之所以会如此，是因为人有心灵和意识，能以自我为中心建立一个主体世界，并由此产生强烈的精神力量，如思维力量、意志力量和情感力量等。这些精神力量既是自觉的，也是有目的的，它使人清醒地意识到自己是什么、自己需要什么，等等。当人的一些基本需要不能得到充分满足时，人就会超越现实，产生更高的需要，即自我实现的需要。人只有在自我实现的过程中才是充分自由的人、超越的人、富有创造性的人，才是有价值的人。因此说，自我实现的需要是人的最高需要，而自我实现的满足也是人生的最高目标和最终目的。人的自我实现的需要是完善的需要、圆满的需要，也是人的审美的需要。

总之，人的需要是人的本性的需要，是人的人性的需要，而人的人性的需要的不断发展，又必然产生人性的最高境界的需要，所以说，美是人性需要的最高层次。

二、美是人生的最高境界

人生的意义是什么是古往今来很多哲学家都曾思考过的问题，同时也是人们都想知道答案的问题。从中华民族传统文化的角度来看，人生有三种状态。

（一）谋生

人要生存，就要谋生。谋生满足了人的生理需要和安全需要。就此而言，人和动物没有本质区别。谋生是人类最初的生活状态，这种生活状态既可能是为生计而奔波的不自由的、困顿的生活状态，也可能是最简单、最快乐的生活状态。在这种生活状态下，人的心灵和精神就像婴儿一样单纯、可爱，可以说，这是最自然的人生状态。但是，如果从发展的眼光来看，这又是最低级的生活状态，是最不完善的生活状态。人的生活状态不应该是为活着而活着，人应该有更加丰富的精神生活。所以说，谋生不是人类最理想的生活状态，也不是人类最终的人生价值和意义的归宿。

（二）荣生

所谓荣生，就是人通过自身的作为而对社会做出贡献，并得到社会的肯定和荣誉的人生。荣生满足了人的归属与爱的需要、尊重的需要。这样的人生是荣耀的、风光的，但也是充满无限艰辛的。对中国人来说，其人生的核心内容就是荣生。在长达两千多年的封建社会中，儒家思想一直是中国人的主导思想。而儒家思想的核心是“仁”。所谓“仁”，《说文解字》释为：“仁，亲也，从人从二。”《孟子》中则释为“仁也者，人也。”由此可知，“仁”就是人偶为仁，是一种和谐的人际关系，是一种理想的人际交往关系图式。从实质上来看，仁是人对个体生命达于社会伦理之道的最高目标和要求，是人寻求个体生命在社会中的生态位置的途径和方法，是人对个体生命的社会价值的一种呼唤和张扬。仁就是伦理道德人生的最高境界。所以说，仁就是为他人活着，为社会活着，为他人和社会的评价活着。以“仁”为核心的人生就是荣生，而荣生也就是道德的人生。荣生有荣誉感，具有荣誉的乐趣，但是荣生也是最苦的一种人生状态，它的苦不在于为生计所苦，而在于为他人、为社会所担负的无法选择的责任所苦。荣生这种人生状态也不是人生的理想

状态。

(三)乐生

所谓乐生,就是以人生为乐,快乐地活着。人活着不仅是为了谋生、为了荣耀,更是为了快乐。对于一个人来说,不管他多么富有,也不管他有多高的社会地位,如果他的人生并不快乐,那么他的人生就不是最完美的人生,也不是最有意义的人生。可以说,快乐的人生才是人生的最高境界。

对儒家来说,他们所追求的虽然是实现人生的社会伦理道德价值,但是最终所向往的仍然是审美的快乐人生。孔子说:“兴于诗,立于礼,成于乐。”对于人生来说,“诗”主要给人以语言智慧的启迪,“礼”主要给人以外在规范的培育训练,那么“乐”便主要是给人以内在心灵的完善,从而使人生“从心所欲不逾矩”。“夫乐者,乐也”,荀子在这里所讲的“乐”,既是对外在世界的实践性的自由把握,也是对人性、人格完成的最终关怀。达到它,人便可以蔑视权贵、甘于贫贱,可以不畏强暴、自由做人,这样的人生不仅是人生,更是审美。所以我们可以说,儒家所向往的人生的最高境界也是乐生的人生境界。

弗洛伊德的“精神分析”说也认为,一个人的人格由本我、自我和超我三部分组成。本我是原始本能的储存处,是各种本能的动力之源,其能量和活力最大,且完全是无意识的、非理性的。本我实行的是快乐原则,即逃避痛苦、追求快乐。快乐原则是生命的第一原则,也是生命唯一的价值标准。自我的作用是协调本能要求与现实社会要求之间的不平衡,相当于意识。自我实行的是现实原则,即调节、压制本能活动,使之不违背眼前现实社会的要求,以免产生痛苦和不愉快。这样,自我只是暂缓实行快乐原则,并不废弃快乐原则,最终仍指向快乐。超我又称内部道德机制,是通过父母的惩戒权威,自动树立良心、道德律令和自我理想,而这些实际上都是经过父母的阐释,强加给自我作为仿效榜样的道德原则。它既阻止本我实行快乐原则,也阻止自我实行现实原则。良心、道德律令对本能的命令是生生世世“不准”,自我理想则把本能的能量全部转移到对至善至美事物的追求上。所以从人生的状态来看,“乐生”也是人性的需要,是人的本能的需要。人生的最高目标将必然是“乐生”。

“谋生”为己,是一种自然的人生;“荣生”为他,是一种道德的人生;而“乐生”则是为了快乐地活着,是一种活着却不为活着所困的超越的人生。所以,对于这种人生,我们也把它叫作审美的人生,是人生的最高境界。

以上所说的美与人类的关系、美在人生中的价值与意义,就是我们之所以要学习美学的根本原因。

第二章　美　论

美的本质问题是美学的最基本问题，是解决其他美学问题的前提和基础。同时，美的本质问题也是美学中一个难以回答的问题。不同的美学家都对美的本质问题做出了不同的回答，从而得出了不同的结论，形成了不同的美学流派。下面具体阐述不同流派的美学家的不同观点。

第一节　西方美学史上关于美的本质问题的一些主要观点

在西方美学史上，美学家们对美的本质问题的看法众说纷纭、莫衷一是，其主要的观点如下。

一、美是事物的某种客观属性

这种美的本质论认为，美是客观事物本身所具有的一些属性，这些属性是客观的，是不以人的主观意志为转移的。这一流派的主要美学家及其主要的观点如下。

古希腊时期的毕达哥拉斯学派首先提出了“美在客观事物的形式”说。他们从“数的原则是一切事物的原则”的哲学观点出发，认为“美也必然会受制于数的本性和力量”“事物由于数而显得美”“美来自于数的秩序”“美是和谐与比例”“音乐是对立因素的和谐的统一，把杂多导致统一，把不协调导致协调”“身体美确实在于各部之间的比例对称”。[①] 总之，毕达哥拉斯学派认为，美在于客观事物的对称、和谐、多样的统一，以及黄金分割等形式。

古希腊美学的集大成者亚里士多德一方面批判了柏拉图的理念说，一方面又继承了毕达哥拉斯学派的美在事物的形式的美学思想。他反复强调，美的主要形

① 北京大学哲学系美学教研室：《西方美学家论美和美感》，商务印书馆，1980 年。

式是“秩序、匀称和正确”[①]。因此,“一个美的事物——一个活东西或一个由某些部分组成之物——不但它的各部分应有一定的安排,而且它的体积也应有一定的大小;因为美要依靠体积和安排,一个非常小的活东西不能美,因为我们的观察处于不可感知的范围内,以致模糊不清,一个非常大的活东西,例如,一个一千里长的活东西,也不能美,因为不能一览而尽,看不出它的整一性。”[②]亚里士多德认为,按一定的体积大小、部分排列所组成的事物是一个有机统一体,而且只有在有机统一的整体中才能看出事物的和谐美。

在文艺复兴时期,由于解剖学、透视学、色彩学和数学等自然科学的迅速发展,为艺术家们从理论上认识美的技巧和形式美创造了更加有利的条件。达·芬奇等人曾不断地寻求“最美的线形”和“最美的比例”,认为适当的比例可以产生和谐的美。达·芬奇说:“美感完全建立在各部分之间神圣的比例关系上。”[③]艺术学家们甚至想用数学公式把这种比例表达出来,因为他们认为,形式上的利弊是普遍地存在于美的事物上的。正因为他们把形式因素看成是普遍存在于一切美的事物上的,所以他们就特别重视事物的形式美。这样,自古希腊就存在的“美的形式”说得到了加强并日趋完善。

英国画家、美学家荷加斯在他的《美的分析》一书中指出,美的原则是“适应、多样、统一、单纯、复杂和尺寸——所有这一切都参加美的创造,互相补充,有时互相制约。”[④]他认为曲线比直线美,而在所有的曲线中,蛇形线最美,因为“蛇形线,灵活生动,同时朝着不同的方向旋绕,能使眼睛得到满足,引导眼睛追逐其无限的多样性”。而且“如果在可能的想象得出来的大量各种多样的波状线中只有一种线真正称得上是美的线条,那么,也只有一种准确的蛇形线,我把它叫作富有吸引力的线条”[⑤]。蛇形线生动灵活,同时又朝着不同的方向旋绕,这本身就是一种匀称与和谐。而这种匀称与和谐就是美,它能够给人们的心灵带来快乐。

英国经验派美学家的代表人物博克在其美学专著《论美与崇高两种观念的根源》一书中,花了大量篇幅来批判比例说,但在他所列举的许多有关美的事物的性质中,仍不外乎是一些通过感官能够给人带来快感的形式,认为美的真正原因在于事物的光滑、变化、娇弱、颜色鲜艳等。他对美的认识仍然带有形式主义的特点。

19 世纪中叶以后,虽然西方美学的各种各样的流派对美的本质提出了各种各样的见解和主张,但是他们对美的认识都带有形式主义的特点。例如,受实证主

---

① 北京大学哲学系美学教研室:《西方美学家论美和美感》,商务印书馆,1980 年。

② 亚里士多德著,罗念生译:《诗学》,上海人民出版社,2004 年。

③ 达·芬奇著,戴勉译:《芬奇论绘画》,人民美术出版社,1986 年。

④ 威廉·荷加斯著,杨成寅译:《美的分析》,广西师范大学出版社,2002 年。

⑤ 威廉·荷加斯著,杨成寅译:《美的分析》,广西师范大学出版社,2002 年。

义影响的费希纳，以科学的实证方式反对过去“从上而下”的形而上的美学，提倡、重视实验的“从下而上”的美学，通过实验找出美的原因，但他的实验对象和实验途径仍不外乎是事物本身的某些特性，如颜色、形态和声音等。通过实验，他认为黄金分割段是最美的形式。

以上观点主要是从事物的客观属性中去寻找美的本质，其最大的特性就是抓住了美所具有的感性形式。

二、美是某种客观的精神

这种美的本质论认为，美是不以人的主观意志为转移的，某种神秘的客观精神实体。这一流派的主要美学家及其观点如下。

（一）柏拉图的“理念”说

在西方美学史上，最早提出“理念”说的是柏拉图。柏拉图认为，“理念”是世界的本质或“原型”，现实世界都是由理念世界产生的，现实世界中的各种事物都是理念世界中各种理念的显现，是对理念世界中各种理念的模仿。因此，现实世界是理念世界的摹本或影子。同样，他也认为，现实世界中一切美的东西之所以会美，是由于它对理念世界中美的理念进行了模仿，是分享了理念世界中“美的理念”，而“美的理念”是美的本质和根源，是“美本身”，是永恒的、无始无终的、不生不灭的、不增不减的。它不是在此点美，在另一点丑；在此时美，在另一时不美；在此方面美，在另一方面丑；它也不是随人而异，对某些人美，对另一些人就丑。还不仅此，这种美并不是表现于某一个面孔，某一双手，或者身体的某一其他部分；它也不是存在于某一篇文章，某一种学问；或是任何某一个别物体，例如动物、大地或天空之类；它只是永恒地自存自在，其形式的整一永远与它自身同一；一切美的事物都以它为源泉，有了它那一切美的事物才成其为美。[①] 这种不生不灭、永恒不变的美的理念，就是美的本质。

（二）普洛丁的“太一”说

普洛丁是古罗马时期著名的哲学家和美学家，他的哲学是柏拉图哲学的变种。他认为，宇宙万物的本源是“太一”。它是“第一性的存在”，它就是神，即柏拉图所讲的最高理念。由于神或“太一”是完满的、充溢的，所以它流出来的东西能形成别的实体，万事万物都是由它流溢形成的。因此，在美的本质问题上，普洛丁也认为，美的事物之所以美，就是由于它分有了神的理念或理性，分有了神的光

---

① 北京大学哲学系美学教研室：《西方美学家论美和美感》，商务印书馆，1980 年。

辉。他说,当理念来到一件东西上面,就会把它的各个部分加以组织安排,化为一种凝聚的整体,创造出“整一性”。“一件东西既化为整一的,美就安坐在那件东西上面,就使那东西各部分和全体都美。”[①]相反地,任何没有形式的东西,包括可以取得形式但仍处于理念或理念之外而没有取得形式的东西,都是丑的。总之,“物体美是由分享了一种来自神性的理式而得到的”[②],美的本质就是神或“太一”。

(三) 黑格尔的“美是理念的感性显现”说

黑格尔是德国美学家和哲学家。黑格尔的美学是其哲学的一部分。他的哲学思想的核心是理念论,故他的美学思想是建立在理念论的基础之上的。关于美的本质,他说:“我们前已说过,美就是理念,所以从这一方面看,美与真是一回事。这就是说,美本身必须是真的。但从另一方面看,说得更严格一点,真与美却是有分别的。说理念是真的,就是说它作为理念,是符合它的自在本质与普遍性的,而且是作为符合自在本质与普遍性的东西来思考的……当真在它的这种外在存在中是直接呈现于意识,而且它的概念是直接和它的外在现象处于统一体时,理念就不仅是真的,而且是美的了。”[③]因此,美可以定义为:美就是理念的感性显现。

那么,什么是理念呢?黑格尔说:“一般来说,理念不是别的,就是概念,概念所代表的实在,以及这二者的统一。”[④]这就是说,黑格尔的理念包括三个方面的内容:概念、概念所代表的实在以及概念和实在的统一。所以说,黑格尔的“理念”是不同于柏拉图的“理念”的(柏拉图的“理念”不包含感性的实在)。

因此,“理念的感性显现”就是概念与实在、理性与感性、普遍性与特殊性的统一。“美就是理念的感性显现”就是指美一方面应该具备理念的普遍性的本质,另一方面又应该必须具备感性事物的个别性,即具备感性的形象。也就是说,“美的理念,即概念和体现概念的实在二者的直接的统一,但是这种统一须直接在感性的实在的显现中存在着,才是美的理念”[⑤]。所以说,黑格尔的“美的理念”是不同于柏拉图的“美的理念”。

总之,黑格尔的美学思想既是辩证的,又是唯心的。在理性与感性的统一中,他认为理性支配着感性,理性才是起决定作用的。所以,他的美学思想是建立在他的客观、唯心主义哲学基础之上的。

---

① 北京大学哲学系美学教研室:《西方美学家论美和美感》,商务印书馆,1980 年。

② 《美学文献》编辑部:《美学文献》第 1 辑,书目文献出版社,1984 年。

③ 弗里德里希·黑格尔著,寇鹏程译:《美学》,江苏人民出版社,2011 年。

④ 弗里德里希·黑格尔著,寇鹏程译:《美学》,江苏人民出版社,2011 年。

⑤ 弗里德里希·黑格尔著,寇鹏程译:《美学》,江苏人民出版社,2011 年。

三、美是人的某种主观的心意状态

这种美的本质论认为，美的本质是人的某种主观的心意状态，强调美在于心，而不在于物，是人的心理决定了事物美的属性。这一派具有代表性的观点有“美在快感”说、“美在审美态度”说、“美在直觉”说、“美在于人的无意识的欲望”说，以及“美是集体无意识原型的象征”说等。

(一)“美在快感”说

英国经验主义美学家休谟是“美在快感”说的主要代表人物之一。在美的本质问题上，他坚决反对唯物主义关于“美是事物的客观属性”的观点。他明确地指出：“美就不是客观存在于任何事物的内在属性，它只存在于鉴赏者的心里。”①并且说：“各种味和色以及其他一切凭感官接受的性质都不在事物本身，而是只在感觉里，美和丑的情形也是如此。”②“美是一些部分的那样一种秩序和结构，它们由于我们天性的原始组织，或是由于习惯，或是由于爱好，适于使灵魂发生快乐和满意。这就是美的特征……因此，快乐和痛苦不但是美和丑的必然伴随物，而且还构成它们的本质。”③这就说明，休谟已经明确地把美的本质归结为人的心理快感，认为人的心理快感是美的真正本质。

美国的现代美学家桑塔耶纳也是快感说的主要代表。他说：“根据我们一连串分析中逐步紧缩的概念来说，美是一种积极的、固有的、客观化的价值。或者，用不专门的话来说，美是当作事物之属性的快感。”在桑塔耶纳看来，如果一件事不能给任何人以快感，它绝不可能是美的，“美是在快感的客观化中形成的，美是客观化的快乐”。④

(二)“美在审美态度”说

这种美的本质论的主要代表人物是康德。康德是德国古典美学的奠基人，他在其著作《判断力批判》一书中对美的本质做了分析，不过他不是分析客观事物在什么样的条件下才是美的，而是分析在什么样的主观条件下，一件事物对人来说才是美的。经过分析，他认为在四种主观条件下，一件事物对人来说才是美的。这四种主观条件是：第一，人们在审美时不能涉及利害感，“一个关于美的判断，只

---

① 中国社会科学院文学研究所：《古典文艺理论译丛》，知识产权出版社，2010 年。

② 北京大学哲学系美学教研室：《西方美学家论美和美感》，商务印书馆，1980 年。

③ 中国社会科学院文学研究所：《古典文艺理论译丛》，知识产权出版社，2010 年。

④ 乔治·桑塔耶纳著，缪灵珠译：《美感》，中国社会科学出版社，1982 年。

要夹杂着极少的利害感在里面，就会有偏爱而不是纯粹的欣赏判断了”[①]。第二，人们在审美时不能涉及概念，“美是那不凭借概念而普遍令人愉快的”[②]。第三，人们在审美时没有其他目的，只是为了通过事物的形式获得主观情感的满足。第四，事物只有在能给一些人带来快感也必须能给另一些人带来快感的主观态度下，才是美的。康德认为，美不在于对象本身，而只在于审美主体对对象所持的审美态度。

（三）“美在直觉”说

意大利的美学家克罗齐是“美在直觉”说的主要代表人物。他认为，心灵是唯一真实的存在，是其他一切事物的来源，美也是由心灵而来。他说：“凡是不由审美的心灵创造出来的，或是不能归到审美的心灵的东西，就不能说是美或丑。”[③]美是由直觉创造出来的，“美学只有一种，就是直觉的科学。”[④]直觉是一种连事物是什么也分辨不出来的最低级、最原始的认识，它与理性认识绝对对立，人的心灵通过直觉使情感得到形式，得到对象，进而转化为意象，并得以表现，直觉即表现。直觉在人的心理效果上产生快感，在价值上产生美，因此美就是直觉，也就是表现。所以他说：“以‘成功的表现’作美的定义，似很稳妥；或是更好一点，把美干脆地当作表现。”[⑤]“美在直觉”说用来解释审美的特点是比较确切的，但用来解释美的本质却是主观的、唯心的。

（四）“美在于人的无意识的欲望”说

精神分析美学家弗洛伊德第一次建立了系统的无意识学说。他认为，无意识是人的心理的主要内容，是人的原始冲动和各种本能，是人的一切行为，包括文化、艺术、科学、历史创造的根本动力，是生命的内驱力和动力。

同时，在以无意识为核心的精神分析心理学的基础上，弗洛伊德建立了他的美学理论。他认为，美的本质是原欲（本能和冲动）的升华，这就是所谓的“美在于人的无意识的欲望”说。他的原欲升华说的基本思想就是人的原欲是一种原始的冲动，具有很大的能量，这种能量只会转换成其他形式而不会消失，人的原欲要求得到满足，但往往由于受到现实社会的压抑而得不到满足，因此，它总是以乔装打扮的形态出现，千方百计寻求一种的替代对象，如玩游戏、艺术创作等，达到替代性的满足。如果找到的替代对象是文化领域的较高的目标，这种转移就被称为

---

① 康德著，韦卓民译：《判断力批判》上卷，商务印书馆，1987年。

② 康德著，韦卓民译：《判断力批判》上卷，商务印书馆，1987年。

③ 克罗齐著，朱光潜译：《美学原理·美学纲要》，外国文学出版社，1983年。

④ 克罗齐著，朱光潜译：《美学原理·美学纲要》，外国文学出版社，1983年。

⑤ 克罗齐著，朱光潜译：《美学原理·美学纲要》，外国文学出版社，1983年。

“升华”。艺术作品就是艺术家由于现实不能满足其本能欲望的需要而创作的用以弥补这种需要的物质。因此，艺术即美，就是原欲的补偿。艺术之所以能愉悦人，是因为它能在幻想中为原欲提供一种替代性的满足，艺术创作遵循的是一条由痛苦到快乐的原则。那就是说，欲望未满足时痛苦；艺术创作形成了幻想，欲望得到满足，因而也就快乐。弗洛伊德认为，美感是从原欲的满足感中延伸出来的，原欲及其在想象中的满足是美之所以美的本质和源泉。

在美学领域中，弗洛伊德的这一理论，为我们开拓了一个崭新的领域——无意识，即人类心理结构的最深处。这是他的独到之处，也是他的功绩。人生活在现实社会中受到各种压抑，这种压抑积压在人的无意识之中，给人带来不堪的痛苦，人自然会产生一种欲望，要求释放和解脱，要求这种来自于心灵深处的欲望得到满足，而正是这种欲望和要求创造了艺术和美，给人带来美的享受和快乐。从这个意义上说，弗洛伊德的理论片面地夸大了无意识特别是原欲的本能作用，他的理论是有局限性的。

（五）“美是集体无意识原型的象征”说

瑞士著名的心理学家荣格的美学也是以他的分析心理学为基础的。他的美学基本思想可以用一句话来概括——美或艺术是集体无意识原型的象征。

集体无意识是荣格独创的概念。他认为，弗洛伊德的无意识主要指的是受压抑、被遗忘的原始本能或俄狄浦斯情结等心理内容，具有个人的、后天的特征，这只是个人意识，还只停留在无意识的表层，没能揭示出无意识的深层含义。因此，他提出了集体无意识的概念，认为只有集体无意识才是无意识的深层结构。他说，集体无意识根植于人作为生物体的本性（即人性）中；进化和遗传容纳着人类原始社会以来的全部精神财富（经验、情感、思想、记忆），本质上就是人类的集体经验在心理深层的积淀。他说：“它并非来源于个人经验，并非从后天中获得，而是先天地存在的。”①“它是彻头彻尾的客观性，它与世界一样宽广，它向整个世界开放。”②他还说：“它在所有人身上都是相同的，因此它组成了一种超个性的心理基础，并且普遍地存在于我们每个人身上。”③总之，荣格认为，这种集体无意识既处于心理深层又独立于个人且凌驾于个人之上，它既不为个人所知又为人类所共有，它像“无声的命令”一样，决定着人的行为，使人们都以与自己祖先相同的方式把握世界和做出反应。

荣格坚信这种神秘的、非理性的集体无意识是真实存在的。他的理论依据就

---

① 卡尔·古斯塔夫·荣格著，冯川等译：《心理学与文学》，译林出版社，2011年。

② 卡尔·古斯塔夫·荣格著，冯川等译：《心理学与文学》，译林出版社，2011年。

③ 卡尔·古斯塔夫·荣格著，冯川等译：《心理学与文学》，译林出版社，2011年。

是考古学、人类学和神话学。他指出，在各民族的古代神话、部落传说和原始艺术中，都有一些反复出现的、共同的原始意象，例如力大无比的巨人、英雄、预卜未来的先知、智慧老人、半人半兽的怪物等，还有一些遍布世界各地的自古流传下来的具有象征意味的图案。这些原始意象和图案显然都出自原始人的幻想和想象，不可能来自于现实世界的经验。它们显露了人类共同的深层无意识的内容和心理结构，实际上就是集体无意识，或者说是集体无意识的原型。在荣格的理论体系中，集体无意识、原型、原始意象这几个概念往往是在同等意义上使用的，但严格来说，它们又有所不同。荣格一般称集体无意识的内容为原型，时常也称作原始意象。原型不是只有一种，各种原型的总和构成集体无意识。他强调，原型绝不是外部经验的产物，而是一种先天的心理要素或模式，但它又不同于“天赋观念”，只是一种潜能。在他看来，人天生便具有许多心理模式或原型，正是这些原型预先规定了人的行为。

荣格认为，原型只有通过象征才能表现自己。所谓象征，就是原型的外显或表达。他认为，象征是原型的表现，能把人引导到文化价值和精神价值中去，而且正是象征使人超出自然状态进入文明，它是推动文化进步和社会发展的有力手段。人类的历史发展过程就是不断地寻找更好的象征原型，即能够充分地在意识中实现其原型的象征的过程。

因此，作为人类全部创造性活动的重要内容的美或艺术也是集体无意识原型的象征。艺术是人类集体无意识原型的象征，这句话的基本含义是：艺术既不是现实生活的反映，也不是艺术家个人经验和思想感情的表现；艺术本质上是某种超越时空、超越个人，象征和代表着人类共同需要和历史命运的神圣的、永恒的东西。简言之，艺术是人类集体无意识原型的象征，是伟大人性的表现。

从艺术是集体无意识原型的象征这一基本思想出发，荣格对艺术作品、艺术创作提出了一系列重要的看法。这些重要的看法如下。

(1) 艺术作品是超个人的、自律的，因而具有无穷的意义和永恒的价值。荣格说：“一部艺术作品并不是一个人，而是某种超越个人的东西。它是某种东西而不是某种人格，因此不能用人格的标准来衡量。的确，一部真正的艺术作品的特殊意义正在于：它避免了个人的局限并且超越于作者个人的考虑之外。”[①]他强调，艺术作品有如一种有生命的存在物，它有“自身的法则”“自身的创造性目的”，因此，“艺术作品中的意义和个性特征也是与生俱来的而不取决于外来的因素”[②]。在他看来，艺术作品表现的不是个人，而是人类集体无意识的原型。艺术作品的本质在于，它超越了个人生活领域，而以艺术家的心灵向全人类的心灵说话。从艺术

① 卡尔·古斯塔夫·荣格著，冯川等译：《心理学与文学》，译林出版社，2011年。

② 卡尔·古斯塔夫·荣格著，冯川等译：《心理学与文学》，译林出版社，2011年。

是人类集体无意识原型的象征出发，荣格充分肯定了艺术的价值和意义。

(2) 艺术创作根源于无意识，艺术家是作品的工具。在荣格看来，艺术的创作过程就是集体无意识外在化显现的过程、原型象征的过程，在诗人表面意志自由的背后，隐藏着一种“更高的命令”，即集体无意识的命令。他认为，集体无意识在艺术家的心中孕育出艺术作品，是一种自然力，“它以自然本身固有的狂暴力量和机敏狡猾去实现它的目的，而完全不考虑那作为它的载体的艺术家的个人命运”[①]。这样，艺术家便成为作品的工具和俘虏。也就是说，真正的艺术家不是艺术家本人，而是凌驾在艺术家本人之上的、有目的有意志的具体无意识，艺术家本人只不过是集体无意识的代言人，艺术的根本原因在于集体无意识的意志表现。

总的来说，荣格试图站在人类整体生存发展的高度用集体无意识来解释美学中的艺术和审美现象，这是十分具有启发性和独创性的。但是，从根本上说，荣格的美学又是反理性主义、唯心主义的。

概括地讲，从人的某种主观心意状态来探讨美的本质，使美的本质问题深入到人的主观精神世界，并涉及美与人的主观世界的关系，这是有其合理性的。但是，如果仅限于从人的主观心意状态去探求美的本质，往往会失去美的标准，并混淆美与美感的区别，这又是极片面的。

四、“美在关系”说

“美在关系”说是关于美的本质的一种重要学说。“美在关系”说认为，美存在于客观事物本身所包含的某种关系中。“美在关系”说的代表人物是法国启蒙运动时期的主要美学家、哲学家狄德罗。

早在古希腊时期，毕达哥拉斯学派就已开始从数的关系来探讨美在于客观事物所包含的某种关系，同时苏格拉底也注意到美与人的关系，即效用之间的关系。而在古罗马时代，贺拉斯虽然没有证明“美在关系”的理论，但他在《诗艺》的开头就说：“如果画家作了这样一幅画像：上面是个美女的头，长在马颈上，四肢是由各种动物的肢体拼凑起来的，四肢上又覆盖着各色羽毛，下面长着一条又黑又丑的鱼尾巴，朋友们，如果你们有缘看见这幅图画，能不捧腹大笑么?”美女的头应当是美的，但由于摆得不得其所，与周围的关系也没有做到统一，就变成了丑。中世纪的一些学者甚至已经从主体和客体的关系上来探讨美的问题，他们认为美是客观事物中能够给主体带来愉快的东西。文艺复兴以后，笛卡儿等人也曾经从关系方面来谈美。

可是，在西方美学史上，真正把“关系”作为美学的理论基础、系统地提出自己

---

① 卡尔·古斯塔夫·荣格著，冯川等译：《心理学与文学》，译林出版社，2011年。

关于美的见解的是狄德罗。狄德罗反对唯心主义者把这看成是天赋观念，他力图用唯物主义原则来解释美的问题。他认为，人们的一切观念都来自感觉，美的观念也不例外。人们通常都把美归结为秩序、和谐、对称、结构、比例、统一之类的概念，但这些概念正是通过感官才来到我们的心中。因此，美不是上帝的赐予，不是主观的判断，而是客观事物的一种性质，美的概念就是这种性质在我们头脑中的反映或抽象。那么，美究竟是怎样的一种性质呢？狄德罗说，美不可能是构成物体独特差异的一种性质，否则就只能有一个物体或一类物体是美的，而事实上，美应用无数存在物上，人们总是用美来标记一切美好的事物，因此美只能是人们称之为美的事物所共有的性质。它存在，事物就美；它存在得多些或少些，事物就美得多些或少些；它不存在，事物就不再美。在狄德罗看来："唯一能适用这一切物体的共同品质，只有关系这个概念。"①"美总是由关系构成的"②，离开关系就无所谓美，也无所谓丑。

那么，何以有了"关系"就美呢？狄德罗以"让他死"这句话为例来给出了说明。他说，就这句话本身来说，它既不美，也不丑。可是，如果把它放在高乃依的悲剧《贺拉斯》和莫里哀的戏剧《司卡班的诡计》里，因发生的关系不同，就一个美一个丑。《贺拉斯》这部悲剧讲的是古罗马图路斯·荷提留斯时代，贺拉斯三兄弟与入侵的亚尔伯城的勇士库里亚三兄弟发生战斗的故事。在战斗中，贺拉斯三兄弟死了两个，库里亚三兄弟则分别受了轻重不同的伤。剩下的一个贺拉斯假装逃跑，库里亚三兄弟紧紧追上，但因为所受的伤势不同，追赶的速度有快有慢，贺拉斯就利用这个机会，把他们一个一个地杀死了。老贺拉斯让女儿把战斗的情况讲给他听，当他听到自己的儿子逃跑的时候，就非常生气，愤愤地说："让他死！"试想，这个儿子是他所剩下的唯一的一个儿子，而且面对的是三个顽强的敌人，然而，老贺拉斯为了祖国的荣誉，却宁愿让自己唯一的儿子死，而不愿意让他当逃兵。这样，"随着我对这句话和当时环境之间的关系作一番阐述，'让他死'这句原先既不美也不丑的回答就逐渐变美，终于显得崇高伟大了"③。可是，如果把环境和关系改变一下，把"让他死"这句话从法国戏剧中搬到意大利舞台上，从老贺拉斯口中搬到斯卡班口中，"这句话就将变成滑稽的了"。斯卡班是一个仆人，他和主人走在大街上，遭到了三四个强盗的袭击。他乖巧，逃跑了。后来有人告诉他，他的主人也逃跑了。他大失所望，说："怎么，他逃跑了？哼，胆小鬼！"别人回答说："他一个人对付三个人，你叫他怎么办呢？"他回答说："让他死！"这样，这句话就变成了幸灾乐祸，不仅不美，反而丑了。

---

① 狄德罗著，张冠尧等译：《狄德罗美学论文选》，人民文学出版社，2008年。
② 狄德罗著，张冠尧等译：《狄德罗美学论文选》，人民文学出版社，2008年。
③ 狄德罗著，张冠尧等译：《狄德罗美学论文选》，人民文学出版社，2008年。

正因为如此，所以狄德罗说："因此，美总是随着关系而产生、而增长、而变化、而衰退、而消失"[①]。关系是客观的，美也是客观的。

狄德罗认为，关系是一种悟性的活动，"尽管从感觉上说关系只存在于我们的悟性里，但它的基础则在客观事物之中"[②]。他把关系分为三种，即真实的关系、见到的关系和智力的或虚构的关系。他指出："一个物体之所以美是由于人们觉察到它身上的各种关系，我指的不是由我们的想象力移植到事物上的智力的或虚构的关系，而是存在于事物本身的真实的关系，这些关系是我们的悟性借助我们的感官而觉察到的。"[③]"对关系的感觉就是美的基础。"[④]

狄德罗给美下了这样一个定义："我把凡是本身含有某种因素，能够在我的悟性中唤起'关系'这个概念的，叫外在于我的美；凡是唤起这个概念的一切，我称之为关系到我的美。"[⑤]这里狄德罗区分出两种美，一种是外在于我的美，即客观事物本身的美；一种是关系到我的美，即主观认识的美。客观事物本身的美是不以人的主观感觉为转移的。他说："我的悟性不往物体里加进任何东西，也不从它那里取走任何东西。不论我想到还是没想到罗浮宫的门面，其一切组成部分依然具有原来的这种或那种形状，其各部分之间依然是原有的这种或那种安排；不管有人还是没有人，它并不因此而减其美……"[⑥]但是，关系到我的美，即主观认识上的美，离不开审美主体——人，是相对的美。罗浮宫门面的美，"只是对可能存在的，其身心构造一如我们的生物而言，因为，对别的生物来说，它可能既不美也不丑，或者甚至是丑的。由此得出结论，虽然没有绝对的美，但是从我们的角度来看，存在着两种美，真实的美和见到的美"[⑦]。从"美在关系"的角度说，真实的美是孤立地就客观的事物本身各组成部分之间的关系看到的美，比如说，这朵花是美的、这条鱼也是美的，指的就是在它们的构成部分之间看到了秩序、安排、对称等关系。而见到的美则是我们把一物与他物的关系相比较得到的美，如一朵马兰花可以是马兰花中最美的或最丑的，也可以把它放到花类、植物类以至于大自然的全部产物中来看它是美的或丑的。狄德罗不仅承认美的客观性，承认有不依赖于"有没有人观察它"都依然存在的客观美，而且看到了美的认识的复杂性，承认美的概念的历史发展和相对性。

因此，狄德罗把关系当成美的本质，当成美之所以美的根本原因。那是什么

---

① 狄德罗著，张冠尧等译：《狄德罗美学论文选》，人民文学出版社，2008年。

② 狄德罗著，张冠尧等译：《狄德罗美学论文选》，人民文学出版社，2008年。

③ 狄德罗著，张冠尧等译：《狄德罗美学论文选》，人民文学出版社，2008年。

④ 狄德罗著，张冠尧等译：《狄德罗美学论文选》，人民文学出版社，2008年。

⑤ 狄德罗著，张冠尧等译：《狄德罗美学论文选》，人民文学出版社，2008年。

⑥ 狄德罗著，张冠尧等译：《狄德罗美学论文选》，人民文学出版社，2008年。

⑦ 狄德罗著，张冠尧等译：《狄德罗美学论文选》，人民文学出版社，2008年。

关系呢？从他的反复解释中我们可以看出，他所谓的“关系”主要有三种：一是孤立地就每一种事物本身而言，也就是它在内在结构上的秩序、安排、对称、关系等，从这种关系所产生的美，狄德罗称之为“真实的美”。二是一种事物与其他事物的关系。这种关系所产生的美，往往是根据与其他事物的关系相对而言的，所以狄德罗称之为“真实的美”。三是事物与人的关系。前两种关系都是客观存在的，它们所产生的美，狄德罗统称为“外在于我的美 ”。这第三种关系，则要唤起人对这一关系的感觉，是人感觉到了美，因此，狄德罗称之为“关系到我的美”。

在西方美学史上，狄德罗的“美在关系”说的最大贡献就在于没有把美当成某种孤立的现象，而是从各种各样的关系中来看待美和理解美。他不仅看到了美在事物本身的关系中，而且还看到了作为客体的美的事物与作为主体的人之间的关系。但是狄德罗所说的“关系”还比较抽象、笼统，还不能十分准确地解释美的本质，这是他的局限性。

另外，当代美学家兰菲尔德也认为：“美既不完全依赖于人的经验，也不完全依赖于被经验的物，它既不是主观的，也不是客观的，既不是一种纯粹智力活动的结果，也不是客观对象的一种固有价值，而是这两方面变化无常的关系，即人的机体和客观对象的关系。”[①]这就是说，对美的事物来说，只有当人去体验它、主客体发生审美的关系时，它才是美的，否则的话，这种美就不存在。由此可见，兰菲尔德的观点是倾向于主观论的关系论的。

同时，当代美国哲学家刘易斯提出了客观事物作为美的潜能的关系论。当代美国美学家托马斯·门罗提出了主观方面的审美态度与客观事物本身的结构形态统一的关系论。

刘易斯认为，客观事物本身具有一种潜能，当没有主体与之发生关系时，它还不是美，只是作为潜能而存在，只有当主体与之发生关系时，这种潜能才能转变为现实。这种看法就是说，在没有人去体验客观对象时，对象是作为一种潜在的美而存在的，因此，这是一种偏向于客观论的关系论。

托马斯·门罗则认为，美一方面取决于主观的审美态度，另一方面取决于事物本身的结构形态，二者互相结合，构成美的本质。“一般说来，美和快乐既需要有适当的外界客体，又需要有能够欣赏这些客体的适当的头脑。”[②]同时也还要分布审美需要和审美态度，“只有有了审美需要，审美对象的某些特征才具有了潜在的美或感召美的基因，而使人产生美的经验”[③]。

---

① 朱狄：《当代西方美学》，人民出版社，1983 年。

② 托马斯·门罗著，石天曙译：《走向科学的美学》，中国文艺联合出版公司，1984 年。

③ 托马斯·门罗著，石天曙译：《走向科学的美学》，中国文艺联合出版公司，1984 年。

五、美是生活

这种美的本质论认为，美存在于现实生活中，生活才是美的本质。“美是生活”的观点是19世纪俄国唯物主义美学家车尔尼雪夫斯基首先提出来的。

车尔尼雪夫斯基的“美是生活”的观点是在批判黑格尔的唯心主义美学的基础上提出来的。他认为，根据黑格尔的“流行的美学体系”的讲法，“美是理念的感性显现”这一定义无疑是说“一件事物如果能够完全表现出该事务的观念来，它就是美的”，这实际上也就是说“凡是出类拔萃的东西，在同类中无与伦比的东西，就是美的”，但是“并不是出类拔萃的东西都是美的；因为并不是一切种类的东西都美”[①]。一些本来就不美的东西，如田鼠、大多数两栖类动物等，它们在同类中越出类拔萃，从美学角度看就越丑，因此，这个定义太空泛，“它并没有说明为什么事物和现象的类别本身分成两种，一种是美的，另一种在我们看来一点也不美”[②]。同时，这个定义又太狭隘了，它要求一件美的事物必须包含同类事物的全部特征，成为独一无二的典型，而同类中美的事物也是多种多样的，这样势必会抹杀美的典型的多样性，“我们简直不能设想人类美的一切色调都凝聚在一个人身上”[③]。其次，他又指出，这个“流行的美学体系”的另一种说法“美就是观念在个别事物上的完全的显现”，这也不能算是美的准确定义。个别事物指形象，这个说法也就是说“美是观念与形象的统一”。这一讲法对艺术美来说是有道理的，因为，对艺术作品来说只有当艺术家在其中传达了他所要传达的一切，把他的观念变成了形象，这时才是美的。但是对于现实中其他的一般美的事物来说，这个说法又不是十分恰当的。“美丽地描绘一副面孔”和“描绘一幅美丽的面孔”，绝不是一回事。美丽地描绘一副面孔，这是艺术的美，它要求观念与形象的一致；但美丽的面孔确实是活生生的自然美，黑格尔要求自然也要显现理念才美，这是对自然美的轻视。

在批判黑格尔的美的定义后，车尔尼雪夫斯基才提出了自己关于美的定义——美是生活。在这个总的定义之下，他又分别从社会生活和自然事物的角度列出了两个解释性的定义，即“任何事物，凡是我们在那里看得见，依照我们的理解应当如此的生活，那就是美的；任何东西凡是显示出生活或使我们想起生活的，那就是美的”[④]。

首先，“美是生活”是因为“美的事物在人的心中所唤起的那种感觉，是类似我们当着亲爱的人的面时所洋溢于我们心中的那种愉悦。我们无私地爱美，我们欣

---

① 车尔尼雪夫斯基著，周扬译：《艺术与现实的审美关系》，人民文学出版社，2009年。

② 车尔尼雪夫斯基著，周扬译：《艺术与现实的审美关系》，人民文学出版社，2009年。

③ 车尔尼雪夫斯基著，周扬译：《艺术与现实的审美关系》，人民文学出版社，2009年。

④ 车尔尼雪夫斯基著，周扬译：《艺术与现实的审美关系》，人民文学出版社，2009年。

赏它、喜欢它，如同喜欢我们亲爱的人一样。由此可知，美包含着一种可爱的、为我们的心所宝贵的东西”①，而这个“为我们的心所宝贵的东西”就是最富有一般性和多样性的生活。因为“在人觉得可爱的一切东西中最有一般性，他觉得世界上最可爱的，就是生活；首先是他所愿意过、他所喜欢的生活；其次是任何一种生活，因为活着到底比不活好：但凡活的东西在本性上就恐惧死亡，惧怕不活，而爱活”②。这就是说，生活和生命的活着状态是人们普遍认为的世界上最可爱的东西，每个人都热爱生活，每个人都愿意活下去，因此，凡是有利于生活、能够充分地显现生活的，就是美的，反之就是丑的。所以说，美是和生活紧密联系在一起的，是生活的属性。然而，车尔尼雪夫斯基在这里使用的概念是混乱的，他没有区分出社会学意义上的生活和生物学意义上的生命的不同。在西方国家的语言里，生活和生命是同一个词，在他看来，爱美、爱生活是出于人的本性，具有明显的人本主义的印记。

不过，从总体上来看，车尔尼雪夫斯基所讲的生活主要还是指人类的社会生活。在论述“美是生活”时，车尔尼雪斯基还特意加以说明：“我是说那在本质上就是美的东西，而不是因为美丽地被表现在艺术中才美的东西；我是说美的事物和现象，而不是它们在艺术作品中的美的表现：一件艺术作品，虽然以它的艺术的成就引起美的快感，却可以因为那被描写的事物的本质而唤起的痛苦甚至憎恶。”③这清楚地说明，车尔尼雪夫斯基所讲的美是客观现实中的美，而不是理念的美、主观的美；他所讲的生活是指客观的、现实的生活，不是艺术作品中的或主观幻想的生活。在他看来，美的事物和现象就存在于客观的现实生活之中，“真正的最高的美，正是人在现实世界中所遇到的美，而不是艺术所创造的美”。④ 后来他反复指出：“客观现实中的美是彻底地美”，“客观现实中的美是完全令人满意的”⑤，“生活本身就是美”，“生活就是美的本质”⑥。因此，“美是生活”这个定义是一个唯物主义的定义，指明了从客观的人类社会生活中探求美的本质的新方向。这一观念的提出，是车尔尼雪夫斯基对美学做出的最大贡献。

其次，车尔尼雪夫斯基认为，美是应当如此的生活。他指出，并不是一切生活都是美的，而是“应当如此的生活”“美好的生活”才是美的。并且，他还看到，由于经济地位、阶级、生活方式、生活概念的不同，人们对“应当如此的生活”的理解是不同的，对美的理解也是不同的。例如，农民和贵族对美女的概念的理解就是如

① 车尔尼雪夫斯基著，周扬译：《艺术与现实的审美关系》，人民文学出版社，2009 年。
② 车尔尼雪夫斯基著，周扬译：《艺术与现实的审美关系》，人民文学出版社，2009 年。
③ 车尔尼雪夫斯基著，周扬译：《艺术与现实的审美关系》，人民文学出版社，2009 年。
④ 车尔尼雪夫斯基著，周扬译：《艺术与现实的审美关系》，人民文学出版社，2009 年。
⑤ 车尔尼雪夫斯基著，周扬译：《艺术与现实的审美关系》，人民文学出版社，2009 年。
⑥ 车尔尼雪夫斯基著，缪灵珠译：《美学论文选》，人民文学出版社，1957 年。

此。对农民来说，他们是靠双手劳动生活的，他们所希望的生活是“丰衣足食又辛勤劳动”，因而他们的美女观念就是面色鲜嫩红润、体格强壮。而对于上流社会的人们来说，他们世代无所事事，不劳而获，他们所希望的生活和农民恰恰相反，所以他们的美女观念就是手足纤细、弱不禁风，甚至有一种病态。因此，在美学史上，车尔尼雪夫斯基是较早地将不同阶级的经济地位和生活方式联系起来去考察美学问题的，这是他的一个重大贡献。但是，在车尔尼雪夫斯基的关于美的定义中，还包含着一个没能解决的矛盾。那就是，他一方面说美是生活的本身、是客观的，但另一方面又说美是应当如此的生活、是主观的。尽管他曾解释应该如此的生活也包括在客观的生活之内，但这一内在的矛盾依然存在。

最后，美是显示出生活、令人想起生活的东西。这个定义主要用来解释自然美的事物。车尔尼雪夫斯基首先谈到人体，说人体丑就是畸形，外形“长得难看”，“他的外形所表现的不是生活，不是良好的发育，而是发育不良，境遇不顺”①。接着，他谈到动物，认为“动物界的美都表现着人类关于清新刚健的生活的概念”②，美的动物能使我们想起长得好看和动作优雅的人。例如，马是美的，因为马有蓬勃的生命力；猫是美的，因为猫的体态丰满、柔和、匀称，与人的健美的生活具有相似之处。反之，畸形和笨拙的动物，如鳄鱼、壁虎、乌龟则是丑的、令人讨厌的。他还谈到植物，认为色彩新鲜、茂盛和形状多样的植物是美的，因为那显示出蓬勃的生命，而凋萎的植物和缺少生命力的植物则不美。总之，“自然界的美的事物，只有作为人的一种暗示才有意义”③。“人一般地都是用所有者的眼光去看自然，他觉得大地上的美的东西总是与人生的幸福和欢乐相连的”④。车尔尼雪夫斯基的这个关于自然美的定义可以称为“暗示”说。

总之，由于车尔尼雪夫斯基尊重生活、把美看成是客观地存在于生活之中的东西，因此，他认为自然美优越于艺术美。但同时，他又强调艺术美是自然美的再现，所以艺术美的源泉仍是生活。此外，车尔尼雪夫斯基的“美是生活”的观点还意味着，人生活在生活中，人会把自己的本质力量对象化在生活中，因此，人在生活中可以直观自身，生活本身就是一种自我价值的享受和愉悦，生活自然也就是美的，生活是这样，人是这样，美也就是这样。

但同时，生活中有美有丑。不是所有的生活都符合人的本质，也不是所有的生活都是美的，“美是生活”的定义也不是十分准确。尽管车尔尼雪夫斯基关于“美是生活”的定义比较片面，但他能联系生活来探究美的思路是值得肯定与借

---

① 车尔尼雪夫斯基著，周扬译：《艺术与现实的审美关系》，人民文学出版社，2009 年。

② 车尔尼雪夫斯基著，周扬译：《艺术与现实的审美关系》，人民文学出版社，2009 年。

③ 车尔尼雪夫斯基著，周扬译：《艺术与现实的审美关系》，人民文学出版社，2009 年。

④ 车尔尼雪夫斯基著，周扬译：《艺术与现实的审美关系》，人民文学出版社，2009 年。

鉴的。

以上，我们简略回顾了西方美学史上对美的本质认识的一些主要观点。概括来说，主要有三种，即客观的美论、主观的美论和主客观统一的美论，这三种美论各有优缺点，且共同见证和支撑了西方美学的发展史。

第二节　中国古代美学史上关于美的本质问题的一些主要看法

中国古代美学史是指从先秦到鸦片战争前这段时期的中国美学发展的历史。在中国美学史上，虽然没有给美一个普遍而概括的概念，但其丰富的美学思想仍是人类美学史上一份珍贵的遗产。

一、从宇宙的普遍规律上来看美

中国古代的宇宙观是阴阳五行学说。阴阳五行学说是中国古代思想家对宇宙万物的本原和变化规律的一种基本认识。这一学说认为，阴阳二气和五行是一切的本源和发展动力，它们化生出万物，构成合理有序的宇宙整体。

早在春秋时期，阴阳五行学说就是当时普遍流行的观念。《国语·周语下》里记载单襄公的话说："天六地五，数之常也。"所谓"天六"，就是指"天有六气"，即阴、阳、风、雨、晦、明；所谓"地五"，就是指"地有五行"，即金、木、水、火、土。在春秋时期，许多思想家都认为，世界上的一切事物，不论自然或社会的事物，都与"六气""五行"分不开。而在"六气"中，最为重要的又是阴阳二气，它是两种互相排斥又互相依存的力量，是生成万物、决定世界运动变化规律的本源。当阴阳和谐统一的时候，世界万物就能正常安定地存在和发展。所谓阴阳观念，一般认为起源于《易经》里所讲的构成八卦的最基本的元素——阴爻和阳爻。到了春秋时期，阴阳观念同"气"和"五行"观念相联系而形成了阴阳五行学说。这种学说不仅把宇宙看成是由众多事物所组成的，同时又竭力要在众多事物中找出和确定那些构成宇宙万物的基本的东西。整个宇宙被看作是由有一定数量关系的基本要素所构成的、有规律的整体，它有其内在的、必然的结构和规律，不是杂乱无章的东西。只要阴阳二气合乎规律地运动变化，双方处在和谐统一之中，整个宇宙就会呈现出一种和谐美好的状态。《国语·周语下》中伶洲鸠说道："于是乎气无滞阴，亦无散阳，阴阳序次，风雨时至，嘉生繁祉，人民和利，物备而乐成……"阴阳本身是有"序"的，双方是处在和谐统一之中的，因此，大自然就其本性来说是和谐的，是一个对立而又统一的整体。如果阴阳失"序"，出现了不和谐，那也是由人的过失造成的。《国语·周语下》中伯阳父说道："夫天地之气，不失其序，若过其序，民乱之

也。”自然的规律被认为是与人事的规律相通的。人事的规律不应违背自然的规律，并且要以自然的规律为根据。

总之，阴阳五行学说的主要思想内容就是强调把握宇宙内在的和规律的结构，强调对立面的和谐统一是宇宙的本性，以及强调人与自然的相通和统一等。这些都无不深刻地影响着中国古代美学思想的特点和发展。

首先，孔子之前的我国古代的思想家大都认为“五味”“五色”“五声”的美是直接由“六气”和“五行”派生出来的。这正如《左传·昭公元年》中医和所说：“天有六气，降为五味，发为五色，征为五声”。那么“六气”是如何派生出“五味”“五色”“五声”的呢？更为具体地分析起来说，“六气”产生“五味”“五色”“五声”是以“五行”为中介的。“五行”的金、木、水、火、土都是自然的产物，它们的产生离不开天的阴、阳、风、雨、晦、明“六气”。所谓“五行”，我们认为是古代思想家从漫长的生产实践中总结出来的，是中国古代历史条件下物质生产和物质生活所不能离开的五种物质功能，同时又被看作是构成万物的五种物质要素。《尚书·大传》中曾记述了古代人民对“五行”的歌颂：“孜孜无怠，水火者，百姓之所饮食也；金木者，百姓之所兴作也；土者，万物之所滋生，是为人用。”这种歌颂说明了“五行”在古代人民生活中的重要性。正因为“五行”这五种物质要素与古代人民的物质生产和生活分不开，而人们对于味、色、声的感受不可能脱离与人们的物质生活有密切关系的各种事物，所以古代对味、色、声的感受就与这五种物质要素联系到一起了。同“五行”相对应，就产生了“五味”“五色”“五声”的观念，形成了一个味、色、声与“五行”相对应而又彼此相对应的系列。“五行”同“五味”的联系，在正式提出“五行”说的《尚书·洪范》中曾有明确的“五行”说明：“一曰水，二曰火，三曰木，四曰金，五曰土。水曰润下，火曰炎上，木曰曲直，金曰从革，土爰稼穑。润下作咸，炎上作苦，曲直作酸，从革作辛，稼穑作甘。”所有这些对应关系当然有牵强的地方，但同时也显示了味、色、声与客观自然物质的联系。如土可以种庄稼，所以其味“甘”，显然说明“甘”味的产物同对稻谷粮食的味觉有关；又如白与金、青与木、赤与火、黄与土的对应关系，都对上述说明给予了一定的支撑；就声来说，宫、商、角、羽、徽诸声的规定是与乐器的制造演奏分不开的，而乐器的制造又与金、木、土等材料的使用分不开，所以说两者有对应关系是有一定的现实依据的。总之，上述对应关系表达了古代思想家认为味、色、声的美来源于自然结构这一基本看法。

其次，中国古代思想家又从阴阳五行学说中认识到了美是“和”这一本质。“和”包括主观感受的“和”同客观对象的“和”这两个方面。前者与美感相关，后者则同审美对象即美相关。从谈论“五味”“五色”“五声”的美进而讲到“和”这一观念，是中国古代美学的一个重要发展。因为对于“五味”“五色”“五声”的美的感受，在人类历史发展的初期，无疑带有粗野的感官享受的性质，常常与动物性的胜利快感混在一起。特别是在独占了社会财富的统治阶级之间，对味、色、声的感官享乐的追求变成了荒淫腐化，这更是常见的现象。所以，“和”的提出，从对美的主观感受来说，就是要把对味、色、声的粗野放肆的官能快感的追求与真正的美感区分开来；从客观的美的对象来说，就是要探寻那能引起真正美感的对象的构成规律。这两个方面又经常是互相联系在一起的。

单穆公、伶州鸠、医和等人对美的主观感受如何才能达到“和”都做了说明。这些说明包含了我国古代思想家从生理、心理和社会各个角度对美感的一些朴素认识。概括起来，有如下几个方面。

第一，对声、色之美的感受必须符合于听觉、视觉器官的生理要求，需要适度，而不能给生理器官造成过度的、有害的刺激。《国语・周语下》里记载了周景王打算铸造一个大钟，其音量很高。单穆公表示反对，他认为“夫目之察度也，不过步武尺寸之间；其察色也，不过墨丈寻常之间”。耳的听声、目的察色都有被人的感官所规定的限度，超过一定的限度就会听不清、看不明，声和色的美也就无从感知，也就失去了意义。但周景王并不听单穆公的意见，又询问乐官伶州鸠，伶州鸠也发表了同单穆公相同的意见，主张“乐从和”，“细柳大陵，不容于耳，非和也”，这同样是说声过小或过大都不能适应耳的听觉要求，无从生产和谐的美感。《左传・昭公二十一年》也记述了伶州鸠反对周景王铸大钟的事，理由说得更具体。他认为钟的声音要“小者不窕，大者不摦，则和于物，物和则嘉成。故和声入于耳而藏于心，心亿则乐。窕则不咸（感），摦则不容。心是以感，感实生疾”。这就是说，钟的声音要大小适度，小不至于听不见，大不至于为耳所受不了，这样才能达到“和”，给人以美的感受。否则，不但不能给人以美感，而且听久了还会发生疾病。所以单穆公、伶州鸠等人提出对美的感受要同视听感官生理相适应，以取得“和”的效果。这在中国古代美学的发展历史上具有重要意义，它是使与粗野无节制的官能刺激混合在一起的美感向前发展的一个必经步骤，并且第一次指出了美感有其生理的基础，不能违背人体健康发展的的生理规律。

第二，对声、色之美的感受，如果不是与视觉官能的生理要求相适应，不但会给感官以有害的刺激以至产生疾病，还会影响人的心理和精神状态。在《国语・周语下》中，单穆公认为，人的耳目感官是与心相联系的，是“心之枢机”，因此，耳目的感受会影响人的心理和精神状态。本来“乐不过以听耳”“美不过观目”，如果“听乐而震，观美而眩”，不但不能产生美的感受，而且会刺激人的感官，引起人生理上的不快，以至食而无味、视听不明，进而影响到人的思虑言行，使人做出种种不合理的事情，最后导致“上失其民，作则不济，求则不获”。显然，单穆公对“听耳”“观目”的审美活动在社会政治生活中的作用是夸大了的，但他认为审美中生理上有害的刺激会转而影响心理、精神，无疑是有其合理意义的。

第三，达到与生理和心理、精神相联系的审美感受中的“和”具有重大的社会功能。它能使自然和社会得到和谐的发展，使国家安宁、天下太平。对于这一点，

单穆公、伶州鸠都曾论及。正如前面所说过的，中国古代的阴阳五行学说认为宇宙是由阴阳的对立统一所组成的一个和谐的整体，而“乐”之“和”不过是宇宙之“和”的表现而已。伶州鸠正是从这样的高度来讲“乐”之“和”的。所谓“物得其常乐极，极之所集曰声，声应相保曰和，细大不逾曰平”，也就是说最高的“乐”在于“物得其常”，亦即阴阳协调，万物都按照自身的规律和谐地生长发育；这种最高的乐集而为声，各种声相互呼应协和叫作“和”，声的大小刚好适度叫作“平”。由此可见，伶州鸠所谓的“平和之声”通过各种乐器加以演奏，就能达到“气无滞阴，亦无散阳，阴阳序次，风雨时至，嘉生繁祉，人民和利，物备而乐成”，甚至能达到“和神人”，即“神是以宁，民是以听”的地步。显然这里对“乐”的作用的夸大，是由于“乐”在远古作为乐、歌（诗）、舞的统一体，在图腾崇拜和对上天、祖先的祭祀中本来就被看作有通于神明的作用。到春秋战国时期，人们仍然保持着对“乐”的这种巨大作用的记忆和推崇，尽管在实际上随着先秦理性精神的高涨，“乐”的神奇作用已越来越弱。从美学思想的发展的角度来看，重要的不在于伶州鸠夸大“乐”之“和”的作用，而在于整个宇宙（自然和社会）合乎规律的发展。

从以上关于“和”的分析可以看出，中国古代美学对于同“乐”相连的“和”的认识，是从生理感官上的“和”，进而到心理、精神上的“和”，然后再发展到整个自然而社会的“和”，而后者正是中国古代美学所追求的最高的“和”，也就是最高的美。中国古代的哲人极其明朗且毫不犹豫地认定，大自然及人类按其本性来说就是和谐的，而最高意义上的美就在这和谐之中。事实上，如果在自然和社会之中，在人与自然、个人与社会之间没有和谐存在的话，那就不会有美。世界上的一切美，如果不是人与自然、个人与社会的和谐的感性现实的表现（肯定或否定的表现），那又是什么呢？宇宙按其本性而言是和谐的，最高的美在于宇宙的和谐、在于“天人合一”，是一个朴素却深刻的思想。

就客观的审美对象而言，“和”与“美”的关系又是怎样的？对于这个问题，首先做出说明的是史伯。据《国语·郑语》记载，郑桓公问史伯：“周其弊乎？”史伯的回答是：周朝是快要衰败了。原因是统治者只接近那些好进谗言、搞阴谋、顽固愚昧的人，而憎恶那些高明贤德的人，不愿听取他们的意见。也就是去“和”而取同，即只听一种人的相同意见，而不听各种人的不同意见。他认为这是极端错误的，因为“和实生物，同则不继”是世界的普遍原则。所谓“和”是“以他平他”的意思，也就是把相同的东西综合统一起来，只有这样才能不断产生出新的事物。如果“以同裨同”，即只把相同的东西加到一起，虽然在量上有所增加，但用尽了也就完了，不可能产生出原来没有的、更多的新事物。而这种看法是古代对于世界的多样性以及世界只有在相异的事物的相互联系和作用中才能发展的朴素认识。为了证明这种看法的正确性，史伯还从物质生产、经济、政治、道德等各方面举出了许多例子，同时也列举了和阴阳五行学说相联系的“五味”“五声”“五色”的美作为例证，提出了“声一无听，物一无闻，味一无果”的看法，这就是说：声音如果只有一种，就不会有动听的音乐，所以要“和六律以聪耳”；事物的式样、颜色如果只有一种，那就不会有美的文采，美的文采是由各种不同形式、颜色的配合造成的，也就是后世《易传》所谓“物相杂故曰文”的意思；食物的味道如果只有一种，那就不能满足人们的口腹之欲，所以要和“五味以调口”，把酸、甜、苦、辣、咸五种味道配合起来才能适口。这都是一些非常朴素的看法，但其中已经包含了这样的意思，即美只能存在于事物的多样性的统一之中。这种多样性的统一就叫作“和”。所以，美与“和”是分不开的。

在《左传·昭公二十年》的记载中，晏婴也表达了同样的看法。晏婴认为，美在于“和”，即存于多样性的统一。但他所讲到的多样性的统一已经包含了事物中存在的各种对立因素的统一。如他所说的“音的清浊、大小、短长、疾徐、哀乐、刚柔、迟速、高下、出入、周疏”等都正好是一系列互相对立的因素。他不像史伯那样只笼统地讲要把相异的东西结合起来，而提出了要使各种相异的、对立的东西“相成”、“相济”、配合适中，以达到和谐统一的目的。由此可以看出，晏婴所讲的美不仅存在于“和”之中，也就是存在于对立面的相互渗透和统一之中，而且还存在于这种“和”的最佳状态之中，即对立统一的双方没有任何一方离开对方而片面地突出自己。这是中国古代美学对于美的法则的一个极为深刻的认识。

总之，无论是单穆公和伶州鸠从审美感受方面所揭示的美在自然与社会的合乎规律的发展的“和”，还是史伯和晏婴从客观的审美对象方面所揭示的美在对立面的统一的“和”，它们都是受阴阳五行学说影响，反映了这种学说的宇宙观。这种宇宙观认为，阴阳二气是对立统一的两极，二者相成相济，五行是多样的统一，五行之间相生相胜。也就是说，阴阳五行本质上是趋向对立统一的“和”的。如果这种目的达到了，那么由阴阳五行所决定的宇宙万事万物也就会呈现出一种和谐、繁荣的景象，即伶州鸠所说的“阴阳序次，风雨时至，嘉生繁社，人民和利，物备而乐成”。阴阳五行的和谐本质决定着整个宇宙中人与人、人与社会、社会与自然都追求一种和谐的境界，达到这种境界就是美。由此可见，中国古典美学对美的这种认识正是中国古人宇宙观的反映，这种宇宙观是美在和谐的主要内容。因此，这种“美在和谐”与西方国家的“美在事物的形式的和谐”是不同的。

二、从美与善的关系上来看美

在古代，人们对美的认识往往与事物的功利性分不开，美的享受不能不带有官能的、粗野的、享乐的性质。因此，随着社会历史的发展，这种感官的享乐必然要与社会的伦理道德要求发生矛盾，也就必然要在理论上提出美与善的关系问题。

在中国美学史上较早论及美与善的关系的是《国语·楚语上》中记载的"伍举论美"的那段话:"灵王为章华之台,与伍举升焉,曰:'台美夫?'对曰:'臣闻国君服宠以为美,安民以为乐,听德以为聪,致远以为明。不闻其以土木之崇高、彤镂为美,而以金石匏竹之昌大、嚣庶为乐;不闻以观大、视侈、淫色以为明,而以察清浊为聪。'"

伍举断然否定了以声色的感官享乐为美。即使是崇高华丽的章华台,他也不认为能以之为美。在他看来,只能以"服宠为美,安民为乐",也就是以受天之禄、国泰民安为美。这种美就是:"夫美也者,上下、内外、小大、远近皆无害焉,故曰美。若于目观则美,缩于财用则匮,是聚民利以自封而瘠民也,胡美之为?夫君国者,将民之与处,民实瘠矣,君安得肥?且夫私欲弘侈,则德义鲜少;德义不行,则迩者骚离而远者距违。天子之贵也,唯其以公侯为官正,而以伯子男为师旅。其有美名也,唯其施令德于远近,而小大安之也。若敛民利以成其私欲,使民蒿焉望其安乐,而有远心,其为恶也甚矣,安用目观?"

伍举在这里为美下了一个定义,这个定义进一步说明了伍举所谓"以服宠为美,安民为乐"的意思。国君治国能使上下内外、小大远近都各得其所、相安无事,国家太平,君主受到远近四方人民的拥戴,这就叫作美。伍举认为,如果为了目观之美而大兴土木、滥用民财民力,以致引起人民的反对,那就没有什么美可言。伍举还提出了"私欲弘侈,则德义鲜少;德义不行,则迩者骚离而远者距违"的说法。而所谓"私欲",指的正是对声色之美的追求.这种追求越多,"德义"就越少。"德义不行"就会使远近的人民愁苦不堪、叛离反抗。这就是说,对声色之美的追求是同"德义"不能相容的。真正的美不在声色之美的享受,而在"施令德与远近,而小大安之"。换句话说,真正的美就是贤德、就是善,不是声色的享乐。在这里,政治伦理道德上的善被说成美,美即是善,善即是美。

在伍举之后的子产也认为,"五味""五声""五色"的美不可过度地追求,如果不加节制地追求,就会造成祸害。因此,他主张要"为礼以奉之",也就是按照奴隶主等级制度的伦理道德的原则去节制和满足人们对于美的要求。这种说法不是简单地否定美,而是要求以"礼"来规定美,也就是要赋予美以社会的伦理道德的内容,同时也就是要使美成为善的形式。这种思想被儒家的美学继承和发展。

总起来看,孔子之前的思想家在解决美与善的关系问题上所发表的言论虽然有差异,但都把善置于美之上,认为美不能脱离善、违背善,强调美所具有的社会伦理道德的意义和价值。这是在孔子之前已鲜明地显示出来的中国古代美学的一大特点。

在先秦时期,儒家思想的创始人孔子也在美与善的关系问题上发表了重要的看法。首先,孔子认为美与善是有区别的。据《论语》记载:"子谓《韶》:'尽美矣,又尽善也。'谓《武》:'尽美矣,未尽善也。'"因为《韶》乐表现了尧、舜以圣德受禅,故尽善;《武》乐表现了武王以征伐取天下,故未尽善。从这里可以看出,孔子认为,“未尽善”的东西,也可以是“尽美”的。这就明确地说明了孔子所说的美是区别于善的,它与善并不是一回事。所以,他又说:“恶衣服而致美乎黻冕”(《论语·泰而篇》)、“有美玉于斯”(《论语·子罕篇》),这里的美与善也显然是有区别的。所谓“致美乎黻冕”,即有纹饰的衣帽之所以美,不仅在于衣帽上有纹饰,还在于“黻冕”是祭祀时穿的礼服、戴的礼帽。古代祭祀鬼神是非常严肃的,所穿的礼服、所戴的礼帽也是非常庄严而华美的。“黻冕”的美在于它是祭祀时所穿戴的礼服、礼帽。“有美玉于斯”,玉是洁白温润、有一定的色泽的,但玉的美不仅在于一定的色泽,而且在于君子以玉比德——“夫玉者,君子比德焉”。“仁也”“知也”“义也”“行也”“勇也”“情也”“辞也”,[①]玉的美就在于这些品德。其次,孔子也认为,美与善是密切联系、不可分的。如他所说的“里仁为美”(《论语·里仁篇》)、“君子成人之美,不成人之恶”(《论语·颜渊篇》)、“如有周公之才之美(《论语·泰伯篇》)”等。所谓“里仁之美”,就是说和有仁德的人在一起的人才算是善的、好的人;所谓“君子成人之美,不成人之恶”,也就是帮忙和赞成别人做好事,不帮助、不赞同别人做坏事;所谓“有周公之才之美”,也就是有周公的才能和美德。这里所说的美和善、德是一个意思,二者可以混同使用。再次,对于孔子来说,与美相比,善是更根本的东西。如孔子说:“人而不仁,如乐何?”(《论语·八佾》)这就是说,人如果不能行仁道,“乐”就没有什么意义了。孔子认为,“乐”是“仁”的表现,只有在它表现“仁”的时候才有价值,这是孔子及其儒家学派关于“乐”的一个基本思想。但同时,孔子虽然认为“乐”应该是“仁”的表现,但他并没有轻视、更没有否定“乐”的美的重要性。相反,他认为表现“仁”的“乐”不但应该是美的,而且应该是“尽美”的。“仁”是“乐”的美的内容,“乐”的美则是“仁”的表现形式。但从根本上说,这里的“乐”的美的含义还是侧重于内容,相当于善。总之,通观孔子对于美的看法,是以善为内容而又有其独立性的。美和善是既区分又统一的。

孔子的全面继承和发展者——孟子认为:人性本善,人的品德、仁义善信这些道德思想和品质都是人的本性所固有的、是先天和与生俱来的,而非后天养成的。他说:“仁义礼智,非由外铄我也,我固有之也。”(《孟子·告子上》)而且他还认为,人的行为是“由仁义行,非行仁义也”(《孟子·离娄下》),也就是说,人的仁义道德行为是人自身内在的要求,并非是由外力强加给人、使人不得不去实行的。正因为这样,善的实行是个体自身的自我肯定,而不是使自己屈从或牺牲于某个外在的目的。于是,在这里,孟子的伦理学就同他的美学联结起来了。因为美就其本质而言不外乎是人的自我实现、自我肯定,所以当善的实现表现为人的自我肯定时,善同时也就是美。相反,如果善的实现不是人的自我肯定,而是人在某种外力

---

① 北京大学哲学系美学教研室:《中国美学史资料选编》上册,中华书局,1981年。

的压迫下不得不做出的牺牲，是对人的自我否定，那么这样的善在实质上就是恶，同时也是丑。所以，美就是人的内在追求即善的自我实现、自我肯定，是善的外在形式，善是美的内在内容。在此基础上，孟子为美下了一个简明的定义："充实之谓美"(《孟子·尽心上》)。所谓"充实"，指的就是个体通过自己自觉的努力，把他所固有的仁义等善的本性"扩而充之"，使之贯注满盈于自身的形体之中，并表现于个体的外在形体之外，从而使外在的形体因具有高尚的道德品质等内在本性而生色、生辉。这一定义充分揭示了美与善的一致性，特别是从个体的人格美这一方面揭示了美与善的一致性，这正是孟子的思想的深刻之处。

儒家思想在先秦时期的最后一位代表人物荀子，其观点与孟子恰恰相反，他主张"人性恶"。他认为："性者，本始材朴也；伪者，文理隆盛也。无性则伪之无所加，无伪则性不能自美。"(《荀子·礼论》)这就是说，人的本性只不过是一种原始的、质朴的材料，是出自自然，生而就有的；"伪"就是人为的意思，人为就是有关人的后天的学习礼仪、道德教育等，所以"无性"则没有原始的、质朴的材料，学习和教育也就无以复加；"无伪"即不通过道德教育和礼仪的学习，"性"(即人的本性)就不能单靠它自身而成为美。因此，美是后天学习和教育的结果，是与社会环境、伦理道德密切相关的。人的本性只有通过后天的努力学习，具备道德等善的品质，才有美可言，这就是荀子所说的"无伪则不能自美"。由此可见，美也与善一样，是后天"伪"(即"为")的结果。而美就是"全"与"粹"的善，"君子知夫不全不粹之不足以为美也"(《荀子·劝学》)。由此说明，荀子是认为美与善有密切联系的，并且认为美是达到了最高境界的善。

战国时期墨家的代表人物墨子的美学思想的核心问题是"非乐"。所谓"非乐"就是反对"为乐"和艺术，否定"为乐"和艺术的社会价值。为什么呢？在《荀子·非乐上》中，他非常明确地表述了他的看法："子墨子言曰：'仁之事者，必务求兴天下之利，除天下之害，将以为法乎天下。利人乎，即为；不利人乎，即止。且夫仁者之为天下度也，非为其目之所美，耳之所乐，口之所甘，身体之所安，以此亏夺民衣食之财，仁者弗为也。'是故子墨子之所以非乐者，非以大钟、鸣鼓、琴瑟、竽笙之声，以为不乐也；非以刻镂华文章之色，以为不美也；非以犓豢煎炙之味，以为不甘也；非以高台厚榭邃野之居，以为不安也。虽身知其安也，口知其甘也，目知其美也，耳知其乐也，然上考之不中圣王之事，下度之不中万民之利。是故子墨子曰：'为乐非也……'"

墨子认为，大钟、鸣鼓、琴瑟、芋笙等并不是不乐的，刻镂华彩文章之色等并不是不美的，然而它们是"上考之不中圣王之事，下度之不中万民之利"，所以"为乐非也"。也就是说，在墨子看来，"万民之利"才是美的标准，美应是与人民的利害、功利、善密切相联系的。符合功利要求的东西就是美的，不符合功利要求的东西即使本身看起来、听起来是美的，也要坚决反对，因为那不是真正的美。正因为如此，所以墨子又说："故食必常饱，然后求美；衣必常暖，然后求丽；居必常安，然后求乐。为可长，行可久，先质而后文。此圣人之务。"这再一次说明美与功利、善的关系。美与功利、善是密不可分的。

总之，美与善的关系问题是中国古典美学的一个基本问题，也是中国古典美学认识美的本质的一个重要途径。在后来的中国美学发展史中，这一问题还曾不断地被提出来加以研究。究其根本，中国美学中美善统一的特点是与中国是一个伦理社会的特点分不开的。

三、结合艺术来思考美

在中国美学史上，研究美的专著很少，而结合艺术的创作和欣赏来探讨美的著作却很多。中国是一个艺术的王国，从新时期时代的彩陶、石器，到殷商的青铜器、先秦的音乐、秦朝的陶俑、汉朝的文章、魏晋南北朝的"诗""书""画"，再到唐诗、宋词、宋朝山水画、元朝的戏曲、明清的小说等，中国的艺术色彩纷呈、光辉灿烂，它们共同形成了中国的艺术宝库。艺术是美的一部分，在艺术实践的进程中，中国古代的思想家和艺术家总结出了很多有关美和艺术的见解。这些见解就是中国美学中非常重要的一部分内容，也是中国美学探索美的本质的一个重要途径。

（一）从艺术的内容和形式的统一上来思考美

在中国古典美学中，"先质而后文""文质彬彬"的美学思想决定了中国艺术内容和形式的关系就是既要强调内容的决定作用，也不能忽视形式对内容的积极作用，艺术的美是内容和形式的和谐统一。

关于艺术的内容和形式的关系问题，刘勰认为"义华而声悴""理拙而文泽"(《文心雕龙・总术》)的艺术作品都不是好的作品，优秀的、美的艺术作品必须是"衔华佩实"(《文心雕龙・征圣》)、"舒文载实"(《文心雕龙・明征》)，即内容和形式相统一的。因此，他强调要"为情而造文"，而不是"为文而造情""为情者要约而写真，为文者淫丽而烦滥"(《文心雕龙・情采》)。那种"繁彩寡情"的作品是不美的，使人"味之必厌"。

唐朝画家张彦远在论画时也认为："若气韵不周，空陈形似，笔力未遒，空善赋彩"，"以气韵求其画，则形似在其间矣"①。也就是说，内容不足则形式如同虚设；内容充实，形式自在其间，内容和形式是有机地统一在一起的。所以，他说"意存笔先，画尽意在"②是最好的作品。宋朝词人欧阳炯所说的"有气韵而无形似，则质

---

① 北京大学哲学系美学教研室：《中国美学史资料选编》上册，中华书局，1981年。

② 北京大学哲学系美学教研室：《中国美学史资料选编》上册，中华书局，1981年。

胜于文;有形似而无气韵,则华而不实"①,同样强调了美的艺术的内容和形式是统一的。

另外,在我国音乐艺术中,要求唱声兼唱情,声情并茂;在我国的造型艺术中,要求"形神兼备""以形写神"等,这些所说的都是艺术中内容和形式的关系问题。内容决定形式,形式表现内容,内容和形式是应该和谐地统一在一起的。

(二) 从艺术的主观和客观的相统一上来思考美

中国古代艺术家无论是在艺术创作中,还是在艺术欣赏上所追求的最高境界都是"意境"。所谓意境,就是指艺术家主观方面的情思和客观方面的外在景物的相互交融贯通,也就是物与我、情与景的相互统一。

对于意境,王国维在他的《〈人间词乙稿〉序》中说:"文学之事,其内足以虑己,而外足以感人者,意境二者而已。上焉者,意与境浑,其次或以意胜,或以境胜。苟缺其一,不足以言文学。原夫文学之所以有意境者,以其能观也。出于观我者,意余于境。而出于观物者,境多于意。然非物无以见我,而观我之时,又自有我在。故二者常互相错综,能有所偏重,而不能有所偏废也"。

王国维认为,"意"来自于主体的情感意想,"境"来源于客体的生韵景象,二者在艺术中交合融会便形成了艺术意境。他认为"意"与"境"的结合有三种情况:一是"意与境浑",即意与境融会贯通,天衣无缝;二是"意余于境",即意胜于境,境从于意;三是"境多于意",即境胜于意,意从于境。在这三者当中,"意与境浑"为最上,为最高层次、最高境界,其他二者都在其次。也就是说,艺术的最高、最完美的境界在于主体与客体的融会贯通、天衣无缝,美来源于主客体的高度融合和统一,意境就是美的境界,意境就是艺术中主客体的和谐的、完美的统一。

另外,王国维还说,意境"有有我之境,有无我之境。'泪眼问花花不语,乱红飞过秋千去','可堪孤馆闭春寒,杜鹃声里斜阳暮',有我之境也。'采菊东南下,悠然见南山','空波澹澹起,白鸟悠悠下',无我之境也。有我之境,以我观物,故物皆著我之色彩。无我之境,以物观物,故不知何者为我,何者为物"②。所谓"无我之境",并不是真的没有"我",并不是说没有艺术家的个人思想感情在其中,而是说这种思想感情没有直接外露,只是通过客观地描写对象来传达了。

同时,中国古典美学中的"比兴"原则也是对艺术作品中客观和主观相统一的境界所做的集中概括。钟荣在他的《诗品》中说:"言有尽而意无穷,兴也;因无喻志,比也。"也就是说,主体通过"比兴"这种艺术形式借外物来抒发自己的感情,从而使主体情感的对象化到外物之中。简言之,所谓"比兴",就是"托物寄情",其本

---

① 北京大学哲学系美学教研室:《中国美学史资料选编》上册,中华书局,1981年。

② 北京大学哲学系美学教研室:《中国美学史资料选编》下册,中华书局,1981年。

质上也是要求主客体的和谐统一，这也是艺术的美的原创。

由以上可知，坚持美和艺术的主客观的交融与统一是中国艺术的一贯作风，也是中国美学思想的一贯的主张和传统。

（三）从艺术作品的艺术风格上来思考美

所谓风格，就是指艺术作品所表现出来的主要思想特点和艺术特点。风格不单是艺术作品的形式问题，更是其内容与形式的统一所形成的综合特点。同时，风格也是艺术家的艺术个性所在，一个艺术家的成就往往是通过他的艺术风格表现出来的。因此，在中国美学史上，对艺术家及其艺术作品的评价也往往只是用风格这一概念。

杜甫对李白诗歌的评价是："白也诗无敌，飘然思不群""嗜酒见天真"，可见天真是李白的诗在风格上的特点。

李白评价东晋王羲之的行书的风格时说："右军本清真，潇洒出风尘。""右军"是王羲之的号，可是王羲之书法的风格是飘逸洒脱。

唐朝李嗣真在他的《后品书》中评价王羲之的书法"如清风出袖，明月入怀""如松岩点黛，蓊郁而起朝云；飞泉漱玉，洒散而成暮雨"。王羲之的行书妍美流度、富于变化。正所谓："钟繇每点多异，羲之万字不同。"钟繇主要擅长隶楷，风格质朴，字与字之间的变化虽不突出，但每个字的点画之间却多有异趣。王羲之主要是写行书，这里所说的"万字不同"，就是指行书在布局、结构、用笔方面的变化。如在《兰亭序》中"之"字多次出现，每处写法都有不同；字与字之间顾盼有情、似断还连，大小、正斜均有变化；在布局上舒展宽余，显出一种潇洒的美。

唐朝颜真卿书法的风格是雄伟、大气磅礴。柳公权楷书的风格在于劲媚，即"筋骨舒挺，体势劲媚"。"颜字"丰满充实，"柳字"舒挺劲拔，古人评为"颜筋柳骨"。

我国古代对艺术的品评，如《诗品》《画品》《书品》等，都是从艺术风格上来研究美的。如唐朝司空图的《二十四诗品》就论述了诗歌的二十四种风格，如雄浑、冲淡、洗练、劲健、绮丽、自然含蓄、豪放等，各用四言韵语形象地描述了每种风格的特征。

总之，中国古代美学史上美学家们关于艺术美的研究与探讨，不仅接触到了艺术创作的关键问题，而且带有朴素的辩证法思想，这些对揭示美的本质问题是具有一定意义的。

第三节　中国当代美学界关于美的本质问题的一些主要看法

自新中国成立以后，关于美的本质问题一直是我国当代美学家探讨的重点。他们论争激烈、分歧较大，其中具有代表性的观点主要有以下几种。

一、以吕荧、高尔泰为代表的美的主观论

在美的本质问题上，吕荧、高尔泰都持主观论的态度。他们认为，美是一种观念，美在于心。他们明确主张美的主观性，反对美是一种客观存在的观点。

首先，吕荧认为美是人的一种观念，是人的社会意识。他说："美，这是人人都知道的，但是对于美的看法，并不是所有的人都相同的。同是一个东西，有的人会认为美，有的人却认为不美；甚至同一个人，他对美的看法在生活中也会发生变化，原先认为美的，后来会认为不美；原来认为不美的，后来会认为美。所以美是物在人的主观中的反映，是一种观念。美是人的一种观念，而任何精神生活的观念，都是以现实生活为基础形成的，都是社会的产物、社会的观念。"[①]在《美是什么》一文中，吕荧坚持认为"美是人的社会意识。它是社会存在的反映，第二性的现象。因此，美必须从社会科学的观点，历史唯物论的观点加以说明，不是从离开了人的自然科学观点可以得到解释的"[②]。但是，另一方面，他又认为美的观念是客观存在的，具有客观性。他说："'作为意识形态之一的美的观念，它是客观的存在；但是是在一定的社会生活中和历史条件下的客观存在，并不是离开社会和生活的客观存在。'马克思早就告诉我们，'不是人们的意识决定人们的存在，恰巧相反，正是人们的社会存在决定人们的意识'。因此，美的意识、美的观念，是由社会存在决定的。'社会存在怎样，社会物质生活条件怎样，美的观念也就会怎样。'——这就是美的观念的客观性。"[③]吕荧虽然肯定了美的观念的客观性，但是，由于他否认了美本身的客观存在性，因此，他的观点仍然是错误和充满着矛盾的。

其次，高尔泰认为，客观的美并不存在，美是欣赏者暂时附加给对象的、是人对事物的评价，美的本质就是自然的人化。高尔泰在其《论美》一文中说："有没有客观的美呢？我的回答是否定的：客观的美并不存在。"[④]他又说："美产生于美感，产生以后，就立刻溶解在美感之中，扩大和丰富了美感。由此可见，美与美感虽然

① 吕荧：《吕荧文艺与美学论集》，上海文艺出版社，1984 年。

② 吕荧：《吕荧文艺与美学论集》，上海文艺出版社，1984 年。

③ 吕荧：《吕荧文艺与美学论集》，上海文艺出版社，1984 年。

④ 四川省社会科学院文学研究所：《中国当代美学论文选》第 1 集，重庆出版社，1984 年。

体现在人物双方，但是绝不可能把它们割裂开来。美，只要人感受到它，它就存在，不被人感受到，它就不存在。要想超越美感地去研究美，事实上是完全不可能。超美感的美是不存在的，任何想要给美以一种客观性的企图就是与科学相违背的。如果一定要把美说成是物的属性，得加上一个注解：这属性是欣赏者暂时附加给对象的。”①

同时，他还说：“大自然给予蛤蟆的，比之给予黄莺和蝴蝶的，并不缺少什么，但是蛤蟆没有黄莺和蝴蝶所具有的那种所谓‘美’，原因只有一个：人觉得它是不美的。在这个例证中，美的主观性就充分显现出来了……‘美’是人对事物自发的评价。离开了人，离开了人的主观，就没有美。”②他总结道：“由此可见，美底本质，就是自然之人化。”③由此我们可以看出，高尔泰充分认识到了美与人的关系，这是值得肯定的，但是由于他坚持反对美的客观性，所以他的美的观点又是有缺陷的、片面的。

二、以蔡仪为代表的美的客观论

蔡仪在美的本质上持客观论的态度。

首先，他认为美是客观的，客观事物的美即存在于客观事物本身。蔡仪说：“我们认为美是客观的，不是主观的；美的事物之所以美，是在于这事物本身，不在于我们的意识作用。但是客观的美是可以为我们的意识所反映，是可以引起我们的美感。”④“物的形象是不依赖于鉴赏的人而存在的，物的形象的美也是不依赖于鉴赏的人而存在的。”⑤“我认为有社会事物的美，它的美就在于客观的社会事物本身，这美就是客观的，就是不依赖于鉴赏的人的主观意识而存在的，却未必是不依赖于社会关系而存在的，也未必是超时代、民族、阶级的。”⑥在美的本质问题上，蔡仪始终坚持美的客观性。

其次，蔡仪还认为美的本质就是事物的典型性，美的东西就是典型的东西。蔡仪说：“我们认为美的东西就是典型的东西，就是个别之中显现着一般的东西；美的本质就是事物的典型性，就是个别之中显现着的种类的一般。”⑦“美的事物是个别性显著地表现着一般性、必然性，具体现象显著地表现着它的本质、规律的典型事物；美的本质就是事物的典型性，就是事物的个别性显著地表现着它的本质、

---

① 四川省社会科学院文学研究所：《中国当代美学论文选》第1集，重庆出版社，1984年。

② 四川省社会科学院文学研究所：《中国当代美学论文选》第1集，重庆出版社，1984年。

③ 四川省社会科学院文学研究所：《中国当代美学论文选》第1集，重庆出版社，1984年。

④ 蔡仪：《美学论著初编》，上海文艺出版社，1982年。

⑤ 四川省社会科学院文学研究所：《中国当代美学论文选》第1集，重庆出版社，1984年。

⑥ 蔡仪：《美学论著初编》，上海文艺出版社，1982年。

⑦ 蔡仪：《美学论著初编》，上海文艺出版社，1982年。

规律或一般性。”[①]也就是说，美的本质和根源在于事物的典型性。

总之，蔡仪的上述观点坚持了唯物主义的美的客观立场，这是其正确之处。对此，李泽厚和朱光潜等人都做了肯定，说蔡仪“企图从正确的地方出发”及“谨守唯物的路向”。但是，蔡仪在美的本质问题上的唯物主义观点正如李泽厚所言，是“静观的唯物主义”，是“旧唯物主义”。因为蔡仪为了绝对肯定美的客观性、不给唯心主义留下可乘之机，完全否定了美与人的关系。他说：“关于自然事物的美的观念的内容则不是属于人类的，而是属于自然的。”可以说，在美的本质问题上，蔡仪没有看到美的客观性与社会性的内在一致性，并用客观性否定了社会性。所以李泽厚说他是脱离了“人的革命实践，脱离了有血有肉的社会生活，而来静观地由现实事物考察美，这就是必然不能历史地了解和把握现实事物，必然走上抽象的形而上学道路”[②]。至于“美是典型”这一观点是很难得到普遍认可的，将其作为美的本质会受到很多反驳，如吕荧就曾反问道：“典型的反动地主、典型的帝国主义分子是不是美的？”事实上，作为个别性与一般性相统一、个别性中显现着一般性的典型并不仅限于美的事物。

三、朱光潜的美的主客观统一论

在美的本质上，朱光潜持美的主客观统一的观点。其具体内容如下。

他认为美不仅在物，亦不仅在心，在心与物的关系上。他说：“‘美不仅在物，亦不仅在心，它在心与物的关系方面。’如果活到此为止，我至今对于美还是这样想，还是认为要解决美的问题，必须达到主观与客观的统一。”[③]“美感的对象是‘物的形象’而不是‘物’本身。‘物的形象’是‘物’在人的既定的主观条件（如意识形态、情趣等）的影响下反映于人的意识的结果，所以只是一种知识形式。在这个反映的关系上，物是第一性的，物的形象是第二性的。但是这‘物的形象’在形成之中就成了认识的对象，就其为对象来说，它也可以叫作‘物’不过这个‘物’（姑简称物乙）不同于原来产生形象的那‘物’（姑简称物甲），物甲是自然物，物乙是自然物的客观条件加上人的主观条件的影响而产生的，所以已经不单纯是自然物，而是夹杂着人的主观成分的物，换句话说，已经是社会的物了。”“物甲是自然存在的，纯粹客观的，它具有某些条件可以产生美的形象（物乙）。这物乙之所以产生，却不单靠物甲的客观条件，还须加上人的主观条件的影响，所以是主观与客观的统一。”[④]“如果给‘美’下一个定义，我们可以说，美是客观方面某些事物、性质和形状

① 蔡仪：《美学论著初编》，上海文艺出版社，1982年。

② 李泽厚：《李泽厚哲学美学文选》，湖南人民出版社，1985年。

③ 朱光潜：《朱光潜美学文集》第3卷，上海文艺出版社，1983年。

④ 朱光潜：《朱光潜美学文集》第3卷，上海文艺出版社，1983年。

适合主观方面意识形态，可以交融在一起而成为一个完整形象的那种特质。”[①]由此，他也认为美是自然性与社会性的统一。

朱光潜认为，美不仅是客观世界的反映，也是主观世界的反映，美是社会意识形态性的。他说：“美是属于意识形态的，只有这个意义的美才是美学的意义的美，也只有这个意义的美才表现出矛盾的统一，即自然性（感觉素材、美的条件）与社会性（意识形态、美的条件）的统一、客观与主观的统一。”[②]“我认为任何自然状态的东西，包括未经认识与体会的艺术品在内，都还没有美学意义的美……凡是未经意识形态起作用的东西都不是美，都还只能是美的条件。”[③]“我提出了‘美是主观与客观的统一’，认为一些主观因素（如世界观、阶级意识、生活经验、文化修养等）能影响人对于美的感觉，对于美的理想；由于人改变世界（包括艺术创作在内）要根据这种美的理想，所以美不但是客观世界的反映，也是主观世界的反映。这就是说，美是社会意识形态的，有时代性，有民族性，有阶级性的。”[④]

朱光潜认为“艺术是美的集中表现”。他说：“艺术成品的美才真正是美学意义的美。”“美学意义的‘美’是意识形态性的”，是自然性与社会性、主观与客观的统一。而艺术是一种社会意识形态，是第二性的，是主客观的统一，所以朱光潜认为“美是艺术的一种必不可少的特性”，“艺术是美的集中表现”。

虽然朱光潜提出了美的主客观统一说，但总的来看，他的美学思想仍然是偏向于主观的，如他说的“美不可能是自然物的属性”“美是第二性的”等观点，都说明他的美学观是主观主义的，而不是唯物主义的。

四、李泽厚的美的客观性与社会性相统一的美论

在美的本质问题上，李泽厚认为：“美一方面既不能脱离人类社会，另一方面却又是能独立于人类主观意识之外的客观存在。”美是社会性与客观性的统一。“美，与善一样，都只是人类社会实践的产物，它们都只对人、对人类社会才有意义。在人类以前，宇宙太空无所谓美、丑，就正如当时无所谓善、恶一样。美是人类的社会生活，美是现实生活中那些包含着社会发展的本质、规律和思想而用感官可以直接感知的具体的社会形象和自然形象。”[⑤]即自然美也同样是因其所包含的社会内容才具有美的特征和属性的。他举例说，我国国旗的美，正是由于它代表了新中国。李泽厚的观点得到了大多数人的赞同，但也有人提出了批评。蔡仪

---

① 朱光潜：《朱光潜美学文集》第3卷，上海文艺出版社，1983年。

② 朱光潜：《朱光潜美学文集》第3卷，上海文艺出版社，1983年。

③ 朱光潜：《朱光潜美学文集》第3卷，上海文艺出版社，1983年。

④ 朱光潜：《朱光潜美学文集》第3卷，上海文艺出版社，1983年。

⑤ 李泽厚：《美学论集》，上海文艺出版社，1980年。

认为李泽厚把自然事物纳入了社会事物的范畴，从根本上否定了自然美的存在，是唯心主义的；朱光潜则认为李泽厚把人抛开而讲事物的社会性，如同演哈姆雷特的悲剧而把哈姆雷特抛开一样，事物的社会性只能是指事物对于社会的人的意义和价值。但是李泽厚能从辩证唯物主义的高度来解释美的问题，其观点又是有很大的合理性和正确性的。

第四节　美的本质

从美学史上对美的分析可以看出，美的本质是一个十分复杂的问题，我们要想弄清它的本质，就必须全面分析和了解与其有关的各个方面的内容。

一、美是一种社会现象

美是一种社会现象，是依存于人类社会的一种价值。离开了人类社会，就无法说明美。

首先，在人类社会出现以前没有美的存在，美是人类社会发展到一定阶段的产物。无人的自然界是先于人类社会而存在的。在人类社会出现以前，自然界只是自生自灭、自我发展，它不是对象性的存在物，也不具备对象性的价值，因此，它也就无所谓美或丑。同时，在人类社会的初期，在人类刚刚脱离动物的蒙昧时代，广大的自然界也无所谓美。马克思曾指出："自然界起初是作为一种完全异己的，有无限威力的和不可制服的力量与人们对立的，人们同它的关系完全像动物同它的关系一样，人们就像牲畜一样服从它的权利。"[①]在这种人与自然极端对立的关系中，自然界完全是人的一种恐怖对象，而不是一种美的对象。《淮南子·览冥训》中曾形象地描绘了这种对立所造成的恐怖："往古之时，四极废，九州裂，天不兼复，地不周载。火爁炎而不灭，水浩洋而不息。猛兽食颛民，鸷鸟攫老弱。"在这样恐怖的世界中，哪里有美可言。美是随着社会的发展，在人与现实发生审美关系的过程中产生的。美是对于人而言的，它不是自然现象，而是一种社会现象。

其次，美是人类特有的审美对象，人是审美的主体，动物不具有美感。鲁迅先生说过："并非人为美而存在，乃是美为人而存在的。"美离不开人，美是对人而言的，我们不能离开人类谈美。

大量事实及科学实验证明，动物不具有美感，只有人才能欣赏美，美只有对人才有价值。人是一种高等动物，是社会性的动物，人远远超越于动物。但是人又

---

① 中共中央马克思恩格斯列宁斯大林著作编译局：《马克思恩格斯选集》第一卷，人民出版社，1972 年。

出自于动物，人与动物又有某些共性。正如恩格斯所说："人来源于动物界这一事实，已经决定人永远不能完全摆脱兽性，所以问题永远只能在于摆脱得多些或少些，在于兽性或人性程度上的差异。"[①]正是这样的原因，一些人推测其他动物也可能具有人所具有的能力。《庄子・秋水篇》中记载："庄子与惠子游于濠梁之上。庄子曰：'儵鱼出游从容，是鱼之乐也。'惠子曰：'子非鱼，安知鱼之乐？'庄子曰：'子非我，安知我不知鱼之乐？'"庄子就认为鱼和人一样有感情。泛神论思想、艺术的拟人化手法支持着人的这些猜测。由此，人们设想动物和人一样都能够审美、欣赏美。进化论者达尔文认为，昆虫、鱼类、鸟类、哺乳动物都会欣赏美，都能产生美感。如他对鸟类的分析："如果我们看到一只雄鸟在雌鸟之前尽心竭力地炫耀它的漂亮的羽衣或华丽颜色，同时没有这样装饰的其他鸟类却不进行这样的炫耀，那就不可能怀疑雌鸟对其雄鸟配偶的美是赞赏的。"他还认为，这种美不仅表现为自身的装饰，还表现在动物的各种叫声和动作上，甚至超出动物自身以外，如澳洲等地的造亭鸟，其所造之亭用羽毛、贝壳、骨类、树叶等物做装饰，和人的建筑艺术一样追求美。甚至一些动物为了美观不惜损害自己的身体，如孔雀等。达尔文由此得出结论，不仅动物界中存在着美，而且动物和人一样也会欣赏美，甚至它们的审美能力有时还会超出某些人种。

事实上，动物是不具有美感的。孔雀开屏、百灵婉转，只不过是它们的一种本能活动，是由一种纯粹生理因素的自发作用产生的，根本不是审美活动。动物之所以对"美"发生兴趣，不是由于美，而是由于其他原因。第一，是出于性选择的需要。植物开花需要借助风和昆虫传递花粉，动物美丽的羽毛和美妙的叫声只不过是为了吸引同类中的异性。它们既不会欣赏优美的自然风光，也不会欣赏人间可歌可泣的英雄人物。法国启蒙运动时期三大领袖人物之一的伏尔泰曾尖锐地指出："如果你问一个雄癞蛤蟆，美是什么？它会回答说，美就是它的雌癞蛤蟆，两只大眼睛从小脑袋里突出来，颈项宽大而平滑，黄肚皮，褐色脊背。"这说明动物只是由于性的需要去关心同类中的异性。第二，是出于其他的生理需要。如一头牛欢快地奔跑向一片青草地，并不是它感到了美，而是它看到了可食用的青草。再如安全、保暖等，造亭鸟美丽的窝巢也不是为了审美，而是为了安全、保暖等生理需要。因此，动物是不具有美感的，只有人才是审美的主体，美是相对于人而言的。

那么，为什么说只有人才是审美的主体，美是相对人而言的呢？或者说，为什么说只有人类社会才有美呢？我们知道，人的生命活动是有意识的。因为有意识，所以人不仅能认识到自身的主体地位，而且还能认识到主客体之间建立起的各种复杂的关系。这些关系有的是实用性的，意在满足生理的物质需要；有的是伦理性的，意在满足群体的社会需要。所有这些关系都是外在的，带有强制性，是

---

① 恩格斯：《反杜林论》，人民出版社，1999年。

不自由的。而人与客体所拥有的审美关系，意在满足主体的精神需要，它是超功利、非强制性且自由的，它往往带有欣赏的、令人解放的性质，美就诞生于这种自由性的审美关系之中。所以说，美不在于自然而在于人，美不是自然现象，而是社会现象。

二、人的本质和社会生活的本质

美离不开人、离不开人的社会生活，因此美的本质也离不开人的本质、生活的本质，所以人的本质、生活的本质决定了美的本质。那么人的本质、生活的本质又是什么呢？

马克思说："人的类特性恰恰就是自由的自觉的活动。"[①]马克思认为，人是"类的存在物"，但是"类的存在物"不只是人，动物也有"类"，动物也是"类的存在物"，且人的"类"和动物的"类"有着本质区别。马克思说，人"具有自然力、生命力，是能动的自然存在物"[②]。也就是说，作为"类的存在物"，人不仅是物质的存在物，而且还是能动的、自觉的精神存在物，这是人的"类"和动物的"类"的根本区别。

所谓能动的、自觉的精神存在物，是指人的存在是有意识的，人不仅有意识，而且还有自我意识，人的自我意识不仅能将人与自然界区分开来，而且还能将个体的存在与群体的存在区分开来。人的自我意识使人具有自觉性，而人的自觉性包含着对人自身的自觉意识和对人自身活动的自觉意识，"他自己的生活对他是对象。仅仅由于这一点，他的活动才是自由的活动"[③]。所以说，人的自我意识的实现的最高层次是自由，人因为自觉而自由。

自由是人的最高追求目标，也是人最高价值的体现。所谓自由，它主要包括两个方面的含义：一是精神自由；二是活动自由。精神自由是指人的意识的能动性和超现实性，人的意识虽然也受社会、自然诸多条件的限制，但是相对于人的现实活动来说，人的意识的自觉性和自主性使其更具有自由的特性。而活动自由则是指，人依赖于精神自由并通过自觉的意识活动，认识、掌握自然规律，并借助现实活动，使自然规律合乎人的目的性，同时也使人的目的性合乎自然的规律性。这种自由是现实的，它表现在现实生活中，具有强烈的功利性；这种自由是以人的精神自由为基础的，是人的精神的自由，给人带来现实活动的自由。因此说，既然人与动物的主要区别是精神存在物，而作为精神存在物所具有的自由的活动就是

① 中共中央马克思恩格斯列宁斯大林著作编译局：《马克思恩格斯全集》第 42 卷，人民出版社，1985 年。

② 中共中央马克思恩格斯列宁斯大林著作编译局：《马克思恩格斯全集》第 42 卷，人民出版社，1985 年。

③ 中共中央马克思恩格斯列宁斯大林著作编译局：《马克思恩格斯全集》第 42 卷，人民出版社，1985 年。

人和动物的主要区别，是人的“类”的特性。那么自由的活动又是什么呢？自由的活动是由人的自由创造出来的，也就是人的社会实践活动。

马克思又说：“人的本质并不是单个人所固有的抽象物，在其现实性上，它是一切社会关系的总和。”[①]马克思认为，从人的本身来看，人不是“单个人所固有的抽象物”，不是生物学上的人，而是“一切社会关系的总和”。每个人都处在一定的社会关系中，并从属于一定的社会形式。人的本质是社会实践、是生产劳动，而人类的生产劳动本身就是一种社会性的活动，人类的生产劳动只有在一定的人与人之间的关系（即社会关系）的制约下，才能有效地进行。因此，人的本质不仅要以生产劳动为基础，而且还要通过动态的社会关系表现出来。也就是说，人类的生产劳动是有意识的、有目的的活动，它从一开始就是社会的实践，是在一定的社会关系下进行的。离开了人的社会关系去谈人的“自由创造”，便会陷入抽象的研究之中。

人是社会生活中的人，社会生活是人的社会生活。对社会生活本质的理解，必然联系到人的本质，因为社会生活是人类所特有的生活。人在一定的社会关系中从事实践活动、自由创造，这既体现了人的本质，也体现了生活的基本内容。所以，马克思说：“社会生活在本质上是实践的”[②]。

三、美的根源在于实践中的自由创造

自由创造是社会实践中的劳动创造。所谓自由，就是人们对客观必然性的认识与把握，是人们认识了客观规律而又能利用客观规律去实现人的目的和要求的人的主观能动性。自由是合规律、合目的的自由，自由创造也就是合规律、合目的的自由创造。在人类历史过程中，自由创造的必然结果就是创造了美，美的事物之所以能引起人的美感，就是因为其中包含一种最可贵的品质——实践中的自由创造。那么，为什么说自由创造是最可贵的品质呢？

一是，自由创造不仅为人类创造了物质财富，而且还为人类创造了精神财富，从而满足了人类社会生活中人的基本需要——物质需要和精神需要。在人类的社会生活中，人的物质需要固然重要，但人的精神需要也不可忽视。人没有了精神需要就没有了活力，人类社会没有了精神需要也就没有了生机。精神需要是人和社会的最强大的生命力。任何一个社会和时代都是由其强大的精神力量在支撑并推动着向前发展的。

---

① 中共中央马克思恩格斯列宁斯大林著作编译局：《马克思恩格斯选集》第一卷，人民出版社，1972年。

② 中共中央马克思恩格斯列宁斯大林著作编译局：《马克思恩格斯选集》第一卷，人民出版社，1972年。

二是，自由创造推动了历史的发展，没有创造就没有人类历史的发展。社会生活中的一切都与创造相关。人类社会总是在继承以往发展的全部丰富性的基础上不断创新、向前发展的。

三是，自由创造体现了人类的智慧、勇敢、灵巧、力量等品质，这些品质都能为人所欣赏和赞美。创造不仅是智慧的花朵，而且表现了人的坚毅、勇敢等品质。真正的创造是艰苦的劳动，是需要人的勇气和坚毅的。实践中的自由创造是人类最可贵的品质，这一最可贵的品质的表现形式就是美，所以马克思说“劳动创造了美”。

四、在社会实践中如何产生了美

美是在劳动中、在人类的社会实践中自由创造的结果，那么，美如何在劳动中产生呢？自由创造如何创造了美呢？

作为人类社会实践最基本的活动的生产劳动，本来就是一种自觉的、有意识有目的的活动。第一，人类的生产劳动是从制造生产工具开始的。动物也生产，但动物生产是产生它或它的幼仔所直接需要的东西，它不会制造生产工具，它的生产是片面的，只能被动地适应于自然并受制于自然。而人类的生产则不同，人类的生产不仅能适应于自然，而且还能改造自然，使自然为自己的目的服务。这是人类生产与动物生产最根本的区别。恩格斯曾在比较猿手与人手的不同时说，在骨节和筋肉的数目和一般排列方面，两者是相同的，然而任何一只猿手都不曾制造哪怕是一把最粗笨的石刀。[①] 由于人类会制造生产工具，所以人不仅能改造自然，而且能让自然为自己的目的服务。正如恩格斯所说：“动物仅仅利用外部自然界，简单地通过自身的存在在自然界中引起变化；而人则通过他所作出的改变来使自然界为自己的目的服务，来支配自然界。”[②]这就是说，人类的生产表现为一种有意识、有目的的自觉活动，也就是自由创造。第二，人类的生产劳动表现为一种有意识、有目的的创造活动。“有意识的生命活动把人同动物的生命活动直接区别开来。正是由于这一点，人才是类的存在物。”[③]动物的生产活动是一种无意识的本能活动，而人的生产活动则是在人的意识的自觉中进行的，是有意识、有目的的活动。马克思曾说：“最蹩脚的建筑师从一开始就比最灵巧的蜜蜂高明的地方，是他在用蜂蜡建筑蜂房以前，已经在自己的头脑中把它建成了，劳动过程结束

① 中共中央马克思恩格斯列宁斯大林著作编译局：《马克思恩格斯选集》第四卷，人民出版社，1972年。

② 中共中央马克思恩格斯列宁斯大林著作编译局：《马克思恩格斯选集》第四卷，人民出版社，1972年。

③ 中共中央马克思恩格斯列宁斯大林著作编译局：《1844年经济学哲学手稿》，人民出版社，1985年。

时得到的结果，在这个过程开始时就已经在劳动者的表象中存在着，即已观念地存在着。他不仅使自然物发生形式变化，同时他还在自然物中实现自己的目的。”[①]正因为建筑师在用蜂蜡建筑蜂房以前就已经把它在头脑里建成了，所以人能根据具体情况的改变和发展，相应地改变设计的蓝图和提高建筑蜂房的工作效率，这是动物做不到的，人则能在劳动过程结束以前随时改变劳动的设计蓝图。这一切都说明了有意识、有目的的生产活动是人类区别于动物的根本特征。而且，随着社会实践的发展、人类对自然规律的了解增多，人们在生产中的目的性、自觉性也在不断发展。人们不仅可以从眼前局部的利益确定自己的活动目的、计划，而且还可以从长远的整体利益来考虑自己的目的、计划。“人离动物越远，他们对自然界的作用就越带有经过事先思考的、有计划的、向着一定的和事先知道的目标前进的特征”。[②] 所以在生产活动中，人类的有意识、有目的的活动总是把人类作为一种自由创造的主体出现的。

人类有意识、有目的的生产活动必然在其生产物上打上人的意志的烙印。在改造自然界时，人类在其生产活动中总是按照预先想好的目的、计划去积极地改造自然界，因此也总能在自然界的自然物上引起一个预定的变化，并且经过这个变化，自然物成为与人类目的相适应的自然物。同时，由于这个自然物的自然形态的变化是由人的目的所引起的，所以自然物的自然形态的变化必打上人的意志的烙印，表现着人的目的和人改造自然的创造力量。人类创造的对象既是人的作品，也是人的现实、是人自身的对象化和肯定。

人类的自觉的生产活动使人类能够在对象世界中直观自身。人们生产活动的结果是劳动产品，劳动产品不仅能够满足人类的生活需要，而且还能使人类在它的静的存在形态、感性的形式特征和状貌中看到人类的创造活动，看到作为自由创造的人的自身力量、智慧与才能。“在他所创造的世界中直观自身。”[③]如世界建筑史上“七大奇迹”之首的埃及金字塔，历经五千年的风风雨雨，依然能傲视长空巍峨壮观。我们可以从其中看到古埃及人不尽的智慧。据测算，胡夫大金字塔是由 230 万块石块砌成的，最大的石块重约 10 吨。那时，古埃及人还没有现代化的工具，那么巨大的石料，他们是怎么开采、怎么搬运的呢？另外，大金字塔内那件陈放法老灵柩的墓室，其尺寸比例为 3∶4∶5，这个比例正好是直角三角形的勾股定理公式。公式的发明人是古希腊的哲学家毕达哥拉斯。而毕达哥拉斯诞生时，金字塔早已建好两千多年。还有，大金字塔的选址也颇有意味，子午线正好从

---

① 中共中央马克思恩格斯列宁斯大林著作编译局：《马克思恩格斯选集》第四卷，人民出版社，1972 年。

② 中共中央马克思恩格斯列宁斯大林著作编译局：《马克思恩格斯选集》第四卷，人民出版社，1972 年。

③ 中共中央马克思恩格斯列宁斯大林著作编译局：《1844 年经济学哲学手稿》，人民出版社，2002 年。

金字塔中心穿过,也就是说它坐落在子午线的中间。这似乎可以了解金字塔的建造者为什么要选择这块独特的岩石地带作为塔址了。随着时间的推移,越来越多的学者发现,金字塔有着挖掘不尽的科学含义。法国人鲍比发现金字塔具有一种神秘的力量。在塔内,温度很高,但残留于塔内的生物遗体却不腐烂,反而会脱水变干,保存久远,这非常不可思议。意大利的学者还发现,长时间在塔内停留,会使人的精神失调、意识模糊。不少游客到塔内参观,时间长了也会有这种感觉。学者们认为,这就是所谓的金字塔的力量在发生作用。于是,有人就别出心裁地制作金字塔模型来进行研究,结果发现,按金字塔比例缩小的金字塔模型,同样也会产生一种神秘的力量,也能产生与实体内部相似的效用。同样的食物,如鸡蛋、肉、奶等放在模型内,发现并未变质,而在模型外的却已经变质了。科学家们经过多次实验确定,金字塔确实拥有一种神奇的力量,它具有明显的杀菌和防腐的效用。可是,这种神奇的力量来自哪里呢?科学家们百思不得其解。更让人们感到惊奇的是,古埃及人早在五千年前就已经发现和利用了这一神奇的力量,可见人类的智慧令人叹为观止。直到今天,我们还能从金字塔中看到和发现古埃及人的智慧和才能,这就是人类在实践活动中形成和发展起来的"直观自身"的能力。正因为人有这种"直观自身"的能力,并能在自己创造的对象中"直观自身",即看到人类的自由创造和看到人类的目的、理想与人类的力量、智慧和才能的实现,因而人才能在对象世界中感到自由创造是珍贵的、令人喜悦的。当对象以表现创造活动内容的感性形式特征而引起人的无比喜悦时,这个对象就被称为美。所以说,美是什么?美就是人的自由创造的形象的生动表现。

五、美是人的本质力量的对象化

人的本质是实践中的自由创造,人通过自由创造实现了自己的本质,并把自己的本质力量转化和凝固到对象性的实践产物上。于是,人们就在这些实践产物、生产产品上直观自身,直观到了人类的智慧和本质力量,并产生愉悦和美感,所以我们说美是人的本质力量的对象化。美是人的本质力量的对象化具体表现在以下几个方面。

(一)美是生动具体的形象

美的事物和现象总是以一定的感性存在形态呈现出来,是生动的、具体的,是人们凭感官就可以直接感受到的。不论是自然美、社会美,还是艺术美它们在内容和形式上都是统一的,都有一种感性的具体形态,它们的内容都要通过由一定的色、声、形等物质材料所构成的外在形式表现出来。任何抽象的概念、道理以及各种各样的科学定义、公式,可以是非常正确的,甚至可以是适用范围相当广阔的真理，但却不能成为通常意义上的审美对象。如我们说花是美的，总是指具体的花，而不是抽象的花，它的美必须通过花瓣、花蕊、花茎以及花的各种颜色表现出来。如果离开这些由物质材料所构成的感性形式，花就成为一个抽象的概念，那就谈不上美与不美。又如，宋玉在他的《登徒子好色赋》中曾描绘过一个美人的形象，如果他只写“天下之佳人，莫若楚国；楚国之丽者，莫若臣里；臣里之美者，莫若臣东家之子”，那么这位“东家之子”的美是抽象的。只有写了“增之一分则太长，减之一分则太短，着粉则太白，施朱则太赤。眉如翠羽，肌如白雪，腰如束素，齿如含贝。嫣然一笑，惑阳城，迷下蔡”，“东家之子”的美才具体地显现出来。平时，我们总是用“栩栩如生”这几个字来赞誉优秀的文艺作品所塑造的形象，就是因为它描述的形象非常的生动、具体。一部作品，如果没有鲜明独特的形象，只有抽象的思想或道德观念，那么，不论它表达得多么正确、深刻，也不可能是美的。

由于事物的美总是存在于具体的感性形式之中，离开特定的感性形式，美就无所依傍。所以，人们在探讨美的本质时，往往容易脱离具体的社会历史条件和对象特定的内容，把注意力集中在某种纯粹的物质形式上，以为美就是事物的自然形式或形式的规律。古希腊的毕达哥拉斯学派就是最早从事物的形式中去寻找美的代表。他们认为，美就是形式各部分之间的对称、和谐和适当的比例完全可以用严格的“数”来加以表达。在这种观点的影响下，有人认为圆形和球形是最美的形体，有人认为曲线是最美的线条等。这种观点仅仅把美归结为单纯的物质形式，将其看成是一种可以脱离社会而存在的自然现象，显然是不科学的。

18 世纪的英国美学家博克曾指出，美的形态是多种多样的，如果用一种固定的比例来硬套丰富多彩的美的事物，显然是行不通的。他说：“天鹅是众所公认的一种美丽的鸟，它的颈部就比它身体其余部分长，而它的尾巴却非常短。这是否是一种美的比例？我们必须承认这是一种美的比例。但是另一方面关于孔雀我们将怎么说呢？孔雀的颈部是比较短的，而它的尾巴却比颈部和身体其余部分加在一起还要长。有多少种鸟都和这些标准以及你所规定的其他任何一个标准有着极大的不同，有着不同的而且往往正相反的比例！然而其中许多种鸟都是非常美的。”[①]这对单纯从事物的形式来探讨美的本质的观点的批评是相当深刻的。

但毋庸置疑，作为人的本质力量的对象化的美需要一定的对象来表现，美总是不能离开一定的物质形式的，美是生动具体的形象。

（二）美是人的本质力量的对象化

现实中，事物的形象是丰富多彩、无限多样的，但并不是所有的形象都是美

---

① 中国社会科学院文学研究所：《古典文艺理论译丛》第 5 集，知识产权出版社，2010 年。

的。只有那些通过人的实践“而成为人的现实，因而成为人自己的本质力量的现实”[①]，成为人的自我实现和自我关照的对象的形象才是美的，也就是说美是人的本质力量的对象化。

所谓对象化，就是在人与现实中的各种对象的关系中，人通过自由创造的方式把自己的本质力量融化和注入对象中去，从而使人成为对象化的人，使对象成为人化的对象，即马克思所说的“人化的自然”或“自然的人化”。在人类的历史中，人类的一切产品都是人的本质力量对象化的结果。那么所有的人的本质力量的对象化的产品都是美的吗？事实证明，并不是这样。为什么呢？这当然是由人的本质的复杂性所决定的。马克思指出：“人的本质不是单人所固有的抽象物，在其现实性上，它是一切社会关系的总和。”[②]人是处于复杂的社会关系中的，因此人的本质必然表现得复杂。人的创造性本质在现实上的表现也具有复杂的社会意义。就其社会意义而言，人的创造性本质可以有两种基本表现。其一是人的创造性本质是表现在有积极意义的社会活动中，并对象化到劳动产品中去的，这种本质力量的对象化就是美的。如人们对自然的征服与改造、人创造的有利于人类社会的物质产品以及反映这种现实的艺术作品等都是美的。其二是人的创造性本质是表现在具有消极意义的社会活动并对象化到其产品中的，这种本质力量的对象化就是不美的。如一些落后、反动，甚至腐朽的阶级或人物的活动及其创造物，虽然能体现人的自由创造的本质，但这并不是美的。因此，美不是人的本质力量的一般的对象化，而是一种带有积极的社会意义的、特殊的对象化。

另外，人的本质力量的对象化还有一个是否充分的问题，即在对象化过程中，人的本质力量是否得到了充分的实现，换句话说，也就是对象化的产品是否充分体现了人的本质力量。衡量充分性的标准有：第一，历史性标准。人的创造性的本质是在历史过程中不断发展的，这个发展过程是从简单到复杂、从低级到高级的发展过程。因此，人在每一历史阶段的创造性能力是不同的。我们在衡量事物是否充分地体现了人的本质力量时，就要运用历史的标准做历史考察，只要事物能够充分体现当时历史条件下人的创造能力，那它就是美的，反之就是不美的。第二，社会性标准。某一产品是某个人或某些人创造出来的，这一产品体现了某个人或某些人作为人的本质力量，但是事物的美与不美，不能以是否充分体现了某个人或某些人的本质力量为标准，而应当以当时社会的一般性的本质力量为标准来衡量，所以一些产品虽然是某个人或某些人尽了最大的努力，并体现出其最大程度的创造性，但由于其没有达到本质力量的社会性的一般水平，因此它们仍

---

① 中共中央马克思恩格斯列宁斯大林著作编译局：《1844年经济学哲学手稿》，人民出版社，2002年。

② 中共中央马克思恩格斯列宁斯大林著作编译局：《马克思恩格斯选集》第一卷，人民出版社，1972年。

然是不美的。第三，现实性标准。现实性标准是指在当时具体的环境与条件下，美能最大程度地发挥人的创造性本质。从某种意义上来说，这也是人的本质力量的充分体现。人的本质力量对象化的充分程度，往往决定着创造物美的程度。对象化越充分，美的程度就越高，反之就越低。

综上所述，美的本质是人的本质力量积极的、充分的对象化。

第三章　审美发生论

审美意识是一种社会意识形态，是作为审美主体的人对审美客体的一种能动的反映，是人们对美的一切思想、认识和观念的总和，包括人的审美理想、审美趣味、审美修养和审美能力等方面的内容。审美意识是美学的基本问题之一，如果要对美的本质问题进行思考，就必须对审美意识的有关问题加以研究，这是每一个学习和研究美学问题的人所要解决的基本问题。

第一节　审美意识产生的基本条件

从历史唯物主义的角度来看，审美意识的发生有两个基本条件：自然的力量、社会的文明。审美意识是由二者的相互作用孕育出来的。

一、自然的力量

大自然具有无穷的力量，它不仅造就了无限的宇宙，而且造就了宇宙中变幻莫测的万事万物，如日月星辰、花草树木、飞禽走兽等。它们无一不精、无一不奇、无一不美，正如美国美学家吉尔伯特和德国美学家库恩所说的那样："宇宙——美的源泉"①。大自然作为人类最丰富的客观对象世界，刺激了人类的神经，激发了人类的审美欲望，孕育了人的审美意识。

同时，人作为审美的主体、审美意识的载体，其生命的基本存在方式——生物，也是出自自然的。从人的自然属性来看，人是自然的产物，是从动物发展而来的，人的生理结构和心理结构都具有自然属性，人的身上至今仍保持着其他动物身上所共有的一些习性，如一些基本的生理本能的欲望和反应等。但是，决定的人来源于动物却超越于动物是由自然的伟大力量决定的。对人来说，其前身为类人猿，类人猿能发展成人的根本原因就在于自然为类人猿准备了比其他生物优越

① 凯·埃·吉尔伯特等著，夏乾丰译：《美学史》，上海译文出版社，1989年。

得多的物质生理基础，如较为复杂且发达的大脑、灵活的四肢、各种完备的感觉器官以及完善的神经系统等，这一切都为审美意识——这种人类高级的意识形态的发生，提供了良好的物质条件和基础。亚里士多德曾说："爱美是人的天性。"也就是说，人有爱美的天性，天生就具有审美的意识，具有一种本能性的审美欲望，如婴儿生下来不久就对鲜艳的色彩、美妙的音乐感兴趣。正如挪威的音乐学家让·罗尔·布约克沃尔德所说的那样："人类的每一成员都与生俱来的有一种伟大的创造性力量——有着本能的缪斯。本能的缪斯是人类生存和人类自我意识的基本源头。"[①]所谓"本能的缪斯"，就是指人类对艺术、对美的本能的兴趣和意识。这种本能的审美兴趣、愿望和意识来自哪里？这些都来自于大自然的伟大力量所馈赠给人类的一份无比优越的天赋能力，大自然的伟大创生能力是人类审美意识的基础和根源。

二、社会的文明

社会的文明是审美意识产生的重要原因。社会的文明应包含两个方面的内容：一方面是自然的人化，另一方面是人的"人文"化。

（一）自然的人化

自然的人化是黑格尔最早提出来而最终被马克思改造的一个哲学概念。黑格尔所说的自然的人化是自然的精神化，马克思所说的自然的人化则是指通过人的生产实践劳动而使自然发生根本性的变化并打上人的意志烙印。马克思认为，生产劳动是一种自觉的、有意识的、有目的的活动。首先，人类的生产劳动是从制造生产工具开始的。动物也生产，但它不会制造生产工具，只能被动地适应于自然、受制于自然。而由于人类会制造和使用工具，所以人类的生产不仅能适应自然，而且还会主动地改造自然，使自然为其目的服务，这是人类生产与动物生产的根本区别。正如恩格斯所说："动物仅仅利用外部自然界，简单地通过自身的存在来在自然界中引起变化；而人则通过他所作出的改变来使自然界为自己的目的服务，来支配自然界。"[②]这就是说，人类生产表现为一种有意识的、有目的的自觉活动。其次，"劳动过程结束时得到的结果，在这个过程开始时就已经在劳动者的表象中存在着，即已经观念地存在着"[③]。不论是建造一座工厂，还是建造一座房屋，

---

① 让·罗尔·布约克沃尔德著，王毅等译：《本能的缪斯——激活潜在的艺术灵性》，上海人民出版社，1997年。

② 中共中央马克思恩格斯列宁斯大林著作编译局：《马克思恩格斯选集》第四卷，人民出版社，1972年。

③ 中共中央马克思恩格斯列宁斯大林著作编译局：《资本论》第1卷，人民出版社，1975年。

作为建筑师的劳动者都要先有规划或蓝图。马克思曾把蜜蜂的活动和建筑师的活动做了有趣的对比。他指出:"最蹩脚的建筑师从一开始就比最灵巧的蜜蜂高明的地方,是他在用蜂蜡建筑蜂房以前,就已经把它在头脑里建成了。"[①]所以,人能根据具体情况的改变和发展,相应地改变设计的蓝图以提高建筑蜂房的工作效率,这是动物根本做不到的,人则能在劳动过程结束以前随时地改变劳动的蓝图。这些都说明有意识的、有目的的生产活动是人类区别于动物的本质特征。由于人类在生产中总是按照预先想好的目的、计划去改造自然的,所以人类在改造自然时也总能在自然物上引起一个预定的变化,并且使自然物经过这个变化而发展成为与人类的目的相适应的自然物。在这个过程中,"劳动与劳动对象结合在一起。劳动物化了,而对象被加工了"[②],人类的劳动创造了一个符合人类生活需要的、有用的生产物。同时,这个生产物的自然形态的变化是由人的目的所引起的,所以人的意志必然在生产物的自然形态的变化上打上印记,以表现人的目的和人改造自然的创造力量。于是,自然人化了,人的劳动对象化了,这一切既是历史的必然,也是社会文明的表现。

(二)人的"人文"化

在人类的历史中,人在对自然进行人化的同时,也在进行着自身的人文化。所谓人的人文化,是指人的"文化"化和人的"社会"化。人来自于自然,原本是动物,但是由于大自然给予了人类远比一般动物优越得多的先天条件,所以,人类在进化的过程中学会了劳动、学会了适应和改造自然,并在改造自然的过程中改造了自身。这样,人类就拥有了可以直立行走的双腿,拥有了富有创造力的双手,并且可以运用自己的各种感觉器官为其目的服务,进而提高自身的大脑的能量、拥有自己的语言,而且最重要的是人的这种进化还使人类从此拥有了与其生理结构相适应的心理结构。属于人的心理结构建立起来以后,人不仅拥有了意识,而且具有了能反思自我的反思意识;人不仅拥有了原始的情欲,而且人的情感里还具有了理性的意蕴;人不仅拥有了简单的思维,而且能借助于想象和推理在内心创造一个全新的世界。意识、反思、情感、理性、想象、推理和创造形成了人类人化的基本内容,当人类拥有这一切的时候,人也就"人文"化了。同时,人的"人文"化不仅使个体的人具有了不同于动物的生理——心理结构、具有了更多的文化内涵,而且使个体的人联合起来,建立了不同于动物群体的社会,人也走向了人的"社会"化。而人的"人文"化和人的"社会"化又必然会使人类走向社会的文明。

这样,社会的文明就为审美意识的产生提供了契机,自然的伟大力量就为审

① 中共中央马克思恩格斯列宁斯大林著作编译局:《资本论》第1卷,人民出版社,1975年。

② 中共中央马克思恩格斯列宁斯大林著作编译局:《资本论》第1卷,人民出版社,1975年。

美意识的产生提供了物质基础,而社会的文明和自然的力量的共同核心则是人,人才是审美意识的主体,所以说,是人的力量最终促成了审美意识的产生。

第二节 审美意识的起源和发展

审美意识是人的自我意识之一,而自我意识又是意识的高级发展阶段,所以探讨审美意识的起源要从意识与自我意识的产生开始。

意识的形成与生产劳动有关。在生产劳动中,人们从使用现成的工具到制造工具,其大脑的生理结构发生重大变化,心理结构也逐步形成,人们通过各种感觉器官不仅可以对外界做出反应,而且可以以想象、推理的形式在大脑中形成表象,并通过加工来创造出新的形象。人们在不断地加工表象的过程中,从动物那里遗传来的原始情感、低级的思维和想象得到锻炼、强化和提高,最终成为意识中的决定性因素,从而与动物的意识产生本质区别。人与动物的最大区别就是意识的能动性,意识的能动性与自我意识有关。自我意识是人以自己为对象的认识,是人对自己的存在和活动的意识。正是因为人具有自我意识,才把自己与客观世界区别开来,将活动着的自己称为主体,而将自己活动的对象称为客体。

自我意识是人与动物的最后界限。马克思说:“动物和自己生命活动是直接同一的,动物不把自己同自己的生命活动区别开来。它就是自己的生命活动。人则使自己的生命活动本身变成自己的意志和自己意识的对象。它的生命活动是有意识的生命活动。这不是人与之直接融为一体的那种规定性。有意识的生命活动把人同动物的生命活动直接区别开来。”[①]马克思还说:“正是由于这一点,人才是类存在物。或者说,正因为人是类存在物,他才是有意识的存在物,也就是说,他自己生活对他来说是对象。仅仅由于这一点,他的活动才是自由的活动。”[②]“类存在物”可以理解为社会的存在物,社会性是人的重要本质。

审美意识是人的自我意识之一,表现为审美主体对审美客体的意识,它的重要特征就是情感性。审美意识是人对对象的情感性意识,是在人类的生产劳动过程中逐渐形成和发展的。

在原始社会,人类为了生存不得不进行艰苦的物质生产劳动。这种劳动具有双重意义:一方面,它使人直接与外界发生物质联系,改造了人之外的客体(即自

---

① 中共中央马克思恩格斯列宁斯大林著作编译局:《马克思恩格斯全集》第42卷,人民出版社,1985年。

② 中共中央马克思恩格斯列宁斯大林著作编译局:《马克思恩格斯全集》第42卷,人民出版社,1985年。

然),使自然成为“人化的自然”;另一方面,它也改造了原本为一般动物的人,使之成为与外界客体(包括人之外的动物)相对立的、高于外界客体的人类社会主体。人类在生产劳动中不仅改造了客体(自然)并使之为其服务,而且使主体——人的四肢、大脑和感觉器官,脱离了动物状态,逐渐成为人所需要的状态。在劳动中发展起来的人的各种主体能力,尤其是感觉,又在进一步的劳动过程中使人逐渐认识到与自己发生联系的各种客观对象的属性和规律,如植物的生长和动物出没的季节,对象的形状、体积、结构方面的平滑、大小、尖状、对称、交叉、疏密与和谐等,以及劳动时的韵律、节奏、轻重、缓急与高低等,并从不同角度利用这些规律去达到自己不同的目的。这样,人们就从生产劳动中认识到了外在的客体的合规律性与内在的主体的合目的性的一致,并直观到了自己的力量使理想变成现实,即愿望得到了满足,从而产生出精神上的愉悦感,这便是最初从劳动生产中产生出来的人类的最初的审美意识。

人类最初的审美意识具有一个显著的特点,那就是它的功利性。之所以说人类的最初的审美意识具有功利性,是因为作为审美对象的客观事物在原始社会是因为对人的生活具有实际效用才与主体发生关系的,并且那时没有不具功利性的审美对象。审美对象的这一特点决定了反映审美对象的审美意识也不是纯粹独立的,而是与事物的功用直接相联系的。这种审美意识认为,只有具有实用功利价值的东西才是美的。我国原始社会的艺术形象,更多的是和人们的日常生活息息相关的事物,如鱼和飞禽走兽等。

最初的审美意识虽然原始、简单,但却指导着当时的艺术创造,如模仿动物的原始歌舞、表示美好愿望的岩石壁画以及生活用品的修饰造型等。反过来,原始社会的艺术创造活动又推动着人类的审美意识向更高的层次发展。

当人类进入更加进步的文明时代后,各种各样的因素促使审美意识步入了更加深入和全面的发展道路。正如恩格斯所说:“由于手、发音器官和脑髓不仅在每个人身上,而且在社会中共同作用,人才有能力进行愈来愈复杂的活动,提出和达到愈来愈高的目的。劳动本身一代一代地变得更加不同、更加完善和更加多方面。除打猎和畜牧外,又有了农业,农业以后又有了纺纱、织布、冶金、制陶器和航行。同商业和手工业一起,最后出现了艺术和科学,从部落发展成了民族和国家。”[①]也就是说,人类在长期的社会实践过程中不断地改变着客观世界的面貌,并扩大着人类的生活领域,同时也发展着人类自身。在人类长期的社会实践过程中,人类的语言能力和思维能力得到大幅的提高,人类的认识力和想象力也得到全面的发展,作为审美主体的人具备了“属人的本质的客观地展开的丰富性,主体

① 中共中央马克思恩格斯列宁斯大林著作编译局:《马克思恩格斯选集》第三卷,人民出版社,1972年。

的、属人的感性的丰富性”。“人的需要的丰富性”使人形成了有别于物质需要的、特殊的审美需要，形成了远离劳动的、“属于更高的凌驾于空中的意识形态领域”的审美意识。

人类社会的进一步发展，道德意识和科学意识的逐步深化以及人类审美物态化的艺术品的不断丰富，极大地激发了人们的审美想象力和审美思维能力，促使人类的审美意识完全地走上了一条独立而完善的发展道路，并为人类的精神世界增添了无穷的魅力和力量。

总之，人类审美意识形成和发展的历史也是人类自身不断发展的历史，同时也是社会的文明史。审美意识的形成和发展离不开人类自身的生理发展和心理发展的前提，更离不开人类的社会生活和社会实践。

第三节　审美意识的本质

马克思在论述政治经济学——即科学的、哲学的思维方式与其他思维方式不同时，曾说：“总体，当它在头脑中作为思想整体而出现时，是思维着的头脑的产物，这个头脑用它所专有的方式掌握世界，而这种方式是不同于对世界的艺术的、宗教的、实践精神的掌握的。实在主体仍然是在头脑之外保持着它的独立性”①。也就是说，在意识形态领域中，人们在社会实践中以不同的思维方式对客观对象做出的反映，形成了人们对世界的不同掌握方式（如科学的、实践精神的、宗教的、艺术的等方式），即不同的意识形态（如科学意识、道德意识、宗教意识和审美意识等）。审美意识形态与其他意识形态一样，同属于人类的社会意识形态，其必然与社会意识形态有着千丝万缕的联系。但作为一种对世界特殊的反映和把握的方式，它又与其他的社会意识形态有着本质的区别，具有其特殊的性质和本质。

一、审美意识与科学意识的区别和联系

科学意识是人们以理性思维的方式来掌握世界的思想意识，其目的是求真，即求世界一切领域的规律和真理。首先，审美意识与科学意识的深刻的内在联系，表现在审美意识的形成必然是以对真的认识和把握为前提的。人类的审美意识是社会实践的产物，是人类合规律的、合目的的、自由创造的产物，所以其必然会包含真的成分、必然会受到真的制约，否则，人类的目的就无从实现，审美活动就没有结果，审美意识也就无法形成。人类的审美意识的形成是以对客观世界的

① 中共中央马克思恩格斯列宁斯大林著作编译局：《马克思恩格斯选集》第二卷，人民出版社，1972年。

规律的认识和把握为前提的，审美意识与科学意识不可分离，科学意识是审美意识产生的前提和基础。其次，审美意识虽然是以形象的思维、艺术的方式掌握世界的，但它不能脱离对对象世界的理性认识，不能彻底摆脱理性思维的力量。达尔文认为，在文明人那里，美的感性是与许多复杂的观念联系着的。普列汉诺夫也说："审美的感觉不仅同复杂的观念'在野蛮人那里能够联系在一起'，而且有时候正是在这些观念的影响下产生出来。"[①]由此可见，审美意识绝不是对美的简单感知，而是需要人们对美的理解和判断，需要人们对美做出合理的解释以及需要人们认识、掌握美的规律，同时还需要理性认识的力量和理性思维的方式。

但是，审美意识终究不是对对象世界的科学认识，不是科学意识。科学意识是对客观世界本质和规律的反映和认识，其核心内容是逻辑的推理和判断等理性思维的方式，其目的是求真；审美意识作为对客观世界的美的反映、认识和把握，其核心内容则是欣赏、感受、直觉等感性思维的方式，其目的是求美。所以，审美意识还是与科学意识有着很大的区别的，它有着完全属于自己的本质和特征。

二、审美意识和道德意识的区别和联系

道德意识是指人们对社会生活中的人的行为规范、行为准则的认识和观念，是关于善的观念。它虽带有感性色彩，但更多的是以理性思维的方式对现实社会做出反应、认识和判断，是对世界的掌握，是一种实践精神的把握方式，并且有着很强烈的、鲜明的社会功利性。从根本上说，审美意识与道德意识具有密切的内在联系。首先，从历史上看，实用先于审美，实用的功利需要激发人们的审美需要和审美意识，最初的审美意识直接与社会实践和实用观念相联系，它往往表现出很突出的社会功利性。随着社会的发展，审美意识虽然逐渐走上了独立发展的道路，日渐脱离了和实用观念的直接联系，但是审美意识的超功利性不可能完全抛弃人类生命的生存意识，也就不可能完全抛弃社会的功利性。事实上，审美意识迫切希望走上更高的境界、日益追求摆脱狭隘的社会功利的过程中，把社会的实用性和功利性隐藏在超然的审美意识的背后，将直接的联系变成了间接的联系。其次，从审美意识和道德意识的内涵、本质上来看，二者都有合目的的要求，审美意识追求合目的的精神价值，道德意识追求合目的的社会功利价值；二者都离不开善的观念，都与善的观念有着密切的联系。所以从这一方面上来说，审美意识作为一种独立、独特的把握世界的方式，它的超功利性、直观性等性质都让其与道德意识有着本质的区别。

---

① 普列汉诺夫著，曹葆华译：《普列汉诺夫哲学著作选集》第5卷，生活·读书·新知三联书店，1984年。

三、审美意识和宗教意识的区别和联系

恩格斯说："一切宗教都不过是支配着人们日常生活的外部力量在人们头脑中的幻想的反映，在这种反映中，人间的力量采取了超人间的力量的形式。"[①]也就是说，宗教意识是人们对超自然现象的一种实在性的反映，是人们关于超自然事物的观念。在人类的历史上，宗教意识可以说是人类一切意识形态的起源，科学意识、道德意识、审美意识最初都是与宗教意识混为一体的。

宗教意识是人类的一种非常普遍的社会现象，美国的 E. O. 威尔逊认为："宗教信仰的先天倾向是人类心理中极其复杂而强大的力量，也很可能是人性中一个根深蒂固的部分"[②]。在原始社会，人类的确是有一种先天的宗教情怀和宗教意识的，当人类对这个世界感到无能为力、无助无望时，他们就开始设想一种与人一样有思想、有情感的神灵存在，认为这种神灵是世界的主宰、具有超人的能力，并认为只要对它顶礼膜拜、无比信仰就可以得到帮助。当这种想法和观念在人们的头脑中不断地出现时，最初的人类的宗教意识就形成了。在人类的原始宗教意识中，有非人类的神灵的存在，有追求和谐美满的生活的愿望，有对这个世界的简单认知和推理，这说明原始宗教意识是人类一切意识形态的源头。

审美意识作为人类的一种意识形态方式，与宗教意识有着千丝万缕的联系。宗教意识饱含感性思维的成分，认为整个宇宙是一个充满生命、充满活力的神的世界。宗教意识总是与感性的材料结合在一起的，各个民族的宗教中都有一些宗教故事和宗教人物。宗教意识追求人生的终极关怀、追求对现实人生的超越、追求人生的最高境界的特点，与审美意识有相通之处。审美意识和宗教意识往往都以幻想和想象的方式反映现实，二者都含有强烈的情感体验成分。在人类历史上，宗教意识往往和艺术结缘，艺术也往往以宗教为对象，艺术的审美的把握世界的方式往往和宗教的把握世界的方式杂糅在一起，即审美意识和宗教意识往往是彼此相容的。但从二者的本质上来看，宗教意识对世界的观念在当时那种特殊的时期终究是一种歪曲的认识和反映，而审美意识对世界的观念则是一种积极的、向上的认识和反映，是对人的本质力量的肯定，二者有着本质上的区别。

总之，审美意识是人以审美的方式对世界的把握的反映，它来源于社会实践又服务于社会实践。审美意识的本质主要由审美把握的方式的特点所决定。不同的对象要求不同的反映形式，不同的反映形式产生具有不同特征的结果。审美意识一方面是审美主体以形象化的思维和思维的形象化感知和认识客观世界的

---

① 中共中央马克思恩格斯列宁斯大林著作编译局：《马克思恩格斯选集》第二卷，人民出版社，1972 年。

② E. O. 威尔逊著，林和生等译：《论人的天性》，贵州人民出版社，1987 年。

结果;另一方面又是审美主体(思想家、美学家、艺术家等)在理论思维中使之科学化、系统化、形态化的结果。因此,审美意识既是审美主体对现实的主观复现,是审美主体的主观感情的判断和评价的主观意识(有着极大的主观能动性),也是经过长久的历史积淀的、形态化了的、脱离了审美主体的主观性的意识,它既是理性化的也是感性化的。审美意识是人类以审美的方式对世界把握时形成的一切体验、认识、观念,这就是审美意识的最根本的本质。

第四章　美　　感

美感是作为审美主体的人在接触审美客体时所产生的一系列心理活动，包括对美的感受、对美的体验、对美的欣赏和对美的评价。美感作为一种审美的心理活动，是处于不断发展变化中的，是实践着的审美意识。在人类的社会生活中，美感是人类心灵的最高境界，是人类精神生活所获得的最高享受。它既受到审美对象的制约，也受到人的生理结构、心理结构和文化因素等方面的制约。在美学史上，美学研究者对作为美学中的一个基本问题的美感的社会根源和特征的讨论，争论不休、众说纷纭。

第一节　西方美学史上对美感的探讨

西方美学史上，不同的学者对美感也有不同的看法，这里简略地介绍一下西方美学史上有关美感的一些具有代表性的观点。

一、唯心主义的美感观

早在古希腊时，唯心主义哲学家柏拉图就发表了其对于美感的见解。他认为美感是"在各种神灵凭附之中"所产生的一种"迷狂"状态，而且，"有这种迷狂的人见到尘世的美，就回忆起上界里真正的美，因而恢复羽翼，而且新生羽翼，急于高飞远举，可是心有余而力不足，像鸟儿一样，昂首向高处凝望，把下界一切置之度外，因此被人指为迷狂。"[①]这种迷狂正是"在各种神灵凭附之中"的结果，他说："每个人的灵魂，我前已说过，天然地曾经观照过永恒真实世界…… 但是从尘世事物来引起对于上界的回忆，这却是凡灵魂都可容易做到的，凡是对于上界事物只短暂约略窥见的那些灵魂不易做到这一点，凡是下地之后不幸习染尘世罪恶而忘掉上界伟大景象的那些灵魂也不易做到这一点。剩下的只有少数人还能保持回忆

① 柏拉图著，朱光潜译：《文艺对话集》，人民文学出版社，1963 年。

的本领。"[1]从而能够在见到尘世的摹本后,回忆起上界里真正的美,进入一种"迷狂"状态。总之,柏拉图认为,美感就是"神灵凭附"时产生的"迷狂",是神灵作用的结果,这种"迷狂"论当然是唯心主义的。

在中世纪时期,神学主义哲学家、美学家普洛丁认为:"最高的美就不是感官所能感受到的,而是要靠心灵才能见出的。心灵判定它们美,并不凭感官。要观照这种美,我们就得向更高处上升,把感觉留在下界。"[2]并且"谁能达到这种观照谁就享幸福,谁达不到这种观照谁就是真正不幸的人。因为真正不幸的人不是没有见过美的颜色或物体,或是没有掌握国家权势的人,而是没有见过唯一的美本身的人"[3]。怎样才能达到这种境界呢?他说:"为着它,心灵须经过最尖锐的最紧张的斗争。在这斗争中它须作出一切的努力,才不至于分享不到最优美的关照……如果要得到美本身,那就得抛弃尘世的王国以及对于整个大地、海和天的统治,如果能卑视这一切,也许就可以转向美本身,就可以观照到它。"[4]人的心灵"本身如果不美也就看不见美。所以一切都须先变成神圣的和美的,才能观照神和美"[5]。这就是说,必须卑视、抛弃、远离一切尘世生活,摆脱一切物质、利害、权利、感官和肉体的束缚,改善和洗涤自己的灵魂,才能观照到美。他甚至说,要达到这个境界,双腿和车船都无济于事,"我们应该闭起肉眼,抛开用肉眼去看的办法,采取另一种办法去看,要把人人都有都不会用的那种收心内视的功能唤醒起来"。从以上分析可以看出,普洛丁所谓"美的观照"并不是建立在感性认识基础上的。它不是观照外在的美的事物,而是"收心内视",深入自己的灵魂内部;它不是依靠常人的感官,而是依靠假设的、至今未被科学证实的灵魂内部的眼睛或视觉;它不是去认识事物自身的本质,而是在"迷狂"中去追求与神契合为一的神秘体验;它不是要求接近外在对象,而是要求距离外在对象越远越好。这样一种既无外在对象又无正常感官的观照,是十分神秘的,这种理论显然是唯心主义的。

17世纪,德国大陆理性主义哲学家莱布尼兹认为,美感是由无数微小的感觉结合在一起组成的混乱的感觉,它是一种混乱的认识。他说:"鉴赏力和理解力的差别在于鉴赏力是由一些混乱的感觉组成的,对于这些混乱的感觉我们不能充分说明道理。"[6]莱布尼兹认为,我们在每一刻都会产生无数未经总观和回想的感觉,这些感觉太细微、太多,但是结合在一起,不免要产生效果。他说:"这些细微的感觉混在一堆,我们无法把它们彼此分辨清楚;为更好地分辨这种微小的感觉,我们

① 柏拉图著,朱光潜译:《文艺对话集》,人民文学出版社,1963年。
② 北京大学哲学系美学教研室:《西方美学家论美和美感》,商务印书馆,1980年。
③ 北京大学哲学系美学教研室:《西方美学家论美和美感》,商务印书馆,1980年。
④ 北京大学哲学系美学教研室:《西方美学家论美和美感》,商务印书馆,1980年。
⑤ 北京大学哲学系美学教研室:《西方美学家论美和美感》,商务印书馆,1980年。
⑥ 北京大学哲学系美学教研室:《西方美学家论美和美感》,商务印书馆,1980年。

往往用大海的啸声为例，人站在海岸上听见海啸声。如果我们要理解它是如何形成的，就必须听出形成这全体的各部分，即每一浪的声音，尽管这些个别的小浪声只能从海啸本身那种混乱的集合体中听出，如果它单是从一个浪头来的，它就不会被别人注意到。我们必然有一点受这一浪头运动的影响，我们对这一大堆浪声中每一个必然多少有些感觉，尽管都很微小；否则我们也就会听不到那千百万浪头的声音，因为千百万的'无'不能加成一个'有'……从此可见，这些微小的感觉在结果上所产生的效力，比我们所想象的要大。它们形成的一种我们说不出的什么，形成一些趣味。一些感觉性质的印象，在全体上是明晰的，在部分上却是混乱的。"[①]莱布尼兹的美感论一方面是建立在他的"单子论"的学说基础上的，他认为单子是一种组成复合物的单纯实体；另一方面与他的美学观相一致，他认为美是"我说不出来是什么"，所以，美感也就是一些"混乱的感受"。

18 世纪，英国经验主义美学家夏夫兹博里和他的门徒哈奇生提出了"内在感官"说。夏夫兹博里认为，审美是人区别于动物的特点之一。动物凭借视、听、嗅、味、触五种外在感官与外界发生关系，它们不能认识到美并产生快乐，因为"它们所欢喜的并不是形式而是形式后面的实物。"[②]只有人才能认识美并产生美感，这是因为人不但有动物性的"外在感官"，而且有一种属于理性的"内在感官"，先天地具有分辨善、恶、美、丑的能力。他说："如果动物因为是动物，只具有感官(动物性部分)，就不能认识美和欣赏美，当然的结论就会是：人也不能用这种感官或动物性的部分去体会美或欣赏美；他欣赏美，要通过一种较高尚的途径，要借助于最高尚的东西，这就是他的心和他的理性。"[③]夏夫兹博里反对把美感看成是动物的快感，认为美感比动物性的快感要高尚，它不是单纯的五官感觉，而是含有理性的"内在感官"的感觉。一方面，他肯定了理性在美感中的作用；另一方面，他也没有把美感归结为纯粹的理性，他讲的美感和分辨美、丑的能力虽然隶属于理性，但毕竟是一种感官能力，而不是理性的思辨能力。他并不认为审美活动是一种理性的思考和推理，相反，他认为美感具有感受的直接性。他说："眼睛一看到形状，耳朵一听到声音，就立刻认识到美、秀雅与和谐。行动一经察觉，人类的感动和情欲一经辨认出(它们大半是一经感觉就可辨认出)，也就由一种内在的眼睛分辨出什么是美好端正的，可爱可赏的，什么是丑陋恶劣的、可恶可鄙的。"[④]从总体上说，夏夫兹博里的观点——"内在感官"说仍然是经验主义的、唯心主义的。

夏夫兹博里的学生哈奇生也为"内在感官"说做了辩护。他说"许多哲学家们

---

① 北京大学哲学系美学教研室：《西方美学家论美和美感》，商务印书馆，1980 年。

② 朱光潜：《西方美学史》上卷，商务印书馆，1979 年。

③ 朱光潜：《西方美学史》上卷，商务印书馆，1979 年。

④ 朱光潜：《西方美学史》上卷，商务印书馆，1979 年。

仿佛认为只有一种感官的快感，那就是伴随知觉所产生的简单观念。但是叫做美、整齐、和谐的东西所产生的复杂观念却带来远较强大的快感……我很想把掌握这些观念的能力叫做一种内在感官。”[①]哈奇生认为，这种“内在感官”不同于视、听等“外在感官”。因为“外在感官”只能接受简单的观念、产生微弱的快感，而我们称作美、整齐、和谐的东西，例如乐曲、绘画、建筑等，所引起的却是复杂的观念，带有强大的快感。显然，这不是靠“外在感官”接受的，而是靠更高级的“内在感官”去接受的。在他看来，“内在感官”不同于“外在感官”之处，就在于它能接受复杂的观念、产生强烈的快感，是更高级的。而且，他还认为，这种“内在感官”是自然神造就的，因此人的美感也是天生的，是先于一切习俗、教育或典范的。他说：“我们假定神所具有的那种智慧的恩典把我们的内在感官造成现在的那样是多么合适；这样就使得我们对于凡人心灵所能尽量圆满地掌握住而且记忆住印象的那些对象，一观照到就得到快感。”[②]并说：“我们的审美感官好像是经过设计制造出来的，使我们享受到断然是愉快的感觉，而不是断然是苦痛或嫌厌的感觉，这种苦痛或嫌弃的感觉不过是起于失望。”[③]按照这种看法，人的美感应当是与后天的习俗和教育毫无关系的，美感既然是先天的，就应当也是普遍的、绝对的、必然令人愉快的。这就是说，任何人都具有美感，人人都能够感受和理解美。

从根本上讲，人是否真的具有专门的内在审美感官，至今还是一个假说，尚未得到科学的证实。所以，这种审美的“内在感官”说是唯心主义的。

18 世纪到 19 世纪，德国古典主义美学家康德进一步发展了唯心主义美感学说，康德说：“为了判断某一对象是美或不美，我们不是把(它的)表象凭借悟性联系于客体，以求得知识，而是凭借想象力(或想象力和悟性相结合)联系于主体和它的快感和不快感。鉴赏判断因此不是知识判断，从而不是逻辑的，而是审美的。至于审美的规定根据，我们认为它只能是主观的，不可能是别的。”[④]他还说：“人们容易看出：如果说一个对象是美的，以此来证明我有鉴赏力，关键是系于我自己心里从这个表象看出来，而不是系于这事物的存在。每个人必须承认，一个关于美的判断，只要夹杂着极少的利害感在里面，就会有偏爱而不是纯粹的欣赏判断了。人必须完全不对这事物的存在存有偏爱，而是在这方面纯然淡漠，以便在欣赏中，能够做个评判者。”[⑤]为此康德举了草地的例子，他说：“草地的绿色是属于客观的感觉，作为对一感官对象的觉知；而这绿色的愉快却是属于主观的感觉，它并不表示事物，这就是说它是隶属于情感，借赖它，事物被看作愉快的对象(而不是对于

---

① 北京大学哲学系美学教研室：《西方美学家论美和美感》，商务印书馆，1980 年。

② 北京大学哲学系美学教研室：《西方美学家论美和美感》，商务印书馆，1980 年。

③ 北京大学哲学系美学教研室：《西方美学家论美和美感》，商务印书馆，1980 年。

④ 康德著，韦卓民译：《判断力批判》上卷，商务印书馆，1987 年。

⑤ 康德著，韦卓民译：《判断力批判》上卷，商务印书馆，1987 年。

它的认识)”[①]。“美的欣赏的愉快是唯一无利害关系的和自由的愉快。”[②]“鉴赏是凭借完全无利害观念的快感和不快感对某一对象或其表现方法的一种判断力。”[③]

康德认识到美感的主观性是正确的。但他将主体与客体完全割裂开来,把鉴赏判断说成是脱离客体的纯主观的判断力,并且完全否定审美感受与理性认识之间的一定的内在联系,就是片面和错误的。

二、旧唯物主义的美感观

古希腊美学思想的集大成者、欧洲美学思想的奠基人亚里士多德虽然没有提出美感的概念,但却注意到了美的对象能引起极大的愉悦或快感,具有迷人的力量,以至令人感动。他认为,艺术既能给人知识,也能引起人的快感。亚里士多德说:“人对于模仿的作品总是感到快感。经验就证明了这样一点:事物本身看上去尽管引起痛感,但惟妙惟肖的图像看上去却能引起我们的快感……我们看见那些图像所以感到快感,就因为我们一面在看,一面在求知,判定每一事物是某一事物,比方说,‘这就是那个事物’。”[④]亚里士多德认为,艺术之所以能引起快感,一方面是由于模仿的对象能够满足人们天生的求知本能,使人们能够从中得到快乐;另一方面由于音调感、节奏感以及艺术的其他形式因素(如技巧或着色或类似的原因),这也是出于人的天性,我们天生就能领悟音调、节奏、色彩、形式、技巧等的美。在他看来,追求快感的满足是出于人的天性,是使人区别和高于禽兽的东西,快感是正常现象,不是一种恶,不应加以压制,艺术理应引起快感,使人喜爱并得到审美的满足,这对社会不但无害,而且有益,能促使人得到健康、和谐、全面的发展。因此,艺术是一项正当的、有益的高尚活动。亚里士多德的这种见解对正确理解艺术的社会作用具有重要意义。

亚里士多德虽然没能将美感与快感严格区分开来,但他的美感观是建立在唯物主义思想基础上的,因为他肯定了快感是由艺术和客观对象引起的。

意大利文艺复兴时期著名画家达·芬奇认为,美感是根源于事物本身的,是由知识产生并且变化着的。他说:“欣赏——这就是为着一件事物本身而爱好它,不为旁的理由。”他还说:“爱好者受到所爱好的对象的吸引,正如感官受到所感觉的对象的吸引,两者结合,就变成一体。这种结合的头一胎婴儿便是作品。如果所爱好的对象是卑鄙的,它的爱好者也就变成卑鄙的。如果结合的双方和谐一致,结果就是喜悦、愉快和心满意足。当爱好者和所爱好的对象结合为一体时,他

---

① 康德著,韦卓民译:《判断力批判》上卷,商务印书馆,1987 年。

② 康德著,韦卓民译:《判断力批判》上卷,商务印书馆,1987 年。

③ 康德著,韦卓民译:《判断力批判》上卷,商务印书馆,1987 年。

④ 亚里士多德著,罗念生译:《诗学》,上海人民出版社,2004 年。

就在那对象上得到安息，好比在哪里放下重担，就在哪里得到安息。这种对象是凭我们的智力认识出来的。”他又说：“瞧一瞧光，注意它的美。眨一眨眼再去看它，这时你所见的原先并不在那里，而原先在那里的已经见不到了。”达·芬奇认为，不同的艺术所产生的快感是不一样的。他说：“毫无疑问，绘画在效用和美方面都远远胜过诗，在所产生的快感方面也是如此。”[①]达·芬奇认为美感的对象是客观的，所以他的美感观基本上是唯物主义的。

18 世纪英国著名经验主义美学家博克认为，美依存于客观事物的某些可感属性，美感即是由这些属性所引起的“松弛、舒畅”的感觉。换句话说，美感是由对象所引起的五官的快感。博克从“一切认识都源于感觉”这个哲学原则出发，强调对象作用于主体的感官能引起美感。他认为，美感归根到底是由实在的客观对象引起的，是由人的生理结构决定的，而不是主观任意的。他说：“所有人的器官的构造是差不多相同或完全相同的，同样地，所有人感觉外部事物的方式也是相同的或只有很小的差别。”[②]人们对于美的事物的感觉也是这样，“任何一个美的事物，无论是人、是兽、是鸟，或是植物，尽管给一百个人去看，也无不立即众口交加同意它是美的……没有一个人会认为一只鹅比一只天鹅更美”[③]。博克的基本观点是：由于人的生理构造相同，因而同一事物必然会对每一个人产生同样的感觉，审美活动的情形也是这样，一件美的事物必然会引起同样的美感。博克一方面承认美感是由物体中美的属性引起的，这属于唯物主义的观点，是正确的；另一方面又把美感与生理快感等同起来，用生理感受来论证人的审美感受，把美感与人的生理感受等同起来，所以他的观点又是错误的、有缺陷的。

19 世纪，英国生物学家达尔文从生物学的角度把美感完全纳入到人的生理本能中，并认为人的审美感觉同动物的感觉是没有差别的。达尔文说：“美感——这种感觉也曾经被宣称为人类专有的特点。但是，如果我们记得某些鸟类的雄鸟在雌鸟面前有意地展示自己的羽毛，炫耀鲜艳的色彩，而其他没有美丽羽毛的鸟类就不这样卖弄风情，那么，当然，我们就不会怀疑雌鸟是欣赏雄鸟的美丽了。其次，因为世界各国的妇女都用这样的羽毛来装饰自己，所以，当然，谁也不会否认这种装饰的华丽了。非常喜欢以色彩鲜艳的东西装饰自己玩耍地方的集会鸟，以及以同样方式装饰自己窝巢的某些蜂鸟，都明显地证明它们是有美的概念的。关于鸟类的啼声，也可以这样说。交尾期间雄鸟的优美的歌声，无疑的是雌鸟所喜欢的。假如雌鸟不能够赏识雄鸟的鲜艳的色彩、美丽，以及悦耳的声音，那么雄鸟

---

① 北京大学哲学系美学教研室：《西方美学家论美和美感》，商务印书馆，1980 年。

② 中国社会科学文学研究所：《古典文艺理论译丛》第 5 集，知识产权出版社，2010 年。

③ 中国社会科学文学研究所：《古典文艺理论译丛》第 5 集，知识产权出版社，2010 年。

使用这些特性来诱惑雌鸟的一切努力和劳碌就会消失，而这显然是不可设想的。”[①]他还说：“可以有把握地说，我们和下等动物所喜欢的颜色和声音是同样的。”[②]

达尔文完全从生物的角度把人与动物等同起来，认为人仅仅是生物学上的人，这完全抹杀了人的社会本质。事实上，动物只能在自己所属的种类范围内对一定的颜色、形状、声音产生本能的生理反应，而人却能超越生理本能的需要，从社会生活和历史实践培养起来的审美需要出发，对各种各样的色彩、形体、声音等产生审美态度、建立审美关系，并确认其美学的意义与价值。这是人的美感与动物的官能性快感本质上的区别。达尔文混淆并抹杀了二者之间的这种区别，虽然他的观点是建立在唯物主义的世界观基础之上的，但仍然是错误和片面的。

19世纪，德国唯物主义哲学家费尔巴哈不但认为美感来自感觉经验，而且认为美感不是低级的、非理性的感性认识，而是人通过自己的感官在对象上面认识到自己的本质或自己的生活而获得的愉悦。费尔巴哈把这种愉悦比喻为人照镜子：“人在照镜子时，满意于自己的形态。这种满意，是他形态的完美之必然的、不由自主的后果。美丽的形态在自身之中得到满足，它必然因了自己而感到喜悦，必然在自身之中映照出来。”[③]同时，他解释说：“人是在对象上面意识到他自己的：对象的意识就是人的自我意识，你是从对象认识人的；人的本质是在对象上面向你显现出来的；对象是人的显示出来的本质，是人的真正的、客观的‘我’。不仅精神的对象是这样，连感觉的对象也是这样。”[④]美感和其他感觉一样，也是客观事物的美在人的心中的反映，是人的本质在客观的美的事物上的反映。从这一点上看，费尔巴哈还是坚持了美感问题上的唯物主义方向的。

19世纪，俄国革命民主主义者、唯物主义哲学家、美学家车尔尼雪夫斯基根据他关于“美是生活”的理论，把美感看成是从对象身上观照到生活所引起的无私的快感。他说：“凡是我们可以找到的使人想起生活的一切，尤其是我们可以看到生命表现的一切，都使我们感到惊叹，把我们引入一种欢乐的、充满无私享受的精神境界，这种境界我们就叫作审美享受。”[⑤]车尔尼雪夫斯基肯定了美感的客观根源，表达了他的唯物主义观点，但在对抽象直观性的美感问题的理解上，他又走向了人本主义，他的美感论还是有局限性的。

---

① 普列汉诺夫著，曹葆华译：《普列汉诺夫美学论文集》第一卷，生活·读书·新知三联书店，1959年。

② 普列汉诺夫著，曹葆华译：《普列汉诺夫美学论文集》第一卷，生活·读书·新知三联书店，1959年。

③ 费尔巴哈著，荣震华译：《费尔巴哈哲学著作选集》下卷，生活·读书·新知三联书店，1959年。

④ 北京大学哲学系美学教研室：《西方美学家论美和美感》，商务印书馆，1980年。

⑤ 车尔尼雪夫斯基著，辛未艾译：《车尔尼雪夫斯基论文学》中卷，上海译文出版社，1998年。

第二节　中国当代美学界对美感的看法

我国进入当代社会后才开始真正探讨美和美感，而能够在当代美感的探讨中形成一家之言的美学家主要有高尔泰、朱光潜、蔡仪、李泽厚等人，下面简要地介绍一下他们几个人对美感的主要看法。

一、高尔泰的"美和美感实际上是一个东西"说

高尔泰在《论美》一文中说："因为人心里产生了美感。而美和美感，实际上是一个东西。美产生于美感，产生以后，就立刻溶解在美感之中，扩大和丰富了美感……要想超美感地研究美，事实上完全不可能。"①他还说："当然，感觉有其主观方面和客观方面，但美不等于感觉。感觉是一种反映，而美是一种创造，就感觉的内容来说，是客观事物，而美的内容，是人对客观事物的评价。没有了感觉，物体和它的现象属性依旧存在，但是没有了美感，美就失去了自己。"②他又说："美感之所以发生，有赖于对象的一定条件（例如和谐）。但是，这条件不是美……如果没有欣赏者，条件只是条件，无法转化为物之属性，亦即无法转化为美。条件不能自成条件，它之所以成为条件，是因为人符合于它（人往往以为它符合于人），因而能引起人的美感。"③也就是说，美是人的主观感受，美和美感实际上是一个东西。

二、朱光潜的"美感是一种特殊的快感"说

朱光潜说："所谓美感就是发现客观方面某些事物、性质和形状适合主观方面意识形态，可以交融在一起而成为一个完整形象的那种快感。"④他还说："美感固然是一种感觉，是一种快感，但是不是所有的感觉或快感都是美感，美学的任务就是要找出美感之所以不同于一般感觉或快感的特点……美感活动是一种逐渐深化的过程。有些场合的美感可以止于感性阶段，也有些场合的美感是理性认识的结果。但是观赏者不能停留在理性的认识，他必须在理性认识的基础上感到深一层的美感；如果这深一层的美感不发生观赏者在情感上没有更深的感动，那么，他的理性认识就还只是科学范围的活动，而不是艺术范围的活动。"⑤关于美感的根

① 四川省社会科学院文学研究所：《中国当代美学论文选》第1集，重庆出版社，1984年。
② 四川省社会科学院文学研究所：《中国当代美学论文选》第1集，重庆出版社，1984年。
③ 四川省社会科学院文学研究所：《中国当代美学论文选》第1集，重庆出版社，1984年。
④ 朱光潜：《朱光潜美学文集》第3卷，上海文艺出版社，1983年。
⑤ 朱光潜：《朱光潜美学文集》第3卷，上海文艺出版社，1983年。

源,朱光潜说:“从马克思主义的实践观点看,‘美感’起于劳动生产中的喜悦,起于从自己的产品中看出自己的本质力量的那种喜悦。劳动生产是人对世界的实践精神的掌握,同时也就是人对世界艺术的掌握。在劳动生产中人对世界建立了实践的关系,同时也就建立了人对世界的审美关系。一切创造性的劳动(包括物质生产和艺术创造)都可以使人起美感。”[①]朱光潜认为,美感是一种特殊的快感,是一种融有理性的、更深的、感动的快感,人的美感起源于人的社会实践,人的美感活动是一个逐渐深化的过程。

三、蔡仪的美感论

蔡仪认为,美感是指事物的美所引起的感官的快适以及精神的快适等主休的感受。蔡仪说:“所谓美感,并不是关于美的事物的一般感觉,而是如上所说有它特殊意义的。主要是指事物的美所引起的感官的快适以至精神的快适等主体的感受。”[②]他指出:“所谓美感不能只说是对于客观的美的认识。我们并不否认一般所谓美感是包括对于客观美的认识,却也还包括对于美的认识时的主观的感受、感触、感动,也就是在认识客观事物的美的同时,还有主观方面的悦目、赏心、怡神之感。”[③]同时他还说:“我们认为对于事物美的认识,根本上是理性的而不是直觉的。虽然美在认识中感性的因素是非常重要的,但美的认识主要在于反映事物的美而形成美的观念,获得美的认识,并通过美的认识而有美感的享受。”[④]最后他总结道:“因为美的对象是形象的,但这种形象是显现事物的本质、规律、关系的。美的认识并不只是事物的形象的认识,同时也是事物本质、规律、关系的认识。而且必须是事物的形象显现其本质、规律、关系的认识。换句话说,美的认识必须是事物的形象显现其本质、规律的这样一种关系的认识。因此他必须是理性的认识,而不是感性认识,也就不是直觉的认识,这是可以断定的。”[⑤]关于美感是否具有功利性的问题,蔡仪回答说:“我们认为美的认识可以有功利性,但认识的功利性是由对象的功利性来的,绝不是由社会的人的主观加到对象上去的。因此对象本身有社会的功利性,美的认识才能有社会功利性;对象本身没有的话,正确的美的认识或美感也不会有什么社会功利性。”[⑥]这里,蔡仪认为美感是与理性相联系的,但这并不是说美感可以凭抽象的思想发生,说美感是理性认识,而不是感性认识、直觉认识,也是不太准确的。

① 朱光潜:《朱光潜美学文集》第3卷,上海文艺出版社,1983年。
② 蔡仪:《美学论著初编》下卷,上海文艺出版社,1982年。
③ 蔡仪:《美学论著初编》下卷,上海文艺出版社,1982年。
④ 蔡仪:《美学论著初编》下卷,上海文艺出版社,1982年。
⑤ 蔡仪:《美学论著初编》下卷,上海文艺出版社,1982年。
⑥ 蔡仪:《美学论著初编》下卷,上海文艺出版社,1982年。

四、李泽厚的美感论

李泽厚认为，美感是最基本的社会心理现象，美感具有矛盾的二重性。李泽厚说："美感作为一种最常见、最大量、最普遍、最基本的社会心理现象出现在人类的日常生活中……美感的矛盾二重性是美学的基本矛盾，这一矛盾的分析和解决是研究美学科学的关键……美感的矛盾二重性，简单来说，就是美感的个人心理的主观直觉性质和社会生活的客观功利性质，即主观直觉性和客观功利性。美感的这两种特性是互相对立矛盾着的，但它们又相互依存不可分割的形成美感的统一体。前者是这个统一体的表现形式、外貌、现象，后者是这个统一体的存在实质、基础、内容。"①他还说："如果按实说来，这种美感的主观直觉性是一点也不神秘的。我们每个人根据自己的经验都能承认，美感经验的心理状态的性质和特征是它的具体的形象感受性质，它在刹那间有不经个人理智活动或逻辑思考的直觉特点……唯物主义不能闭着眼睛否认事实，而在事实上，美感的确经常是在这样一种直觉的形式中呈现出来，在这美感直觉中的确也常常并没有什么实用的、功利的、道德的种种个人的、自觉的逻辑思考在内。一个人欣赏梅花的时候，他的确并不一定会想到这种欣赏有什么社会意义或价值；古代人们看《红楼梦》也说不出或不能明确、自觉地意识到这部作品伟大的反封建的主题思想，但总觉得它很美，觉得从其中能获得巨大的美感享受，能激动自己的心弦，提高自己的精神……在我们的美感直觉中，现实世界经常是作为一种有限的具体的感性形象呈现着，因此，从表面来看，我们看到的、听到的即直觉到的对象，的确好像朱光潜所形容的那样是一个'无沾无碍''独立自主'与他物毫无关系的、有限的个别事物的形象，好像我们的美感直觉就只对这个个别事物有感受、有知识，美感直觉好像完全限制、规定和满足在这个'孤立绝缘'的有限的具体意象中。但是，实际却不然，就在这个表面看来是'独立自主''无沾无碍'的个别事物的具体形象的直觉本身中，即已包含了极为丰富复杂的社会生活的内容，包含了我们对这种生活的了解和认识，而这，就正是包含了我们对事物关系的认识。我们所以能够从直觉中对个别事物存有知识，是因为我们在日常生活和文化教养的影响和熏陶下，不自觉地形成了对这个个别事物的了解，对这个事物在整个生活中的关系和联系的了解……我们所要强调研究美感性质的另一方面——美感的客观的社会的功利性。我们由美感经验的心理活动出发而进到研究这种心理活动的社会内容和它的成因，我们从美感的主观直观性(外在的形式)出发进而研究这一性质的客观社会实质。这样我们也就从矛盾的一方面进到与这一方面紧相依存的矛盾的另一方面

① 李泽厚：《美学论集》，上海文艺出版社，1980年。

了……个人的超功利非实用的美感直觉本身中，就已包涵了人类社会生活的功利的实用的内容，只是对于个人来说，这种内容常不能察觉，而是潜移默化地形成和浸进到主观直觉中去了。正因为如此，所以才产生和决定了美感的阶级性、民族性、时代性种种差异。"[①]李泽厚认为，美感作为人的内在自然的人化，一方面是感性的、直观的、非功利的，另一方面又是超感性、理性的、具有功性的，所以美感具有矛盾的二重性。

我国当代美学界的代表人物对于美感的探讨是全面而深入的，其有关美感的见解也是丰富多样的，不管其角度如何，他们的探讨都对我国的美学界做出了比较大的贡献。

第三节　美感的生理基础

美感作为人的一种生理活动，是奠定在人的生理基础之上的。首先，从历史的角度来看，人的美感来源于动物的快感。人出自于自然，是自然的产物，是从动物发展而来的，人的生理结构和心理结构都具有自然属性，人和动物都具有一些基本的生理需要及由这些基本需要得到满足时所带来的快感。正如恩格斯所说："人来源于动物界这一事实已经决定了人永远不能摆脱兽性，所以问题永远只能在于摆脱得多些或少些，在于兽性或人性的程度上的差异。"[②]也就是说，人源于动物，是以动物性的本能为基础的。人永远与动物性的本能有一定的联系，必然会带有这样或那样的自然属性。物质是第一性的，意识是第二性的，物质决定意识，美感作为人的一种心理活动，必然建立在人的自然属性——物质基础之上。其次，从美感的具体活动过程来看，人在获得美的心理享受的过程中，常常伴随着适宜的生理上的快感。如人们在欣赏一些故事情节曲折复杂的小说、电影等艺术作品时，随着故事情节的跌宕起伏，人的一些生理指标也会发生变化（如心跳的加快与减缓、血压的上升与下降、肌肉的紧张与放松等），并给人的身体带来一种快感，而这种身体上的快感也正是人的心理上的美感的基本内容。如果没有人的生理上的快感，人的心理就无法产生完全的适宜感，也就不会有人的心理上的美感。所以说，美感虽然主要源于人的心理上的快感，但同时也源于一些基本的生理快感，也就是说，美感来源于人的生理上的快感。

---

① 李泽厚：《美学论集》，上海文艺出版社，1980年。

② 中共中央马克思恩格斯列宁斯大林著作编译局：《反杜林论》，人民出版社，1999年。

一、快感的本质

纯粹的生理快感更多的是属于动物的。动物性的生理快感是指外界刺激通过人或动物的视、听、嗅、触等感觉器官传入大脑皮层，使人或动物产生舒适、惬意的感受。如夏天渴了，喝上一杯冰凉的饮料，会立刻感到神清气爽；肚子饿了，美美地饱餐一顿，也会觉得心满意足，这些舒适、惬意、兴奋的感觉都属于生理上的快感。生理上的快感是人和动物都有的。这种生理上的快感是人或动物在自己生命力发展的过程中，追求环境适应而产生的一种感觉。当环境适应于他们的时候，有利于他们的生命力的发展，他们就感到快适；当环境不适应于他们的时候，不利于他们的发展，他们就感到不快适。无论是人，还是动物，这种生理上的快感都是一种天性和本能，是他们的种族属性，先天地规定了他们的行动。这就像古人所说的，"民以食为天"，"故食必常饱，然后求美；衣必常暖，然后求丽；居必常安，然后求乐"①。

二、美感和快感的区别

美感是一种心理活动。由于每个人的生活经历和文化背景不同，所以每个人的美感也是有个性差异的。同一个审美对象对不同的审美主体来说，他们的感受并不相同，正所谓有一千个读者就有一千个哈姆雷特。但是，对于快感来说，它作为人和动物的一种生理本能，作为他们的种族属性，是没有太大差异的。

美感是一种审美判断、一种人类对自己本质力量对象化的欣赏，是人类独有的特权。人和动物都有快感，快感是第一信号系统的产物，美感是第二信号系统的产物。第一信号系统以感觉、表象为信号，偏重于生物的自然性，动物只有第一信号系统；而第二信号系统是以思维、词语为信号，偏重于人的社会性，而社会性是人与动物的最根本区别，美感是人特有的社会属性。两种信号系统的协同活动，使人既有快感又有美感。

美感作为人的心理上和精神上的享受，是一种高级而复杂的情感活动。快感只是人或动物对环境的一种生理上的反应，是一种生理享受，是由生理的欲望和需要所引起的一种低级的、情绪化的情感活动。而美感作为人的一种心理活动、一种心理上的反映，它往往能摆脱环境和物质的束缚，得到一种心灵上和精神上的自由感和幸福感，并常伴随有理性的冲动和感悟。所以，它是一种带有人的社会属性的、复杂的、高级的情感活动。

总之，美感的愉悦性不同于生理上的快感。生理快感是由于人或动物的生理

---

① 北京大学哲学系美学教研室：《中国美学史资料选编》上册，中华书局，1981年。

需要或生理欲望和冲动得到满足而引起的生理上的快适，具有实用上的满足性，其本质上是物质的；而美感则是一种心理上、情感上的愉悦，其在本质上是精神的。

三、快感和美感的生理基础

无论是快感还是美感，作为人或动物的生理上或心理上的反应，都需要一定的、具有物质属性的材料作为基础，那就是人或动物的五官。动物需要以五官和周围的世界建立联系，满足自己对形、色、声、味、触的选择和需要，并产生快感，使自己的生命力得到发展，使自己的生存需要得到满足。人的美感来源于动物的快感，并经常伴随着一种生理上的快感，所以人的美感也应以人的生理上的五官为基础。事实上，人获得的美感往往是由形、声、色等刺激五官而产生的。因此，美既不是思想的对象，也不是行为的对象，而是五官感觉的对象。人是通过五官与对象建立审美关系的。美感就是五官对美的观赏和感受。美感的生理基础就是五官，离开五官，就没有美感。

四、美学史上对美感活动中感觉器官的认识

在西方美学史上，曾经有很多学者都已经认识到了感觉器官在美感活动中的作用和意义。

古希腊时期，哲学家柏拉图说："美就是视觉和听觉产生的快感。"[①]美感是一种快感，它产生的基础和前提就是视听器官。

古罗马时期，折中主义美学家西塞罗认为，人与动物不同，人的感觉器官（如眼睛和耳朵）胜过动物的感官，有更好的感受力；所以只有 人才能感受美、欣赏美和评价美，并对美和艺术做出恰当的判断. 也就是说，人的感觉器官是人产生美感的基础。

中世纪时期，大神学家托马斯·阿奎纳认为："凡是一眼见到就使人愉快的东西才叫作美的。"[②]因此，与美关系最密切的感觉器官是视听器官。它们都是与认识关系最密切的、为理智服务的感觉器官。[③] 这说明美感通过感觉器官使人获得愉快，美感的基本感觉器官是视听器官。

文艺复兴时期，著名画家达·芬奇说："眼睛叫作心灵的窗子，它是知解力用来最完满最大量地欣赏自然的无限的作品的主要工具；耳朵处在其次，它就眼睛

---

① 柏拉图著，朱光潜译：《柏拉图文艺对话录》，人民文学出版社，1963年。

② 北京大学哲学系美学教研室：《西方美学家论美和美感》，商务印书馆，1980年。

③ 北京大学哲学系美学教研室：《西方美学家论美和美感》，商务印书馆，1980年。

所见到的东西来听一遍，它的重要性也就在此。”[①]在这里，他已把视觉印象看成是心灵感受对象的窗户和前提，也就是美感的窗户和前提。

18世纪，英国学者夏夫兹博里把对美的感受通过生理的感觉联系到人的心理活动。“他欣赏美，要通过一种较高尚的途径，要借助于最高尚的东西，这就是他的心和他的理性。”[②]夏夫兹博里认为，人的视听器官之上还有属于心灵和理性的感受器官，即人的“内在感官”或人的“第六感官”。他的学生哈奇生则发展了他的“内在感官”说。哈奇生认为，一般的感觉器官只能接受简单的观念，得到较弱的快感，而内在的感觉器官却可以“接受复杂的观念，所伴随的快感也远较强大”[③]。而且他们都认为，人的这种“内在感官”是人的天生属性，是人的天然的生理结构，即具有自然属性。

德国启蒙时期的美学家鲍姆嘉通认为，美感是通过敏锐的感受力“使心灵不仅可以凭借外在感官去获取美的思维的原始材料，而且可以凭借内在感官和最为内在的意愿去测定其他精神能力的变化和作用”[④]。

18世纪到19世纪初，德国古典哲学家、美学家康德说，美是主观的、无利害的快感。他认为，我们判断某一对象美或不美，并不是对某个对象做出逻辑判断，而是借助想象力做出情感上的判断，看它是否引起主体的快感或不快感。逻辑判断的主语和宾语通常都是概念，例如在“这朵花是红的”这个逻辑判断中，“花”和“红”都是概念，都包含一定的意义，能给我们有关的客体方面的知识。但是当我们做出审美判断或鉴赏判断时说“这朵花是美的”，这“花”就只涉及花的形式，而不涉及内容意义，因而不是概念，只是形象和色彩；这“美”也不是概念，不是花的属性，而是一种主观的快感，它只与花的形式（即它的形与色）相联系。由此可知，这里的“美”就是美感，就是一种快感，而且这种快感来源于与人的感觉器官有直接联系的外在事物的形与色，这就说明，康德承认了人的感觉器官在美感中的作用和意义。

同一时期，德国的另外一位古典哲学家、美学家黑格尔则强调感觉器官的感觉在美感中的作用。他认为，在人的许多感觉中，只有视觉和听觉才能进行审美，因为它们不直接涉及功利和欲念。视觉和听觉使对象“获得了为感觉而存在的定性”[⑤]。这两种感受是“无欲念的感觉”。视觉和“对象的关系是用光来做媒介产生的一种纯粹的认识性的关系，而光仿佛是一种非物质的物质，也让对象保持它的

---

① 伍蠡甫：《西方文论选》上卷，上海译文出版社，1979年。

② 朱光潜：《西方美学史》上卷，商务印书馆，2011年。

③ 朱光潜：《西方美学史》上卷，商务印书馆，2011。

④ 弗里德里希·黑格尔著，寇鹏程译：《美学》，江苏人民出版社，2011年。

⑤ 弗里德里希·黑格尔著，寇鹏程译：《美学》，江苏人民出版社，2011年。

独立自由，光照耀着事物，是事物呈现出来”[①]。黑格尔说：“人耳掌握声音运动的方式和人眼掌握形状或颜色的方式一样，也是认识性的。”[②]因此，视觉和听觉是无欲念的感觉，能够观赏美的东西，从而产生美感。相反，人的触觉、嗅觉和味觉这三种感觉直接与物质的对象相联系，“不让它的对象保持独立自由，而是直接对它采取实际行动，要消灭它、吃掉它”。因此，触觉、嗅觉和味觉这三种感觉的对象都不是可供人们观赏的客观对象，不能产生美感。

费尔巴哈也是德国的古典哲学家，他同样强调人的感觉器官及其产生的感觉在美感中的意义。他认为，人之所以能审美，是因为人有审美的感觉器官和感觉。他说：“如果我的灵魂的审美力是坏的，我怎么能感觉到一幅美的图画是美的呢？我自己虽然不是画家，没有亲手产生出美的力量，我却有审美的感觉、审美的理智，所以我才感觉到我外面的美。”[③]费尔巴哈还把人的感觉与动物的感觉区别开来，认为只有人的感觉才能产生美感。他认为，人之所以为人，就因为他的感性作用不像动物那样有限，是绝对的。他指出：“感官是人和动物共通的，但只是在人身上，感官的感觉从相对的、从属于低级的生活目的本质成为绝对的本质、自我目的、自我享受。只有人，对星星的无目的的仰望能够给他以上天的喜悦；只有人，当看到宝石的光辉，如镜的水面、花朵和蝴蝶的色彩时，沉醉于单纯视觉的欢乐；只有人的耳朵听到鸟儿的啼啭声、金属的铿锵声、溪流的潺潺声、风的飒飒声时，感到狂喜。”[④]

19 世纪中叶以后，美学的研究更加重视科学实验的方法。不同学派的美学家通过实验测量颜色、形状、声音等对于感觉所产生的作用以及它们在心理上所发生的作用。

移情说的代表人物里普斯说：“审美欣赏的‘对象’是一个问题，审美欣赏的原因却另是一个问题。美的事物的感情形状当然是审美欣赏的对象，但也当然不是审美欣赏的原因。毋宁说审美欣赏的原因就在我自己，或自我，也就是看到‘对立的’对象而感到欢乐和愉快的那个自我。”[⑤]在这里，里普斯虽然不肯承认审美欣赏的事物(即美的事物是审美对象)，但他把审美对象只限定在美的事物的“感性形状”上，认为美感是“由看到对象所产生的”[⑥]，这说明他还是认可了视觉器官是美感的感觉器官这一观点。

英国的实证主义美学家斯宾塞认为，我们几乎不把审美性质加在味觉上面，

---

① 弗里德里希·黑格尔著，寇鹏程译：《美学》，江苏人民出版社，2011 年。

② 弗里德里希·黑格尔著，寇鹏程译：《美学》，江苏人民出版社，2011 年。

③ 北京大学哲学系外国哲学史教研室：《十八世纪末—十九世纪初德国哲学》，商务印书馆，1975 年。

④ 北京大学哲学系外国哲学史教研室：《十八世纪末—十九世纪初德国哲学》，商务印书馆，1975 年。

⑤ 蒋孔阳：《十九世纪西方美学名著选》，复旦大学出版社，1990 年。

⑥ 蒋孔阳：《十九世纪西方美学名著选》，复旦大学出版社，1990 年。

虽然许多美食也给人以快感，但它并不是真正意义上的美，因它总离不开吃、喝这两个行动。气味提供的快感在一定程度上独立于非常重要的生活功能之外，因此能够成为一种享受，在一定程度上具有审美性质。而色彩和声音的感觉，由于距离非常重要的生活功能更为遥远，其审美性质和给人的审美享受也就更加明显。总之，他认为美感不同于一般的感觉，美感是超功利的。由此可见，各种感觉、感觉器官与功利性相脱离的程度决定了美感的性质和审美享受的程度。而视听器官由于远离功利性，更具有审美的性质，是美感的主要感觉器官。

美国的自然主义美学的美学家桑塔亚纳认为，"美是客观化的快感"①，各种感觉整体投身到对象上，与对象融为一体而自然地引起快感。他说："审美快感也有生理的条件，它们依赖耳目的活动，依赖大脑的记忆及其他意识功能。"②美感作为一种客观化了的快感也是离不开人的视听两种感觉器官的。

从古到今，美学家对美感问题的看法有很多，但他们却都不约而同地肯定了感觉器官在美感中的作用，这说明了感觉器官毫无疑问是美感的前提和条件，是美感的生理基础。

五、美感的生理基础主要是视听器官及其感觉系统

马克思说："对象如何对他说来成为他的对象，这取决于对象的性质以及与之相适应的本质力量的性质。"③我们已知审美对象的形式美的因素主要有线条、色彩、形体、声音等，这些因素的性质就要求主体有与之相应的生理机能——视觉器官和听觉器官。视觉器官感知的是线条、色彩、形体；听觉器官感知的是声音。因此，视听器官就是人类最基本的审美感官。构成完整的视觉感受系统的器官有视觉外周感受器（眼睛）、视神经传导系统、中枢神经和大脑皮层的有关部位；构成完整的听觉感受系统的器官有完整的耳朵构造系统、听觉神经传导系统、中枢神经及大脑皮层的有关部位。这是人类美感活动的物质基础，离开了这个物质基础，就无所谓美感或其他的感受。不同的感觉器官感受的对象不同，"眼睛对对象的感觉不同于耳朵，眼睛的对象不同于耳朵的对象。"④各种感觉器官的密切配合才能使人具有丰富的美感。

但是，在这个多姿多彩的、生动形象的、富有感性色彩的世界里，人是有各种感觉器官及其感觉系统的，其他的动物也是有各种感觉器官及其感觉系统的，那

---

① 乔治·桑塔耶纳著，缪灵珠译：《美感》，中国社会科学出版社，1982年。

② 乔治·桑塔耶纳著，缪灵珠译：《美感》，中国社会科学出版社，1982年。

③ 中共中央马克思恩格斯列宁斯大林著作编译局：《马克思恩格斯全集》第42卷，人民出版社，1985年。

④ 中共中央马克思恩格斯列宁斯大林著作编译局：《马克思恩格斯全集》第42卷，人民出版社，1985年。

么为什么只有人的感觉器官及其感觉系统才具有审美功能呢？

马克思说："社会人的感觉不同于非社会的人的感觉。只是由于人的本质的客观地展开的丰富性，主体的、人的感觉的丰富性，如有音乐感的耳朵、能感受形式美的眼睛，总之那些能成为人的享受的感觉，即确定自己是人的本质力量的感觉，才一部分发展起来，一部分产生出来。"[①]人的感觉是不同于动物的感觉的，人的感觉是自然而又社会化、天生而又社会实践化、感性而又理性化的，它是能确证人的本质力量，能给人以享受，并具有感性的、丰富的感觉，它是社会化的人所特有的感觉，即审美感觉。由于视觉器官和听觉器官最能给人带来享受的、丰富的感觉，最能体现人的本质，所以这两种感觉器官及其感觉系统理所当然地应该成为美感活动的最基本的审美感官。其具体表现如下。

（1）视听器官及其感觉系统是人类获取信息的主要途径。据心理学家统计，视觉器官及其感受系统所获取的信息占人类获取的所有信息的80%～90%，听觉器官及其感觉系统所获取的信息占人类获取的所有信息的10%左右。这是因为，在人类获取信息的过程中，人类的视听系统具有很强的主动性，能够迅速地捕捉到与人类自身相关的、有益或有害的信息，供人类自己选择并做出判断，以便积累经验获取知识。同时，人类的视觉系统还可以识别文字，人类的听觉系统还可以接纳语言，这就使它们具有了更大的获取信息的空间，从而成为人类获取信息的主要途径。

美国美学家桑塔亚纳说过："视觉在我们知觉中的优越地位，来自于光明对知识的自然象征。"[②]在这个世界中，没有光明，哪里会有知识、信息的产生？只有在这一片无比灿烂的光明的世界中，人类的视觉器官才可以发现色彩、线条、形象及其所处的空间位置，也才能发现客观世界的变化及时间的推移。它从各个角度对客观世界进行观察，观察世界上任何有形或无形的变化，在这个世界上所透露出来的任何信息都逃不出人类的眼睛。人类的眼睛将随着时间的推移走向更加遥远的未知世界。而对于人类的视觉系统来说，它不仅能感受到声音的高、低、强、弱及其节奏，而且还能辨别出不同的音质、音色及声音的方位和运动。正如桑塔亚纳所说："在声音中有一种精密连续的音调层次，有一种可以测量的音值关系，所以可以用声音造出一种近乎肉眼能见的事物一样复杂而可描写的事物。"[③]甚至人们还能从说话人的声音中听出说话人的特有的情感、语气和态度。因此，听觉系统也是人类非常敏感的一个传感器，也是人的本质力量的最有力的证据。同

① 中共中央马克思恩格斯列宁斯大林著作编译局：《马克思恩格斯全集》第42卷，人民出版社，1985年。

② 乔治·桑塔耶纳著，缪灵珠译：《美感》，中国社会科学出版社，1982年。

③ 乔治·桑塔耶纳著，缪灵珠译：《美感》，中国社会科学出版社，1982年。

时,美与真的关系也决定了与人类的认识密切相关的视听器官是美感的重要器官。

(2)人的视听器官是社会化了的感觉器官。马克思说,人类"五官感觉的形成是以往全部世界历史的产物"[①]。"感觉通过自己的实践直接变成了理论家。"[②]因而是"具有丰富的、全面而深刻的感觉。"[③]

桑塔亚纳也认为:"视觉是'最卓越的'知觉,因为,只有通过视觉器官和依照于视觉,我们才最容易明白事物。"他还详细指出:"我们的智力一旦做出形而上的飞跃,把视觉的内容设想成是永恒和独立的,或者换句话说,去想象事物,此时这些事物的观念的构成就不得不用已经存在于心中的材料。然而,最适合于此种构造的材料是眼睛所供给的,因为正是眼睛使我们同我们的实际环境发生最广泛的关系,给予我们以当前的印象的最快的警报。视觉有一种预告作用。我们感兴趣的与其说是为视觉而视,毋宁说是它所带来的关于即将到来的事情的暗示。视觉是一种将实际不存在的事物呈现在心灵的方法;而因为此物的本质是它存在于我们不在场时,所以此物就自然而然的被设想为目睹。"[④]视觉能"暗示"未来,能看见"本质",这是只有具有了社会化的视觉才有的属性。对听觉,尽管桑塔亚纳认为"声音具有与低级感觉相同的缺点"[⑤],但是他还是认为听觉的美是包含理性内容的。

因此,在人类的社会实践中,人类以感觉器官为中介,实现着主客体之间的反复交流和信息的传播,并深化着人类的认识,从而使人不仅能感觉到周围事物的现象,而且能看到这些事物或现象背后的本质,感觉到这些事物或现象身上特定的情感。然后,这种感觉又在人的生理机能之中不断地积累知识和积淀遗传,并使之完善,最终使五官感觉变成了人的精神的实践感觉。而这种带有理性的情感内容的感觉由于具有了远比动物的感觉丰富得多、全面得多、深刻得多的社会性,所以它同样是人的本质力量的确证。

(3)人的视听器官具有充分的自由性。恩格斯说:"鹰比人看得远得多,但是人的眼睛识别东西却远胜于鹰。狗比人具有更敏锐得多的嗅觉,但是它不能辨别

---

① 中共中央马克思恩格斯列宁斯大林著作编译局:《马克思恩格斯全集》第42卷,人民出版社,1985年。

② 中共中央马克思恩格斯列宁斯大林著作编译局:《马克思恩格斯全集》第42卷,人民出版社,1985年。

③ 中共中央马克思恩格斯列宁斯大林著作编译局:《马克思恩格斯全集》第42卷,人民出版社,1985年。

④ 乔治·桑塔耶纳著,缪灵珠译:《美感》,中国社会科学出版社,1982年。

⑤ 乔治·桑塔耶纳著,缪灵珠译:《美感》,中国社会科学出版社,1982年。

在人看来是各种东西的特定标志的气味的百分之一。”①动物，特别是高等动物的感觉，也具有相当复杂的形式，在表面上看起来与人的感觉有某些相似之处，但实际上它与人的感觉有着本质的区别。动物的感觉只是动物对环境消极的反应，动物只能消极地适应自然，它的一切感觉都只能满足于其本能的需要，所以它只能片面感觉事物的某一属性。由于生存竞争的需要，尽管动物的某一感觉发展得很敏锐，甚至大大超过人的感觉，但它的感觉是本能的、无意识的，它的感觉始终无法接触到事物的本质属性和社会属性。而人的感觉却不然，人的感觉器官和感觉是在生产劳动的基础上发展起来的，具有人的社会的社会属性。“人的感觉、感觉的人性，都只是由于它的对象的存在，由于人化的自然界，才产生出来的。”②这就是说，人的感觉不仅可以认识事物的自然本性和特性，而且可以认识“人化了的自然界”及其所包含的社会生活内容和所具有的多方面的意义，这是动物的感觉器官及其感觉系统所没有、也不可能做到的。

人的感觉器官不仅是自然的，而且是社会的，是直接与语言和思维联系着的。语言是思维的直接体现，人除了以生理感觉器官直接感知对象外，还以社会感觉器官感知对象了解其社会的意义和内容。只有在实践的基础上创造了人的本质的、客观的、展开的丰富性之后，人的感觉器官才有主观的感觉的丰富性。而同时，只有当人的感觉器官具有了主观的感觉的丰富性之后，人的感觉才能在对象世界里完全地感觉到人的本质的、展开的丰富性。正因为人的感觉是在对象世界里感觉到人的本质的、展开的丰富性，“因此，人不仅通过思维，而且以全部感觉在对象世界中肯定自己”③。人的感觉在其实践中肯定着人在对象世界中的本质力量，这是认识美的基本条件。因为人正是在对象世界中“肯定自己”时，看到了人的自由创造活动，感觉到了人在创造活动中的自由，因而在其精神上体验到一种特殊的快感和舒畅的喜悦。这种快感和喜悦是普遍的、必然的，是美感产生和形成的基本条件，而这种快感和喜悦的产生正说明了人的感觉器官及其感觉系统的充分自由性。

以上几个方面说明，人的视听器官及其感觉系统发展到今天已经融入了更多的人性和社会性，已不单单是一种简单的生理器官，更主要的是一种社会化的器官。它们是人的本质力量的确证，和动物的感觉器官及其感觉系统已经有了本质的区别。它们具备感受美感的能力，是美感的前提和条件，是美感的最主要的生理器官。

---

① 中共中央马克思恩格斯列宁斯大林著作编译局:《马克思恩格斯选集》第三卷，人民出版社，1972年。

② 中共中央马克思恩格斯列宁斯大林著作编译局:《1844年经济学哲学手稿》，人民出版社，2002年。

③ 中共中央马克思恩格斯列宁斯大林著作编译局:《1844年经济学哲学手稿》，人民出版社，2002年。

第四节 美感的心理因素

美感是一系列心理活动的结果，它虽然以情感为主，但却包括感觉、知觉、表象、想象、联想、理解等心理活动的各个要素，其中既有被动的感知，更有主动的发现；既有意识成分，也有无意识成分，它们互相诱发、互相推动、互相渗透，共同形成美感的心理环境和状态。

美感活动是一种全身心的积极活动，美感的获得也是人的各种心理要素共同参与、综合运用的结果。

一、感觉和知觉

人必须首先通过感觉和知觉才能与周围的世界发生关系，这是人类所有意识活动的共同特点。感觉和知觉，不论是对理性认识还是对审美活动，都是进行更高一级心理活动的基础，没有生动的直观，就没有抽象的思维；没有生动的直观，就更没有审美的想象、情感和理解及其整合活动，也就无所谓美感。审美主体的美感活动也是以感知为起点的。

（一）感觉

感觉是客观事物直接作用于人的感觉器官，在人的大脑中所产生的对这些事物的个别属性的反映。它虽然属于低级的心理活动，却是一切心理活动的基础。列宁说过："不通过感觉，我们就不能知道实物的任何形式，也不能知道运动的任何形式。"[①]因此，感觉也是美感心理活动的基础，审美感受正是在对事物的具体属性的感受基础上进行的。

然而，人的心理仅仅停留在对事物的个别属性的把握上是不能达到审美的高度而产生美感的。人的心理只有能对事物的个别属性进行综合把握而形成整体的感受时，人的美感心理活动才能逐步地形成，人的心理才能成为审美的心理。那么，人的心理对事物的属性的综合的、整体的反映又称作什么呢？那就是知觉。

（二）知觉

知觉是对事物的各个属性、各个部分及其相互关系的综合整体的反映。对美的事物的反映，只有感觉是不够的。美是完整的，作为主体的人对美的反映必须

① 中共中央马克思恩格斯列宁斯大林著作编译局：《列宁全集》第14卷，人民出版社，1984年。

是整体的反映才有意义。人对美的事物多方面、反复的感觉形成了知觉。知觉以感觉为基础。与审美感觉相比,审美知觉对对象的反映更全面、更深刻。审美知觉已不是单纯的客观反映,它能在感觉的基础上调动起以往的心理积淀、审美经验以及回忆,有的甚至能将主体已有的知识、经验、情感、兴趣、意志等所有的心理内容融入对审美对象的知觉之中,使知觉的内容不再局限于事物的情感本身,而随着特定的观念和情绪意义成为积淀着理性、情感的知觉。在美感活动中,审美知觉是对审美对象的能动反映,它渗透了审美主体的经验。不同的审美主体对于同一审美对象的知觉往往是不同的,同一审美主体在不同时间、不同地点对同一审美对象的知觉也可能不一样。审美知觉是审美感觉的发展,是审美联想、想象、情感、理解的前提和基础。在审美活动中,人们常常把审美感觉和审美知觉统称为审美感知。审美感知与普通的心理感知不同,其主要特点如下。

(1) 整体性。知觉虽以感觉为基础,但它不是感觉材料的相加,而是各种材料及其关系经大脑分析综合之后组成的有机整体。系统论认为,整体大于部分相加之和,即部分组成的有机整体获得了新质,不再是感觉材料的量的积累。格式塔心理学派也认为,人在形成知觉的过程中有一种来自天赋的"完形"能力,能将似乎杂乱无章的对象构成具有一定结构、一定形状的完整形式——"完形"。他们反对将知觉简单地看成是感觉材料的总和,反对将整体看成是各个部分的机械相加或凑合,认为整体大于部分之和,只有将每一部分放在整体中感知才具有意义。

在审美的感受活动中,对审美对象的感知也是整体的。美的事物是一个完整的形象,如果在审美的感受活动中只抓住美的事物的个别的、孤立的部分,那就不能真正感受到美,也不能产生美感。作为对审美对象的感性面貌的整体把握,审美知觉的整体性突出地表现出"统觉"的作用。所谓"统觉",指的是知觉内容和倾向蕴含着人们已有的经验、知识、兴趣、态度,因而不再限于对事物的个别属性的感知。因为有"统觉"的作用,主体就能将已有的知识、经验、情感、意志的目的指向性融入当下对象的知觉之中,使知觉的内容不再局限于事物的感性面貌本身,而附着特定的观念和情绪意蕴。可以说,审美感知的整体性既与感知主体过去的经验、特定的文化背景、个人的生活"图式"以及由此而形成的期望有关,也与感知主体内在的情感模式和心理模式有关。

(2) 综合性。美感与人的全部感觉器官有关。美感虽然主要依赖视觉器官与听觉器官两种感觉器官,但是其他感觉器官也能感受美的信息、获得美的享受。如嗅觉器官的美感就十分明显,人们对气味的选择,既有功利的一面,也有审美的一面。不可否认,无论是人还是物,如果传出一种好闻的香味,都能增加其好感。其实,味觉器官中不仅能产生生理的快感,也往往有深厚的文化内涵。事实上,美感产生时,人的全部感觉器官都投入进去了,只是由于审美对象的差异,各种感觉器官参与审美的程度不同罢了。因此,我们千万不能将审美感觉局限在视听两种

感觉内，绝不能轻视视听外的其他感觉的美感享受。

审美感知的综合性还表现在各种感觉之间的相互贯通上。感觉的贯通称之为“联觉”，又称“通感”。所谓“联觉”，就是指“在刺激一个分析器的影响下产生另一个分析器所特有的感觉”[①]。最普遍的“联觉”形式就是视听的“联觉”，美国心理学家克雷奇将视听“联觉”称作“色听现象”。他认为：“生动鲜明的色彩形象可由一种声音，如某个音符唤起。音调与颜色联系因人而异，但是具有一种相当一般的一致性。如低音产生深色，高音产生浅色。”[②]克雷奇认为，对于某一具体的人来说，音调与颜色的联系可能是有规则和相当稳定的。

在审美活动中，“联觉”是普遍的。如“红杏枝头春意闹，绿杨荫外晓寒轻”，这两句诗中的“红杏”是视觉对象，却给人听觉的“闹”的感受。我国著名作家朱自清《荷塘月色》中的香味是“如仿佛远处高楼上传来的缥缈的歌声似的”，月光是“如梵阿玲上奏看的名曲”，香味是味觉对象，月光是视觉对象，但在这里，它们却都转化成听觉对象，味觉、视觉都与听觉相通了。

除了视听等五官感觉可以实现“联觉”外，空间知觉、时间知觉、运动知觉在审美中也能相互引发，实现综合。事实上，呈现在我们脑海里的知觉是三维空间加上一维时间的活动图景，是大千世界多种因素对我们的感觉全面刺激的综合信息。美感首先是人的感知对外界多种信息进行综合后的最初反映与创造。

(3) 选择性。阿恩海姆在谈到人的视觉时曾说，“视觉是一种主动性很强的感觉形式”，“积极的选择是视觉的一种基本特征”[③]。事实上，在现实生活中的确如此，对待一些事物，我们可以过目不忘；对待另外一些事物，我们又会熟视无睹，我们的视觉在生活中总是在不断地做选择。其实，不仅仅是视觉，人的其他感觉也都具有选择性，人的整个知觉本身都在主动地选择客观世界。

知觉具有选择性的原因有两个。第一，从客观方面来看，客观事物的丰富多彩和一种事物属性的多个侧面决定了人在知觉对象上不可能平等地对待一切。如果有关各种事物的各种刺激都以同等的分量作用于大脑，那么大脑将无法承受全面持续的兴奋状态。有所选择和侧重，将使一部分大脑皮层处于抑制状态。对某一事物，人们的知觉总是选择对那些能表现事物本质和主要特征的属性做出反映，而抑制对其他次要特征做出反映。对于不同的事物，人们的知觉总是对那些新鲜的、奇特的事物特别敏感，而对那些习以为常的、平庸的事物不予注意。第二，从主观方面来看，由于每个人的兴趣、爱好、修养不同，所从事的专业不同，他们的知觉重点也就不同。一般来说，一个人的知觉重点往往就是一个人的兴趣、

① 彭聃龄：《普通心理学》，北京师范大学出版社，2001 年。

② 克雷奇等著，周先庚等译：《心理学纲要》下册，文化教育出版社，1981 年。

③ 鲁道夫·阿恩海姆著，滕守尧译：《视觉思维》，光明时报出版社，1986 年。

爱好所在，也可能是事物的精华所在。

因此，在审美的感受活动中，作为审美主体的人，对进入其感知系统的各种信息也不是不加选择、不分主次、一视同仁的，总是在知觉对象中自觉或不自觉地找出其最感兴趣的东西作为他的知觉重点，而将其他的部分作为这个知觉重点的背景。知觉的重点就是知觉者的“注意”所在。“注意”是主客双方相互作用的产物。在审美的感受活动中，既是主体选择对象也是对象选择主体，其结果是双向肯定——主体对客体的肯定与客体对主体的肯定。审美正是主客体双向肯定的体现，体现了审美知觉的选择性。

审美注意对审美的实现至关重要。没有审美注意就没有审美。审美注意是审美感知的重要属性，也是审美感知选择性的重要表现。审美注意与“知觉定势”有必然的关系。所谓知觉定势，是审美主体在产生知觉前的一种相对稳定的心理准备状态。克雷奇说它是“一种以刺激的特殊组织去完成一种知觉的准备状态”。我们对一个事物产生知觉，不是毫无心理准备的，尽管这种准备我们并不自觉。事实上，我们原先的生活经验、知觉习惯、对事物的惯常理解以及心理期待都在影响着当前的知觉。这些潜在的、影响当前知觉的心理因素统称为“知觉定势”。在审美活动中，我们总是自觉或不自觉地将眼前的知觉对象与习惯性的审美经验中的审美对象进行比较；我们总是力图将审美纳入到我们熟悉的心理模式中，并对那些符合我们的“知觉定势”的审美对象做出审美评价。

另外，审美感知的选择性还表现在我们心理的“统觉”能力上。“统觉”与“知觉定势”是相通的，但“知觉定势”强调的是稳定的心理（即习惯）对感知的影响，“统觉”则强调审美主体全部的修养对感知的作用。在实际的审美活动中，“统觉”与审美感知的发展方向和深度拓展关系极大。任何审美感知上的差异，我们都可以在“统觉”上找到解释。

(4) 敏感性。审美感知具有情感性。一般的审美主体，在审美活动中，总离不开情感的活动。人们的审美感知在感受审美对象时总是动情的，而这种情感的活动与活跃让审美感知具有了敏感性的特点。这种敏感性既表现在审美感知能对整体形式、外观做出迅速的把握，也表现为能对形式、外观所蕴含的意义和情趣做出迅速的反映。这种反映可能是模糊的、朦胧的、迅速的、直接的，迅速到可以不经过思维判断的推理过程而直接把握某些内涵，因此这种敏感性在审美中又被称为直觉性。德国美学家玛克思·德索说：“当一个声音开始歌唱时，我们远没有听清其歌词与旋律，便觉得已经深受感动了。”[①]这就是直觉性的表现。如白居易的《琵琶行》中的诗句“忽闻水上琵琶声，主人忘归客不发”，一个“忽”字准确地写出了审美感知的迅速性和敏感性。

---

① 玛克斯·德索著，兰金仁译：《美学与艺术理论》，中国社会科学出版社，1987年。

然而,玛克思·德索却把这种审美感知的敏感性称作“一种近乎生理的反应”的“审美反射”。他由于过于强调生理功能,所以也就轻视了审美直觉中的理性内容,尽管他也看到了“在察觉的感官特质的基础上”也形成了某些“情绪与判断”。与德索差不多同时期的意大利美学家克罗齐提出了“形象直觉说”。他用了“直觉即表现”“直觉即艺术”“直觉即成功的表现”三大命题来解释美和美感的本质和特征,更加彻底地否定了直觉中的理性内容。那么,克罗齐所谓的直觉是什么呢?他说,“直觉是对个别事物的认识”,“是离理智作用而独立自主的”。① 朱光潜解释说:“见形象而不见意义的‘认识’就是‘直觉’。”②他还说:“无论是艺术或是自然,如果一件事物叫你觉得美,它是一定能在你心眼中现出一种具体的境界,或是一幅新鲜的图画,而这种境界或图画必定在霎时中霸占住你的意识全部,使你聚精会神地观赏它、领略它,以至于把以外的一切事物都暂时忘却。这种经验就是形象的直觉,形象是直觉的对象,属于物,直觉是心知物的活动,属于我。在美感经验中,心所以接物者只是直觉,物之所以呈现于心者只是形象。”③可见,直觉就是认识世界时个别事物在头脑中形成的意象。克罗齐认为这个直觉或意象不是来自客观世界,而是来自主体的感情,如实践活动所伴随的快感、痛感、欲念、情绪等。因此,“直觉即表现”就是“直觉即抒情的表现”,这一点正好揭示了克罗齐美学思想体系的唯心主义实质。至于他说“直觉即艺术”,是指只要对一个事物产生了一个意象就算是艺术创造,这完全排除了审美中的创造实践活动,当然也是偏颇的。

所谓审美知觉的直觉性,也就是审美知觉的敏感性。它既不是单纯的生理反应,也不是单纯的主体意象,更不是纯粹感性的心理活动,而是客观事物引起审美主体产生知觉的结果,是社会实践的产物,其中蕴含着一定的理性内容。这种理性内容是过去长期审美知觉经验的结晶。人类以生理反应为基础,以长期的审美实践为条件所形成的这种敏锐的感知能力,也是美感活动中必不可少的。

二、联想和想象

联想和想象作为人脑在改造记忆表象的基础上创造出新形象的心理能力,在审美活动中具有重要的意义,它们能进一步激发、活跃和丰富人们的情感,促进人的思维,带动人的理性,把审美感知和审美理解联结起来。因此,联想和想象是美感活动中的重要的心理因素。

---

① 北京大学哲学系美学教研室:《西方美学家论美和美感》,商务印书馆,1980 年。

② 朱光潜:《朱光潜美学文学论文集》,湖南文学出版社,1980 年。

③ 朱光潜:《朱光潜美学文学论文集》,湖南文学出版社,1980 年。

（一）联想

所谓联想，心理学上是指由对甲事物的感知回忆起与之相关的乙事物的思维活动。联想是神经中已经形成的暂时联系的恢复，是回忆的一种表现形式。联想有很多种类，其中最主要的有以下几种。

1. 接近联想

接近联想就是指由于甲、乙两事物在时间、空间上相当接近，人们在有关经验中便把它们经常联系在一起，以致形成相当稳定的心理反应。一看到甲便自然地联想到乙，并引起相应的情绪反应。我们通常所说的“爱屋及乌”“睹物思人”“瑞雪兆丰年”，都属于接近联想。另外，许多诗人因游览名胜古迹而联想起历史人物所做的怀古诗，如苏轼的《念奴娇・赤壁怀古》、辛弃疾的《菩萨蛮・书江西造口壁》，都由空间的接近而将古今的人事联系在一起，从而打破了时间上的限制，抒发了诗人对人生的感慨，使诗具有更深广的内容和更动人的力量，这就是接近联想在艺术表现中的魅力。

2. 类似联想

类似联想就是指由于甲、乙两事物在性质或状貌上的某种类似而引起的由甲事物到乙事物的联想。艺术创造中常用的比喻、象征等手法都属于类似联想。然而类似联想中的“类似”，一般来说，只是两事物在某些特征上的近似，并非百分之百的一致，二者既有相似的一面，又有差异的一面。如一些比喻的喻体与本体之间就是这样，它们既类似又有差异，其中包含着相反相成的因素：“两者不合，不能相比；两者不分，无须相比。不同处愈多愈大，则相同处愈有烘托；分得愈开，则合的愈出意外，比喻就愈新奇，效果愈高”①。象征则是用一个具体事物的形象去充当另一个较为抽象的事物的感性符号。不论比喻还是象征，它们都能使欣赏者展开更为积极活跃的心理活动。正如黑格尔所说的，它们都足以“把彼此各自的独立的事物结合成为错综复杂的意象”②，取得更大的思想感情的容量和空间。

3. 对比联想

对比联想就是指由于甲、乙两事物在性质和状貌上截然相反而引起的由甲事物对乙事物的联想。杜甫的诗句“朱门酒肉臭，路有冻死骨”以及曹植的《七步诗》中的“煮豆持作羹，漉菽以为汁，萁在釜下燃，豆在釜中泣，本是同根生，相煎何太急”，运用的都是对比联想。对比联想的功能不在于强化对某一对象的感受，而在于强化对两事物所具有的对立关系的理解和感受。对比联想注重的是事物之间的差别和对比，将对立的事物或现象交错呈现或结合一体，可以使人对现实生活

---

① 钱钟书：《旧文四篇》，上海古籍出版社，1979年。

② 弗里德里希・黑格尔著，寇鹏程译：《美学》，江苏人民出版社，2011年。

中的对比关系得到更鲜明深刻的感受。在所有的联想中，对比联想往往可以收到比其他联想更好的效果。

总之，联想总要得到当时感知对象的引发，离不开当时直接感知的对象，是在感知时所产生的表象的基础上所进行的想象，是简单的想象，是想象的基本形式。

在审美活动中，联想总是能让人触景生情、浮想联翩，或黯然神伤，或欣喜若狂，往往能使人的美感变得更加丰富多彩。因为，在审美活动中，旧的知觉与新的知觉表象相互重叠组合，在记忆中经由新的、类似的或相关的对象的触发产生联想，从而使既有的对象变成含蓄丰富、生动不已的审美意象。这就使得美感在知觉和表象的基础上，在时间和空间两个领域得到拓展，对象也在联想的作用下不断创新，显示出无穷的魅力。

（二）想象

所谓想象，就是指人们在外在事物和对象的刺激下，在头脑中对原有的记忆表象进行加工改造，创造出新的形象的心理活动的过程。

想象与联想不同，联想只是有关事物表象间的神经联系，想象则是通过对表象的加工、改造而创造出新的形象的过程。马克思说，想象是“人类的高级属性”之一，想象力是“十分强烈地促进人类发展的伟大天赋”。没有想象力，人类就不能前进。不过想象不是人的自然本能，而是时间的产物。想象是人类自觉的、有意识的本质力量的重要表现，正是有了想象，人类有目的、有意识的创造性的劳动才成为可能，劳动的预期结果才能在劳动过程的开始就存在于劳动者的想象中。

想象作为一种心理过程，也是一种认识活动。一方面，想象以记忆中的表象为基础，以表象为材料组织形成新的形象系统，因而具有具体性、可感性、形象性等特点，具有感性认识的一切特征。另一方面，想象是对表象进行分析综合以后，按照一定的愿望、目的创造出来的，是形象思维的产物，是对客观现实的真实反映，因而具有比联想更深刻的理性内容，具有理性认识的特征。因此，在认识过程中，想象是感性认识和理性认识互相联系的中介，是感性和理性的有机统一。而在审美活动中，想象既是审美主体从事审美欣赏所必须具备的能力，也是审美主体从事审美创造所必须必备的能力。黑格尔在谈到艺术创造的本领时说：“如果谈到本领，最杰出的艺术本领就是想象。”①在一切审美活动中都离不开想象。正是有了想象，人们才能不断地设想并创造着未来美好的生活，推动着人类社会的进步，使人类创造出新颖独特、富有激情和强烈艺术感染力的艺术作品，丰富着人类的审美生活，使人类的生活变得更加完美。

想象在审美心理中具有特别重要的意义，其原因何在呢？这是由审美想象的

---

① 弗里德里希·黑格尔著，寇鹏程译：《美学》，江苏人民出版社，2011。

特点所决定的。审美想象的主要特点如下。

(1) 充分自由性。在审美活动中，人们的心理完全可以打破惯常的思维习惯，打破事物之间及其事物内部原有的、通常的规定性，打破客观现实世界中时间和空间的限制，在一个相对独立的心理空间，进行自我陶醉式的、充分的想象发挥，纵览古今，思绪万千，意象层出，浑然忘我。正所谓："收百世之阙文，采千载之遗韵。谢朝华于已披，启夕秀于未振。观古今之须臾，抚四海于一瞬。"(陆机《文赋》)人们的想象获得了充分的自由，这就是审美想象具有自由性的表现。

(2) 创造性。审美想象的充分自由让审美想象获得了更加丰富的感性材料，以及更多的组合新形象的机会，因此，在审美活动中，当想象无比自由的时候，它就可以突破联想式的惯常通道，将想象的表象任意地加以分解、组合，不断地创造出现实生活中也许并不存在的新形象。如孙悟空、猪八戒等，这就是审美想象具有创造性的表现。

(3) 虚构性。审美想象虽然来自现实，但它却具有非现实的一面，一旦人们的审美想象把来自于现实的材料进行加工、改造、重新组合创造出新的形象，这种新的形象就属于非现实的了。把现实转变为非现实的能力，既表现了审美想象的创造性，也表现了它的虚构性。

想象依其独立性和创造性的程度不同可以分为再创造想象和创造性想象。

再创造性想象是在语言描述或图样示意等条件的制约和提示下所进行的想象。一般来说，在审美欣赏的过程中，我们所运用的想象形式主要是再创造性想象。再创造性想象极其依赖审美对象。我们在审美欣赏时，一方面要根据审美对象的描绘和提示进行想象，另一方面又要结合自己的生活经验、知识积累、思想感情和记忆表象等进行一定的加工改造。因此，在审美欣赏时，我们的再创造性想象往往会受到审美对象的限制和制约。但同时，由于我们在审美欣赏时经常受到个人生活经验、思想感情等的干扰，所以我们此时的再创造性想象又会受到个人因素的限制和制约，从而使再创造性想象出现较大的个体差异性。再创造性想象的差异性充分地表现出了审美欣赏的主体的主观能动作用。接受美学十分重视这种再创造性想象的能动作用，接受美学认为是再创造性想象帮助艺术家创造了艺术作品、完成了美的创造。

创造性想象是不根据现成的描绘或提示而独立创造新形象的心理活动过程。创造性想象主要运用在美的创造过程中。创造性想象比再创造性想象具有更大的自由性、能动性和创造性。陆机在《文赋》中所说的"精骛八极，心有万仞""笼天地与形内，挫万物于笔端"以及刘勰在《文心雕龙》中所说的"寂然凝虑，思接千载；悄然动容，视通万里"等，都是对艺术构思中创造性想象的生动描述。

在审美创造中，创造性想象的基本趋向就是对已有的表象进行改造，以创造新形象。其创造新形象的手段和方法是多种多样的，运用得较多的是变形、浓缩和黏合等方法。变形是现代艺术常用的艺术表现手法，它常常运用梦境、幻想等手段，通过加工改变事物原有的形态，创造出某种怪诞的形象。如卡夫卡在其小说《变形记》中，将主人公的形象变成大甲壳虫的形象，就是运用了变形的手法。浓缩主要是把许多表象进行有机的综合，通过加工创造出一个具有许多隐义的新形象。如鲁迅笔下的阿Q、俄国文学中的“多余人”的形象，都是作家将许多记忆表象浓缩的结果。黏合是通过想象把许多不同的记忆表象粘贴起来，形成新形象的方法。黏合有两种方式，一种是基本上按照生活的常规黏合，也就是说，虽然新的人物形象的各个组成部分取自不同的人物，但在它们组合成这个新的人物形象时，这个新的人物形象还是一个真正的人的形象。另一种则是打破生活常规，以不符合生活现实的形态进行黏合。如《西游记》中将猪的部件与人的部件组合在一起合成猪八戒的形象，就是运用的非常规黏合的方法。在审美创造中，不仅人物形象的创造需要创造性想象，而且其他的(如自然景物的形象、意境等)创造也需要创造性想象。

在审美欣赏和审美创造中，再创造性想象和创造性想象是相辅相成的，再创造性想象中有创造性想象的成分，创造性想象中也有再创造性想象的因素。在实际的想象过程中，二者有时是不可分的。

三、情感

情感是人对客观事物与人的自身需要之间所存在的关系的一种评价态度，是人对客观事物是否符合人的自身需要而产生的体验和态度。

主体对客观事物是迎还是拒，是正面的、肯定性的愉悦，还是负面的、否定性的厌烦，完全取决于该事物是否能满足主体的需要。同时，情感还包含主体对自身行为、思想、心理状态满意或不满意的态度，具有自我评价的性质。总之，情感与人的需要、愿望、理想有关，带有强烈的主观倾向性。

人是情感化的动物，深受情感的影响。无论是在审美欣赏中，还是在审美创造中，情感始终起着不可替代的作用。情感是审美心理中最活跃的因素，在审美活动中，它广泛地渗入到心理的其他各个因素之中，使整个审美过程都浸透着感情色彩。

审美情感以日常情感为基础，但却与日常情感有着显著的差别。审美情感要求于对象的，已不单纯是个人一般需要的满足，而是审美需要、审美、理想的满足，其中包含主体对审美对象的理性的、社会性的评价，所以审美情感属于人类的高级情感。审美情感的主要特点如下。

(1) 形象性。在审美活动中，审美情感一经产生，便与生动、感人的形象结合在一起。或触景生情，由形象激发情感，二者融合在一起；或借景抒情，把情感寄托于形象,二者融合在一起。总之,或形象滋生情感,或情感孕育形象,形象是情感的载体,情感是形象的色彩,形象借助情感而有了生命,情感借助形象而得以表现。在审美欣赏和审美创造的整个过程中,情感和形象是相伴相随、融为一体的。因此,形象性是审美情感的最基本的特点。

(2) 趣味性。审美情感作为人类高级的情感,是"净化"的情感,它所追求的是精神需要,而不是物质需要,所以,在具体的审美欣赏和审美创造活动中,审美情感往往能使人摆脱物质的和世俗的束缚,超然物外,身心无比地放松和自由,从而获得一种心理上的愉悦和精神上的满足,这就体现出审美情感具有趣味性。

(3) 精神性。审美情感是人类的高级情感,它的核心是爱。爱的一方面属于美感,另一方面又属于社会的伦理和道德等。爱的内涵里带有太多的人类的精神要素(如伦理观念、道德理想等),所以审美情感作为爱的情感,其精神性的特征也必不可少。

同时,审美情感的精神性还体现在它与理性的统一上。在审美活动中,我们的审美欣赏和审美创造是由感性认识向理性认识的自然过渡,是情与理的统一,因而,审美情感不仅具有鲜明的形象特色,而且具有深刻的理性内容,时常受到理性的引导和制约。这种引导和制约首先表现在审美情感的发生不是单纯的形象直觉,更有理性的企图和目的的引导,中国人说的"情依于理""理的导情",西方人说的情感要为思想点燃,均为此意;其次还表现在审美情感的发生和体验过程往往要经过理性的过滤,才能做出正确的情感评价,产生净化灵魂、陶冶性情的作用,否则就会过或不及,使情感不能上升为审美情感。总之,这种"爱"与"理性"的特色体现了审美情感的精神性。

四、理解

理解是在主体探索事物的本质、规律及事物间联系时产生的一种思维活动。

理解最主要的存在方式是判断,判断分为客观的判断和主观的判断两种。客观的判断是联系对象的客观属性所做出的合乎对象实际的判断,这种判断是科学的判断,也是关于真的判断。主观的判断是根据对象合乎主观目的的状况所做出的判断。这种判断又可分为两种:一种与主观的意志有关,它往往根据事物对主体的功利关系做出判断,属于善的判断:另一种与主观的情感有关,它从事物与主体的情感关系出发对事物做出判断,属于审美判断。审美判断是审美理解的主要存在方式,我们可以从审美判断的依据和特点了解到审美理解的一些主要特点。审美理解的主要特点如下。

(1) 情感性。审美理解是通过审美判断即情感判断来实现的,所以它往往是按照情感的逻辑而不是按照理性的逻辑推理的思维方式对事物做出分析理解和

判断的。在审美理解中，虽然也离不开理性，但这时的理性已经完全消融在形象与情感之中，失去了独立性，伴随审美理解始终的情感的体验和态度是审美理解的主要内容。正如康德所说："美是那不凭概念而普遍令人愉快的。"①

（2）直观性。审美理解不是靠概念去进行逻辑的推理判断的，而是依靠形象去直接领悟的。它没有一个独立的理解阶段，不能把感性表象翻译为概念去进行思辨、思考，而是把理解渗透在感知、联想、想象之中，让多种心理因素产生一种自由和谐的运动状态，从而影响整个审美过程。因此，在审美活动中，理解的作用通常是不自觉的，它是一种直观。这种直观中又有理性存在，因而通常又称之为理性直观，也就是审美理解的直观。

（3）模糊性。在审美活动中，理性因取消了符合其本性的概念的存在方式，而消融在了情感之中，其认识必然是没有条理的、模糊的。审美认识的这种模糊性造成审美理解只能意会，很难正确地、充分地表达。

在审美活动中，这些心理因素并不是孤立地存在和发挥作用的，它们常常是互相联系、互相渗透，彼此分工又彼此合作地共同发挥作用的。在审美活动中，感知是起点，想象是活力，情感是动力，理解是方向，四者彼此协调，达到一种和谐的状态时就会产生美感。

第五节　美感的心理过程

美感的形成依赖于各种审美心理因素微妙、复杂的活动。审美心理的活动不是混乱地进行的，而是有规律地进行的。审美心理因素的有规律的活动构成了美感的心理过程。与人类的其他心理活动一样，美感的心理过程也可以划分为若干个阶段，概括来说，美感的心理过程可以划分为审美的感知阶段、审美的体验阶段和审美的判断阶段三个阶段。

一、审美的感知阶段

审美的感知阶段是美产生的起始阶段。在这一阶段，审美主体与美感活动的主导心理因素有感觉、知觉和表象等，发挥审美能力的主要是感受力。此时，审美客体呈现给审美主体的主要形象的感性特征。主客体间产生的活动主要表现为感性的刺激和反应。如果审美主体面对的是优美的对象，那么它所拥有的形式美的各因素及其有机组合会使审美主体的视听等感觉器官产生生理上的愉悦，使

① 康德著，韦卓民译：《判断力批判》上卷，商务印书馆，1987年。

“第一印象”弥漫着和谐、柔丽的色彩;如果审美主体面对的是崇高的对象,那么它数量上或力量上的“大”会使审美主体的感觉器官似乎受到猛烈的撞击和挤压,从而产生突兀、惊讶,甚至是触目惊心的感觉。这种情感上的冲击在生理上未必快适,但在精神上却能唤起审美主体的主观能动性,使其要求以理性和意志的力量去把握对象。但是,不论属于何种情况,感知都不是一次形成的,是审美的主客体之间的往返交流、不断地进行对象情趣化和情趣对象化的结果。在审美活动中,对象的感性形式往往会引起审美主体的感动;审美主体又将兴趣投射到对象上,如此循环往复,“目既往还,心亦吐纳”“情往似赠,兴来似答”,使形式的感知所得逐步情意化,使审美主体获得一种知觉情感,这就是美感心理过程的审美感知阶段。

二、审美的体验阶段

审美的体验阶段是美感心理过程的第二阶段。在这一阶段,审美主体参与审美活动的主导心理因素有想象、联想和情感等,审美主体发挥的能力主要有想象力、情感体验力和创造力等。在经历第一阶段的审美感知后,审美主体和审美客体已物我交融、心物两契,二者之间产生同情与共感,达到了一种共振共鸣的状态,同时审美主体也完全进入了一种“物我两忘”“身与物化”“我投入大自然,大自然投入我”的审美的最高境界,这种审美的最高境界的获得就是审美的体验阶段。

三、审美的判断阶段

在审美欣赏的过程中,人们的审美体验虽然达到了审美的最高境界,得到了最充分的审美享受,但却没有达到审美的最后阶段、没有实现审美的最高目标、没有得到审美的最终效果。事实上,在审美欣赏时,由于审美理解等心理因素的参与,人们在审美欣赏的最后总是自觉或不自觉地对这次的审美活动做出总结,对审美对象做出一定的判断和评价,从而获得一定的审美经验,实现对美的新的认识和发现,并完成对人生的又一次超越和创造,得到人生最大的自由感、幸福感和自我实现感。这时,审美才达到了它的最终目的、实现了它的最终意义,那就是由于从感性通向理性而确证了人的本质力量所给人带来的一种全身心的解放和愉悦。审美的最后阶段就是审美的判断阶段。

上述是审美心理过程的三个阶段。在实际的审美心理活动中,审美心理过程的各个阶段并不是截然分开的,它们互相依存、互相促进,共同完成审美的心理过程,使美感得以实现。

第六节　美感的产生和发展

人类的美感是在人类的社会实践中产生和发展起来的。马克思在他的《1844年经济学哲学手稿》中科学地阐明了美感的起源问题。马克思说："人不仅像在意识中那样理智地复现自己，而且能动地、现实地复现自己，从而在他所创造的世界中直观自身。"[①]也就是说人在不断地社会劳动实践过程中、在能动地改造世界的过程中，不仅创造了美，而且能直观自身，看到自己的本质力量，获得美感。

美感的起源可以追溯到"人猿相揖别"的时期。原始的人类在劳动实践中创造自身是从制造和使用第一把最粗笨的石刀开始的。通过制造和使用工具，人对内具有了自我意识，确立了主体的世界；对外发现了客观规律，确立了客体的世界。与此同时，人也通过工具的制造和使用把主体的意识，如目的、愿望、聪明、才智等，灌注到客体的对象中去，使客体的对象变成主体意识的自我实现或对象化，这就是美。而美感就是在劳动实践把人的本质力量对象化的同时产生的。人从对象中观照和欣赏到了自我的创造，获得了心理上和精神上的满足，于是就产生了最初的美感。

人类最初的美感，正如人类最初的感觉器官和劳动实践一样，还处于美感的低级阶段。人类最初的美感与人生的生活和劳动直接相关。而与人们的生活和劳动无关的一切，很少能引起人们的注意，当然更不能引起人们的美的感受。比如，在狩猎时期的壁画中，通常找不到与植物有关的内容，因为在狩猎时期的生活中，人类还没有植物的需求，植物还不能引起人们的注意和感受。

正因为如此，人类最初的美感总是和实用联系在一起，具有功利性质。同时，原始人由于智力还比较低下、知识贫乏、无法理解很多自然现象等，他们的生活中还出现了巫术礼仪以及图腾崇拜等，因此，他们的美感也和这些原始的宗教意识有关。总之，人类最初的美感既受到物质需求的束缚，又受到精神观念的束缚，并且最初的美感还往往和快感混为一体。

后来，随着人类制造和使用工具的进一步发展、人类征服自然的能力的进一步提高，人类逐步地从自然的束缚中解放了出来，超越了自然的限制和自我的限制。这时，人类获得了充分的自由，可以把自己的生命创造力量和本质力量尽情地在客观对象中展现出来，从而既感受到自我与外界的和谐，又感受到自我的解放和自由。这时的人才是真正自由的人，这时的美感才是真正的具有超越性和精

---

① 中共中央马克思恩格斯列宁斯大林著作编译局：《马克思恩格斯全集》第42卷，人民出版社，1985年。

神愉悦性的美感，亦即成熟的美感。

总之，美感的产生和发展与人类的社会实践紧密相关。首先，工具的制造和使用促进了人的五官和大脑的发育，使人类形成了有关主观和客观的意识，产生了审美的生理基础和心理功能的初步形态，产生了人类的美感。其次，随着人类社会实践的不断发展、社会分工的出现、早期人类艺术的产生，人类的心智能力和精神大幅度提高，人类的美感再也不用和人类的生理快感混为一谈，人类渐趋成熟的美感形成了。再次，随着人类社会实践活动的不断扩张和进一步高度发展，人类的精神需要在人类的社会生活中的地位变得越来越重要，因此，人们的审美活动也就更加深入而广泛了。最后，到了今天，人与现实已经建立了非常普遍的审美关系，审美活动和审美享受成为人们生活中的最重要的内容，人们的美感完全成熟了。从历史发展的观点来看，美感和人类的发展一样，是只有起点没有终点的，它将在人类历史的长河中永远延伸下去。

第七节　美感的特征

美感是人在自己所创造的对象世界中实现自我观照的活动，但就其主客体关系来说，它又是实践主体对外部世界的一种反映形式。同时，由于反映对象的特殊性，它又是一种审美对象所决定的特殊的反映形式，而这种特殊的反映形式的特殊性所在就是美感的特征。美感的特征包括以下几点：

一、感性与理性的统一

(1) 从美感的心理要素来看，在审美活动中，既有感知、想象、情感等以感性为主的心理要素，又有理解等以理性为主的心理要素。在美感的心理中，感性与理性应该是统一的。

(2) 从美感的具体过程来看，美感认识与其他认识一样，都是以感性认识为基础的。人们要认识对象的美，就必须以直接感知的方式去感知对象。在美感的活动中，一方面，人们要通过感觉器官与审美对象建立审美关系。感觉器官本身是具体的，它在美感活动中所接触的对象也是具体可感的，这就使得美感活动具有感性的特征。另一方面，人们的心灵在感受美的时候，不是通过理智来分析和判断对象，而是通过直觉来感受对象的美的魅力。因此，在美感的活动中，外在感官和内在心灵都表现出感性的特征，但这也并不是说，人们的美感活动只是感性的，而与理性无关。在人的心理结构中，感性与理性既矛盾又统一，尽管在通常的意义上，形象的方式和概念的方式截然不同，各有其特殊的规律、特殊的功能，但它们都统一于人的内心结构之中。人的内心是一个整体，由它所产生的形象的思维方式与概念的思维方式也就不能绝对分开。因此说，美感活动虽不能离开感觉、知觉等感性因素，是以感性认识为基础的，但却又不同于一般的感性认识，它包含着理性认识的内容。这是因为审美对象不仅具有感性形式、生动可感的形象，而且具有内在的本质和一定的理性认识内容，所以要认识审美对象的本质和内容，单靠感性认识是不行的，还必须有能够深入事物本质的理性认识，有一定的思维活动。在美感的活动中，感性认识和理性认识既矛盾又统一。

但是，美感认识中的理性认识不同于一般的逻辑认识中的理性认识。逻辑中的理性认识虽然要依赖感性认识，是从大量的感性认识中抽象出来的概念、判断和推理，但它却排斥一切感性认识的因素。而美感认识中的理性不是排斥一切知觉、表象等感性因素的抽象概念，而是存在于知觉、表象等感性认识之中。所以，美感中的理性不是抽象的概念和逻辑推理，而是存在于审美对象的感性形象的品评与体验之中。美感正是在对审美对象的品评与体验之中认识到审美对象的本质的。美感中的理性因素不是与感性因素相对立的概念，而是融合、渗透、沉淀在知觉、表象等感性因素之中的超越与升华。美感中的理性因素既不脱离和抛弃感性的主动形象，又给人以理性的自由和喜悦。这正是美感的一个特征。所以，美感是在感性形式中包含着理性认识的内容，是理性与感性的统一。

(3) 从美感活动中的主观态度来看，人们在审美时总是饱含着情感，表现出一定的情感态度，情感不仅贯穿于美感活动的始终，而且是美感的主要结果。为什么美感活动中具有情感性的特征呢？这是因为美感活动是一种满足人的精神需要的活动。而需要的满足与否是决定人的情感态度的主要因素。情感作为主体对客观对象的一种特殊的反映形式，它是主体对对象是否能够满足人的需要的一种心理反应，是对象是否能够满足主体的社会需要与理想需要的一种主观态度。当对象能够满足主体的社会需要和理想需要时，主体就会产生积极的、肯定的情感，否则，就会产生消极的、否定的情感。而美感是审美主体在审美对象中直观到自身，从而满足了审美主体的审美需要和审美理想所引起的，所以它往往能够引起审美主体的强烈的情感反应，情感的体验伴随美感的始终。美感中的情感不仅表现着审美需要的满足，是一种享受、是一种感性活动，在这种满足中还包含着理性认识的内容。在美感的活动中，人的理智和情感是处于和谐的统一中的，正是这种和谐的统一才会使审美主体在审美活动中感到舒畅和自由的喜悦，否则，情过则必为情所困、为情而迷失理性的方向，理过则必为理所制、为理而错过感性的心动。所以，美感中的情感是“情必依乎理，情得然理真，情理交至”的。那种完全脱离了理智指导与规范的、纯然的生理快适，那种没有完全摆脱动物性生理需要的情绪上的满足称不上真正的审美的情感。但是，美感中的理性是“理在情中”“情理结合”的，理性也是渗透于情感之中的。

从以上三个方面可知，美感是审美主体对审美对象的认识，是审美主体在审美对象中直观到作为社会的人的本质力量而感受到的一种快慰与自由的喜悦，这种认识和感受具有鲜明的情感特征。所以美感作为一种特殊的认识，它不仅能使人认识到生活的本质、真理，而且能够给人以精神上的满足和享受。美感的特征就是理智与情感的统一、理性与感性的统一。

二、个别性与普遍性的统一

美感是通过个人的爱好、趣味表现出来的，由于每个人的阶级出身、文化教养、性格、职业和遭遇等不同，所以每个人的爱好、趣味也都不同，每个人的美感也都千差万别，这就是美感的个别性的特征。

客观世界的丰富性也造成了美感的多样性，使美感的个别性得以形成。丰富多彩的客观世界为审美主体提供了多种多样的审美对象。而美感又是通过主观爱好的形式体现对客观世界的认识和评价的，爱好不能强制，它在自由的方式中体现出必然性。爱好支配选择，不同的爱好带来不同的选择，不同的选择自然也会带来不同的审美感受，从而体现出审美的个性的差异。

再者，审美感受思维方式的特点也是美感个别性产生的原因之一。对现实对象的审美把握不能以概念的、逻辑的方式进行，而是要借助于想象把握形象，美感始终不能脱离事物的感性形象。因此，在美感的具体体验中，美感必然会带上具体形象的丰富性和当下美感经验的偶然性。美感中虽然要求偶然与必然、个性与共性、情与理的高度统一，但美感决不排除偶然性、情感和个性的差异性。

此外，审美主体心理能力的不同也会对美感的个性差异造成一定的影响。美感心理能力的形成有其先天的条件和因素，但从根本上来说，每个人的审美心理能力是后天实践、锻炼、培养的结果。因此，每个人的感觉器官的先天敏锐程度的大小、每个人后天生活经验的多少，对感觉器官的培养锻炼的多少，都会直接影响到个人的美感心理能力。而每个人的美感心理能力的不同当然会产生不同的美感体验和经验，从而再次造成美感的个别性差异。

美感的个别性差异是美感的情感性、直感性、具体性和丰富性的表现。美感的个别性差异是符合人的精神生活需要的。但是，美感的个别性差异也是相对的，它既不能脱离美感的阶级的、民族的共性，也不能超越美感时代的、社会的客观标准，这就是美感的普遍性的特征。

所谓美感的普遍性，就是美感的共同性，即共同的美感。对于不同时代、不同民族、不同阶级的审美主体来说，他们既会产生不同的美感，也会产生相同或近似的美感。正如孟子说的："口之于味也，有同耆焉；耳之于声也，有同听焉；目之于

色也,有同美焉。”[1]这说明,美感是可以超越时代、民族和阶级的差异性而有其共性(即普遍性)的。

对审美对象来说,产生美感普遍性的原因大致有三种情况。其一,作为审美对象的自然风景和一些社会现象,它们的审美属性是没有时代、民族、阶级的差别的。如山川河流、花草树木等自然景观,适当的比例、优美的线条等一些形式美的因素以及一些富有真理性的哲理名言、谚语、成语等,它们所引发的美感,对于不同时代、不同民族、不同阶级的审美主体来说,可能会有程度上的强弱之分,但没有本质上的差别。其二,一些人类共同的艺术作品,虽也具有其特定的时代、民族、阶级的属性,但这已不是其主要属性,这些时代、民族、阶级的属性往往会被这些艺术作品的强大艺术属性(即审美属性)所掩盖。如我国的四大名著、莎士比亚的戏剧、巴尔扎克的小说等,这些作品都能被不同时代、不同民族、不同阶层的审美主体接受,并产生相同或相似的美感。其三,一些产生于特定时代的社会现象或事物,其虽然有一定的民族或阶级的属性,但随着社会的发展,这些事物或现象的民族、阶级的属性或逐渐削弱消失,或事过境迁,已被社会所普遍接受,从而成为大众的审美对象。例如,一些不同时代的先进的阶级或民族的思想观念、伦理道德、精神意志以及众多的文艺作品等。

就审美主体而言,产生美感共性的原因更是复杂多样,但我们可以从社会实践的共性和审美思维方式的共性这两条线索来加以分析。不同的民族或阶级在社会历史的发展过程中都是社会实践的主体,他们也在一定程度上存在着实践的共性。这种共性表现为:第一,是他们创造了一定的物质文化和精神文化;第二,是他们在某些社会实践中会形成一些共同的心理能力和思维能力。美感是来源于社会实践的,不同民族和阶级的普遍性的社会实践极大地增加了美感共性产生的可能性。所以,对于不同时代、不同民族、不同阶级的审美主体来说,美感的普遍性是始终存在的。

总之,美感作为个人爱好和趣味的表现,它是有个性的差异、具有个别性的特征的。但同时,美感作为审美主体对客观现实的美的反映,由于反映内容的客观性,它又是应该有一定的客观标准、有其共性、具有普遍性的特征的,而且这种美感的普遍性和个别性总是统一地存在于同一审美主体上。这就说明,美感的共性寓于个性之中,个性则表现着共性,美感的个别性和普遍性是统一的。

三、功利性与非功利性的统一

从美感的精神的社会功利性来看,王朝闻在他的《美学概论》里曾说:“巨大的

---

① 北京大学哲学系美学教研室:《中国美学史资料选编》上册,中华书局,1981 年。

社会功利的内容和效果经由实用到审美的过度的漫长历史进程，已沉淀在一种似乎是非实用、非功利的心理形式里，恰恰正是通过这种似乎是非实用功利的形式来实现重大的社会功利的目的。人们通过这种娱乐、观赏，在思想感情上得到感染熏陶、潜移默化，起了不能为其他意识形态所能代替的教育作用。”美感作为人类特有的精神现象，它常常给人以赏心悦目、心旷神怡的愉悦，而且在愉悦中不断地启迪人们的心智、丰富人们的情感、提高人们的思想境界和陶冶人们的情操，使人们受到潜移默化的教育，并激发起人们对美好生活的向往和追求。在人们的整个精神领域之中，美感对社会是有益有利的，这就是美感的社会的、直接的、精神的社会功利性，是美感的功利性的主要方面和集中表现。

从美感的物质的社会功利性来看，美感作为审美主体对自身本质力量的观照，具有明显的个人超功利性。这种美感的个人超功利性（即非功利性）表现在许多方面：在审美时，人们总是摆脱了实用目的，不去考虑对象的实用价值；在审美时，尽管人们会产生极为强烈的情感体验，但人们并不对审美对象采取实际行动，也就是人们只观赏它而并不去消灭它；在审美时，人们总是想与他人分享得到的美感，总是渴望得到更多的人的认同，等等。这些都说明，美感是一种不计较利害关系、完全摆脱了物质的实用功利性的、纯粹的精神活动，它具有超越功利性的特点。

总之，美感作为人类高级的精神活动，一方面超出了个人狭隘的功利打算和利害感，不具备任何实际的物质利益和功利性；另一方面，它能够不断地提高人的精神境界和思想水平，使人超出庸俗的个人主义的范围，从而提高人的综合素质的广义的、社会功利性。因此，我们认为，美感具有功利性与非功利性既矛盾又统一的特征。

第五章　美的形态

在现实生活中，美存在于不同的领域，具有不同的存在形式。如自然美、社会美、艺术美等，这些美的存在形式都根源于社会实践，社会实践的不同内容决定了这些美的不同的存在形式。

第一节　自　然　美

自然美是指现实生活中自然事物的美。日月星辰、山川草木、花鸟虫鱼等的美都属于自然美。在美学史上，人们对自然美的看法并不相同。

有人认为，自然美在于自然事物本身，是自然事物本身固有的属性，如山水花鸟的美在于山水花鸟本身的自然属性——如形状、颜色、质感等。这种观点虽然肯定了自然美的现实客观属性，但却带有机械唯物主义的直观色彩。

也有人认为，自然美在于它被当作人和人的生活的暗示。车尔尼雪夫斯基就从“美是生活”的观点出发推崇自然美，强调自然美对人的暗示作用和其所代表的“清新刚健”的生活概念。他说：“构成自然界的美的是使我们想起人来（或者，预示人格）的东西，自然界的美的事物，只有作为人的一种暗示才有美的意义。”[①]车尔尼雪夫斯基虽然把自然美与生活联系起来，并认为自然美对人产生了一种“暗示”，但因他不懂得生活的本质是什么，故只能抽象地了解生活。

还有人认为，自然事物本身不可能有美，自然美只属于心灵的美的反映。这种观点主要以黑格尔为代表。黑格尔认为，自然美变化无常，转瞬即逝，不能像艺术美那样“生气灌注”，显示人的心灵活动和自由。他说，星星只不过是一个个发亮的疮疤，这种发亮的疮疤像人身上的斑疹一样，或者像一群苍蝇一样，不值得惊叹。

---

① 车尔尼雪夫斯基著，周扬译：《生活与美学》，人民文学出版社，1957 年。

一、自然美的产生和发展

自然美是人类社会实践的产物，自然美的产生和发展与人类的社会生活的发展紧密相关。

在人类社会出现以前，自然界中都是自在自为之物，它们的物质属性虽然早已存在，但无所谓美丑。因为美是对人而言的一种价值，自然美相对人而言才有意义。在人类出现前，朝霞的绚丽、月光的清澄虽然作为物质的属性早已存在，但是这些属性对自然本身来说没有美的意义。其主要原因是：没有人类存在，便没有把自然作为观照对象的主体存在。一切自然现象本身"全是不自觉的盲目的动力"，它们没有任何预期的、自觉的目的，自然不能自觉为美。在人类社会出现以后，也并不是一切自然现象都是美的，自然美的范围是随着人类社会实践的不断发展而不断扩大的。

在原始社会，自然美更多的是由"有用为美"来衡量的，人们崇拜禽兽，用禽兽骨、兽齿做装饰品，这既有祈祷和图腾崇拜的含义，又显示了他们的勇敢和智慧。

我国进入殷周时期之后，随着生产力的发展和产品的增多，人们的爱好和关注的对象不再完全被实践的直接对象限制，人们开始把自然物的一些属性与人的道德观念、精神生活联系起来，也就出现了"比德"观。孔子说："岁寒，然后知松柏之后凋也。"又说："仁者乐山，智者乐水。"松柏、山水的特性使人联想到自己的品质和情操。屈原在《离骚》中用了二十多种不同物种比喻人格，如"善鸟香草，以配忠贞；恶禽臭物，以比谗佞"。从此以后，以自然物的美（如松之耐寒、竹之高节、梅花之脱俗）来象征人的品德、节操便成为中华民族的传统。从"致用"过渡到"比德"，实现了人类对自然美的欣赏的一个飞跃，"比德"已摆脱了物质功利性，而代之以较高级的精神功利性。

魏晋南北朝时期，人们对自然美的认识和欣赏又有了一个飞跃性的发展，这就是"畅神"说的出现。当时，人们看到自然景象丰富多彩、气象万千，其魅力不仅在于"比德"，而且在于陶冶性情，致使一时间游山玩水蔚为风气。《世说新语》记载，顾恺之从会稽回来，人们问他那里的山水如何美，他说："千岩竞秀，万壑争流，草木蒙笼其上，若云兴霞蔚"。王羲之游兰亭时，见到那里山清水秀、林木繁茂，更感"游目骋怀，足以极视听之娱"（《兰亭集序》）。所以说，在中国秦汉时期，绘画都是以人物画为主，到了魏晋南北朝时期，山水画逐渐得到发展，但多以人物为背景，所谓"水不容泛，人大于山"。而到了东晋、南朝时，山水画才开始成为独立画种。南朝宋炳著有《画山水序》、王微著有《叙画》，这些都是专门总结山水画经验的。王微在《叙画》中写的"望秋云神飞扬，临春风思浩荡""绿林扬风，白水激涧"，体现了当时的人们对自然的美感。宋炳在《画山水序》中写道："余眷恋庐（山）衡

（山），契阔荆巫，不知老之将至。”当他暮年无力外出游览时，他只好把过去所绘的山水画图悬挂在墙壁上，戏称“卧以游之”。这时，人们对自然美的欣赏已经无限地接近现代人欣赏自然美的悦耳悦目、悦心悦意、悦志悦神的要求。

我国现存最早的卷轴山水画是隋朝展子虔的《游春图》。这幅画青绿设色，景色浓丽。画面中山间白云浮动、湖面微风拂水，景物舒展、开阔，人物神态悠闲，或伫马路侧，或荡舟湖心。山水、云烟、草木都呈现出浓郁的春意。在自然景象中各种景物互相联系，形成一个和谐的整体。北宋山水画家郭熙曾说：“山得水而活，得草木而华，得烟云而秀媚。”又说：“山无云则不秀，无水则不媚，无道路则不活。”这些都是讲自然整体和谐的美。这种自然的和谐在《游春图》中体现得很鲜明，在画面中可以看到“远水无波”“远山无纹”的表现手法，这说明画家对自然景物的观察极其细微。

山水诗出现得比山水画可能更早一些。早在《诗经》里就有了有关自然景物和山水的朦胧意识。如《诗经·小雅·采薇》一诗中写道：“昔我往矣，杨柳依依；今我来思，雨雪霏霏。行道迟迟，载饥载渴；我心伤悲，莫知我哀。”诗人把抒情融入自然景物的描绘中，将妻子征夫久役将归的又悲又喜的思想感情表现得十分真切。又如《国风·魏风·伐檀》一诗中有对河水的描绘：“坎坎伐檀兮，置之河之干兮，河水清且涟漪。”这些都可以看作是我国山水诗的前奏。直到魏晋时期，真正意义上的山水诗才开始出现。魏国曹操的《观沧海》一诗就描绘了大自然的壮美——“秋风萧瑟，洪波涌起。日月之行，若出其中；星汉灿烂，若出其里”。东晋陶渊明曾写过：“少无适俗韵，性本爱丘山。”南朝谢朓也写过“余霞散成绮，澄江静如练”的著名诗句。

那么山水诗画为什么在这个时期兴起呢？这与当时的社会生活有密切联系。当时的诗人、画家主要是一些文人墨士，他们中的有些人因对现实生活不满而到自然中寻求慰藉。如陶渊明的诗中有“久在樊笼里，复得返自然”，他认为仕途十三年是误落尘网。同时，在社会发展的进程中，自然事物越来越多地成为人的审美对象，如从动物、植物扩展到山水等，这也是人类审美活动发展的必然趋势。

而在西方国家，直到文艺复兴初期，自然风景在绘画中还只是作为背景出现的。风景画作为一种独立的绘画体裁出现，已经是 16 世纪末、17 世纪初。17 世纪，荷兰率先出现独立的山水画，并产生了一批风景画家。这批画家对自然产生兴趣也有社会原因。当时，荷兰摆脱了西班牙的奴役获得独立，取得胜利的资产阶级对那些为天主教堂服务的圣像画失去兴趣，因此产生了许多表现人和自然美的绘画。其中较有名的代表是霍贝玛，霍贝玛常画乡村中平常的景物，颇有田园诗趣。他善画森林风景，往往能将同一题材画成不同的变体画。他对大自然的观察非常深入、细致，描绘得极其真实、自然，如弯曲的树干、云彩密布的天空、富有表现力的树影，他都画得十分考究，让人感到开阔明朗、很有诗情画意。如他的代表作品《林荫道》，该画的视平线在画面的三分之一处，天空画得非常开阔深远，原野中一条树间村道伸向远方，远处的教堂和房屋隐约可见，两行细高的小树在画面上显得格外突出，地面的色彩沉稳而又丰富，整个画面给人一种清新、明快、舒展的感觉。到了19世纪，法国也出现了许多风景画家或画派，如巴比松画派。法国风景画家柯罗一生坚持“面向自然、对景写生”的作画原则，其优秀作品大多是写生画。他不但成功地表现了大自然的不同形态，还表现了大自然的各种情调和意境。他敏锐地捕捉大自然的瞬间景色，给自然景色赋予了活生生的灵魂和鲜明个性。柯罗不仅画宁静的风景，还画一些崇高的自然现象。如柯罗的晚年代表作品《阵风》。画中阵阵劲风吹弯了粗壮的树干，树的枝叶与风顽强地拼搏，风骨铮铮，毫不屈服，充满了内在的生命活力。该画视野开阔，荒凉的原野中坐落着一间小屋，乌云和飞沙走石笼罩着银灰色的天空，一位家庭妇女正在荒野中艰难地向前行走，显得悲怆、荒凉而倔强。整个画面中人物和自然无比和谐，共同表现出一种坚贞不屈的、崇高的精神品格的美。这说明，自然美的领域扩大了，惊心动魄的自然现象也可以成为审美的对象。

总之，随着社会生活的发展，人类与自然的联系越来越密切、越来越扩大。一方面，自然作为物质生活的对象，范围在不断地扩大；另一方面，自然作为精神生活的对象，范围也在不断地扩展，如动物、植物、山水，甚至狂风暴雨、惊涛骇浪都可以成为审美对象。自然美的产生和发展是随着人类社会实践的发展而不断地发展的。

二、自然美的特征

自然美作为自然事物天然合成的美，与社会美和艺术美相比，它有属于自己的显著特征。

（一）自然美具有自然性

任何自然事物都有其自然属性，自然美就建立在这种自然属性基础之上。鱼的自然属性决定了它不能离开水，离开了水就必然死亡。这样，鱼的美就必然体现在它与水的不可分的关系上。鱼只有生活在水里，才能真正地展现出它的美。不同的鱼有不同的自然属性，于是不同的鱼又分别展现出各自不同的美。美国著名的动物学家娜塔莉·安吉尔在她的《野兽之美》一书中，描绘了许多动物的生活方式，展现出一个奇异的自然美的王国。她提到一种名为丽鱼的鱼类，它们有一千多个品种，生活在非洲、拉丁美洲以及马达加斯加、印度的湖泊与河流中，有的丽鱼比山羊的个子还要大，有的丽鱼小得可以穿针。它们的颜色也非常多，有的是棕色的，有的是蓝玉色的，有的像彩虹一样。再如，生活在非洲丛林中的猎豹算得上是哺乳动物王国的短跑冠军。娜塔莉说:“猎豹是流线型设计的范例。它个子相对娇小,骨质很轻,重量只有 70 磅。其小巧的头部具有空气动力学的特点。特别长的腿,有弹性的脊椎,它不断滑动的肩部可以使步伐加大。它的犬牙非常之小,留下大量的空间供鼻腔使用,这使猎豹可以通过这个宽敞的通道获取大量的氧气。猎豹不是靠追踪猎物而觅食的,而是像闪电一般扑向猎物,这个动作会花费它如此巨大的能量,以至于猎豹在捕捉到猎物时需要喘 15 到 20 分钟的气才能享用自己的战利品。”①猎豹的美是由以上所说的自然属性决定的。同样,山的自然属性是高耸、挺拔、重峦叠嶂、连绵不断等,山的美也就和山的这些自然属性有关。不同的山有不同的特征,从而也就有不同的美。如泰山的雄伟。泰山突起于齐鲁平原之上,与周围平原、丘陵形成强烈的对比,显示出一种拔地通天的气势,使人产生“会当凌绝顶,一览众山小”的感觉。同时,泰山的山势由抑到扬,不断地积累,有如大海卷巨澜,一浪高过一浪,具有强烈的鼓舞性节奏。再加上泰山厚重的形体及苍松、巨石、烟云的烘托,泰山的自然特征就是体积厚重而高耸、气势磅礴,这些因素共同构成了泰山的雄伟美。又如黄山的自然属性是变化无穷,奇松、怪石、云海都十分奇特,“奇特”就是黄山的美;峨眉的自然属性是“峨者高也,眉者秀也,峨眉者高而秀也”,“秀”的特色更为突出,线条柔美、色彩葱绿、烟云掩饰这些都是“秀”的具体表现,峨眉山的美就是秀丽。自然事物的自然属性自在自为、不以人的意志为转移,自然事物的自然属性是自然美的基础。

(二)自然美侧重于形式

自然美的形式具有较别的美更为突出的独立价值。美都有形式,重视形式是美的重要特点。在社会美中,美的形式主要是作为内容的存在方式而显示出它的意义的;而在自然美中,美的形式具有比较突出的独立性。这种独立性具有两个方面的意思:一是,自然美不以功利为前提。人们抬眼望一片葱郁的树林,就自然地产生了美感,很少联想到它的经济价值。人们见到一只癞蛤蟆,一般都感到恶心,因为它的外形太难看了,尽管它是益虫。如果说,在社会事物的审美活动中,难以避免地让功利先行,那么在对自然的审美活动中,却是让形式先行。二是,自然美的欣赏不以知识为前提。彩虹是最美的自然景象之一,虽然不是所有的人都知道彩虹是如何形成的,但所有的人都能欣赏彩虹的形式美。也就是说,欣赏自然美不需要太多的自然科学知识。当然,具有较多的关于自然科学的知识有助于人们对自然的审美。

---

① 娜塔莉·安吉尔著,李斯等译:《野兽之美》,时事出版社,1997 年。

（三）自然美具有多样性

自然事物的属性是多方面的，不同的方面会展现出不同的美，而人也是多样性的，不同的人在同一个审美对象中也会发现不同的美。如一年四季中，山的自然属性是不同的，其美也就自然不同。宋人郭熙记载："真山水之云气，四时不同：春融怡，夏蓊郁，秋疏薄，冬黯淡……真山水之烟岚，四时不同：春山澹泊而如笑，夏山苍翠而如滴，秋山明净而如妆，冬山惨淡而如睡。"①由于种种自然条件的变化，人们对同一座山的审美情态也产生了变化，从而给人以不同的审美感受——"春山烟云连绵人欣欣，夏山嘉木翻阴人坦坦，秋山明净落摇人肃肃，冬山昏霾翳塞人寂寂"②。同时，对同一审美对象，不同的人在不同的条件下去欣赏，也会发现不同的美。比如梅花，它是中国人心中公认的美的象征，但是在不同的诗人的笔下，它所具有的美是不同的。宋朝林和靖诗云："疏影横斜水清浅，暗香浮动月黄昏。霜禽欲下先偷眼，粉蝶如知合断魂。"这里的梅花端庄、典雅、华贵，是一种大家闺秀的富丽之美。明朝诗人高启的诗中说："缟袂相逢半是仙，平生水竹有深缘。将疏尚密微经雨，似暗还明远在烟。"这里的梅花飘逸，恬淡，清丽，是一种小家碧玉的朴素之美。宋朝诗人陆游诗中又说："驿外断桥边，寂寞开无主。已是黄昏独自愁，更著风和雨……零落成泥碾作尘，只有香如故。"这里的梅花狷傲、孤独、清高，是一种孤标傲世的隐者之美。同一种梅花，在不同的人的眼里，具有不同的美、不同的神情风韵。这些都说明了自然美具有多样性。

（四）自然美具有二重性

一般来说，社会事物的审美性质比较明确、比较稳定，美的就是美的，丑的就是丑的。对自然的审美却不是这样，自然事物的审美性质具有不确定的二重性。大部分的自然事物都具有二重性。同一自然事物在一定的条件下是美的，在另外的条件下却是丑的。就自然事物而言，没有绝对的美，也没有绝对的丑。比如老虎，既丑残，又威武。人们既用虎比喻残忍，如"苛政猛于虎"，也用虎比喻性格勇猛，如"虎将"等。再如桃花，如取其美的色彩和外形特征，可以作为美的象征。如崔护在《题都城南庄》所写："去年今日此门中，人面桃花相映红。人面不知何处去，桃花依旧笑春风。"人面与桃花都是一样的美。相反，如取桃花易开易谢的特点，桃花又可比喻人的轻薄与无情。为什么同一自然事物既美又丑呢？这是因为同一自然事物具有多种自然属性，而这些自然属性又与人的社会生活多方面的特性具有类似的特点。当人们把自然事物的美的属性与人的生活中美的属性相联

---

① 北京大学哲学系美学教研室：《中国美学史资料选编》下册，中华书局，1981年。

② 北京大学哲学系美学教研室：《中国美学史资料选编》下册，中华书局，1981年。

系时，就觉得它美；当人们把自然事物丑的属性与人生活中丑的属性相联系时，就又觉得它丑。这种自然事物的美丑属性，并非由人的主观意识造成，而是由自然事物的多种属性与人类社会生活的多样性产生对应关系造成。

总之，自然是人类最重要的审美来源。这是因为人类的生命来自于自然，人不仅从自然中获得生命，而且从自然中确证生命。因此，人是自然的一部分，热爱自然是人的天性；而自然是人的生命，是人的生命之源，是人类的美之源泉。

第二节　社　会　美

社会美是指人们社会生活中的美。社会美不仅根源于社会实践，而且其本身就是社会实践的最直接的表现。因此，在人们的社会实践活动中，实践活动的美、实践成果的美以及实践主体的美都是丰富多彩的社会美的具体表现。社会美既存在于人们的物质创造的实践活动中，也存在于人们的精神创造的实践活动中。社会美的范围十分广泛。

一、社会美的主要特点

与自然美、艺术美相比，社会美的内涵广泛、特点鲜明，具体表现为如下几个方面。

(1) 社会美与社会实践密切联系，是社会实践的直接表现。马克思说："社会生活在本质上是实践的。"[①]因此，社会美的最大特点就是与社会实践直接联系。如前所述，美来源于社会实践，美与人类社会实践活动有着密切的联系，但各种形态的美与社会实践的关系并不都是一样的，它们存在着直接与间接、明显与隐蔽的差别。就自然美而言，它与社会实践的关系就比较间接。因为天造地设的自然界并不是人创造的，气势磅礴的云海、嶙峋陡峭的山峰、喷薄欲出的红日、山清水秀的美景等在人类社会出现之前早就已经存在。而人类通过实践活动，改变了自然与人原先或对立或无关的关系，它们的美才显现了出来。正因为如此，自然美与社会实践的关系相对来说就显得比较间接，特别是那些根本未经人类改造过的自然事物所显示的美更是如此。社会美就不同了，它与社会实践的关系非常直接、非常明显。社会美不仅显示于静态的实践成果，而且还显示于动态的实践过程。如农民的劳动成果是一种美，他们辛勤耕耘的劳动过程也是一种美。

(2) 社会美体现了人的审美理想，是一种积极肯定的生活形象。社会美直接

① 中共中央马克思恩格斯列宁斯大林著作编译局：《马克思恩格斯选集》第一卷，人民出版社，1972年。

体现了人的自由创造。人的自由创造在认识事物的客观规律的基础上进行，因此离不开真；而创造的目的是为了实现一定的社会功利目的和实践中的进步要求，因此离不开善。人们在进行自由创造时并不限于某一直接的、具体的目的（如种植农作物是为了食用，建筑房屋是为了居住，修建道路是为了行走等），随着人类越来越全面地认识社会和自然规律，人类还可以更全面地确定自己的活动的长远目标。在社会生活中，人类越来越自觉地把长远的目标和当前的具体目标结合起来。因此，人类的自由的、自觉的活动中具有理想的性质。理想是合规律与合目的的和谐、统一，所以说理想又是审美化的理想。社会美作为自由创造的直接结果，承载着人的愿望和目标，是人为目的的现实化，体现了人的审美理想。

审美理想影响社会美的性质，恩格斯曾指出："在社会历史领域内进行活动的，全是具有意识的、经过思虑或凭激情行动的、追求某种目的人；任何事情的发生都不是没有自觉的意图，没有预期目的的。"[①]这"自觉的意图"和"预期的目的"就是生活的目标和理想。由于人是复杂的，所以理想的性质也不同。有的理想实际上丧失了人的自由创造的本质，这种理想下的生活失去了善的性质，是与美格格不入的。社会美直接体现了人的自由的、自觉的创造，真正的美的理想与真和善分不开。崇高的审美理想来源于人类的社会实践，是构成社会美的重要条件与内容。但是，美的理想仅仅是构成社会生活中美的一个主观条件。美的理想必须通过实践才能变成现实美。美的理想不是一些华丽的辞藻的堆砌，理想不仅根源于实践、要接受实践的检验，而且还体现在实践活动中。

从本质上看，社会美属于人的社会实践，是生活本身所固有的。但是人的社会实践又是有意识的、有目的的活动，因此，社会美离不开人的理想。人的理想并不是人的一些偶然意图、动机，而是和真、善相结合的。美的理想就是以真、善为内容，对未来生活图景充满激情的想象。理想只有的实现必须经过艰苦的实践。在实践中，理想只有转化为客观的生活形象，才能形成社会美。不论是人物、事件还是场景，它们作为美的生活形象都是在实践中产生的。理想如果不与具体的社会实践相结合，就会因其是一种空幻的东西而失去价值，从而也不能对社会生活产生积极的意义、不能成为社会生活中美的事物和形象。在现实生活中，美好的事物和理想有着紧密的关系：一方面，这些美的事物往往体现了社会生活中人的理想的价值和追求。如古希腊大理石雕像《掷铁饼者》，人们从这尊雕像中可以看到，这个竞技者正弯腰扭身，掷铁饼的右手向后猛伸，铁饼也像钟摆一样摆到死角，头部跟着也转向铁饼；右腿向前弯曲，左腿拖后脚尖落地，全身的重量落在右脚上；左手油然地摆向右膝，右脚就像圆规似的起着轴心的作用，整个身躯迸发出

① 中共中央马克思恩格斯列宁斯大林著作编译局：《马克思恩格斯选集》第四卷，人民出版社，1972年。

投射的极限力量。如若进一步观察，就会发现那弯曲着的右脚青筋突起，脚趾紧抓着地面，表现出全身力量的收缩。如此饱含活力的动作倾注在铁饼的一掷之中。整座雕像精力饱满，头部和铁饼的两个圆体前后呼应；张开的双臂像一张满弦的弓；失重的动态提示着即将从这一动态转换成另一未来的动态。如同雕像脸部的镇定表情与紧张肢体形成对照一样，雕像表现了于运动中所包含的矛盾和统一。这座竞技优胜者纪念碑，体现了古希腊时代自由城邦颂扬的尚武精神，它于两千多年后的今天仍然被誉为体育运动的最好象征而为人们所敬仰。另一方面，人们的理想往往激励人们经过艰难的实践创造出美好的事物。如方志敏在给友人的一封信中写道："如果我能生存，那我生存一天就要为中国呼喊一天。如果我不能生存——死了，我流血的地方，或许会长出一朵可爱的花朵，这朵花，你们可视作我精诚寄托吧！在微风吹拂中，如果那朵花上下点头，那可视为我为中华民族解放奋斗的爱国志士致以革命的敬礼！如果那朵花左右摇摆，那就视为我在提劲唱着革命之歌，鼓励战士们前进啦！"这段话体现了一个伟大的无产阶级革命战士的美的理想。理想是人前进的动力，正是理想的伟大力量让方志敏即使戴着脚镣、手铐，其依旧神情从容自若、威武不屈地走向死亡，这给我们的生活留下了一个光辉的形象。

因此说，社会美是社会实践的产物，是人类理想的现实化，是一种积极肯定的生活形象。

(3) 社会美与善密切联系，具有功利性。社会美的内容是以符合大多数人民的利益的"善"为基础的，社会美往往具有较强的功利性。早在古希腊和古罗马时期，亚里士多德就说："美是一种善。"[①]普洛丁也说："善在美的后面，是美的本原。"[②]如果抛开他们的思想基础不论，单就一般原则来说，这些说法是正确的。从本质上看，社会美就是以感性形态表现出来的"善"。然而，在社会生活中，社会事物是复杂的，并非都是美的。雨果说："丑就在美的旁边，畸形靠近着优美，丑怪藏在崇高的背后，恶与恶并存，光明与黑暗相共。"[③]美与丑或美与不美之间，是有明确界限的，这个界限就是看它是否符合大多数人的利益的"善"、是否与历史进步的"真"一致。

(4) 社会美的内容重于形式，侧重于内容的美。任何美的事物都具有内容与形式两个方面，但就社会美来说，它更侧重于内容的美。对社会美，当内容与形式相矛盾时，我们往往把其内容的美放在首位，把其形式的美放在次位。因为社会美对人来说不是欣赏和玩味，而是对社会美的主体的人的高尚行为、崇高精神及

---

① 北京大学哲学系美学教研室：《西方美学家论美和美感》，商务印书馆，1980年。

② 北京大学哲学系美学教研室：《西方美学家论美和美感》，商务印书馆，1980年。

③ 雨果著，柳鸣九译：《克伦威尔》序言，上海译文出版社，1986年。

其心灵美的仰慕、敬重、追求和学习。

人们平常所说的“心灵美”“精神美”“性格美”“内在美”都是强调美的内容，即人的内在品质、性格等。中国古代所谓“木体实而花萼振，水性虚而涟漪结”“诚于中而形于外”，说的都是事物的内在品质对外在感性形式上的决定作用。中国有许多谚语也强调人物形象的美重在内容，例如“鸟美在羽毛，人美在勤劳”“花美在外边，人美在里边”“马的好坏不在鞍，人的美丑不在穿”等。古代的思想家、文学艺术家在讨论人物形象美时也明确地表达了与上述内容类似的观点，如德谟克利特提出的“身体的美，若不与聪明才智相结合，是某种动物性的东西”①。我国著名画家顾恺之也在其《女史箴图》一画中题道：“人咸知饰其容，莫知饰其性。”主张妇女应把“德性”放在第一位。这些都说明，内在美是人物形象美的根本。这种审美观点在一些文学作品中也得到了形象的体现。如莎士比亚的剧作《威尼斯商人》中有一个情节是向鲍西娅求婚的人要从金的、银的、铅的三个匣子中选择一个匣子，其中只有一个匣子藏着鲍西娅的画像，谁选中了，鲍西娅就嫁给谁。第一个求婚的人是摩洛哥亲王，他选了那外表闪光的金匣子，里面却装了一个骷髅的头骨；第二个求婚的人是阿拉贡亲王，他选了耀眼的银匣子，里面装的是一张傻瓜的画像；第三个求婚的人叫巴萨尼奥，他却选中了那质朴的铅匣子，打开盒子一看，里面装的正是鲍西娅的画像，他的求婚如愿以偿。巴萨尼奥选择匣子时有一段说白：“外观往往和事物本身完全不符，世人都容易为表面的装饰所欺骗……再看那些世间所谓的美貌吧，那是完全靠着脂粉装点出来的，愈是轻浮的女人，所涂的脂粉也愈重……你炫目的黄金，米达斯王的坚硬的食物，我不要你；你惨白的银子，在人们手里来来去去的下贱的奴才，我也不要你；可是你寒碜的铅，你的形状只能使人退走，一点没有吸引人的力量，然而你的质朴却比巧妙的言辞更能打动我的心，我就选了你吧，但愿结果美满。”②这段说白体现了莎士比亚的审美观点，他鄙视那些华而不实的东西，而歌颂人物性格上的质朴的内在美。

人物的内在美与其外在形式有时是矛盾的。当出现这种情况时，人们往往更注重其内在的美，如荀子说的“形相虽恶而心术善，无害为君子也；形相虽善而心术恶，无害为小人也”（《荀子·非相》）。意思是说长相虽然丑但品质好，不妨碍一个人成为君子；长相虽然美但心地坏，也不能排除一个人成为小人。在历史上，很多伟大的人物的外表并不美观，但这丝毫也不妨碍他们的内在美使他们成为深受后人敬仰的人物。据说，伊索是一个充满智慧的人，但面貌丑陋。在话剧《伊索》中，伊索说：“丑陋到当我看见自己映在镜中的形象的时候总是想哭出来。我长得可怕，像怪物一样……我是九头怪蛇的儿子，是狮头羊身蛇尾的怪兽的儿子，是美

---

① 北京大学哲学系美学教研室：《西方美学家论美和美感》，商务印书馆，1980 年。

② 威廉·莎士比亚著，朱生豪等译：《莎士比亚全集》第 3 卷，人民文学出版社，2010 年。

丽的希腊所曾经创造出来的所有最丑恶的东西的儿子。”剧中的哲学家说伊索是“全希腊最难看的奴隶”，哲学家的妻子对伊索的丑陋很厌恶，并嘲笑他“大概是动物园里长大的吧”。在舞台上，伊索的外貌是丑陋的，但他的语言、神情却是闪闪发光的，其内在的美溢于言表。罗曼·罗兰在其《贝多芬传》一书中也曾写道，贝多芬“乌黑的头发，异乎寻常的浓密，好似梳子从来未在上面光临过，到处逆立，赛似梅杜斯(古希腊神话中的三女妖之一，有美发，后得罪火神，美发尽变毒蛇)头上的乱蛇”[①]，眼睛“又细小又沉陷”，鼻子“又短又方，竟是狮子的相貌”，“下唇常有比上唇前突的倾向”，“下巴还有一个沉陷的小窝，使他的脸显得古怪地不对称”。贝多芬外在的长相上有不少缺陷，但这些生理上的缺陷并不能遮盖住他内在的性格、心灵和激情所表现出来的精神美。作为资产阶级上升时期的作曲家，贝多芬充满了热情和英雄气概，提出了“音乐应当是人类的精神爆出火花”[②]。这说明人的精神美是由人的内在品质所决定的。《巴黎圣母院》中的敲钟人卡西莫多心地善良但是外貌奇丑，小说中描写他是一个独眼人、跛子、驼子，妇女们看到他都得把脸遮住。小说中有一个人对卡西莫多说：“凭十字架发誓，天父啊——你是我生平所看见的丑人中最丑的一个。”这里是通过畸形来衬托卡西莫多的心灵美，更确切地说是为了衬托他内心的善良。这些都说明，对社会美来说，人的精神美是由人的内在品质所决定的，人的内在美才是更加重要的。

二、社会美的主要表现形态

人类的社会生活是无比丰富和无限多样化的，人类社会生活中的美也是丰富而多彩的，其主要的表现形态有以下几种。

(一) 社会实践主体人的美

人是社会实践的主体，是社会美的创造者。因此人的美是社会美的根本。人的美包括外在美和内在美两个方面。人的外在美主要包括人体美、仪表美、姿态美、风度美、语言美、行为美等诸多方面；内在美包括道德美、情操美、智慧美和才能美等。

1. 人的外在美

外在美是内在美的外化，并受到内在美的制约和规范。人的外在美是人的美的不可或缺的有机组成部分。人的外在美虽然有些具有自然美、形式美的性质，但也是一种带有深刻社会内容的自然美、形式美。下面我们就具体地分析一下。

(1) 人体美。人体美介于自然美和社会美之间。就人体的生理形态而言，人

① 罗曼·罗兰著，傅雷译：《贝多芬传》，中国友谊出版公司，2000年。

② 罗曼·罗兰著，傅雷译：《贝多芬传》，中国友谊出版公司，2000年。

体美基本上属于自然美的范畴，而就人体的发展历史来看，它又是社会历史长期发展的产物，属于社会美的范畴。

人的自然性因素是构成人体美的基础。人的五官端正、四肢匀称、肤色健康、体态端庄、动作灵敏等自然因素的和谐都可以造就人体美。

人体美更多的是一种形式美。如比例和谐、均衡、对称等都是形式美的表现。所谓“增之一分则太长，减之一分则太短”（宋玉《登徒子好色赋》），赞美的就是身材的匀称。人体美还通过自然、敏捷、优美的姿态动作表现出来。在自然界中，再也没有比人体机构更完备、更优美、更和谐、更富于感情、更充满生机的美了。

人体美除了包括自然因素造就的美外，还包括人工修饰的因素造就的美，即修饰美。

在很久很久以前，人类就懂得修饰自己了。文身等原始习俗就说明了这一点。随着社会的进步、文明的发展，人们越来越重视修饰美，修饰美也就更富有个性色彩和时代特点。当代人的人体美的人工修饰因素主要包括服饰、发型以及化妆等。服装有御寒、表明职业地位、突出人体美三大功能。服装的美，首先表现在和人的年龄、性格、身份相符，其次表现在与人的体形相配，最后表现在着装的搭配艺术。发型也是人体美的重要装饰因素之一。发型能够调整人的全身比例，对人的面貌影响极大。总之，服装、发型等是否有利于人体美的展现，关键在于是否得体、和谐、适度。达·芬奇说:“你们不见美貌的青年穿戴过分反而折损了他们的美么？你们不见山村的妇女穿着朴素无华的衣服反比盛装的妇女美吗?”[①]人工修饰的作用主要在于通过遮掩或强化的方式改善人体的状况，增添人体美，进而提升人的品位。

（2）仪表美。仪表美不仅与人的形体有关，而且与人的文化教养、道德涵养、审美修养有关。一个人的内在修养和外在打扮共同构成仪表美的主要内容。

人的衣着打扮是精神追求的一种物质体现。原始社会的人们最早的审美创造活动就是对自身的穿着进行装饰，以树叶、兽皮为裳，以花环、翎毛为冠，以贝壳、骨珠为戴，以木炭、矿粉为色等，这种追求执着而自觉。随着时代的发展以及社会物质生活、文化生活的改变，人们的衣着打扮更加丰富多彩、无限多样。然而装饰美不在华丽、奇特，而在整洁、新颖、舒适、得体，与人的内在美天然合拍，没有矫揉造作的痕迹。

（3）姿态美。姿态美是指人体活动时的各种姿势体态的美。如立、走、坐、卧等所展现出来的美。姿态美虽然与人的形体有着密切的关系，但却取决于人的品德、修养、性格等内在的美。站有站相、坐有坐相，就是要求人的姿态要符合一定的审美规范。比如站立就要端正、直立、挺拔、庄重，使身体处于平衡的状态，并表

① 达·芬奇著，戴勉译:《芬奇论绘画》，人民美术出版社，1986年。

现出和谐的静态美;行走则要保持四肢动作的协调,脚步节奏稳定且与身体和谐,从而表现出和谐的动态美。另如,坐则端直稳定,以求舒展和谐;卧则或侧或仰,以求自然舒适。正如古人所云的“站如松,坐如钟,行如风,卧如弓”,一切以自然、和谐为美。

(4) 风度美。风度美是一个人的精神个性美的综合表现。它是一个人的气质修养、仪态等方面的美所形成的鲜明的个性风采的美。风度,也就是个人的风采,往往因人而异,每个人有各不相同的风度美。如文质彬彬、温文尔雅、风度翩翩,以及高大威武、雷厉风行、雄姿英发等,虽然美得并不相同,但因其都表现出了人的美德,因而也都是美的风采。一个人的风度往往是在其长期的社会实践和生活经历中形成的,如军人的风度、学者的风度、艺术家的风度、企业家的风度等,都与其长期的职业生涯有关。一个人鲜明的个性修养和他的生活经历是一个人的美的风度的基础。

(5) 语言美。语言美是作为人类最普遍的联系和交流方式的语言所展现出的美。语言美不是仅指说话具有技巧,也不是仅指具有遣词造句的功夫,言为心声,语言美的根本在于人的心灵美。所以说,要净化语言、美化语言,就要先净化人的心灵、美化人的心灵。

(6) 行为美。行为美是一个人处理各种社会事务时,其举止行动所展现出来的美。决定行为美的准则是美德。孔子的学生子张曾问他的老师:“何为五美?”孔子回答:“君子惠而不费,劳而不怨,欲而不贪,泰而不骄,威而不猛。”(《尧曰禹》)这里所说的“五美”其实就是五种美的行为,这五种行为之所以美,就是因为它们体现了君子之德。当然,在阶级社会里,不同的阶级有不同的道德观念和道德准则,行为美也有鲜明的阶级属性。先进的革命阶级的道德标准与广大劳动人民的利益是一致的,他们的行为标准是忠于职守、献身事业、热爱祖国、热爱人民等,这也就自觉地维护了广大劳动人民和祖国的利益。他们的行为具有崇高的伦理道德意义,并具有强大的精神力量,能够不断地激励后人,散发出行为的无穷魅力。如屈原、岳飞、秋瑾、鲁迅、董存瑞、雷锋等,正是这些无数的、出类拔萃的人物的光辉行为谱写了中华民族的历史篇章,他们的行为将永远绽放着美的光辉。

行为美不仅集中表现在英雄人物的壮举上,也表现在人们平凡的日常生活中。如一丝不苟地工作、艰苦奋斗地创业、团结互助的行为、尊老爱幼的举止等,都是美的行为的具体表现。

2. 人的内在美

人的内在美也叫心灵美,是指内心世界的美。心灵是一个丰富多彩的精神世界,它由许多精神心理素质构成。心灵美主要表现在品德、情操、智慧、才能四个方面。

(1) 品德美。品德美是指人的品质、品行和道德、德行之美,是一个人心灵美

的核心。莎士比亚曾借其作品中的人物之口激情地赞美:“人类是一件多么了不起的杰作！多么高贵的理性！多么伟大的力量！多么优美的仪表！多么文雅的举动！在行为上多么像一个天使！在智慧上多么像一个天神！宇宙的精华！万物灵长！”[①]“高贵的理性”被他放在人的美的首要地位。真、善、美是三位一体的，社会美更以善为基础，人的道德品质也是一种善，人的品德的美是社会美的一项重要内容。

(2) 情操美。人的情操美是指人的情感和节操之美。情感是人类所独有的高级精神，高尚的情感表现为对美好事物强烈地热爱和追求。情感美是心灵美的动力和活力，它推动着心灵美向更高的境界净化和升华。情感美不是抽象的，它具体地表现在人的生命形式之中。如人道主义、爱国主义的崇高的爱心，对亲人、对同志、对朋友真诚的爱心，对事业、对职业、对工作执着的爱心等，都会作为个人的情感对象映照出其自身的心灵美和情感美。

情感之美在高尚，品德之美在无私，先进的英雄人物之所以美而且受人敬仰，就是因为他们的生命活动体现了人类高尚的道德品质、崇高的精神节操、美好的人生理想、伟大的人格修养等，表现出巨大的审美价值。修养道德人品、陶冶情感节操是心灵美的需要，也是人类发展的需要。

(3) 智慧美和才能美。人的智慧美和才能美是人的本质力量所表现出来的创造美。人的智慧和才能是在长期的生产劳动实践和各种社会实践中形成和发展的。它们体现在个别人的身上，是人类社会实践经验积累的结果，是通过生理遗传的积淀和后天实践的训练内化而成的人的自由心智和自由运用规律的本领才能。智慧和才能是人认识世界和改造世界的伟大力量，是人在实践中实现“内在尺度”与“物种尺度”相统一从而达到自觉、自由地与他所创造的对象相统一的目的，进而体现人的自由的本质的内在条件。人的智慧和才能就体现在人的社会实践和实践成果之中。从对天然石块的自觉运用，到制造石器、陶器、青铜器的创造活动，再到把人造卫星、宇宙飞船送入太空；从对火的发现、传播，到现代的对声、光、电能的开发利用；从结绳记事、竹简记文，到纸、印刷、电脑的产生；从树叶、兽皮遮体，到现代服装美的设计、加工；从原始的氏族部落，到国家与世界文明，人类社会发展的历史就是人的智慧、才能展现的历史。人的智慧和才能在具体的社会实践过程中，常常外化为人的物质创造活动和精神创造活动，并转化为人的物质财富和精神财富。

(二) 社会实践活动及其产品的美

社会美的根源在于社会实践，所以社会实践活动本身及其产品的美也是社会

---

① 威廉·莎士比亚著，童敏译:《王子复仇记》，广州出版社，2008年。

美的重要内容。社会美也广泛地存在于人的社会实践活动及其产品之中，具体表现如下。

1. 生产劳动及其劳动产品之美

生产劳动是人类最基本的社会实践活动，也是人类获得审美愉悦的基本领域。如前所述，人类的自由的、创造性的劳动是“按照美的规律来建造”的活动，是显示人的本质力量的活动，因而劳动过程、劳动条件及劳动所创造的产品都充满了美。原始氏族时代所留下的石器、骨器、陶器等既是劳动产品，又是劳动工具和人们直接观照自身本质力量的审美对象。随着社会分工的出现、私有制和阶级对立的产生，社会上又出现了体力劳动和脑力劳动的分离，这就给劳动的自由创造性质蒙上了一层阴影。即便如此，劳动者的智慧和力量仍然从劳动产品中表现出来，推动了劳动及其产品的美的进一步发展，这种美在当今高度现代化的劳动技术下显得尤为瞩目。而在以公有制为基础的共产主义社会中，人们的个性将得到全面的发展，精神生产力和物质生产力将得到彻底解放，劳动将成人生的第一需要，因此，生产劳动和生产劳动产品的美也将得到更加充分的发展。

2. 阶级斗争和社会形态之美

在阶级社会中，阶级斗争是推动历史前进的重要动力之一。劳动人民为实现自己的美好理想而进行的阶级斗争本身是美的。剥削阶级处于上升时期，在它与劳动人民的利益具有一致性的时候，它们推动社会进步的斗争是与人的自由自觉的本质力量的发展相一致的，因而也是美的。当然，剥削阶级的生活必然包含着丑的因素，如腐化奢侈、压迫剥削劳动人民等。当剥削阶级完全成为历史前进的阻碍的时候，他们的行为将与人类的自由自觉的本质力量的发展相悖，因而他们就走向了美的对立面。劳动人民在不堪忍受压迫剥削而奋起斗争的革命洪流中，冲刷掉剥削阶级给他们造成的愚昧、无知和精神创伤，以大无畏的主人公气概推动历史前进，使他们的自由、自觉的创造力量得以充分展现，因而是社会美的最鲜明的表现。总之，阶级斗争的实践丰富、发展和提高了人的本质力量，使人的行动越来越自觉地符合社会发展的规律和理想，所以阶级斗争是阶级社会中发展美、创造美的一种伟大动力。从美学意义上说，阶级斗争实质上是美丑斗争。在斗争中，美不断地、必然地战胜丑，这是历史发展的总的趋势和规律。

阶级斗争的结果必然引起社会形态的变化。革命的先进阶级战胜反动的落后阶级，建立新的社会秩序。新的社会秩序造就了新的社会形态，因而新的社会形态也是美的。新的社会形态之所以美，主要是它彻底地解放了人，为人的自由自觉的本质的实现创造了一个最优越的、最理想的社会环境和必要条件。

3. 科学研究和发明创造之美

科学研究是人类在生产劳动、阶级斗争的社会实践基础上发展起来的人的高级实践活动。科学美是美的高级形式。科学美的本质在于在科学领域中所展现出来的人的自由创造和自由直观的力量与本质。科学美集中体现在那些代表了人类智慧与才能的科学家身上，体现在他们的科学实践活动的过程中和成果上。

科学美的审美价值具体地表现在科学过程的实验美和科学结果的公式美和理论美等方面，它是人的发明创造。科学美还表现在应用科学成果进行发明创造的技术革新活动中，表现在标志着科学发展水平的物质产品上，因为这些方面都凝聚着科研人员的智慧和才能。

4. 社会生活景象之美

人们的各种各样的日常生活景象反映了人们的多姿多彩的社会现实生活，从不同的方面展示了人的积极向上的、健康的本质力量，因此，社会生活景象也是社会美的重要内容。

社会美的审美价值在于社会美能培养人们鉴识和欣赏人生的审美能力，从社会美上直接观照到人的自由本质，从而使人净化灵魂、明悉人生的价值、理解生活的意义、树立高尚的道德规范，并激发人的自由创造的精神，直接鼓舞人为追求和创造更加美好的生活努力奋斗。

第三节　艺　术　美

艺术美是指艺术作品的美，是美的最高形态。艺术美来源于客观的现实生活，是艺术家创造性劳动的产物。

一、艺术美的性质

艺术美是存在于各种艺术作品中的美。艺术作品是艺术家审美创造的产物，是艺术家借助一定的物质材料和工具，运用一定的艺术技巧，对现实世界所进行的审美反映和审美创造的物态化形式。艺术作品集中体现了人的审美意识和审美理想，体现了人们按照美的规律进行艺术创造的本质力量与能力。这些艺术创造的特点决定了艺术美的各种性质，主要包括以下两个方面的内容。

（一）艺术美具有客观性

从艺术美的创作手段来看，艺术家进行艺术创造总是为了让人感知、认识和接受，从而使艺术作品产生社会影响，因此艺术家的创造必须借助于一定的物质手段。如画家必须借助于画布和色彩，雕塑家必须借助于泥块或石头，文学家必须借助于语言、文字、符号等，才能从事其艺术创造活动。艺术家如果不借助于一定的物质材料，就无法将审美的体验转化为具体意象并使其具有欣赏价值。因此，正是从这种意义上来说，艺术美是一种客观的感性存在，具有客观性。

从艺术美的创作成果来看，艺术作品是艺术家审美创造实践活动的成果，是人的本质力量的对象化、外化或物化。艺术作品既是合目的的创造物，又是合规律的感性存在；既具有呈现客观世界的物质特性，又具有心灵创造的主观精神特性。这说明艺术作品具有主观心灵和客观感性形式的统一，是人所创造的具有物质性和客观性的、可供人欣赏的精神产品。艺术作品与艺术美是以客观的、实在的物化形态和独立的精神品格存在的精神产品。

无论是从创作手段还是从创作成果上来看，艺术美都根源于客观现实。普罗提诺说，艺术美是把"在心里原已构思成"的美"转运到"艺术作品中去。此话从艺术构思与艺术作品的生成关系来说虽未必准确，但也不是毫无道理。问题在于"心里原已构思成"的"美"从何而来？显然，它既不可能由先天赋予，也不可能从"心里"自已长出来，构思成的"美"只能从产生并形成审美体验的客观现实中来。毛泽东曾指出："作为观念形态的文化作品，都是一定的社会生活在人类头脑中的反映的产物……人民生活中本来存在着文学艺术原料的矿藏，这是自然形态的东西，是粗糙的东西，但也是最生动、最丰富、最基本的东西；在这点上说，它们使一切文学艺术相形见绌，它们是一切文学艺术的取之不尽、用之不竭的唯一的源泉。"不但艺术原料存在于客观现实生活中，艺术家的审美体验、审美感悟也是由此而产生的。一切审美反映和创造也都是以客观现实生活为根源的。马克思早就说过："不是人们的意识决定人们的存在，相反，是人们的社会存在决定人们的意识。"①所以，艺术离开了客观现实生活，就成为无源之水、无本之木，就会失去生命。

（二）艺术美具有主观性

在艺术创造中，艺术家不仅能够完全自由地以审美的态度来审视和把握审美客体的性质和特点，而且能够调动一切手段自由地对审美客体进行加工再造，创造出艺术的自由形式。艺术创造不仅是一种审美反映，而且是一种显示心智和创造力的审美创造。诚如歌德所说："艺术要通过一种完整体向世界说话。但这种完整体不是他（艺术家）在自然界中所能找到的，而是他自己的心智的果实，或者说，是一种丰产的神圣的精神灌注生气的结果。"②没有艺术家向现实"灌注生气"，雕像将只是一个模型，而不可能是生动的艺术作品。艺术作品中的审美客体虽然仍然具有自身鲜明独特的审美特点，但是它的性质已发生了根本改变。艺术家在

---

① 中共中央马克思恩格斯列宁斯大林著作编译局：《马克思恩格斯选集》第二卷，人民出版社，1972年。

② 爱克曼辑录，吴象婴等译：《歌德谈话录》，上海社会科学院出版社，2001年。

对审美客体进行提炼、概括、熔铸、再造的时候，主体（艺术家）的心灵化作艺术品的灵魂，赋予了艺术作品新的生命质和生命活力，客体（艺术作品）成为主体化的客体。同时，审美创造的主体也不再以外在的力量存在，他已把其丰富的本质对象化到其作品中，并使其获得了自由的展现。正如黑格尔所说："艺术理想的本质就在于这样使外在的事物还原到具有心灵性的事物，因而使外在的现象符合心灵，成为心灵的表现。"①也就是说，艺术作品总是融进了艺术家自己对生活的感悟和评价，因而艺术总是表现出极强烈的主观感情色彩。而且，艺术家凭着其健康的审美理想、丰富的生活积累、卓越的艺术技巧以及有限的现实材料表现出无限丰富的社会内容来。这样，在艺术创造过程中，艺术家浓重的感情色彩和巨大的能动作用使艺术作品中的艺术美就突出地表现出其主观性。

总之，一切艺术作品都表现了艺术家客观现实生活的再现与主体思想情感表现的统一，是客观性与主观性的统一。

二、艺术美的特点

艺术美的特点是由其性质决定的。如前所述，艺术美是源于现实生活、经过艺术家加工创造，并体现着艺术家的审美理想和审美情感的美。因此艺术美的特点集中体现在典型性、理想性、普遍性三个方面。

（一）典型性

典型性是艺术美最集中的特点。典型性体现了艺术的基本的美学原则和创造规律。艺术作为审美的社会意识形态，就是要以感性的、个别的艺术形象来生动地、深刻地反映社会生活，传达主体的审美心理，表现主体审美的创造精神。也就是说，艺术要通过独特鲜明的个性形式来显示社会生活的面貌和本质。这就是典型化的创作特点和实质。

艺术美典型性的审美价值就在于单个艺术形象所蕴含的人生或事物的多方面的、丰富的、复杂的、深刻的普遍性，即从偶然的、个别的、独特的审美对象上所显现出的必然的、普遍的、共通的人类精神性格和心灵追求。

艺术典型的创造不是个性与共性的人工焊接，而是艺术家把心灵融入艺术作品，在精微洞察和透视中对独特性所具有的普遍必然性的领悟，并且通过特定的艺术手段鲜明地、完美地将其表现出来。

许多艺术家都把创造艺术典型看作是艺术创造的目标。巴尔扎克说："艺术家的使命就是创造伟大的典型。"②列夫·托尔斯泰也说："艺术家的事情便是捕捉

---

① 弗里德里希·黑格尔著，寇鹏程译：《美学》，江苏人民出版社，2011年。

② 中国社会科学院文学研究所：《古典文艺理论译丛》第3集，知识产权出版社，2010年。

典型的东西。”①中外艺术家的创造实践证明，只有在广阔复杂的、瞬息万变的生活中发现并捕捉住具有典型特征的个别事物并对其进行开掘、深化与概括，才能创造出具有普遍性的、个性化的典型形象。典型化的个性之所以具有很高的审美价值，就是因为它对现实生活具有更普遍的概括性和真实性，它是更高的艺术真实，是对真实的更集中、更生动的表现。

（二）理想性

理想性是指艺术美的完美表现。艺术美之所以具有理想性，原因有两个：一是艺术家审美创造活动的自觉性。在艺术创造活动中，艺术家都是按照自己的审美理想对生活真实进行艺术加工的，生活真实升华为艺术的真实都是以艺术家的审美理想为内在尺度的。审美理想是艺术家对美的认识、评价和情感态度，在艺术创造中，艺术家的审美理想对艺术创造的指导是自觉的，因而也是充分的、完美的，所以按照艺术家的审美理想创造出来的艺术美也应该具有理想性的特征。二是艺术家审美创造活动中艺术创造主体的独创性。艺术家的审美理想对艺术创造活动起着制约和规范作用。艺术家不仅要按照审美理想去观察认识生活、选择提炼题材、开掘深化主题、强化突出个性，而且还必须根据审美理想去遵循形式美的规律、寻求和创造最理想的艺术形式，从而达到最理想的艺术境界。艺术家的审美理想不是抽象的概念，也不是固定不变的思维模式，而是艺术家在特定生活中对特定的人或事所产生的特殊心灵情感的凝聚和升华，它不仅因主体而异，而且也因所要塑造的形象而不同。审美理想的具体性、丰富性、独特性决定了艺术创造出的艺术美具有独创性，而这种独创性恰恰就是艺术美的理想性的具体表现。

（三）普遍性

普遍性是指艺术美典型性的丰富内涵、巨大容量和完美形式所产生的审美的普遍效果。

艺术美的普遍性根源于艺术反映了生活的高度概括性。优秀的艺术作品不仅以形象的鲜明独特为标志，而且经过高度地艺术概括，艺术形象较普通的实际生活有更大的容量、更深广的寓意，更能体现出多方面的本质和意义，因而艺术美能在更广大的范围内成为人们的审美对象，具有美的普遍性。

总之，艺术美的典型性、理想性和普遍性是艺术美最基本的审美特点，三者有机地融为一体，从艺术作品中完整地、生动地、鲜明地表现出来。

---

① 列夫·托尔斯泰著，戴启篁等译：《列夫·托尔斯泰论创作》，漓江出版社，1982年。

三、艺术美的特殊审美价值

艺术美的特殊审美价值是由其审美性质和特点决定的。黑格尔说:"人们在艺术里所欣赏的正是创作和形象塑造的自由性"[①],"艺术的真正的职责就在于帮助人认识到心灵的最高旨趣"[②]。罗丹也说:"艺术,是人类最崇高的使命,因为艺术是锻炼人自己了解世界并使别人了解世界。"[③]艺术在其创造和被接受的过程中,具有双重审美主体,具有双重创造的意义和价值。艺术对双重的审美主体具有双重的表现和观照。艺术美的特殊的审美价值便是双重审美主体通过对艺术创造和欣赏所得到的审美满足和精神效应。艺术的审美价值受着艺术家、艺术作品和艺术欣赏所构成的双向对应运动——艺术生命活跃其中的审美大循环结构体系(特别是文化精神环境和社会审美心理)的制约,呈现为多个性的、多层次的、多方位的、多蕴含的、多特征的价值实体性。其中最主要的是艺术的交流价值和超越价值。

艺术的交流价值是艺术美特殊的审美价值的最广泛的、最普遍的、最基本的实现。艺术家创造艺术作品固然是一种"自我表现",但这种"自我表现"也同时蕴含着"为他""为人生",是一个由"小我"表现"大我"的高级表现。艺术家所创造的作品既是其审美观照的对象,也是广大欣赏者审美观照的对象。艺术应该具有交流价值,不能进行交流的艺术作品的价值是不属于艺术范畴的。艺术的交流价值是区分真正艺术和虚假艺术的常规标准,历来为许多艺术家和艺术理论家所重视。黑格尔就曾多次反复地强调艺术的交流价值。他说:"艺术作品之所以创作出来,不是为着一些渊博的学者,而是为一般听众,他们需不用走寻求渊博知识的弯路,就可以直接了解它、欣赏它。因为艺术不是为一小撮有文化修养的、关在一个小圈子里的学者,而是为全国的人民大众。艺术作品如此,它所描绘的历史实况的外在方面也是如此。它也必须是属于我们的,也用不着凭广博知识就可以懂得清清楚楚,就可以使我们感到它亲近,而不是一个稀奇古怪不可了解的世界。"[④]托尔斯泰也用了大量的篇幅来论述艺术的交流价值,严肃地批评了艺术家"我创作,我理解我自己;如果有谁不理解我,那只有怪他自己"的错误观点。艺术的交流价值应该是艺术美的特殊的审美价值的基本内容。

艺术的超越价值是艺术的特殊审美价值的最理想的、最彻底的、最高级的实现,是来自于艺术自身所具有的超越力量。艺术的超越力量是艺术美的高级生命

---

① 弗里德里希·黑格尔著,寇鹏程译:《美学》,江苏人民出版社,1995 年。

② 弗里德里希·黑格尔著,寇鹏程译:《美学》,江苏人民出版社,1995 年。

③ 罗丹:《罗丹艺术论》,人民美术出版社,1978 年。

④ 弗里德里希·黑格尔著,寇鹏程译:《美学》,江苏人民出版社,1995 年。

形式的能量转化，也是艺术家的创造力量和创造能力的确证。艺术作为现实的升华，是超越现实的；艺术作为个体审美经验的结晶，是超越个体审美意识的；艺术作为内容和形式、主观和客观的统一，又是超越有限的；艺术作为具体的审美对象，能超越有限的感性存在，表现出无限的丰富性；艺术作为特定时间、空间里创造出来的艺术，不仅能在当时、当地具有美学意义，而且能取得超越时代的、超越地域的、超越种族的审美效果，具有普遍的、永久的审美价值，这些都是艺术美的超越价值。

如果把艺术的审美价值划分为三个层次：直接的感官层次的审美需要的满足、内在情感层次的审美需要的满足、灵魂深处的精神至境的最高自由的审美需要的满足，那么艺术美的超越价值就属于第三者。所以说，艺术美的超越价值不是一般艺术作品都具有的，只有那些最优秀的艺术作品才因其是“美的凝聚”而具有这种最高的审美价值。

艺术美的特殊审美价值存在于审美过程之中，受到审美主客体关系的制约，因而它不是预成的、静态的、凝固不变的，而是生成的、动态的、变化无穷的。按照艺术的规律来创造艺术、来欣赏艺术，不断提高审美主体、审美修养、审美能力，才能真正实现艺术的特殊的审美价值。

第六章　美的范畴

范畴是指反映客观事物的普遍本质的基本概念。各门学科都有自己特有的一系列基本范畴。美学也有一些属于自己的特有范畴，如优美与崇高、悲剧与喜剧、荒诞与怪诞以及意境等。

第一节　优　　美

优美又称“秀美”，是通常所说的狭义的美。优美作为美的范畴之一，是相对崇高而言的，它是一种柔性的、偏于静态的、最浅显的、极易为人们所接受的美。

一、美学史上对优美的认识

在西方美学史上，最早对优美有所认识和探讨的是古希腊的哲学家和艺术家，他们把美与和谐、完满、统一联系起来思考，这在实质上就已经揭示了优美的一些本质属性。毕达哥拉斯学派从数的原则出发，认为世界的本原是数，数统治着一切，数量关系的和谐形成了美。他们所谓的美，其实也就是优美；所谓的和谐，也就是各种形式要素之间的均衡、对称和多样的统一。在毕达哥拉斯学派之后，柏拉图站在唯心主义的立场，认为美之所以美，在于不同因素的和谐、统一。亚里士多德则从唯物主义出发，认为美在于事物各组成部分之间的秩序、匀称和明确。这些对美的认识都属于优美的范畴。

18 世纪，英国经验主义美学家荷加斯从美的形式出发，提出一条著名的美学原理，即蛇形线是最美的线条。他认为，在优美的形体上，蛇形线最多，直线最少，直线只是在长度上会有所不同，缺乏装饰性。他还提出了所谓的六条美的原则：“适应、多样、统一、单纯、复杂和尺寸——所有这一切都参加美的创造，互相补充，有时互相制约。”[①]荷加斯的美的原理和六条美的原则所谈论的基本上也都是优美

① 威廉·荷加斯著，杨成寅译：《美的分析》，广西师范大学出版社，2002 年。

的内容。

同一时期，英国的另一位经验主义美学家博克则通过美与崇高的比较分析了优美的特性。他认为，美与崇高不同，美在作用于人的感觉器官时，可以使人精神松弛舒畅、获得愉快。他曾在其《论崇高与美两种观念的根源》一书中指出："整个说来，美的品质就它们仅仅是感性的品质而言，计有以下这些。第一，比较地说是小的；第二，是光滑的；第三，各部分的方位要有变化；第四，这些部分不能构成棱角，而必须互相融为一体；第五，要有娇柔纤细的结构，不带任何显著的强壮有力的外貌；第六，它的颜色要洁净明快，但不能强烈夺目；第七，假如它不得不有一种显眼的颜色，那这种颜色就必须同其他颜色一起构成多样的变化。"[①]诚然，博克对美的特性的说明和描述完全属于对优美的经验认识和理解。

此外，德国古典学家康德所谓的"纯粹美""自由美"，也是指优美，这是因为优美无论是在内容上还是在形式上都显得十分和谐，没有夹杂任何使人不快的因素。黑格尔也认为优美表现为内容与形式的一致。

中国古代的美学思想与西方的美学思想明显不同，但是在把美与协调、和谐、统一联系起来思考这一点上，二者却是相同的。

自商周以来，我国一直盛行以中和为美的思想。"八音克谐""神人以和"[②]是见于我国记载最早的"和为美"的珍贵资料。春秋期间，史伯关于同与和的论述进一步发展了和谐为美的思想。《国语·郑语》中就记载了史伯"和实生物，同则不继"的论说。其中"和"是多种因素的统一，"同"却是相同因素的合一。史伯推崇"和"，否定"同"，认为"声一无听，物一无文，味一无果，物一不讲"，因此主张"去同而取和"，也即主张多样统一，美是多样之"和"的结果。这可以说与西方美学史通常把美看作感性形式的和谐、统一是相近的。

晏婴与史伯在"美在和之中"的基本观点上是相同的。晏婴除了一般性的哲学意义的论述之外，还对音乐美的具体规律进行了有价值的探讨，他提出了有关音乐美的十对范畴，即清浊、大小、短长、疾徐、哀乐、刚柔、迟速、高下、出入、周疏。他认为只有处理好这十对矛盾，做到"济其不及，以泄其过""以相济也"(即协调平和)，才能创作出美的音乐。

春秋晚期，孔子按其"中庸之道"把"和"与"美善相乐"的观念结合了起来。他认为，对于一个人来说，内在与外在必须和谐、统一。"质胜文则野，文胜质则史；文质彬彬，然后君子。"在艺术上，他主张"乐而不淫，哀而不伤"，推崇温柔敦厚的审美理想。

先秦美学思想奠定了我国历史上颇有影响力的"中和为美"论的基础。同时，

---

① 马奇:《西方美学史资料选编》上卷，上海人民出版社，1987 年。

② 北京大学哲学系美学教研室:《中国美学史资料选编》上册，中华书局，1981 年。

也不难看出先秦美学思想中对于美的看法大致也是对于优美的看法。

清朝桐城派古文家姚鼐根据古代阴阳、刚柔对立统一的观点，把纷纭复杂的美的现象准确地概括为“阳刚之美”与“阴柔之美”两大类，并分别做了说明。他说：“自诸子而降，其为文无有弗偏者。其得于阳与刚之美者，则其文如霆，如电，如长风之出谷，如崇山峻崖，如决大川，如奔骐骥；其光也，如杲日，如火，如金镠铁；其于人也，如凭高视远，如君而朝万众，如鼓万勇士而战之。其得于阴与柔之美者，则其文如升初日，如清风，如云，如霞，如烟，如幽林曲涧，如沦，如漾，如珠玉之辉，如鸿鹄之鸣而入寥廓。其于人也，漻乎其如叹，邈乎其如有思，暖乎其如喜，愀乎其如悲。观其文，讽其音，则为文者之性情形壮，举以殊焉。”[①]这说明，姚鼐通过对阳刚之美与阴柔之美的对比，对优美已经有了深刻而明晰的认识。

优美作为美的一个范畴和一种审美现象，为历代美学家所重视，他们都从不同的角度对其进行了分析和解释，这对我们了解和掌握优美的本质属性是十分有益的。

二、优美的本质和特征

马克思认为，美是社会实践的产物。优美作为美的具体表现形态之一，是人类社会实践的产物。它是在人类社会实践的过程中，实践主客体经过矛盾斗争所达到的一种平衡、统一状态，是人类自由的社会实践与客观规律相一致的体现，是真与善、内容与形式的统一与和谐的体现。因此，优美的本质就是人与客观世界的一种和谐，以及人对这种和谐状态的情感肯定。由这种和谐的本质所决定的优美的基本特征如下。

（一）和谐统一性

优美是实践主客体达到相对平衡、统一的状态的产物，和谐与统一是优美这一形态的“机体”结构特征和“机体”结构间的形态结构特征。其一，就其构成的内外在因素来看，优美的和谐统一性是事物内容与形式等各种因素的互相呼应和协调一致。更进一步说，优美的和谐统一性体现了事物的合乎规律的组合，优美是必然的合乎规律的美。其二，就其产生的过程来看，优美是在实践过程中主客体经过矛盾斗争所达到的平衡、统一状态的结果，体现了人类实践活动中目的和现实的一致、真与善的统一，是人与自然的一种和谐关系的呈现。其三，就其与审美主体的关系来看，优美的对象一定是与审美主体和谐同构的。只有这样，优美的对象才能顺应主体的审美心理，审美主体也才会产生美感和审美的愉悦。这样，

---

① 张涵，史鸿文：《中华美学史》，西苑出版社，1995年。

审美主客体关系的基点就是和谐统一的。

（二）平衡静态性

优美处于矛盾的相对统一和平衡的静态平衡之中，以“静”为其主要特征。从外在形式上看，优美的平衡静态性主要表现在感性形式上的小巧、柔和、精致、轻盈、秀丽、柔媚、安静、秀雅、活泼、细腻、飘逸、光滑、圆润、微妙等。从内容上看，优美一般不会呈现激烈的矛盾冲突或矛盾的一方压倒另一方的统一，而往往呈现为矛盾双方的暂时相对静止状态。

三、优美的表现

优美作为一种美的范畴，表现在自然、人类的社会生活和艺术等各种不同的领域之中。

在自然界中，优美主要表现为自然物自身的和谐统一性。如自然景物的形、色、光、音等合乎规律的组合所呈现出来的大小、浓淡、明暗、高低的和谐统一。在大自然中，无论是多彩的春色、明朗的秋日，还是淡淡的远山、轻轻的白云、蜿蜒于群山之间的叮咚作响的小溪，都以其天然的完美与和谐显示出了令人无比陶醉的优美特性。

在社会生活中，优美主要表现在作为社会主体的人以及人的生活内容上，其核心是真与善的和谐统一。如天真的儿童、善良的老人等，这些人虽无惊心动魄之举，但却有着人与人之间和谐的关系。在社会生活中，凡是符合社会伦理道德和社会关系的、和谐融洽的一切言行举止、人物形象及其生活内容，都是优美的对象。

在艺术领域中，艺术中的优美往往表现为完美的内容和精致的形式的和谐统一。因此，不少艺术作品都是以优美见长的。陆机在《文赋》中说“诗缘情而绮靡”，道出了诗歌与优美的关系。司空图把诗的风格、意境概括为二十四种基本类型，其中的“冲淡”“纤穠”“典雅”“清秀”“委曲”等，都是与优美相关的。很多词论家都认为宋词有婉约、豪放两派，并以婉约为主，这是因为宋词大多描写的是比较细腻的儿女情长以及秀丽的自然风光。在其他艺术品种中，如为数不少的山水画、花鸟画以及民族音乐《春江花月夜》、民族舞蹈《孔雀舞》等，都体现了优美的特点。同时，在西方国家，优美的艺术也比比皆是。李斯托威尔就这样说过：“在造型艺术里，这种优美，或许在安格尔那蜿蜒多姿又柔润的图画中，在波提切利、拉斐尔、列奥纳多和柯勒乔那种柔和温雅而又流利生动的图形中，在希腊颓废时期的雕刻以及18世纪的建筑和家具中，表现得最为明显。”[①]由于艺术中的优美是现实中的优美经过艺术家选择性加工的产物，因而它比现实中的优美更集中、更高级，也更能鲜明地显示出优美的美学特征。

第二节 崇 高

崇高作为一个美的范畴，具有与优美不同的本质特征。所谓崇高，是指客观对象以其强大的物质和精神力量以及压倒一切的气势引起人的心灵震撼，从而让人产生赞叹、敬仰之情和神圣、庄严之感所具有的一种美。所以说，崇高是一种宏伟、庄严、以力量和气势取胜的美，是一种冲破形式美的规律、于不和谐中见和谐的美，是一种撼人心灵的美，是一种具有强大的宗教伦理力量的美.

一、美学史上对崇高的认识

在美学史上，崇高这一范畴的美，很早就被人们关注了。在中国，早在先秦时期，就有“大”这一美的范畴。孔子说：“大哉！尧之为君也。巍巍乎！唯天为大，唯尧则之。”[②]意思是说：真伟大呀！尧这样的君主。多么崇高呀！只有天，才是高大的，只有尧，才能效法天。这就是说，尧的品德像天一样伟大，老百姓不知道如何赞美他，只有拿天来颂扬他。这里所说的“大”就是伟大、崇高的意思。孟子吸取孔子以崇高为“大”的思想，并阐释说：“充实之谓美，充实而有光辉之谓大。”[③]意思是说，一个人，如果拥有了仁义道德等品质就是“美”，能发扬光大就是“大”，也就是崇高的。在这里，他不仅区别了“美”和“大”，而且指出了“大”是在美的基础上产生的一种比一般美在程度上、范围上更为鲜明、强烈、广大、辉煌壮观的美。孟子这一见解进一步丰富了“大”这一美的范畴。与孟子基本同时而稍后的庄子也对“美”和“大”进行了区分。他在《天道篇》“舜问于尧”中说：“美则美矣，而未大也。”他又说：“夫天地者，古之所大也，而黄帝、尧、舜之所共美也。”[④]很显然，在庄子看来，天与地都是最伟大的，而又是最美的。“美”与“大”是既有区别，又有联系的。由此可见，中国古代的美学思想从一开始就对崇高的本质有所认识了。

在西方美学史上，最早提出“崇高”这一术语并对其本质特征进行探讨的是古罗马时期的朗吉驽斯。他在其《论崇高》一文中，在论及文章风格的崇高时，说：

---

① 李斯托威尔著，蒋孔阳译：《近代美学史评述》，上海译文出版社，1980年。

② 北京大学哲学系美学教研室：《中国美学史资料选编》上册，中华书局，1981年。

③ 北京大学哲学系美学教研室：《中国美学史资料选编》上册，中华书局，1981年。

④ 北京大学哲学系美学教研室：《中国美学史资料选编》上册，中华书局，1981年。

"所谓崇高,不论它在何处出现,总是体现于一种措辞的高妙之中,而最伟大的诗人和散文家得以高出侪辈并在荣誉殿堂中获得永久的地位总是因为有这一点,而且也只是因为有这一点。"[①]他认为,文章的崇高风格来源于五个方面,即"庄严伟大的思想""强烈而激动的情绪""运用藻饰的技术""高雅的措辞""结构的堂皇卓越"。而其中最重要的就在于作者"高尚的心性"。他说:"思想充满了庄严的人,言语就会充满崇高,这是很自然的。因此,崇高的思想是当然属于崇高的心灵的。"[②]朗吉弩斯也论及一般的崇高范畴。他认为,凡是崇高的事物,总是那些使人惊心魂魄的、肃然起敬的、不平凡的、伟大的、奇特的东西,如自然界的海洋、星空、火山等。应当说,在这样早的年代里,朗吉弩斯能对崇高作如此全面深入而又专一的研究,是难能可贵的。

18世纪,欧洲普遍进入了资产阶级革命时代,激荡的时代精神把人们的审美情趣引向了激动人心的社会变动和与文明相对立的粗犷雄伟的大自然。在这种情况下,崇高的对象也就受到了美学家们的普遍注意。英国美学家爱迪生把审美对象划分为"美、新奇与宏伟"三种形态,他认为非常宏大、非常强烈的东西能产生崇高感。他说:"所谓宏伟不是指某种单一物体之大小,而是巨大的整体的景观。例如描写:漫漫无边的广阔的平原;辽阔的未开发的沙漠;连绵不尽的群山;层峦叠嶂的悬崖绝壁。这些大自然界的内容的东西,它们使我们感动的不是新奇或美丽,而是它们那种惊人的粗犷和壮丽。我们的想象喜欢为对象所充塞,喜欢攫取那些超越吾人能力的巨大的东西。我们是以欢乐的惊奇投入这无边无垠的壮观,从而陷入了一种惊骇的喜悦。"这就是说,人们的审美想象喜欢不受约束,喜欢在外界自由无限的广阔而又粗豪的世界中,作自由无限的驰骋。崇高适应了人类这种心灵的需要,所以它与新奇和美,共同成为人们审美的形态。同一时期的荷加斯也认为:"宏大的形状,纵使样子难看,然而由于它们的巨大,无论如何会引起我们的注意,激起我们的赞美。"[③]这里所说的"宏大",毫无疑问,指的也是崇高。

在西方国家,真正把崇高作为一个美学范畴并与美进行对比研究的,是18世纪的英国美学家博克。他在其美学著作《论崇高与美两种观念的根源》中指出,人的所有的情感可以归结为两大类:自我保全和社会交往。自我保全是崇高感的基础,社会交往是美感的基础。为什么说自我保全是崇高感的基础呢?这是因为自我保全的观念主要是由痛苦和危险引起的。痛苦和危险使生命安全受到威胁,人们在情感上一般都会有"最强烈的情欲",这就是痛感和恐惧,但是随着危险和痛苦的消失,也会产生一种顿然的放松与愉悦。这种愉悦是由痛感转化而来的,这

---

① 中国社会科学院文学研究所:《文艺理论译丛》第2期,知识产权出版社,2010年。

② 马奇:《西方美学史资料选编》上卷,上海人民出版社,1987年。

③ 马奇:《西方美学史资料选编》上卷,上海人民出版社,1987年。

就是崇高感的起源。所以博克说:“凡是能以某种方式适宜于引起苦痛或危险观念的事物,即凡是能以某种方式令人恐怖的,涉及可恐怖的对象的,或是类似恐怖那样发挥作用的事物,就是崇高的一个来源。”①

因此,博克认为,崇高而伟大的对象引起人们的惊异情绪,并使人产生某种程度的痛苦或恐怖之感。但也不是所有痛苦和危险都能引起崇高感,产生崇高的对象,只有那些事实上不会给人带来危害、离人还有一段距离的痛苦和危险才能引起崇高感,并产生崇高的对象。“如果危险或痛苦太紧迫,它们就不能产生任何愉快,而只是可恐怖。但是如果处在某种距离之外,或是受到了某些缓和,危险和苦痛也可以变成愉快的。”②这就是说,实际的危险和痛快只令人恐怖,产生痛感。在博克看来,崇高感是夹杂着痛感的快感,是由痛感转化而来的,是一种消极的快感,又称“喜悦的恐怖”。他认为,凡是能引起人们恐怖的东西,都是构成崇高对象的因素。例如,晦暗与朦胧、空虚与孤独、黑夜与沉寂等都使人感到可怕,因而它们成了崇高的对象。力量也能形成崇高,当人们无法驾驶某种力量时,便会产生危险感从而形成崇高。如一匹马,当它被人驯服成为驾在犁上的家畜时,不会引起人们的崇高感;当它昂首直立、猛烈狂奔、野性发作并给人们造成恐怖时,它便能给人们留下崇高的印象。因此,只有人无法征服的、自由不拘的、对人们无害的力量才会使人产生崇高感。此外,在量的方面,如庞大的体积、无止境的长度、无边无际的沙漠、浩瀚无涯的汪洋大海、一望无际的天空,往往都能令人产生无限的观念,也能给人以崇高感。崇高的对象在形式上往往是粗犷不羁的直线条、凹凸不平和偏重于阴暗的颜色,如随随便便堆积的巨石所表现出来的粗糙往往能给人以崇高的印象等。博克以大量的生动例子,说明了崇高的对象的特点。

同时,博克认为,社会交往一类的情感往往与爱相联系,它引起的是一种积极的快感,因此,爱是美感的主要心理内容,社会交往是美感的基础。在此基础上,博克对崇高与美进行了全面而深入的比较。他说:“崇高的对象在它们的体积方面是巨大的,而美的对象则比较小;美必须是平滑、光亮的,伟大的东西则是凹凸不平和奔放不羁的;美必须避开直线条,然而又必须缓慢地偏离直线,而伟大的东西则在许多情况下喜欢采用直线条,而当它偏离直线时,也往往作强烈的偏离;美必须是朦胧模糊的,而伟大的东西则必须是阴暗朦胧的;美必须是轻巧而娇柔的,而伟大的东西则必须是坚实的,甚至是笨重的。”③

博克的论述在理论上确实有其突破性的价值,但也有不足的一面,比如,他把崇高的特点仅仅着眼于对象形体的巨大、粗糙、坚定上,忽视了其中的精神因素,

---

① 朱光潜:《西方美学史》上卷,商务印书馆,2011年。

② 朱光潜:《西方美学史》上卷,商务印书馆,2011年。

③ 马奇:《西方美学史资料选编》上卷,上海人民出版社,1987年。

这样的界定是不全面的。其实，形体大的并不一定是崇高的，形体小的也并不一定是不崇高的。

继博克之后，德国古典主义哲学家康德对崇高的本质也做了哲学和美学的探讨，真正确立了崇高在美学中的特殊地位。康德在他的美学著作《判断力批判》中，把审美对象分成了“美的分析”和“崇高的分析”两部分。其中“崇高的分析”这一部分专门论述了有关崇高的问题。他认为，崇高的特征是“无形式”，即对象的形式无规律、无限制或无限大。他说：“它们(指自然里的崇高现象)却更多的是在它们的大混乱或极狂野、极不规则的无秩序或荒芜里激引起崇高观念，只要它们同时让我们见到伟大和力量。”[①]这里所说的“大混乱”或“极狂野”、“无秩序”或“荒芜”之所以能引起崇高观念，就是因为它们是“无形式”。崇高是对象的“无形式”，它不受形式限制；相反，美却只能涉及对象的形式，而形式又总是处于一定的界限中。二者为什么会有这样的区别呢？康德认为，这是因为美建立在对象的合目的性上面，它看起来“似乎是事先适合于我们的判断力”。如婀娜多姿的小花，形式乖巧、透彻玲珑，让人一眼就把握了它那完整的形式与动人的姿态，使人感受到一种单纯的、合目的性的怡悦。崇高则往往是为对象所刺激，“似乎是要用暴力干扰我们的想象力”。例如大海，它的形式不仅无边而且变化多端，不但我们的理解力把握不了，而且我们的想象力也把握不了，我们只能凭借超感官的理性，在心灵的想象中来把握。所以说，美是想象力与理性的和谐统一产生的比较安宁平静的审美愉悦。崇高则是想象力与理性互相矛盾的斗争产生的比较强烈激动的、震荡的审美感受。崇高感是由痛感转化而来的，它是一种仅能间接地产生的愉快。如我们欣赏崇高的对象(暴风雨)时，暴风雨对我们的生命有威胁，于是生命力洋溢迸发，崇高感就产生了。因此，康德得出结论：“对于崇高的愉快不只是含着积极的快乐，更多的是惊叹或崇敬，这就可称作消极的快乐”[②]。

康德把崇高分为两种：一种是数学的崇高；一种是力学的崇高。数学的崇高是指对象的体积和数量无限大，超出人们的感官所能把握的程度。但是审美有一个饱和点，是感官所掌握的极限，如果对象的体积超过了这个极限，我们的想象力就不再把它作为一个整体来把握了，但我们的理性却要求见到对象的整体。虽然想象力不能超出极限，对象不能作为一个整体来把握，理性却要求它作为一个整体来思维。因此，崇高只是理性功能弥补感性功能(想象力)不足的一种动人的愉快。所以，“真正的崇高只能在评判者的心情里寻找，而不是在自然对象里”[③]。力学的崇高是指对象在力量上的无比威力。康德认为，这种力量上的无比威力主要

---

① 康德著，韦卓民译：《判断力批判》上卷，商务印书馆，1987年。

② 康德著，韦卓民译：《判断力批判》上卷，商务印书馆，1987年。

③ 康德著，韦卓民译：《判断力批判》上卷，商务印书馆，1987年。

是指自然的威力。康德说:“关于自然作为一种势力,乃是一种对于诸种大的障碍优越的机能。它叫作一种威力,假使它对于那自身具有力量的抵抗也是优越的。自然,在审美的评赏里看作力,而对我们不具威力,这就是力学的崇高。”[①]如“高耸而下垂威胁着人的断岩,天边层层堆叠的乌云里面挟着闪电在雷鸣,火山在狂暴肆虐之中,飓风带着它摧毁了的荒墟,无边无界的海洋怒涛狂啸着,一个洪流的高瀑,诸如此类的景象,在和它们相较量里,我们对它们抵拒的能力显得太渺小了。但是假使发现我们自己却是在安全地带,那么,这景象越可怕,就越对我们有吸引力”[②]。这就是说,自然的力以其巨大的、无比的威力作用于人的想象力,想象力无从适应而感到恐惧可怕,因而要求理性观念来战胜它和掌握它,从而发现我自己“是在安全地带”,由想象的恐惧、痛感转化为对理性的尊严和勇敢的快感。“即巨大的自然对象,通过想象力唤起人的伦理道德的精神力量与之抗争,后者在心理上压倒前者、战胜前者而引起了愉快,这种愉快是对人自己的伦理道德的力量、尊严的胜利的喜悦和愉快。这就是崇高感。”[③]所以康德认为崇高的审美判断最接近伦理道德的判断。

康德还认为,崇高是人对自己伦理道德的力量、尊严的胜利的喜悦,与理性观念直接相联系。因此,必须有众多的“理性观念”和一定的文化修养,才能对崇高进行欣赏。欣赏崇高需要有更多的主观条件,因此,崇高比美具有更强烈的主观性。“所以那对于自然界里的崇高的感觉就是对于自己本身的使命的崇敬,而经由某一种暗换赋予了——自然界的对象。”[④]这就是说,自然对象本身没有崇高的性质,是我们通过“暗换赋予”了自然界崇高。这说明康德的崇高观完全是主观的。

黑格尔从他的客观唯心主义出发,把崇高看成是绝对精神运动和历史进程的阶段,认为崇高是绝对理念大于感性形式。他不满意于康德单纯从主体方面来说明崇高的主观唯心主义,他把康德所讲的理性力量与他的绝对理念联系在一起,认为“崇高一般是一种表达无限的企图,而在现象领域里又找不到一个恰好能表达无限的对象”[⑤]。无限即自在、自为的东西,现象领域即经验界个别的、有限的事物。所以,在这个领域里不可能找到表现无限性的对象。按其本性说,无限性超越出通过有限事物的表达形式,也就是在有限事物中容纳不了理性的内容。“因此,用来表现的形象就被所表现的内容消灭掉了,内容的表现同时也就是对表现

---

① 康德著,韦卓民译:《判断力批判》上卷,商务印书馆,1987 年。

② 康德著,韦卓民译:《判断力批判》上卷,商务印书馆,1987 年。

③ 李泽厚:《批判哲学的批判》,生活 · 读书 · 新知三联书店,2007 年。

④ 康德著,韦卓民译:《判断力批判》上卷,商务印书馆,1987 年。

⑤ 弗里德里希 · 黑格尔著,寇鹏程译:《美学》,江苏人民出版社,2011 年。

的否定,这就是崇高的特征。"[①]所谓"被所表现的内容消灭掉了"或"就是对表现的否定",即崇高的绝对理念的内容大于或压倒于感性的表现形式,绝对理念内容与感性的现象界相对立,这就是崇高的特征。崇高的内容就是绝对的理念,理念就是崇高的本质。

黑格尔认为,美是理念的感性显现,崇高则是理念大于或压倒形式。美与崇高都是以理念为内容,以感性的表现为形式,只不过这两种因素的表现形式不同而已。在美的世界里,内在因素即理念渗透在外在的感性的现实里,成为外在现实的内在生命,使内、外两方面相互配合、互相渗透,成为和谐的统一体。崇高却不然,用来表现理念的"呈现于观照的外在事物被贬低到隶属"的地位,内在意义并不能在外在事物里显现出来,而是要溢出事物之外。尽管美与崇高有所不同,但是崇高是美的一种形态,这是毫无疑问的。在这里,黑格尔抓住了美与崇高的内在联系。

19 世纪,俄国的车尔尼雪夫斯基反对唯心主义的崇高论,对崇高做出了唯物主义的分析。首先,他批判了当时流行的黑格尔的崇高论。他认为"理念压倒形式"这条定义并不适用于崇高,因为其结果只能得出"朦胧的模糊的"和"丑"的概念。丑、模糊与崇高的概念是完全不同的。"固然,如果丑的、东西很可怕,它是会变成崇高的;固然,朦胧模糊也能加强可怕的或巨大的东西所产生的崇高的印象。"但丑的或模糊的东西并不总是产生崇高的效果和印象。"并不是每一种崇高的东西都具有丑或朦胧模糊的特点;丑的或模糊的东西也不一定带有崇高的性质。"[②]这说明崇高和丑的、模糊的东西没有必然的内在联系。接着,车尔尼雪夫斯基对崇高做出了自己的分析。他说:"我们觉得崇高的是事物本身,而不是这些事物所唤起的任何思想;例如,卡兹别克山本身是雄伟的,大海本身是雄伟的,恺撒或伽图个人本身是雄伟的。当然,在观察一个崇高的对象时,各种思想会在我们的脑子里发生,加强我们所得到的印象;但这些思想发生与否都是偶然的事情,而那对象却不管怎样仍然是崇高的。"[③]这就十分明确地指出了崇高应属客观存在的范畴,肯定了崇高的客观性。

那么,到底什么是崇高呢?车尔尼雪夫斯基认为:"一件事物较之于它相比的一切事物要巨大的多,那便是崇高……一件东西在量上大大超过我们拿来和他相比的东西,那便是崇高的东西;一种现象较之我们拿来和它相比的其他想象都强有力的多,那便是崇高的现象……更大得多、更强得多——这就是崇高显著特

① 弗里德里希·黑格尔著,寇鹏程译:《美学》,江苏人民出版社,2011 年。

② 车尔尼雪夫斯基著,周扬译:《车尔尼雪夫斯基选集》上卷,生活·读书·新知三联书店,1959 年。

③ 马奇:《西方美学史资料选编》下卷,上海人民出版社,1987 年。

点。”[①]车尔尼雪夫斯基强调了崇高在客观事物本身，而不是观念或“无限”引起的。他认为崇高的东西，比其他一切事物都要巨大得多、强有力得多，这就是崇高的特点，但他却忽略了崇高与人类的社会实践的关系。

二、崇高的本质

按照马克思的观点，崇高作为美的一种具体形态，一般来讲，与优美一样，也是通过漫长的社会实践取得的历史成果，也是人的本质力量在对象的感性显现。它与优美的区别就在于优美所体现的是诗人的本质力量与对象世界曲折的和谐统一，而崇高中这种本质力量与对象世界则是在对立、冲突中的统一。

崇高是在作为实践主体的人类提出了理解、征服或掌握现实客体的历史要求，并且已经或必将趋向于现实的历史条件下产生的。它在形式上以现实客体压倒实践主体、以真压倒善为特征，但是其在实质上反映的则是受压抑的实践主体激发出巨大力量，征服、掌握客体的真转化为代表进步要求的善压倒代表现实存在的真。总之，崇高不是主客体的和谐统一的静态美，它是主体面对与自己严峻对抗的客体世界的巨大力量所获得的理性超脱和精神胜利的愉悦，是主体在改造自然和社会的斗争中主客体双方由矛盾对立、激烈的冲突趋向统一的动态美。

因此说，崇高的根源在于人类改造客观世界的实践活动本身。人类改造客观世界的活动充满了对抗、冲突。崇高作为美的一种表现形态，同样是事物的一种客观属性，但又不是纯粹的自然属性，它来源于人类的实践，或直接或间接地与人类实践相联系。人类改造客观世界的实践是严峻的、艰巨的、充满着矛盾和冲突的。在实践中，人类越是遇到严峻的考验、越是经历种种艰难险阻、越是激烈和严酷的斗争历程，就越能激发并表现出其自身的本质力量。而崇高则是人类的这种主体力量与客体的冲突在对象世界的感性显现。

三、崇高的基本特征

崇高作为一种特殊的审美范畴，它的本质属性决定了它的主要特征。

(1) 崇高具有压倒一切的力量与气势。康德说，崇高有两种：数学的崇高与力学的崇高。数学的崇高表现在体积是巨大的、笨重的、粗犷的，力学的崇高主要是磅礴的力量，不管是物理的力量还是精神的力量。然而在很多情况下，这种力的崇高是精神上的。如屠格涅夫散文中描写的那只救援幼鸟的母雀，它一边哀鸣，“全身倒竖着羽毛，惊惶万状”，一边勇敢地向龇牙咧嘴的猎狗扑去。“它整个小小的身体因恐怖而战栗着，它小小的声音也变得粗暴嘶哑了。”“在它看来，狗是个多

① 车尔尼雪夫斯基著，周扬译：《车尔尼雪夫斯基选集》上卷，生活·读书·新知三联书店，1959年。

么庞大的怪物啊！然而，它还是不能站在自己高高的、安全的树枝上……一种比理智更强烈的力量，使它从那儿扑下身来。”屠格涅夫对这只母雀由衷地赞赏：“是啊，请不要见笑，我崇敬那只小小的、英勇的鸟儿，我崇敬它那种爱的冲动和力量。”[①]显然，母雀所体现的不是数的崇高，而是力量的崇高；这力不是物理的力量，而是精神的力量。母雀是在精神上压倒猎狗才取得这场胜利的。因此，对崇高的力的理解更多的应是气势，气势重在精神上、重在发展方向上、重在前途上。

(2) 崇高总是要体现为对形式美的法则的破坏，在形式上具有怪诞的因素。优美在形式上比较规整，讲究形式美。形式美包括匀称、光滑、柔和、平稳等特点。然而，崇高的事物由于与真、善有着内在的联系，所以它必须有真和善的丰富而充实的内容，体现人类社会实践的巨大威力以及人们的崇高思想、品格、精神、目的和要求。崇高显示着剧烈的内在冲突，体现着人类社会实践的巨大威力，是在艰巨的社会实践中被肯定的美。这种激荡的内容是精细、和谐、光滑、柔和、平衡的外在形式所无法容纳的。它不得不冲破这一切，而以粗犷、巨大、不规则、势不可挡等形式表现出来。所以，崇高总是体现为对形式美法则的破坏，在形式上具有怪诞的因素。怪诞是一种丑，这种丑主要体现在形式上，它的特征是粗糙、强劲、野蛮、怪异。怪诞虽然不那么光滑、好看，但它体现出一种蓬勃的生气、一种破坏的力量以及一种发展的力量、进取的力量，因而是崇高的。

自然界中具有崇高品格的景物都具有怪诞的形象。自然风景以奇为美、以怪为美，这奇与怪其实就是丑。中国画家深懂丑的审美魅力。郑板桥说，“米元章论石：曰瘦，曰绉，曰漏，曰透。可谓尽石之妙矣。东坡又曰‘石文而丑’，一丑字则石之千态万状皆从此出。彼元章但知好之为好而不知陋劣之中有至好也。东坡胸次，其造化之炉冶乎？燮画此石，丑石也，腴而雄，丑而秀。”刘熙载也说：“怪石以丑为美，丑到极处，便是美到极处，一丑字中丘壑未易尽言。”大自然中的不少崇高景象都具有奇与丑的特征。不仅自然现象如此，大凡气象雄浑且具有崇高品格的艺术作品也都含有怪诞的因素，只是怪诞的情况是千差万别的，有的体现在题材上，有的体现在造型上，有的体现在意蕴上。希腊雕塑《拉奥孔》正面展示人与蛇的搏斗，以题材的血腥恐怖而展现崇高；汉朝有翼神兽以造型的怪异不凡展现崇高；而歌德的《浮士德》和马尔克斯的《百年孤独》则以意蕴的奇警卓绝展现崇高。

(3) 崇高在社会事务中常见于宗教的圣洁性、道德的高尚性与历史的正式性。在西方国家，崇高的宗教意味比较浓。在基督教或天主教的教堂里，常能让人产生一种崇高感。基督教和天主教都认为上帝是万能的，真、善、美全归于上帝。基督教与天主教以各种方式对人的心灵进行威压，其目的是使人最终达到与上帝同在的境界。教堂的尖顶将人的视线引向天空，引向至高无上的耶稣。在西方国

① 伊·谢·屠格涅夫著，黄伟经译：《爱之路》，商务印书馆，2012年。

家，凡与宗教有关的活动（包括艺术创作），都不同程度地具有崇高的意味。在世俗生活中，崇高与伦理的结合比较密切，一般的好人、好事就不可以称为崇高。从社会发展的角度来看，只有那种为了人类的美好理想与正义事业英勇不屈地斗争，并为此做出了重大贡献甚至重大牺牲的行为，才称得上崇高。崇高总是与进步、正义、善、真密切地联系在一起的。与优美相比，崇高更重内容，而优美更重形式。在中国美学史上，孟子说："充实之之谓美，充实而有光辉之之谓大，大而化之之谓圣，圣而不可知之之谓神。"在这里，他实际上谈到了崇高。"充实"指高尚品德的充实，"充实"造成的"美"实为善；"充实而有光辉"造成的"大"应是崇高，"大而化之"是崇高的极致。"圣而不可知之"就从伦理通到宗教去了。

（4）崇高感是一种痛感中的快感、惊赞感中的自豪感。崇高感与一般的美感不同。一般的美感表现为单纯的愉快，这种愉快是自始至终的，它平和、流畅且充满世俗的情趣，而崇高感则不同。车尔尼雪夫斯基说，崇高给人的感受"或是畏惧，或者惊叹"[①]。博克说："崇高总是引起惊赞。"[②]康德也说："崇高的愉快不只是含着积极的快乐，更多的是惊叹或崇敬。"[③]

崇高感可以分出这样的层次：痛感、惊叹感、赞赏感、自豪感、愉快感。痛感是由客体对主体的威压造成的。一般来说，崇高对象外在的丑怪、粗粝、宏大以及严酷往往并不能使人们直接得到一种审美快感，而是使人们感到畏惧，甚至恐怖。所以崇高感在主体内心的被冲撞、激荡的矛盾运动状态中往往首先表现为一种痛感。痛感包括恐惧、忧虑、不快。康德说："崇高情绪的本质是一种不愉快。"人们在对崇高的对象进行审美观照时，往往是感到恐怖、震撼、压抑，进而觉得自己渺小、卑微、平庸，从而对崇高对象产生崇敬、惊叹、感叹、赞赏之感，而随着剧烈的思考和情感的翻腾，人们便会被激发起征服对方、战胜压抑、摆脱渺小和平庸的强烈的愿望、勇气和力量，并进而为自己能有这样的愿望、勇气和力量而自豪。在这个过程中，人们首先产生的感叹感、赞叹感（主要是对客体的），而随之而来的自豪感（主要是对主体的）。这种自豪感实际上是将对客体的赞许转移到对自身的赞许，是人性的高扬。

崇高最开始是痛感，当由对客体的惊赞转为对自身的肯定时，人们就不只会感到自豪，还会感到愉快。所以，康德一方面说崇高感的本质是一种不愉快，另一方面又说崇高通过对于官能利益的兴趣的反抗而令人愉快。由此可以说，崇高感是痛感中的快感、惊赞感中的自豪感。

一般来说，美具有直接的诱惑力。人们往往会欣然接受美的事物。但是，崇

---

① 车尔尼雪夫斯基著，缪灵珠译：《美学论文选》，人民文学出版社，1957 年。

② 北京大学哲学系美学教研室：《西方美学家论美和美感》，商务印书馆，1980 年。

③ 康德著，韦卓民译：《判断力批判》上卷，商务印书馆，1987 年。

高则一般不具有直接的诱惑力,而是对人产生一种压迫力。欣赏崇高的事物,人们往往会先感到一种压抑,要么为对象的伟大所震慑而觉得自己渺小,要么为对象的巨大的不幸而震惊并感到难以忍受。而经过这么一番精神上的抗衡后,人们提起了本身的精神力量,明确了历史的使命与自己应该抱有的人生态度。

四、崇高的表现

崇高作为美的一种表现形态和事物的一种客观属性,和美一样,都来源于人类的社会实践,都直接或间接地与社会实践有着一定的联系。崇高的表现形态因其社会属性的不同而不同,其具体表现如下。

(一)现实生活中的崇高

在现实生活中,崇高主要是表现为实践主体的巨大力量,表现为实践主体要征服和掌握客体的矛盾冲突状态。社会的先进力量要征服邪恶力量不是轻易实现的,往往需要经过反复曲折的斗争、需要付出巨大的努力,才能取得最后的胜利。但也正是在这种反复艰苦的斗争中,先进的社会力量才能显示出巨大的潜力和崇高的精神品质。所以说,崇高只有在尖锐激烈或艰难困苦的斗争中才能展现出来。黑格尔认为:"人格的伟大和刚强只有借矛盾对立的伟大和刚强才能衡量出来,心灵从这对矛盾中挣扎出来,才使自己回到统一;环境的互相冲突愈多、愈艰巨,矛盾的破坏力愈大,而心灵仍能坚持自己的性格,也就愈显出主体性格的深厚和坚强。只有在这种发展中,理念和理想的威力才能保持住,因为在否定中能保持住自己,才足以见出威力。"①席勒说:"敌人越凶险,胜利才越光荣;只有遭到反抗,才能显出力量。由此可以得出结论:只有在暴力的状态中,在斗争中,我们才能保持住我们道德本性的最高意识,而最高的道德快感总是有痛苦伴随着。"②倘若将黑格尔的"理念"和席勒神秘的"道德本性"改成人的本质力量,那么他们对崇高的理解是非常正确的。正因为斗争极端艰难复杂,所以,先进社会力量的胜利不是轻而易举的,需要经过反复曲折的斗争,需要付出巨大的代价,正是这斗争的曲折进程充分地表现出先进社会力量巨大的潜力、崇高的精神品质和终将胜利的必然性。所以,崇高主要体现在人们所进行的不屈不挠的实践斗争中。如历史上的农民起义。农民起义是先进的社会力量反对腐朽的统治力量的斗争。推翻封建的腐朽统治是极其不容易的,需要付出巨大的生命代价,需要极其艰苦的斗争。在我国,从秦朝的陈胜吴广起义到清朝的太平天国起义,大大小小的农民起义总计达数百次,每次起义都经历了艰苦卓绝、英勇顽强而慷慨悲壮的斗争,这些

---

① 弗里德里希·黑格尔著,寇鹏程译:《美学》,江苏人民出版社,2011年。

② 中国社会科学院文学研究所:《古典文艺理论译丛》第6集,知识产权出版社,2010年。

斗争都是我国历史上最悲壮、最崇高的一页。又如，在革命战争的年代里，无数的革命先烈，抛头颅、洒热血，为了中国人民的解放事业甘愿献出自己的宝贵生命。他们的那种大义凛然、宁死不屈的精神壮美、崇高、动人心魄，振奋与激荡人们的心灵。革命先烈陈铁军和周文雍同志把敌人残酷杀害他们的刑场变成了他们举行婚礼的现场。陈铁军同志在刑场上发表了热情洋溢的讲话："同胞们，党派我和周文雍同志同住一个机关。我们的工作合作得很好，两人的感情也很深。但是为了服从革命的利益，我们还顾不得谈私人的爱情，因此，我们一直保持着纯洁的同志关系，还没有结婚。今天，我要向大家宣布：当我们就要把自己的青春和生命献给党的时候，我们就要举行婚礼了。让反动派的枪声，来做我们的结婚礼炮吧！"[①] 这就是一个共产党员对待革命和爱情的态度，充分体现了无产阶级战斗生活的最壮丽、最崇高的美。大家所熟悉的刘胡兰烈士，面对敌人的铡刀时视死如归，这充分表现了一个无产阶级革命战士、一个共产党员的崇高品质。毛泽东同志给刘胡兰烈士的题词是"生的伟大，死的光荣"，这也充分表现了崇高的美。为了中国人民的解放事业，董存瑞可以舍身炸碉堡；为了抗美援朝战争的早日胜利，黄继光可以用自己的身体堵住敌人的枪眼，这一切都是震撼人心、给人以崇高感受的美。

以上事实说明，社会生活中崇高的特点是在严重的实践斗争中显示出伟大的实践力量。所谓严重的实践斗争，是指矛盾处于激化的状态，由于矛盾的激化，带来的是艰苦的斗争。人的实践正是在这种条件下才显示出它的伟大力量。而人物形象的优美则常常是表现在矛盾处于相对静止、均衡的状态。由于崇高体现有矛盾的激化状态。因此它的表现形式具有粗犷、激荡、刚劲、有力的特点，与优美所具有的那种柔和、平静、轻快、细腻的特点形成鲜明的对照。在社会生活中，崇高的事物是美的升华，是美在严重斗争中的一种特殊表现形式。崇高和优美都是人们的审美对象。但在现实生活中，崇高对于提高人们的精神境界、鼓舞人们在实践斗争中的信心和勇气，具有更为重要的意义。

（二）自然界的崇高

自然界的崇高往往表现为外在形式的粗犷、严峻、生糙、丑陋，以及体积和力量的巨大、强大等。如高耸入云的山峰、陡峭的悬崖、无底的深渊、博大无边的海洋、黑暗幽深的夜空、汹涌的波涛、直泻而下的瀑布以及电闪雷鸣、风雨交加、江河泛滥、火山爆发，等等。这些自然事物无不显示出无穷无尽的威力，以压倒之势向实践主体挑战。自然界的这些事物之所以具有崇高的属性，并不仅仅在于自然事物本身，更为重要的还在于人的本质力量的对象化，即人的社会实践。从人类社会的发展历史来看，当人类的社会实践还没有认识、征服和掌握这些自然事物时，

---

① 杨安崙，黄治正：《人怎样才美》，湖南人民出版社，1981 年。

这些自然事物是作为异己的、恐怖的或崇拜的对象而与人类对立的。只有当人类的社会实践发展到能够征服和掌握这些自然事物时，它们才能成为人们欣赏的崇高对象。凶猛的野兽之所以成为人们的欣赏对象，是因为人类以自己的智慧和力量制服了它们；崇山峻岭、汹涌波涛、雪崩、火山等之所以能引起人们的崇高感，是因为它们以其巨大的体积和不可抗拒的力量肯定着人类不懈的、艰巨的斗争。由此可见，一些自然物之所以被人们当作崇高的对象来欣赏，就是因为这些凶险奇伟的自然事物体现了人类征服自然的伟大的本质力量。

艺术领域中的崇高是现实中的崇高的能动反映，它兼有社会崇高和自然崇高两类对象的特点。如南朝诗歌《敕勒歌》把自然风光描写为："敕勒川，阴山下。天似穹庐，笼盖四野。天苍苍，野茫茫，风吹草低见牛羊。"当微风吹过时，绿浪起伏，看到一群群的牛羊，而那"苍苍""茫茫"以及无边无际的原野一望无垠，就充分地展示出了一幅草原苍茫广阔的壮美画面，这是艺术领域中的崇高美。而同样，苏轼的词《念奴娇·赤壁怀古》中所描绘的"大江东去，浪淘尽，千古风流人物。故垒西边，人道是，三国周郎赤壁。乱石穿空，惊涛拍岸，卷起千堆雪。江山如画，一时多少豪杰"的赤壁雄奇的自然景色和英雄人物也给人以壮美崇高的感受。在艺术作品中，由于其中的崇高不可能完全再现自然的巨大体积和现实威力，所以它反映的大多是社会中英雄人物的斗争业绩。正因为如此，艺术作品中的崇高也就比社会领域中的崇高更完美、更集中、更典型、更富有理想性。艺术作品中的崇高既表现在内容上，也表现在形式上，它是内容和形式的完美统一，而内容和形式的完美统一，又集中地体现在刚健、豪放、雄浑、粗犷、磅礴等崇高的艺术风格上。

五、崇高与壮美的辨析

崇高是西方美学中的概念，壮美是中国古典美学中的概念。应该说，崇高与壮美在许多方面是一致的。它们都以形象的阔大、气势的磅礴、力量的劲健取胜。但在本质上两者略有不同。它们的不同主要在于以下三个方面。

(1) 崇高侧重于精神的圣洁、高尚。即使是细小的事物，如果精神特别伟大，也可称为崇高。壮美当然也很重视内容，但壮美还很注重形式，壮美的形式必须是雄伟的、巨大的。

(2) 崇高的本质是见出主体和客体严重冲突的痕迹，是一种不和谐的和谐。而壮美则未必见出主体对客体严重冲突的痕迹，主体和客体仍然是和谐的。

(3) 在西方美学中，崇高常与悲剧相联系。崇高中的恐怖色彩与悲剧中的苦难意味结下不解之缘。一般来说，悲剧总含有崇高，而崇高总难免悲剧。中国古典美学中的壮美与悲剧没有内在联系，相反，壮美还常常见出一种乐观的、豪放的情调。

王国维是最早将西方美学引进到中国的学者，他在其美学名著《红楼梦评论》中说："美之为物有两种：一曰优美，一曰壮美。"他说，人们在欣赏优美这种美时，心态很宁静，它不与人产生利害关系，也就是说，主体与客体是和谐的，然而"若此物大不利于吾人，而吾人生活之意志为之破裂，因之意志遁去，而知力得独立之作用，以深观其物，吾人谓此物曰壮美，而谓其感情曰壮美之情"。王国维所说的"壮美"其实是西方美学中的"崇高"，但他借用了中国古典美学中的"壮美"这一概念。

六、崇高的价值

从美的广义概念理解，崇高无疑也是一种美，是一种宏伟、庄严、以力量和气势取胜的美，是一种冲破形式美的规律、于不和谐中见和谐的美，是一种撼人心灵的美，是一种具有强大的宗教伦理力量的美。

崇高是时代的主旋律。这首先在于它显示了人类与客观世界严峻斗争的痕迹，凝聚着人类追求自由幸福的伟大的自生力、创造力，标记着人类社会在极其艰苦的斗争中发展进步的光辉历程。人类认识与改造自然的斗争历史是惊心动魄的。自然界起初是作为一种完全异己的、有无限威力的和不可制服的力量与人对立的，人与它的关系完全像动物与它的关系一样，均服从于它的权力。人为了生存和发展，必然要向自然的这种统治地位挑战，这种挑战的勇气是伟大的，而实践更是可歌可泣的。人类为了摆脱野蛮状态，不间断地进行着艰苦的斗争。正是在这种认识与改造自然的斗争中，最初的崇高就产生了。

一部人类的历史，不仅是人与自然斗争的历史，也是人与人斗争的历史。在阶级社会里，这种人与人之间的斗争主要表现为阶级斗争。阶级斗争同样是残酷的，正是在这个漫长的、艰苦的、激烈的斗争中，真、善、美与假、恶、丑展开了一场又一场的较量，几乎所有的美学范畴都在这个过程中熔铸。悲剧转化成正剧。从根本上讲，一部人类的发展史就是一部崇高史。

从本质上看，崇高表现在客体对主体的压迫、自然对人类的压迫和主体对客体的反压迫、人对自然的反压迫。这种反压迫的结果有两种：一种是主体目的性符合客观规律性，善对真的胜利，取正剧的形式；另一种是客观规律性对主体目的性的压迫，真对善的胜利，取悲剧的形式。从中国神话来看，《女娲补天》属于前者，《夸父逐日》属于后者。不管是正剧的结局，还是悲剧的结局，决定崇高的是主体的反压迫，是人的反抗。正是这种反压迫、这种斗争显示出人性的伟大，体现了历史的必然要求；也正是这种斗争，人逐步取得胜利，从根本上改变了人与自然的关系；也正是这种斗争，人类社会不断地向着更进步、更幸福的境地前进。从这一意义上来看，正是崇高为人类文明开辟了道路。

崇高是充分体现必然要求的美，也是最具有人类伦理道德内容的美。因此，崇高这种美具有强大的正面教化作用。车尔尼雪夫斯基的长篇小说《怎么办》是一部具有崇高精神的伟大作品。这部作品成功地塑造了拉赫美托夫、吉尔沙诺夫、罗普霍夫、薇拉等文学史上崭新的英雄人物，他们崇高的理想、伟大的事业、对待爱情的高尚态度都闪耀着夺目的光辉。小说像暗夜中燃烧的火炬，激荡着成千上万在黑暗中摸索、战斗的青年男女的心。普列汉诺夫说，自从印刷机输入俄国以来，没有一本书像《怎么办》这样的成功。杰出的反法西斯战士季米特洛夫说，他投身于保加利亚工人运动的坚定性以及支持莱比锡审问直到结束的那种坚决、镇定和顽强，都与这部小说有关。

“人是要有一点精神的”。一时的愉悦只会销蚀锐气、瓦解斗志。社会也如此，社会诚然需要轻松的东西，需要娱乐、需要“小夜曲”，但社会更需要脊梁骨、需要主旋律。这个脊梁骨、主旋律就是崇高。如果将美与崇高都放到生活实践中去寻找位置的话，那么可以说，崇高体现为实践的过程，而美体现为实践的结果。或者说，正是崇高创造了美。

第三节　悲　　剧

美学意义上的悲剧是美的存在的一种具体形态，是美的一个特定的范畴。它既可以存在于戏剧中，也可以存在于文学、音乐、舞蹈、绘画、电影等艺术种类中，而且还广泛地存在于历史和现实的社会生活中。因此，悲剧又可以称为“悲”、悲剧性或悲剧美。

一、悲剧的概念

悲剧原是古希腊的一种戏剧形式，源于古希腊的一种歌剧——酒神颂。在公元前6世纪，原先盛行于古希腊农村的庆祝丰收、祭祀酒神和农神的歌舞、祭仪表演进入城市。祭祀酒神时，合唱队身披羊皮扮成半人半羊的角色，悲叹地吟唱酒神狄奥尼索斯在尘世遭受的痛苦，并且赞美他的再生。最初的酒神颂歌是由歌队提出问题，一人作答。到了公元前5世纪，“悲剧之父”埃斯库罗斯增加了戏剧成分，加上第二演员，使合唱抒情诗变成了独立的悲剧艺术。在古希腊，悲剧常在露天剧场表演。观看悲剧的有各种不同的人，甚至牢中的囚犯也被放出来观看。文艺复兴时期，悲剧得到更大的发展，伟大的戏剧家莎士比亚创作了许多优秀的悲剧，不少悲剧至今还在世界舞台上表演。可以说，悲剧是欧洲艺术最具代表性的艺术品种。

悲剧原本是一种戏剧体裁，由于亚里士多德等重要美学家对它做了具有哲学

意义上的阐述，遂成为一个美学范畴。作为美学范畴的悲剧，存在的方式比较多。就艺术来说，不仅戏剧中有悲剧，小说中也有悲剧。从审美意义上来看，《安娜·卡列尼娜》《红楼梦》《祝福》等小说也是悲剧。至于生活中，悲剧更多。艺术悲剧是以生活悲剧为原料的创造。

悲剧，顾名思义，是指悲惨的事件，但不是所有的悲惨事件都是悲剧。悲剧与死亡有联系，但悲剧并不以死亡为标志。寿终正寝的死亡以及没有重要社会意义的天灾人祸（如溺水、触电、车祸）虽然是悲惨的，但不能说是美学意义上的悲剧。美学意义上的悲剧必须具有特殊的、重要的社会意义。

悲剧通常表现为恐怖的事件。在西方美学史上，不少美学家将悲剧与恐怖联系起来。的确，不少悲剧给人以恐怖感，但是，恐怖也不是悲剧的本质特征。有些悲剧，悲则悲矣，并不恐怖。如《梁山伯与祝英台》表现的是一个凄婉的爱情故事，虽然悲剧的主人公都死了，但并不给人以恐怖感。

悲剧情节多以正义被邪恶压倒为特征，因此多有暴露意义。较之别的美学范畴，悲剧对假、丑、恶的暴露与鞭挞，要更为强烈、更为直接。但是，悲剧并不是暴露，它也有歌颂的意义。古希腊著名悲剧《普罗米修斯》和小说《斯巴达克斯》在批判黑暗势力的同时，又以澎湃的热情讴歌了英雄人物的崇高品德与非凡业绩。

二、悲剧的本质

在西方美学史上，最早对悲剧的本质进行探讨的是亚里士多德。亚里士多德的美学著作《诗学》主要就是讨论悲剧的。在《诗学》中，有关悲剧的主要观点如下。

（1）“悲剧是对于一个严肃、完整、有一定长度的行动的模仿。”①所谓有一定长度的行动就是指情节，他认为，在悲剧的成分中，“最重要的是情节，即事件的安排”②。悲剧艺术的目的，在于组织情节。“只要有布局，即情节有安排，一定更能产生悲剧效果。”③“情节乃悲剧的基础，有似悲剧的灵魂。”④他认为“情节”是“布局”与“安排”，有了“布局”与“安排”，就有了“情节”。他不懂得“情节”是矛盾冲突的结果，更不懂得矛盾冲突是对立面的斗争。因此，“最完美的悲剧的结构不应是简单的，而应是复杂的”。⑤ 所以，亚里士多德认为：“悲剧没有行动，则不成为悲剧。”⑥他认为悲剧之所以产生惊心动魄的效果，主要靠“情节”的“突转”和“发现”。

① 亚里士多德著，罗念生译：《诗学》，上海人民出版社，2004年。

② 亚里士多德著，罗念生译：《诗学》，上海人民出版社，2004年。

③ 亚里士多德著，罗念生译：《诗学》，上海人民出版社，2004年。

④ 亚里士多德著，罗念生译：《诗学》，上海人民出版社，2004年。

⑤ 亚里士多德著，罗念生译：《诗学》，上海人民出版社，2004年。

⑥ 亚里士多德著，罗念生译：《诗学》，上海人民出版社，2004年。

“突转”是什么意思呢？“突转”就是指按照可然律或必然律而发生。“可然律”和“必然律”是近代典型说理论的基础。

（2）“悲剧是对于比一般人好的人的模仿。”①也就是说，悲剧有特定的人物或对象。悲剧并不写一般情况下的好人，而是要写在特定条件下的好人。这样才能产生怜悯与恐惧的悲剧效果。所谓特定条件，是指一个人遭受不应遭受的厄运，也就是好人受苦难的折磨。而且这个遭受厄运的人与我们相似，由于这种“相似”而引起“共鸣”，从而使我们感到恐惧。所以，亚里士多德又说：“因为怜悯是由一个人遭受不应遭受的厄运而引起的，恐惧是由这个这样遭受厄运的人与我们相似而引起的。”②此外，还有一种遭受厄运的人，他本身既不十分善良又不是为非作恶，而是由于犯了错误，这种人物也是悲剧所反映的对象。

（3）“模仿方式是借人物的动作来表达，而不采用叙述法，借以引起怜悯与恐惧来使这种情感得到陶冶。”③所谓“陶冶”，就是指悲剧在潜移默化引起人的“怜悯与恐惧”的同时，还能给人一种理性的力量。悲剧在道德上震撼人心，给人以美的享受，并提高人的思想境界。亚里士多德认为，悲剧的主要审美效果是“引起怜悯与恐惧”，然后将种种情感净化。怜悯与恐惧是悲剧给予我们的两种主要情绪。但是亚里士多德认为，悲剧中受难的人物是与我们相似的人，故而我们会怜悯他，也正因为这种相似，故而我们害怕灾难也降于己。这两种情绪郁积于心，对我们是不利的，故而需要宣泄，宣泄的结果就是净化，而净化的结果则是情操得到陶冶、道德获得提升、观念获得启迪、紧张的情绪得到缓和，于是身心愉快。这就是亚里士多德的悲剧净化说，悲剧净化说是其悲剧说的核心。

亚里士多德之后，对悲剧理论有重大贡献的是黑格尔。黑格尔以他的辩证法来对悲剧展开分析，他认为悲剧不是由个人的偶然原因造成的，悲剧的根源和基础是两种带有实体性的伦理力量的冲突。冲突的双方所代表的伦理力量都是合理的，又都具有片面性，两种合理的力量都坚持自己的片面性，损害对方的合理性，于是引起双方冲突，导致悲剧的结局。在这个结局中，冲突双方的片面性得到克服，永恒正义取得了胜利。“这里基本的悲剧性就在于这种冲突中对立的双方各有它那一面的辩护理由，而同时每一方拿来作为自己所坚持的那种目的和性格的真正内容的却只能是把同样有辩护理由的对方否定掉或破坏掉。因此，双方都在维护伦理理想之中而且就通过实现这种伦理理想而陷入罪过之中。”“通过这种冲突，永恒正义利用悲剧的人物及其目的来显示出他们的个别特殊性（片面性）破坏了伦理的实体和统一的平静状态，随着这种个别特殊性的毁灭，永恒正义就把

---

① 亚里士多德著，罗念生译：《诗学》，上海人民出版社，2004 年。

② 亚里士多德著，罗念生译：《诗学》，上海人民出版社，2004 年。

③ 亚里士多德著，罗念生译：《诗学》，上海人民出版社，2004 年。

伦理的实体和统一恢复过来了。”[①]黑格尔的悲剧理论中的合理因素在于：他重视冲突，而且强调是具有普遍意义的重大力量之间的冲突；这种冲突合乎规律的发展，必将导致悲剧结局。但是，他所说的冲突不是社会生活中现实存在的冲突，而是精神性的普遍力量之间的冲突，是两种伦理力量之间的冲突，这样，冲突的结果是双方同归于尽，从而达到矛盾调和，显示出“永恒正义”的胜利。黑格尔认为，能说明他的理论的最好的例子是古希腊的悲剧《安提戈涅》。

《安提戈涅》是古希腊三大悲剧家之一索福克勒斯的作品。该剧的剧情是忒拜城的俄狄浦斯王由于杀父娶母自行流放，他的两个儿子厄忒特俄克勒斯和波吕涅克斯为了争夺王位，互相残杀，一同死去。于是王位落在他们的舅父克瑞翁手中。由于波吕涅克斯曾勾结外敌攻打祖国，克瑞翁便命令将波吕涅克斯的尸体丢弃在田野里，让飞禽走兽吞食，并宣布有谁敢违犯这项法令就将谁处以死刑。波吕涅克斯的妹妹安提戈尼出于对哥哥的爱和宗教的律条，不顾法令埋葬了哥哥波吕涅克斯。因此，克瑞翁把她囚禁起来处死。安提戈尼的未婚夫海蒙是克瑞翁的儿子，听到安提戈尼的不幸消息而自杀，海蒙的母亲听到海蒙自杀的消息后亦自杀而死。

从表面来看，在《安提戈尼》这一悲剧中，一方代表国法，另一方代表亲族之爱的家法和宗法，双方都是善的、合理的，但是由于互相损害，又都有不合理的因素，都具有片面性。这两种伦理观点斗争的结果导致了悲剧的结局的产生。这是符合黑格尔的悲剧观的，但它却并不符合剧作者的本意，实际上剧本的倾向性是十分明显的。我们可以看出剧作者的同情是在安提戈尼这一边的，而对克瑞翁所代表的国法进行了淋漓尽致的揭露。在这里，我们又可以看出，黑格尔的悲剧观带有德国庸人主义的调和气息。

黑格尔的悲剧理论虽带有庸人主义的调和气息，但也带有一定的合理性。第一，他承认悲剧矛盾冲突的必然性。在黑格尔看来，悲剧是两种合理观念斗争的必然结果，肯定了悲剧矛盾的必然性。第二，黑格尔的悲剧还是具有一定的乐观主义因素，强调了悲剧的双方的冲突，扬弃了各自的片面性，指出了悲剧所毁灭的是双方的片面性，肯定了双方的合理性。例如在《安提戈尼》中，两种伦理力量相互冲突，在冲突中两者的片面性被扬弃，国法和家法本身都得到了肯定，这就是所谓的“永恒正义”取得了胜利。

但是，黑格尔的悲剧理论也有其不足之处，如他认为悲剧的根源不是现实生活中各种物质力量或阶级力量的矛盾冲突，而是两种伦理观念的冲突。同时，黑格尔的悲剧理论抹杀了正义和非正义之间的区别，在理论上混淆了现实中美和丑、善和恶的斗争，因而在他的悲剧理论中，看不到新旧两种势力的斗争。

---

① 弗里德里希·黑格尔著，寇鹏程译：《美学》，江苏人民出版社，2011年。

首先，车尼雪夫斯基批判了黑格尔的唯心主义的悲剧观。他对悲剧下了一个定义："悲剧是人的伟大的痛苦，或者是大人物的灭亡。"[①]车尼雪夫斯基用"伟大的痛苦"或"伟大的人物的灭亡"这样的事代替了黑格尔两种伦理观念的悲剧冲突，恢复了悲剧立足于现实生活的合理基础，恢复了唯物主义的悲剧传统。

其次，车尼雪夫斯基还批判了黑格尔关于悲剧中的死者都有罪过的观点。他说："不是每个人死亡都是因为自己的罪过。""每个死者都有罪过这个思想，是一个残酷而不近情理的思想"，因为"沙皇统治下的俄国人民遭受迫害，都是些无辜受难的人，他们的死亡并不是自己的罪过，而是沙皇制度造成的"。他又说："当然，如果我们一定要认为每个人死亡都是由于犯了什么罪过，那么，我们可以责备他们：苔丝德蒙娜的罪过是太天真，以致预料不到有人中伤她；罗密欧与朱丽叶也有罪过，因为他们彼此相爱。"[②]这是对黑格尔的悲剧理论的辛辣的、切中要害的批判。

再次，车尼雪夫斯基还反对黑格尔关于矛盾冲突必然性的观点。他说："同自然斗争时发生的悲剧只是一个意外之灾"，"伟大人物的命运是悲剧的吗？有时候是，有时候不是，正和渺小人物的命运一样；这里并没有任何的必然性"。[③] 他又说："悲剧并不一定在我们心中唤起必然性的观念，必然性的观念绝不是悲剧使人感动的基础，也不是悲剧的本质。"他认为："在生活里面，结局常常是完全偶然的，而一个也许是完全偶然的悲剧的命运，仍不失其为悲剧。"[④]在这里，车尔尼雪夫斯基强调悲剧纯粹是人类生活中的偶然事件，不存在任何必然性，这就抛弃了黑格尔悲剧理论中的辩证法因素和历史主义的合理内核，因而无法揭示悲剧产生的深刻的社会根源，不可能科学地说明悲剧的本质。

那么悲剧的本质是什么呢？车尔尼雪夫斯基给悲剧下的定义是："悲剧是人生中可怕的事物。"他说："悲剧是人的苦难和死亡，这苦难或死亡即使不显示出任何无限强大与不可战胜的力量，也已经完全足够使我们充满恐怖和同情。无论人的苦难和死亡的原因是偶然还是必然，苦难和死亡反正都是可怕的。"[⑤]但是我们认为在生活中并不是任何苦难与死亡都是悲剧，正如生活中并不是任何可笑的事情都是喜剧一样。如在森林中被猛兽咬死、在路上被车辆撞死虽然都是很悲惨的死亡，却不一定是悲剧性的。车尔尼雪夫斯基的悲剧理论虽然强调了悲剧来源于现实生活，但却否认悲剧矛盾的必然性，这恰好暴露了他的旧唯物主义的缺陷。

关于悲剧的本质，马克思、恩格斯则扬弃了黑格尔悲剧理论中的唯心主义成

---

① 车尔尼雪夫斯基著，辛未艾译：《车尔尼雪夫斯基论文学》中卷，上海译文出版社，1979 年。
② 车尔尼雪夫斯基著，周扬译：《车尔尼雪夫斯基选集》上卷，生活·读书·新知三联书店，1958 年。
③ 车尔尼雪夫斯基著，周扬译：《车尔尼雪夫斯基选集》上卷，生活·读书·新知三联书店，1958 年。
④ 车尔尼雪夫斯基著，周扬译：《车尔尼雪夫斯基选集》上卷，生活·读书·新知三联书店，1958 年。
⑤ 车尔尼雪夫斯基著，周扬译：《车尔尼雪夫斯基选集》上卷，生活·读书·新知三联书店，1958 年。

分，从辩证唯物主义和历史唯物主义出发，科学地对悲剧的本质做了深刻说明。

恩格斯在《致斐·拉萨尔》中指出，悲剧是“历史的必然要求和这个要求的实际上不可能实现之间的悲剧性的冲突”。[①] 这说明悲剧的本质在于客观现实中的矛盾冲突。这种冲突有其客观的历史必然性。所谓“历史的必然要求”，是指那些顺应了历史发展过程、符合了社会发展规律、体现了历史新的必然性的要求。而“这个要求实际上不可能实现”是说现实中存在着能够阻止“历史必然要求”实现的强大的反动势力和邪恶力量。体现“历史的必然要求”的先进的阶级势力和正义的力量与反动势力或邪恶力量进行斗争，因前者在一定阶段还处在相对弱小的地位，所以会暂时失败。从历史发展总趋势来看，虽然前者符合了“历史的必然要求”，最终会胜利，但它的实现总是要经过艰难曲折的斗争，遭受暂时的失败或毁灭，所以二者的斗争就一定会构成悲剧。

马克思也曾说：“黑格尔在某个地方说过，一切伟大的世界历史事变和人物，可以说都出现两次，他忘记补充一点：第一次是作为悲剧出现，第二次是作为笑剧出现。”[②]这也是运用历史的观点分析了悲剧的根源和必然性。从历史上几次重大的社会变革来看，每当一种新的社会制度取代一种旧的社会制度的时候，必然会出现两种社会力量的斗争。旧的社会力量不会自动退出历史舞台，他们会以他们所掌握着的庞大的国家机器，运用一切凶残的手段来维护他们的既得利益；而新生的社会力量，虽然由于其因符合“历史的必然要求”而具有强大的生命力，但是面对着强大的传统力量，却显得很弱小，因此在斗争中必然会有牺牲和失败，带有悲剧性。这种力量的悬殊是历史形成的，是形成悲剧的客观现实基础。马克思所说的“第一次是作为悲剧出现”就是指历史上新生事物在成长过程中所必然出现的失败和牺牲，无产阶级的革命是如此，资产阶级的革命也是如此。

鲁迅也曾说过：“悲剧是将人生有价值的东西毁灭给人看。”[③]这里所说的人生有价值的东西，是指那些合乎历史必然性的人类的进步要求和美好品质。而这里所说的“毁灭”，是指在特定历史条件下，这些有价值的东西所遭受的挫折、失败和牺牲。鲁迅先生的这一概括，与恩格斯所概括的悲剧是“历史的必然要求和这个要求的实际上不可能实现之间的悲剧冲突”，在原则上是一致的，也是对悲剧本质的科学说明。

---

① 中共中央马克思恩格斯列宁斯大林著作编译局：《马克思恩格斯选集》第四卷，人民出版社，1972年。

② 中共中央马克思恩格斯列宁斯大林著作编译局：《马克思恩格斯选集》第一卷，人民出版社，1972年。

③ 鲁迅：《鲁迅全集》第一卷，人民文学出版社，1973年。

三、悲剧的性质

我们可以从多种角度去认识悲剧的性质。

(1) 从历史的角度来看,悲剧所表现的是代表历史先进势力与阻碍历史落后势力的矛盾。在这种矛盾斗争中,由各种原因造成的先进势力的失败都具有悲剧性,但在其所有的悲剧中,由于主观方面的失误所构成的悲剧最具有悲剧意义。清朝末期,康有为、梁启超等资产阶级改良派进行的政治改革运动(戊戌变法),应该说是顺应历史发展要求的,但变法失败了。究其原因,客观方面与主观方面都有。但无疑,他们对顽固守旧势力认识的不足、策略上的严重失误最终让人扼腕。

(2) 从伦理的角度来看,悲剧所表现的大都是善与恶的斗争,在善与恶的斗争中,通过善的被否定、被摧残来显示美学意义。但是,并不是所有的善的被否定与被摧残都具有悲剧意义。只有在善与恶的斗争中,因善对恶的认识不足或斗争策略存在重大失误,从而导致失败时,二者的斗争才是悲剧。如鲁迅的小说《祝福》所讲述的故事就是一个悲剧。小说中的祥林嫂两次失去丈夫,来到鲁镇谋生。死去丈夫,这是悲剧;死去丈夫了,自己还有罪,她也接受了,这更是悲剧;认为自己有罪,就去捐门槛,为自己赎罪,捐了门槛,鲁四老爷认为她还是有罪,她的精神就彻底垮了,这是悲剧中的悲剧。究其原因,祥林嫂的悲剧不在于她的力量的弱小,而在于她的愚昧,尽管这种愚昧不能要她负责任。

(3) 从人性角度来看,悲剧的主人公一般是善良的、正义的,他的所作所为也是合理的,按说应该得到社会的承认。但是,性格上存在的重要缺陷致使他在实现自己合理权利中遇到严重挫折,也就是说,他的悲剧是他自己的性格造成的。而性格在某种意义上也具有必然性,社会上有句谚语:“性格即命运”,这是有一定道理的。莎士比亚的悲剧作品,绝大部分都是这种性格悲剧。如《哈姆雷特》中的主人公哈姆雷特,他的性格就是两面性的:一方面他是刚强的,具有正义感,当得知当今的国王与他的母亲共为杀父仇人时,他就特别渴望报仇;另一方面,他又是软弱的,总是处于一种特别矛盾的境地,因为母亲也是他的亲人。这种性格的矛盾让他痛苦万分,不知所措、动摇、犹豫,以致失去了一次又一次可以报仇的机会,最后无奈地以自杀的方式结束自己的一生。哈姆雷特的悲剧明显地属于性格悲剧。

(4) 从社会的角度来看,社会由各种各样的人群组成,也由各种各样的历史传统构成。社会无疑具有必然性。社会的力量是非常巨大而可怕的,它既可以造就人,也可以毁灭人。社会对人的毁灭,有些体现出社会的正义性,这就不属于悲剧。但有些对人的毁灭,社会充当的是非正义的角色,而被毁灭的人则代表着正义,而且由于在某种意义上社会总是代表着绝大多数人的意志,似乎社会是绝对合理的，这样，人们对社会的反正义行为普遍认识不足，即使社会的非正义性毁灭了，人们还认为是自己有罪，于是悲剧产生了。这种悲剧在新中国成立前是普遍存在的。如在封建社会，按照封建宗法制度的规定，寡妇是不能随便再找男人的，如果被发现随便再找男人了，当地的家族势力就可以按照其宗法制度对其实施可怕的刑法。这种触目惊心的野蛮本是非人道的、非正义的，但一般都会得到当地绝大多数善良老百姓的赞成。恶势力杀人一般不是悲剧。只有当悲剧的执行者（比如族长）并不是恶人，或者这种野蛮的行径连最善良的人也予以拥护时，它才是悲剧。如《儒林外史》中的那位腐儒王玉辉恪守程朱理学所谓“饿死事小，失节事大”的教条。女婿死了，他鼓励女儿自杀殉夫，然而当女儿真的死了之后，他也禁不住伤心地大哭。王玉辉当然不是坏人、不是凶手，然而的确是他参与杀死了女儿。这就是悲剧。

(5) 从命运的角度来看，悲剧与命运的关系历来为美学家所重视。古希腊的悲剧相当一部分是命运悲剧。车尔尼雪夫斯基说：“命运喜欢伤害人，命运是凶恶的；实际上，在希腊人看来，命运就是一个憎恨人类的女人。”[①]古希腊之所以比较重视命运悲剧，是因为古希腊人对这个世界有着很多恐惧，他们对自身的命运感到不可把握。最著名的命运悲剧是索福克勒斯的《俄狄浦斯王》。俄狄浦斯在得知自己命中注定要杀父娶母后，企图摆脱这种命运，他做了他能做的最大的努力，他是无过错的，然而他的逃避没有任何作用，最后他还是摆脱不了杀父娶母的命运。命运悲剧的意义不在于命运的不可知性和不可抗拒性，而在于人对命运的抗争性。尽管人对命运的抗争失败了，但是它体现出一种崇高的精神，命运悲剧的悲剧性往往就在于这种崇高性。

我们可以从以上五个方面看出，悲剧的性质为悲剧表现的是正义、善良对邪恶的抗争。在这场抗争中，正义、善良的一方因某种客观的或主观的原因不正常地失败了。这样，悲剧有力地揭示了在正常情况下难以发现的社会生活中某些深刻的一面。人性以其被压抑和真、善、美以其被毁灭而展示出夺目的光辉。

四、悲剧的表现形态

悲剧的表现形态是丰富多样的。悲剧的本质在于悲剧的矛盾冲突。依据矛盾冲突的不同性质，悲剧可划分为新生事物、新生力量的悲剧，旧事物、旧制度的悲剧，以及不能归入二者的小人物的悲剧。

① 车尔尼雪夫斯基著，周扬译：《生活与美学》，人民文学出版社，1957年。

（一）新生事物、新生力量的悲剧

马克思说："一切伟大的世界历史事变和人物……第一次是作为悲剧出现的。"[①]新生事物和新生力量在刚出现时，虽然代表着历史的必然要求，但由于此时它还比较弱小，或本身还具有片面性，所以往往遭到强大的旧势力的压制和摧毁，造成惨剧。然而，新生事物和新生力量虽然暂时遭受了挫折、失败，甚至毁灭，但它所代表的要求和理想却必将获得胜利，甚至说它的毁灭本身就是新的社会制度和社会力量终将代替旧的社会力量和社会制度的一个信号。这种悲剧的审美特质实际上是一种崇高的美。从斯巴达克的奴隶起义，到陈胜、吴广、黄巢、宋江、李自成、洪秀全等领导的伟大的农民战争；从无产阶级的巴黎公社社员，到李大钊、张志新等无数为国捐躯的革命烈士；从盗火的普罗米修斯、治水的禹到《青年近卫军》《红岩》中的英雄们，都集中而突出地显示了这种悲剧的崇高美。

（二）旧事物、旧制度的悲剧

旧事物、旧制度的悲剧又有两种情况。一种情况是代表旧制度的旧力量与代表新世界的新生力量的冲突。在一定历史阶段中，曾经是先进的、合理的社会制度和社会力量开始向自己的反面转化而与社会历史进程相矛盾，但是它还没有完全丧失自己存在的合理性，因而其代表人物的毁灭也有一定的悲剧性。正如马克思谈到历史上这种悲剧时所说："当旧制度本身还相信而且也应当相信自己的合理性的时候，它的历史是悲剧性的。当旧制度作为现存的世界制度同新生的世界进行斗争的时候，旧制度犯的就不是个人的谬误，而是世界性的历史谬误。因而旧制度的灭亡也是悲剧性的。"[②]例如小说《李自成》中作为封建制度代表人物的崇祯皇帝就是这样的悲剧人物。他宵衣旰食，力图振兴朱明政权，可是由于主客观多种原因，终不可逆转地走上了覆灭的道路。他虽然是旧制度的代表人物，但却因其行为的某种合理性而引起人们一定的悲悯和同情。对于这类旧制度的代表人物来说，历史要求他们比较彻底地改弦易辙、"改恶从善"，然而，他们又注定要犯并非个人的"而是世界性的历史谬误"，因而这个要求实际上是不可能实现的。这类悲剧从另一侧面使人感受到历史规律的不可阻挡，从而具有较大的审美意义。另一种情况是旧世界、旧事物之间的冲突。在旧世界内部，某些"有识之士"看到统治阶级和现存制度的弊病，于是，力图改良，以挽救旧社会的灭亡和没落，

① 中共中央马克思恩格斯列宁斯大林著作编译局：《马克思恩格斯选集》第一卷，人民出版社，1972年。

② 中共中央马克思恩格斯列宁斯大林著作编译局：《马克思恩格斯选集》第一卷，人民出版社，1972年。

这在客观上反映着某种程度的历史必然要求。但是由于受历史和阶级的局限，他们不可能在根本上与革命阶级和新的社会力量站在一边，从而终将遭到失败或毁灭。例如，《济金根》的悲剧就是一个典型的例子。在 16 世纪的德国，“历史的必然要求”在于摧毁封建诸侯割据，统一德国，为资本主义的顺利发展扫清道路。没落的贵族骑士济金根要求统一德国的主张，客观上是与这种“历史的必然要求”一致的，然而他作为旧制度的代表，是不可能与农民结成联盟并得到人民的支持的，因而他的目标也就不可能实现。正如恩格斯深刻地指出的那样：“一方面是坚决反对过解放农民的贵族，另一面是农民，而这两个人（济金根和胡登，引者按）却被置于这两方面之间。”①所以，马克思、恩格斯才一致地肯定《济金根》的悲剧意义。这种悲剧就是在统治阶级内部不占统治地位的旧力量反对占统治地位的旧力量的旧事物的悲剧。

（三）小人物的悲剧

在 19 世纪批判现实主义作家笔下出现的下层社会的小人物，既不是旧制度的代表者，也算不上社会的新生力量，他们缺乏反抗旧制度、进行社会革命的思想、要求和勇气，甚至求做奴隶而不得。果戈理、陀思妥耶夫斯基、契诃夫笔下的许多小人物的形象就是突出的例子。如《一个官员之死》中的那个小公务员因为打喷嚏时唾沫星子溅到了一位将军的头上，虽反复赔礼道歉，仍整日忧心忡忡，终于惊恐而死。这些小人物的求生存的、起码的合理要求都得不到保障，他们的生存要求与惨无人道的社会制度之间存在着不可调和的矛盾，因而他们被旧制度所吞噬的悲剧命运虽不能引起惊赞和振奋，却也能促人深思，引人探求生活的真理，进行伦理的追求，产生深沉的悲悯、同情和激愤的强烈感受。

另外，西方美学史将悲剧艺术分为“命运悲剧”“性格悲剧”和“社会悲剧”，它们都从不同角度反映了社会的发展阶段和各个社会历史的现实生活的悲剧冲突。

在古希腊时代，“命运悲剧”反映了“超人”的社会力量和自然力量与人的矛盾冲突。社会历史必然性和自然威力作为一种不可理解和不可抗拒的“命运”与人对立所导致的一种悲剧结局，这正是古代奴隶社会的科学不发达、对社会力量与自然力量还不理解，因而把社会力量与自然力量转化成“命运”与人对立。古希腊悲剧虽然反映出人抗拒自然和社会恶势力的英勇斗争，但不论是人还是神都逃不脱命运的摆布。古希腊悲剧《俄狄浦斯王》是一部“命运悲剧”的代表作，作为该剧的主人公的俄狄浦斯，为了逃脱杀父娶母的命运而四处逃避，但结果却反而实现了这一命运。他对无意犯下的杀父娶母的罪行感到震惊，最后放弃了王位，弄瞎

① 中共中央马克思恩格斯列宁斯大林著作编译局：《马克思恩格斯选集》第四卷，人民出版社，1972 年。

了自己的双眼，离开了忒拜城。《俄狄浦斯王》的悲剧冲突是：一方面是神意对命运的安排，另一方面是俄狄浦斯为了逃脱命运的安排所做的毫无结果的努力。从表面上看俄狄浦斯顺从了命运的安排，实际上他的行动都是对命运的抗争。

在长期的封建社会中，封建的宗教伦理制度、宗教迷信等统治着、压制着争取民主、自由、解放的新生力量。这种斗争产生了所谓的"性格悲剧"，出现了许多惊心动魄、深刻的斗争，《哈姆雷特》《罗密欧与朱丽叶》等就是如此。哈姆雷特为父报仇，可是他的性格犹疑、软弱，他内心虽然有深仇大恨、有火一样的热情，但又任人摆布而失去报仇机会，终于酿成大错，造成了悲剧。这种性格鲜明的悲剧反映了封建社会内部滋长的民主主义思想和人文主义思想的萌芽。这些人物虽然体现了历史必然的、进步的要求，但是却在封建势力和周围环境的强大压力下遭到灭亡，他们的悲剧是对旧制度的尖锐揭露和愤怒控诉。

到了资本主义社会，人与人之间的关系变成了冷酷无情的金钱关系，个人与社会的矛盾尖锐化，产生了所谓的"社会悲剧"，如小仲马的《茶花女》、巴尔扎克的《高老头》、易卜生的《玩偶之家》、奥斯特洛夫斯基的《大雷雨》等悲剧。茶花女虽然出身底下，但她的品格心灵却是高尚的，为了纯洁真挚的爱情宁愿牺牲自己、忍受巨大的痛苦，但却仍不容于社会；《高老头》充分表现了人与人之间的关系已变为冷酷的金钱关系，高老头的女儿们采用各种手法拿走了他的金钱，并置高老头的死活于不顾；《玩偶之家》中的主人翁娜拉是家庭中名副其实的一个玩偶，她处处听从丈夫、依顺丈夫，为了挽救丈夫的生命，她借了钱反而得不到丈夫的宽恕，最后翁娜拉不得不离开家庭以抗议家庭对她的束缚。这些悲剧中的人物大都以普通人民身份表现了人与家庭、与社会的矛盾冲突。

有的资产阶级美学家在美学理论和艺术实践上不断宣扬反动的唯心主义的悲剧观，散布悲观主义以涣散人民群众的意志，从而歪曲悲剧概念的积极内容，以抽象的人的生死问题为掩护，引导人们走向悲观失望而放弃斗争。

在社会主义制度下，那种客观必然性作为盲目的异己力量压倒实践主体的悲剧势将逐渐消亡。不过，由于旧社会的痕迹以及千百年来形成的思想毒素和习惯势力在新社会的残存，国际国内政治、思想和经济领域斗争的存在和影响，社会主义革命和建设规律的摸索探寻，以及在此现实条件下难免出现的路线政策的偏差和新制度的局部缺陷，等等，决定了历史的必然要求与实现这种要求的阻力之间的矛盾冲突依然存在。在某种特定条件下，这种矛盾冲突可能构成这种要求实际上暂时不可能实现的尖锐冲突，以至造成严酷的人生悲剧。如电影《被爱情遗忘的角落》《犯人李铜钟的故事》等作品反映的就是"左"的危害所带来的悲剧。这种悲剧的审美价值在于引起人们的震惊和深思，激发人们在感情的激荡和理性的探索中更好地认识和掌握客观规律，推动社会主义事业不断前进。

中国的传统悲剧，如《窦娥冤》《赵氏孤儿》《生死牌》等，常常把斗争的艰巨和最终的胜利或大团圆结合起来，而很少带有西方悲剧所常有的那种恐怖、可怕、悲惨、神秘等成分，着重表现悲剧主人公的正义性和顽强的斗争精神，可以看成是采用正剧形式的悲剧。中国悲剧的这种民族特色是不宜用西方国家的格式来硬套的。

第四节 喜 剧

作为美学范畴的喜剧，亦可称为“喜”、喜剧性、滑稽。在美学史上，它一般与悲剧相对应，其表现形态有艺术中的喜剧、漫画、相声等。

一、什么是喜剧

喜剧艺术最早见于古希腊。“喜剧”一词在古希腊语中是由“载歌载舞的欢乐行列”和“诗篇”二词构成的。喜剧起初主要有两种形式：一种与祭祀酒神的仪式相联系；另一种是在民间流行的滑稽的讽刺性演出。之后，雅典诗人克刺忒斯首先编写了喜剧性情节以代替一般的滑稽表演，初步形成了独立的喜剧。被恩格斯称之为“喜剧之父”的阿里斯托芬则通过杰出的作品使希腊喜剧定性化。在此后长期的发展中，像悲剧一样，“喜剧”一词的含义也早就突破了戏剧中一个类型的限制，泛指其他艺术中乃至生活中一切令人感到可观照的对象，从而成为一种含义普泛的美学范畴。

我国的喜剧传统可以上溯到西汉时代的记载。司马迁在《史记·滑稽列传》中指出：“天道恢恢，岂不大哉！谈言微中，亦可以解纷。”《索隐》解释说：“滑，乱也；稽，同也。言辩捷之人言非若是，说是若非，言能乱异同也。”《史记·滑稽列传》中所记载的都是古代国君面前的“俳优”，他们说些笑话供国君解闷，也常用讽喻的手法达到进谏的目的。从“俳优”到“参军”，再到杂剧中的“副净”，构成了我国滑稽戏的传统，成为中国戏曲表演艺术的重要特色之一。滑稽戏及后来产生的相声，都是以引人发笑为特点的。

二、喜剧的本质

在西方美学史上，关于喜剧的本质有过各种各样的探讨。

早在古希腊时期，柏拉图就在其《斐利布斯篇》中明确地谈到了悲剧和喜剧都是痛感和快感的混合，还谈道：“朋友如果对自己的智慧、美貌及其他优秀品质有狂妄的想法，如果他们没有势力，他们就显得滑稽可笑；如果他们有势力，他们就

显得可恨。”[1]这是从心理反应的角度探讨了喜剧的性质问题。

亚里士多德认为:“喜剧是对于比较坏的人的模仿,然而,‘坏’不是指一切恶而言,而是指丑而言,其中一种是滑稽。滑稽的事物是某种错误或丑陋,不致引起痛苦或伤害。现成的例子如滑稽面具,它又丑又怪,但不使人感到痛苦。”[2]长期以来,西方美学中一直认为喜剧的主角是丑,滑稽的本质在于丑的事物以美的形式出现,而对另一类以丑的形式出现的美的事物的肯定性滑稽相当忽视,这与亚里士多德的喜剧理论的影响分不开。

黑格尔认为,崇高的理念内容超出和压倒感性形象,滑稽则是感性形象压倒理念、因缺乏理念的实体性而表现出的空虚。“所以喜剧的一般场所就是这样一种世界:其中人物作为主体使自己成为完全的主宰,在他看来,能驾驭一切本来就是他的知识和成就的基本内容;在这种世界里人物所追求的目的本身没有实质,所以遭到毁灭。”[3]黑格尔的喜剧观虽然是客观唯心主义的,但却精辟地论证了内容与形式的矛盾是滑稽、喜剧的重要特点。

车尔尼雪夫斯基从唯物主义出发对滑稽进行了研究。他认为“滑稽的真正领域是在人、在人类社会、在人类社会生活”,因而,“凡是在人和人的生活中其结果是不成功的、不适当的事物,只要它不是可怕或者有害的话,那就是滑稽的”[4]。他又认为:“丑,这是滑稽的基础、本质。虽然,在崇高中也会出现丑,但是丑在崇高中不是专以丑的面目出现,却是以恐怖的面目出现的,这种恐怖依靠它的通过丑而显现的庞大和威力,在我们心里引起恐惧,由于这种恐怖就使人们忘记了它的丑。然而,到了这个丑并不可怕的时候,它就在我们心里激起完全不同的感情——我们的智慧嘲笑我们的荒唐可笑。丑只有到它不安其位,要显出自己不是丑的时候才是荒唐的,只有到那时候,它才会激起我们去嘲笑它的愚蠢的妄想,它是弄巧成拙的企图……因此,只有到了丑强把自己装成美的时候这才是滑稽……否则,将始终只是不美,它就不会进入美学的境界。”[5]很显然,车尔尼雪夫斯基明确地把滑稽归于社会生活,肯定了滑稽的客观社会属性,并接收和发挥了亚里士多德和黑格尔的滑稽观中的合理成分,因而在对滑稽的认识上比前人前进了一大步。但由于他不是从历史的辩证发展上去理解生活,因而仍然不能科学地提示出滑稽的真正社会历史根源和本质。

我们认为,滑稽和崇高在表现实践主体与客观现实的矛盾对立上,二者是一致的。但是,它们“由于在实践斗争中主客体所占据的主导地位的不同,而形成肯

---

① 柏拉图著,朱光潜译:《文艺对话集》,人民文学出版社,1963年。

② 亚里士多德著,罗念生译:《诗学》,上海人民出版社,2004年。

③ 弗里德里希·黑格尔著,罗念生译:《美学》,江苏人民出版社,1995年。

④ 车尔尼雪夫斯基著,缪灵珠译:《美学论文选》,人民文学出版社,1957年。

⑤ 车尔尼雪夫斯基著,辛未艾译:《车尔尼雪夫斯基论文学》中卷,上海译文出版社,1979年。

定实践的不同形式”[1]，这便使滑稽的美学特征有别于崇高。如果说崇高的本质特征是通过丑对美的暂时压倒来提示美的理想，侧重于对人的本质力量做间接的肯定，那么滑稽的特征则侧重于对丑的直接否定中突出人的本质力量的现实存在。当实践主体在斗争过程中已经确定地占据矛盾的主要方面，现实对象作为敌对力量已成为缺乏存在根据的事物，成为可以任意摆弄的存在时，这种已经存在根据的、过时的、不合理的对象仍然坚持要以过去了的、强大威严的外观而存在，这就暴露出它内容的空虚、无价值，暴露出它的违反规律性，就以其触目的本质和现象、内容与形式的不相称、不协调引人发笑，进而从反面证明了实践主体的胜利斗争，肯定了人的本质力量，这就是滑稽。

马克思从历史的客观进程的高度深刻地阐明了喜剧的形成。他在谈到19世纪40年代德国封建专制制度时指出：“现代德国制度是一个时代错误，它骇人听闻地违反了公理，它向全世界表明旧制度毫不中用；它只是想象自己具有自信，并且也要求世界也这样想像。如果它真的相信自己的本质，难道它还会用另一个本质的假象来把自己的本质掩盖起来，并求助于伪善和诡辩吗？现代的旧制度不过是真正的主角已经死去的那种世界制度的丑角。历史不断前进，经过许多阶段才把陈旧的生活形式送进坟墓。世界历史形式的最后一个阶段就是喜剧[2]。”当一种社会力量刚刚出现时，它属于新生事物，处于上升阶段，这时，它必须在与强大的旧事物——反动统治力量的斗争中求得发展，因而不免流血牺牲，或遭到挫折、失败。这样，它自然处于悲剧阶段，其斗争具有崇高的悲剧性。但是，当同一社会力量已经走完了它的上升阶段，就会逐渐失去其存在的历史合理性，成为历史发展的阻力和惰力，会在另一种新生的社会力量面前转化为即将被战胜的旧事物，从而进入历史的喜剧阶段。社会生活的许多事物都曾不可避免地经历了从崇高向滑稽、由悲剧到喜剧的转化。如前所述，马克思指出：“黑格尔在某个地方说过：一切伟大的世界历史事变和人物，可以说都出现两次。他忘记补充一点：第一次是作为悲剧出现，第二次是作为笑剧出现。”马克思所概括的就是这种转化的客观规律性。

新事物不断地战胜和代替旧事物。一方面，新陈代谢是不可抗拒的。从否定旧世界的角度来说，对旧事物的丑的本质的揶揄、嘲笑和彻底揭露间接地显示出现实对主体实践的肯定，使人类“愉快地和自己的过去诀别”，这便构成了否定型的滑稽。另一方面，人类愉快地向自己的未来前进。从前进中的实践主体方面来说，对存在于自身的非本质的丑的欢快嘲笑直接体现了现实对实践的肯定，这便

① 李泽厚：《美学论集》，上海文艺出版社，1980年。

② 中共中央马克思恩格斯列宁斯大林著作编译局：《马克思恩格斯选集》第一卷，人民出版社，1972年。

构成了肯定型的滑稽。如果说否定型的滑稽的特征在于丑的内容用美的形式掩盖起来(如历史上许多美学家所早已揭示的),那么肯定型的滑稽的特征则是美的内容采取了某种丑的外观,如机械的、愚蠢的、某些类似事物的表现形式(这是历史上的美学家所常常忽略的),再如《史记·滑稽列传》中的优孟、《徐九经升官记》中的徐九经的扮相及表演,等等。在这里,受嘲弄的丑仅仅是作为被现实肯定的正面人物非本质的形式存在。这种非本质的丑与否定性滑稽主人公的本质的丑,如《钦差大臣》的主人公及《儒林外史》中严监生等人的丑,在本质上显然是不同的。

因此,总的来说,滑稽作为一个美的范畴,无论是肯定性的滑稽,还是否定性的滑稽,都是指现实生活和艺术中这样一类事物。从表现形态上来看,二者都是由于其本质和现象、内容与形式、动机与效果的尖锐矛盾和不协调所出现的某种悖理、乖谬、倒错等反常现象;从人类实践活动的角度看,二者都是人的本质力量的一种肯定。当然,就肯定性的滑稽而言,它是对人的本质力量的一种直接肯定,而就否定性的滑稽而言,它则是对人的本质力量的间接肯定。

三、喜剧产生的原因

关于喜剧产生的原因,历来有多种说法。

(一)“自荣”说或“突然荣耀”说

17世纪英国经验主义美学家霍布斯曾用“自荣”说或“突然荣耀”说来解释喜剧中的笑。他认为:“习以为常的事不能引人发笑,引人发笑的都必定是新奇的,不期然而然的。”[①]他认为笑的原因在于“骤发的自荣是造成笑这种面相的激情,这种现象要不是由于使自己感到高兴的某种本身骤发的动作造成的,便是由于知道别人有什么缺陷,相比之下自己骤然给自己喝彩而造成的”,或者说是“笑的情感不过是发现旁人的或自己过去的弱点,突然想到自己的某种优越时所感到的那种突然荣耀感。人们偶然想起自己过去了的蠢事也往往发笑,只要那蠢事现在不足以耻。人们都不喜欢受人嘲笑,因为受嘲笑就是受轻视”[②]。这就是说,喜剧性的笑来自于两个方面的原因:一方面是发现别人或自己过去的欠缺;另一方面是突然发现自己的优越。这种说法是有一定道理的。这是因为,人们在发现自己的优越性的时候,其实也就是肯定了自己的本质力量,发现了自身的美,得到了美感。

---

① 朱光潜:《西方美学史》上卷,商务印书馆,2011年。

② 朱光潜:《西方美学史》上卷,商务印书馆,2011年。

（二）“预期失望”说

在《判断力批判》中，康德认为：“笑是一种从紧张的期待突然转化为虚无的感情。”[①]也就是说，可笑的东西是常常出乎人的预料之外的，是让人们的心理期待突然归之于消失的。为此，他举例说，一个印度人在印度苏拉泰的英国人的“筵席上看见一个坛子打开时，啤酒化为泡沫喷出，大声惊呼不已，待英国人问他有何可惊之事时，他指着酒坛说：我并不是惊讶那些泡沫怎样出来的，而是它们怎样搞进去的。我们听了就会大笑，而且使我们真正开心。并不是认为我们自己比这个无知的人更聪明些，也不是因为在这里面悟性让我们觉察着令人满意的东西，而是由于我们的紧张的期待突然消失于虚无。”[②]因为我们以为他奇怪为什么会冒泡沫，结果他说的话出人意料。康德认为，这种期待的突然消失能让人本来十分紧张的心情突然松弛，产生愉悦或者说快感，所以说笑或喜剧性也是一种美。

唯意志美学家叔本华也认为：“笑的产生每次都是由于突然发觉这客体和概念两者不相吻合.除此而外，笑再无其他根源；笑自身就是这不相吻合的表现。”[③]这也是说笑是期待的消失，只不过这种期待消失的原因不是事，而是由于客观对象与概念的不相吻合罢了。

（三）“生命的机械化”说

1900年，生命哲学家、美学家柏格森在其《笑关于滑稽含义的一篇论文》一书中认为，生命是一个不断创造的过程，作为这种创造的推动力，是一种盲目的非理性的本能——“生之冲动”。“生之冲动”不断推动生命向前奋进，不断使生命趋于紧张和活动。生命的最基本的价值就在于它的紧张性和活动性。而一般物质，作为生命的反面，则显得僵硬、呆滞，阻碍生命的前进。因此，生命的责任就是要战胜物质，一旦战胜，它就欣欣向荣、就前进；否则，它就停止，甚至死亡。而喜剧产生的原因就在于动作、姿态、形体的机械化。例如，杂技团的小丑、木偶戏中的木偶都是通过机械化的形式产生喜剧的。一个人的动作、言谈不一定会引人发笑，当另一个机械地小丑或木偶把它惟妙惟肖地模仿出来时，就觉得好笑了。从前有一艘船抵达法国海岸时沉没了，法国海关官员去救乘客的命，慌忙间第一句话就是：“你们有什么东西要报关税么？”这句话之所以可笑，是因为它以有生命之物呈现毫无生气的机械动作。对此，人们只能展示一种社会的姿态，这种社会的姿态便是笑。柏格森的看法与其他人的说法一样，解释了喜剧发生的某种原因，但不

---

① 康德著，韦卓民译：《判断力批判》上卷，商务印书馆，1987年。

② 康德著，韦卓民译：《判断力批判》上卷，商务印书馆，1987年。

③ 叔本华著，石冲白译：《作为意志和表象的世界》，商务出版社，1982年。

能系统地涵盖一切这类现象。例如笨拙和呆滞现象不是全都可笑的。鲁迅《故乡》中的闰土，笨拙到了麻木的程度，只能令人感到悲哀。反过来，那些并不机械化的投机取巧的机灵鬼，虽然很灵活，但却是被嘲笑的对象。

(四)"心理能量消耗的节省"说

精神分析美学家弗洛伊德在他的《巧智和无意识的关系》与《论幽默》等论文中，探讨了有关喜剧性的问题。他认为，人的本能被压抑到无意识之中，喜剧性具有一种释放性的作用。释放使它们浮动在意识之中，使人得到发泄和满足，而满足的方式有三种。

第一种方式是巧智，专在技巧和字面上取巧，以求得心理能量消耗的节省。如刘禹锡的《竹枝词》(之一)："东边日出西边雨，道是无晴却有晴。"以"晴"与"情"的谐音联想，使人由机趣引起快乐。弗洛伊德把这种文字上的笑和节省称之为"无害的巧智"。另外还有"有倾向的巧智"，或者用淫猥的诙谐挑拨人，或者以敌意的诙谐压倒对手。这种有倾向的巧智平时被意识压抑，需要耗费不少心力。巧智把它们翻译出来，在诙谐中以游戏的态度处之，使人既可以得到发泄，又可以不失礼仪。这种由移除压抑所费力的节省，弗洛伊德之为"移除的快乐"。压抑既已排除，心理能量得到了自由地发挥，自然破颜为笑、乐不可支。

第二种满足方式是想象。弗洛伊德认为，喜剧性起于人们过分的想象，结果却并没有那么严重。如一个小丑装腔作势，要举起一个沉重的箱子，结果一拎，就举起来了，原来那是一只空箱子。这样，在想象的努力和实际的努力之间，就节省了大量的心理能量。正是这一节省，给人们带来愉快和欢笑。

第三种满足方式是感情消耗的节省，是幽默。例如，我们听了一个悲伤的故事，这个故事十分值得我们哀怜与同情。忽然，这个故事变得不严重，我们在感情上得到了解脱，免于情感上的消耗，这也会使我们感到愉悦而笑。弗洛伊德举了一个例子："星期一，一个被带到绞刑架前的罪犯说：'哦，这个星期开始得多美！'这时他自己就创造了幽默。"[①]罪犯的淡漠态度节省了他自己的情感，也节省了我们的同情，我们不期然而然地发出愉快的笑。

弗洛伊德关于心理能量节省的说法有一定道理，但同样不能概括全部的喜剧性现象。如谐音、猜谜等现象其实是对象要凭智慧、动脑筋产生快感，这种笑就不是心理能量的节省。

由此看来，喜剧产生的原因是复杂的，我们不能一概而论，而是需要全面而深入地研究。

---

① 弗洛伊德著，张唤民等译：《弗洛伊德论美文选》，知识出版社，1987年。

四、喜剧的表现形式

喜剧的表现形式是多种多样的，如讽刺、幽默、诙谐、打诨、闹剧、揶揄，等等。

（一）讽刺

讽刺是否定性喜剧（滑稽）的重要表现形式。鲁迅曾说："喜剧将无价值的撕破给人看。讥讽又不过是喜剧的变简的一支流。"[①]讽刺的美学特征在于，它运用夸张、简练而娴熟的手段把生活中丑恶的东西无情地揭露出来，使人们从中得到否定和贬斥丑的精神愉悦，同时还针砭了社会的弊端，促使社会朝着正确的方向前进。

讽刺的客观对象是社会的否定性现象，否定性滑稽的事物将本质隐藏在假象中，而讽刺则通过撕破假象揭露其本质。讽刺有两种类型：一种是对敌人的揭露和批判；另一种是对人民内部某些缺点和错误的批判。对敌人的讽刺要充分暴露敌人的丑恶，使人们在笑声中蕴含着愤怒和憎恶，像利剑和烈火一样，剥下和烧毁丑的事物的伪装，使其原形毕露。我国无产阶级文化先锋、讽刺艺术大师鲁迅的杂文，"简直可以说是全是反虚伪的战书"，他在反帝反封建斗争中，以讽刺为武器，毫不留情地与形形色色的敌人进行斗争，他笑得总是那样辛辣、尖刻、痛快淋漓，带有一种对丑的摧毁的威力，既无情地严重地撕下丑的虚伪的假面，又能鞭辟入里地揭露丑恶的实质。至于对人民内部某些缺点、错误的讽刺，则是另一种性质的讽刺，尽管这种讽刺也是尖刻的，但在带刺的笑声中体现了善意的出发点和态度。例如，鲁迅对阿Q、阿D、王胡的讽刺是非常尖锐、深刻的，但鲁迅的"衷其不幸，怒其不争"的心地却充满了对他们的同情和希望。

讽刺具有特殊的社会功能。英国小说家梅瑞狄斯说过："讽刺家是一个道德代理人，往往是一个社会清道夫。"[②]俄国哲学家别林斯基也曾说："世界上再也没有比讽刺和嘲笑更可怕的力量了。讽刺就是对丑陋的荒谬行为的一种惩治。"[③]正因为讽刺有着如此的美学意义和社会作用，因而可以说，在人类社会，只要还有假、恶、丑存在，讽刺就始终是有益的审美形态。

讽刺的手法很多，通常有以子之矛攻子之盾法、反说法、将对方曲意隐藏的丑处放大法，等等。讽刺的效果常常让被讽刺者或狼狈不堪、或尴尬难堪，但又不便于发作、无可奈何。鲁迅是讽刺的高手，他曾说："有意地偏要提出这等事，而且加

---

① 鲁迅：《鲁迅全集》第1卷，人民文学出版社，1973年。

② 伍蠡甫：《西方文论选》下卷，上海译文出版社，1979年。

③ 别列金那选辑，梁真译：《别林斯基论文学》，新文艺出版社，1958年。

以精炼,甚至于夸张,却确是‘讽刺’的本领。”[①]这就是说,讽刺时要抓住对方要害,将其羞于告人的东西加以巧妙地公开。讽刺奏效的前提是对方理解并在意讽刺的含意。如果对方不理解这种讽刺,或者即使理解了也不在意这种讽刺,讽刺就落空了。讽刺有对敌人的。对象不同,立场与出发点也不同,态度也就有所区别。掌握好讽刺的分寸十分重要。

讽刺是一种智慧。讽刺既是一种斗争的艺术,也是一种活跃气氛、调整心理情绪的方式。朋友间的讽刺通常是无伤大雅的,只要不过分、适可而止,未尝不是一种促进友谊、加强交流的手段。

(二)幽默

幽默是喜剧的最高表现形式。幽默的美学特征是:它通过直率与风趣的形式或诙谐、含蓄地揭露、批评、揶揄和嘲笑社会生活中乖讹、不合理、自相矛盾的事物和现象,或天真地、有趣地歌颂生活中的新事物,使人们在微笑中愉快地与过去诀别,高兴地迎接生活的未来。

幽默最早是作为医学术语来使用的,它指的是人体的四种基本液体:血液、黏液、黄胆汁、黑胆汁。它们的不同比例的结合决定了人的不同性格和气质。1598—1599年,英国作家琼生写了两出戏:《每个人在他的幽默里》《每个人出自他的幽默》。从此,幽默进入艺术和美学的领域。莱辛在汉堡剧评中说:“在幽默史上,琼生的两出戏都是重要文献,后一出比前一出更重要。首先由英国人创造的幽默这个词,当时被大部分英国人理解为矫揉造作,琼生描写这种幽默,主要是使人们嘲笑这种矫揉造作。准确地说,喜剧的对象只是矫揉造作的幽默,而绝对不是真正的幽默。”[②]莱辛在这里说到对矫揉造作的嘲笑,认为这是幽默。这的确可以构成幽默,但对矫揉造作的嘲笑也可以构成讽刺,那么,幽默和讽刺二者之间到底是什么关系呢?

幽默和讽刺既有联系又有区别。其联系表现在:二者都可以揭露和批评生活中的丑恶事物,而且在喜剧艺术中又往往交替使用,难以分开。其区别主要表现在:第一,讽刺比幽默严厉、尖刻、辛辣,而幽默比讽刺温和、轻松并带有更多的自由的、欢快的色彩。第二,讽刺一般只用于揭露、批判生活中的否定形象,幽默当然也可以揭露批判生活中的否定形象,但这种批评往往是善意的,会包含几分同情。同时,幽默还可以用来歌颂社会生活中的肯定现象,歌颂新事物。第三,从审美效果上看,幽默所引起的笑也具有其不同于讽刺的特色。当幽默用于歌颂肯定性的现象和正面人物时,它常常使人产生会心的微笑;当幽默用来批评人民内部

---

① 鲁迅:《鲁迅全集》,人民文学出版社,1973年。

② 莱辛著,张黎译:《汉堡剧评》,上海译文出版社,1981年。

某些缺陷时，它常常使人产生善意的微笑或同情的苦笑；当幽默用于揭露批判敌人时，它会引起戏弄的讥笑。

幽默虽然是滑稽的一种具体表现形式，但它有时也与悲剧相互渗透，具有以喜剧形式表现悲剧内容的特点。在这种情况下，它所引起的笑则会含有哀怨、愁苦和眼泪，是一种“含泪的笑”。

第五节 荒诞与怪诞

“诞”是一个多义词，词义之一就是“虚妄”的意思，它与不可信有一定联系。《国语・楚语上》中云：“是知天咫，安知民则？是言诞也。”韦昭注：“诞，虚也。”《说苑・尊贤》云：“口锐者多诞而寡信。”按理，不真实与美是绝缘的，可是，只要不掩盖虚假的实质，把虚假说成是假的，也是一种真。因此，在一定条件下，“诞”也就有了欣赏价值。把“诞”进一步延伸开去，就产生了荒诞和怪诞。

一、荒诞

（一）荒诞的内涵

在日常生活中，人们总是把荒诞视为荒唐、荒谬，因此指人在生活中的不合常规和道理的种种言行。荒诞、荒唐、荒谬，都是贬义词，可是荒诞美却是艺术家对生活中不合常规和道理的言行所进行的审美表现。由于经过了艺术家化“诞”为美的过程，荒诞也就具有了美的品格，它与悲剧、喜剧一样，也是美的大家族中的一种具体形态。

作为审美范畴的荒诞，是在西方文明发展的过程中，随着其各种现代艺术流派的出现，而逐渐形成的一种独立的美学形式。这种美学形式的形成是西方社会价值观念解体、信仰沦丧、理性崩溃的产物。

按照英国荒诞派戏剧理论家、批评家埃斯林的解释，荒诞的原意是指“音乐概念中的不谐调音”，“字典上注明的是‘不合道理和常规，不可调和的、不可理喻的、不合逻辑的’”。尤奈斯库给“荒诞”一词下的定义是：“荒证是指缺乏意义……在同宗教的、形而上学的、先验论的根源隔绝后，人就不知所措，他的一切行为就变得没有意义、荒诞而无用。”[①]萨特认为：“我们一方面面对着散漫无形的日常生活之流构成的现实，另一方面又面对着语言和人类理智对这一现实的哲理化了的再

① 林骧华：《西方现代派文学评述》，中国戏剧出版社，1998年。

现。当读者与那种简简单单的现实直接相逢，又无法借助与之相对应的理性的变调来理解它时，就不得不重新去探求真实，感到我们不能凭借语言和概念来思考世间的事情。这就是荒诞情感的来源。”[①]可见，荒诞来源于理性原则和客观现实的悖谬或不相容性：用既有的理性尺度衡量现实世界，结果发现两者根本不相协调，甚至风马牛不相及。一个无法用理性来解释的世界必然是一个混乱的世界，这就产生了荒诞意识。现代西方社会是一个失去了悲剧英雄和主旨的社会，它本身已不再严肃、崇高和伟大，反而显得滑稽无聊、空虚而无意义。反映这种社会存在的就是荒诞的艺术。

但是，从历史的角度看，荒诞在艺术中有广义、狭义两种情况。

凡是表现生活中具有历史必然性的荒诞行为的作品，都可以称之为广义的荒诞艺术。像文艺复兴时期西班牙作家塞万提斯的传世名作《唐·吉诃德》可谓是荒诞小说的典范。小说主人公唐·吉诃德由于读了大量骑士小说而入迷，整天梦想当一名骑士，于是，拼凑了一副破烂不堪的盔甲，骑上一匹瘦马，手执长矛盾牌，外出行侠，结果把风车当巨人、把旅店当城堡、把羊群当军队，到处冲杀，闹出许多荒唐不堪的笑话。契诃夫的短篇小说《一个官员之死》中的那位官员切尔维夫也是一位荒诞的人物。他仅是因为看戏时打了一个喷嚏，生怕唾沫星子喷到前座的一位将军的身上，心头顿时涌起一种怎么也不能摆脱的犯罪感，一直战战兢兢、坐卧不安，最后终于积郁而死。这两人都是思绪混乱、终日处于臆想状态的人。正是由于这种与正常人完全相悖的行为构成了他们性格的荒诞性。21 世纪以来，随着物质生产的畸形发展和人性的异化，荒诞的人生进一步成为艺术家所表现的题材，奥地利作家卡夫卡就是一位杰出的荒诞文学大师，他的小说《变形记》《骑桶者》等曾在文学界引起了不小的反响。还有存在主义思想家萨特、加谬等人，不仅他们的哲学思想为荒诞艺术的蔓延提供了理论基础，而且前者的《苍蝇》《恶心》、后者的《局外人》等都是描绘社会人生荒诞性的佳作。他们的作品组成了 21 世纪西方现代派文学大潮中的一朵朵不可忽视的浪花。

荒诞艺术扎根于荒诞的人生，但我们也不能说只要表现生活中荒诞行为的作品就都是荒诞艺术。我国古代很多成语故事，如《郑人买履》《守株待兔》《刻舟求剑》《揠苗助长》等，虽然说的都是一些非常荒诞的故事，但并不具有一定的历史必然性，因此，它们只能算是具有一定荒诞性的作品。艺术是社会人生的一面镜子，荒诞艺术应该深刻地熔铸着特定的社会历史内容，尽管它所表现的事件并不一定在历史上发生过，但是人们欣赏了它，人们不仅自然而然地会产生一种荒诞感，而且还能从中感受到社会历史的某些必然性因素。我们之所以把《唐·吉诃德》《一个官员之死》列为广义的荒诞文学，就是因为这些作品十分典型地表现了欧洲中

① 中国社会科学院文学研究所：《文艺理论译丛》第 2 期，知识产权出版社，2010 年。

世纪和沙俄时代的荒诞人生。

狭义的荒诞艺术是指 20 世纪 50 年代起源于法国戏剧舞台，后来很快又在西方各国盛行起来的一种别具一格的戏剧文学潮流。当时，第二次世界大战后的法国尽管硝烟已经消散，可是残酷的战争不仅毁坏了他们的家园，也给人们的心头蒙上了一层阴影。他们面对冷漠的世态，怀着惨淡的情绪，不知所措地在人生道路上郁郁独行着、苦苦思索着。正是在这种时刻，法国戏剧舞台上出现了一种荒诞不经的戏剧形象，这就是英国戏剧评论家艾斯林 1961 年专门为此所写的《荒诞派戏剧》一书而得名的“荒诞派戏剧”。荒诞派戏剧的代表作品有贝克特的《艾待戈多》《最后的一局》、尤奈斯库的《椅子》《秃头歌女》《犀牛》、阿达莫夫的《侵犯》，等等。后来，荒诞派戏剧跨出法国国门，相继越过大洋，在美洲大陆各国盛行起来，出现了美国阿尔比的《美国梦》、阿根廷库赛尼的《中锋在黎明前死去》等佳作。加缪曾在《西西佛斯神话》中表示过这样的观点：一个能用理性加以解释的世界，不管它有多少毛病，也仍然是一个令人感到亲切的世界。可是，一旦这个世界的幻想和光明统统消失的时候，人的本性也就在自己身上消失了，他不但觉得自己是个陌生人，而且还会失去对家乡的记忆和对未来的希望。荒诞派戏剧的艺术家们正是以这样的眼光来看待这个世界和人生的。尤奈斯库说过：“世界使人感到沉重，宇宙在压榨着我。一道帷幕，或者说一堵并不存在的墙矗立在我和世界之间、我和自我之间，物质填满各个角落，充塞所有的空间，在它的重压之下，一切自由全部丧失；地平线迫近人们面前，世界变成了令人窒息的土牢。语言支离破碎，面目全非，文字落地如石块，或如死尸；我感到自己为沉重的力量所侵袭，对此，我只能做出徒劳的反抗。”①这就是荒诞派戏剧家心目中的荒诞的世界、荒诞的人生，他们的作品也就是根源于对这个世界和人生的认识。

无论是广义的荒诞还是狭义的荒诞，既然都是荒诞，那么，它们必然是互相联系、互相影响的。荒诞派戏剧的产生无疑会从历史上的许多荒诞作品中吸取有益的养料。

（二）荒诞的本质特征

荒诞是一种以丑的形式表现丑的内容的审美形式。它以破碎的艺术形式、反常的艺术构思、离奇的艺术情景、丑陋的艺术形象，从哲学的高度把握和反映了人类生存状态的荒谬性、不合理性。它所引起的是一种绝对的否定性审美态度和否定性情感，是由痛感引发的无可奈何的苦笑和自我解嘲的笑。因此，其本质特征主要表现在以下几个方面。

---

① 中国社会科学外国文学研究所：《外国现代剧作家论剧作》，中国社会科学出版社，1979 年。

1. 漫画化的丑化原则

荒诞是表现丑的艺术，它以丑的艺术方式表现了一个丑的审美形象，以破碎的形式描绘了一个破碎的世界，以荒诞的形式直接表现荒诞的内容。荒诞和丑浑然一体，构成了一个完整的、荒诞的情境。荒诞中的丑，既包含审美感觉上的外形的丑，又包含与伦理上的恶相一致的内在丑，它表达的是创作主体的一种完全否定性的情感。在荒诞艺术中，假、丑、恶常常被赋予一种形而上学的超现实性存在，真、善、美荡然无存。它不仅撕毁了人类的一切有价值的东西，而且还撕毁了人本身。荒诞艺术的观点持有者断言：人的存在本身就是丑。因此，荒诞中的丑是一种绝对意义上的丑。

加谬在《西叙福斯的神话》中描绘了这样一个情景：一个人在打电话，我们在玻璃板之外听不见他讲话，却能看见他那些毫无意义的姿势，我们不禁诧异，他怎么还算个活人呢？马丁·埃斯林在分析荒诞派戏剧时表达了同一观念：这四周的玻璃墙就是社会的缩影，它反映出来的无一不是虚幻景象。

我们在荒诞艺术品中看到的正是这样一种情景。人物、事物等仿佛挡在一道玻璃墙或玻璃隔板的后面，而这道玻璃墙或玻璃隔板又具有哈哈镜的性质，人物、事物等均扭曲变形，失去常情常态，显得稀奇古怪而丑陋，也像我们在漫画中看到的一样，这正是贯穿在荒诞艺术品中的丑化原则。

2. 神话化的超现实真实

西方文学艺术中的"荒诞派"认为，世界是丑恶的、荒诞的、不合理的，在这荒诞的社会上，人与自然、人与社会、人与人、人与自我之间的关系是不正常的，人被社会所压迫、扭曲，失去了自我、失去了个性。人变成了"非人"。荒诞派还认为，世界既然失去了理性，表现这种不同寻常的非理性现象用传统的重理性的形式是无济于事的，否则将势必导致内容与形式的脱节。于是，用荒诞形式表现荒诞现实的文学便应运而生。

由于哲学观念上的非理性意义，荒诞艺术家们不再把现象界当作一个可以从理解上把握的世界，艺术中反映生活的真实性原则被一种超现实性、形而上学的真实性原则所代替。因此，在荒诞作品中，他们不再拘泥于描写和反映客观现实，而是强调主观感觉的真实性，将幻想与现实混合在一起，把极度的虚幻与极度的真实交织在一起，使这类艺术作品常常带有一种梦魇的、梦幻般的色彩，他们所表现的一些异常事物、非逻辑性事件等，在现实中无法找到，只有在超现实的意义上才是真实的。这是一种带有寓言性质的神话化的创作方法。他们通过带有浓厚主观色彩的奇思异想，从虚幻的图景、统治人们命运的本体力量入手，使艺术表现达到了另一种意义的真实。

3. 象征性的达意方式

在荒诞派的艺术作品中，主题的表现是极端的、抽象的、象征性的。因此，荒诞派的艺术作品被人称为“隐喻故事”或“隐喻戏剧”。荒诞派的艺术作品的一般思想特征表现为世界的不可知、命运的无常、人的低贱状态、行为的无意义、对死的偏执，等等。由于荒诞派的艺术作品表达观念的抽象性，并且观念往往大于形象、观念溢出形象，决定了它们在艺术上的象征性特征。在某种意义上，甚至可以说，这种艺术属于黑格尔所说的“象征性艺术”类型。

荒诞派的艺术作品往往取材于最平凡，甚至极琐细的日常生活事件，人物也大都是极普通的人，但是作者却赋予这些平凡的事以不平凡的意义，赋予这些普通人物以人类某种品格或处境的抽象性质，使形象本身的平凡性和重大的抽象意义之间形成极大的差异。艺术家感兴趣的并不是形象本身，而是隐藏在形象之中的意义，或者说，形象只是他们用来表达某种抽象观念的象征性符号。因此，在这些作品中，环境、事件、人物等都具有比其自身意义大得多的思想内涵。

4. 哲理性的直观意图

荒诞艺术是各种非理性主义哲学在艺术中的表现。换句话说，它是艺术化、形象化了的非理性主义哲学。艺术和哲学融为一体，艺术表现哲学观念，哲学观念渗透在艺术形象中。由于自觉的哲学追求，荒诞艺术家们不再表现个人的苦闷、孤独、失落、惆怅等，而是上升到哲学的峰巅上俯视人类社会，企图成为人类某种情况、观念的代言人，因此使人们在欣赏这类艺术作品时，不得不陷入深邃的哲学思考中。所以，尽管荒诞派艺术展现的是一类非理性、不合逻辑的荒诞图景，但在这幅非理性人生图景的后面却表现出创造主体对生活的清醒的理性认识。

（三）荒诞艺术的表现手法

从表现手法看，荒诞艺术大致有两种情况。一种是不同程度地保留着传统的现实主义手法，如《唐·吉诃德》《一个官员之死》以及我国的《减去十岁》等，都有比较细致的性格描写、比较具体的故事发生的环境以及比较完整的故事情节等。这些基本上还属于现实主义范畴的作品。另一种是现代主义手法，其中以荒诞派戏剧为代表。这里，传统的戏剧模式遭到严重的摒弃，没有故事、没有严整的结构和一贯以之的戏剧冲突，人物不仅性格荒诞，而且身份不明、语无伦次。尤奈斯库干脆称自己的《光头歌女》为反戏剧剧本。因此说，荒诞戏剧是地道的现代派作品、荒诞艺术。其具体的表现手法如下。

1. 隐喻

在荒诞艺术中，隐喻作为形象地揭示事物的内在意蕴的手法而被大量运用。许多作品以一种隐喻性的形象贯穿于作品始终，使之成为作品的主旋律，揭示出其蕴含的深刻含意。

2. 冷嘲

冷嘲手法的运用，是在不动声色之中对荒诞的事物表现出创作主体的嘲讽态度。作者越是冷静、客观地描写荒诞的事物，其嘲弄便越是显得冷酷、无情。

3. 夸张

在荒诞艺术中，夸张手法的运用是为了表现事物本身的荒谬性。

4. 重复

荒诞艺术家有意识地运用重复的艺术手法来增强作品的荒诞感。有些作品采用整个剧本结构重复再现的手法，形象地表现出人类生活只是一些无意义的重复。

二、怪诞

（一）怪诞的内涵

与荒诞一样，怪诞也具有某种不合常规的特点，所不同的是荒诞冠之以“荒”，故是荒唐性与反常性的结合；怪诞却冠之以“怪”，故是怪异性与反常性的统一。或许因为两者都是“诞”的缘故，不少学者都把它们合并起来进行论述，认为荒诞也可以称为怪诞，甚至把“荒诞派戏剧”也称为“怪诞派戏剧”。但是，也有人不同意这个看法，认为两者之间的差别还是比较大的，美国学者汤姆森就是坚持这种意见的。他说：“怪诞可以简化成一定的形式。而荒诞却无一定的形式，无一定的结构特征。人们只能感觉到荒诞是一种内容、一种特征、一种感觉或一种气氛、一种态度或世界观，其表现形式多种多样。”[①]这段话表明，怪诞和荒诞既表现在内容上，也再现在形式上，但是它们的侧重点是不同的，怪诞除了内容以外，在形式上还有特别明显的怪异性；而荒诞却主要是指内容的荒唐性，在形式上并没有什么明确的荒诞特点。固然，怪诞和荒诞有着某种相近的性质，但是，二者的区别还是存在的，第一，从词性上看，荒诞是贬义词，生活中任何荒诞的事情都是没有可以肯定的因素的；而怪诞却是中性词，有些怪诞固然不好，有些怪诞却是可以肯定的。诚如桑塔耶纳所说：“一件似乎是怪诞的事物，在本质上可能劣于也可能优于正常的典型。”[②]第二，从适用的范围来看，荒诞只能相对人和人的言行举止而言，自然界不存在荒诞与否的问题；而怪诞却存在于现实生活的各个方面，一切反常的、怪异的事物和现象都可以称为怪诞。因此，我们不妨把怪诞和荒诞分别作为一种不同的审美形态和美学范畴予以研究。

有人把怪诞作为丑的代名词，这种看法并不正确。怪诞是反常的、怪异的和与众不同的，它既可以是美的，也可以是丑的。一般来说，怪诞总是与事物发展的

---

① A. P. 欣奇列夫等著，杜争鸣等译：《荒诞·怪诞·滑稽》，陕西人民出版社，1989 年。

② 乔治·桑塔耶纳著，缪灵珠译：《美感》，中国社会科学出版社，1982 年。

正常规律性相违背,但它也不是来去无踪、不可捉摸的,像地震、海啸、日食、月食都可以进行预测、预报,这说明事物的怪诞具有合规律性的一面。因此,任何怪诞的事物和现象,只要不有害于人生,照样可以是美的。

(二)怪诞的表现形态

怪诞的表现形态主要有自然景物的怪诞和怪诞的艺术两种。

首先,在自然界中,大自然的鬼斧神工把无数具有怪诞特色的景观遍布世界各地,人们面对这些奇景奇观,无不惊叹、叫绝。例如,我国千奇百怪的云南石林、陡峭如壁的华山险道、诡谲离奇的海市蜃楼,还有峨眉金顶的佛光、黄山的奇松怪石,等等。正如我国清朝的文艺理论家刘熙载所说:"怪石以丑为美,丑到极处,便美到极处。"在自然界中,千奇百怪的自然景象往往以其独特的怪异之处而引人注目,成为一道道靓丽的风景。

其次,在艺术中,怪诞的艺术作品十分常见。如《庄子》一书就是先秦怪圣庄子所写的一部充满怪诞色彩的书。只要看了这部书的第一篇,你就会觉得进入了一个怪诞的世界。这里有鲲鹏这样的怪鸟、有南冥这样的怪地,还有各种各样的怪人,这些怪人都崇尚一种与众不同的轻功利、蔑权贵、淡泊人生、逍遥自在的处世态度。在此后的我国历史上,还出现过许多志怪小说、神魔小说,还有像唐朝怪才李贺的诗、八大山人朱耷的画、戏剧演出中的脸谱,等等。在西方国家,怪诞的艺术更是普遍。如起源于古埃及,后来流行于地中海沿岸地区的狮身人面像就是似人非人、似兽非兽的怪诞塑像。中世纪以后,在拉斐尔、委拉斯凯兹等优秀画家的作品中,也出现了许多怪诞的画面。20 世纪以来,追求怪诞更成了西方艺术的一种潮流,各种五花八门的艺术流派,如立体主义、构成主义、达达主义、魔幻现实主义、黑色幽默等,几乎都不同程度地与怪诞有着不解之缘。像法国画家迪尚的《走下楼梯的裸体者》、美国画家波洛克的《牝狼》、西班牙画家毕加索的《格尔尼卡》,以及马尔克斯的小说《百年孤独》、意大利皮兰德娄的戏剧《六个寻找剧作家的角色》等,都是怪诞艺术的代表作。这些作品都运用了变形、夸张、扭曲、抽象等现代艺术手法,创造了一个富有寓意的艺术形象。这些作品貌似怪诞,实际上都蕴涵着深刻的社会内容。

不过,艺术中的怪诞与自然中的怪诞是不同的。在自然领域中,怪诞总是离不开奇特的、固定的自然物质形式,具有一定的历史恒常性。艺术却是一种观念形态。艺术作品不仅要表现客观的现实生活,还要表现艺术家内在的精神世界。尽管艺术也要借助一定的物化手段,但艺术中的怪诞却与自然物的原始形态并无必然关系。艺术中的怪诞是艺术家精神、心灵的投影,它既表现在不规则的、怪异的物化形式上,又表现在反常的、怪异的内心情态上。艺术中的怪诞非常明显地烙印着人们在特定历史条件下所酿成的种种怪诞的精神状态。

对艺术中的种种怪诞现象，历史上的学者们早就有所关注，如雨果、黑格尔等，都从美学的角度对此进行了很好的论述。但是，真正对怪诞进行深入、系统研究并取得了出色成果的，恐怕要首推德国学者凯泽尔，他在1957年出版的《美人和野兽》一书对怪诞的历史以及它在各个艺术品种、艺术流派中的表现，进行了系统的考察，提出了许多很好的见解。他认为怪诞一词源出意大利语的lagrattesea和grottesco，与洞窟(trotta)一词有关，最早是15世纪时用来说明洞窟中发掘出来的某种装饰风格，由于这种风格组合的奇特、怪异而得名，后来由于怪诞艺术的不断出现，它才脱离装饰风格而被视为一种美学范畴。他认为，怪诞艺术中所出现的往往是一种形状和习性非常怪异的动物(如蛇、猫头鹰、蟾蜍、蜘蛛和蝙蝠等)，还有像蔓藤这样的植物和具有严重破坏力的、变形的生活工具(如像巨型蜻蜓的飞机、像巨兽的坦克)，而最为常见的却是怪异的人(如人变成傀儡、活动木偶和机械人，脸凝固成了面具)，还有龇牙咧嘴的头颅、会活动的骷髅等。但是，人们从这种怪异的形象中却能感受到一种“不相容领域的互相混合；静力规律的废除；本体丧失；对‘自然’形状的扭曲；种属差异不复存在；对人格的破坏和历史秩序的破碎”。[①] 他认为，怪诞艺术并不是怪异物象的堆积，它所表现的实际上就是一个“异化的世界”，人们欣赏了之后，就会从心理上产生一种滑稽感和恐惧感，既会发出一种苦涩的笑，又会引起人们对生活的恐惧。怪诞艺术的审美效果也就可以从这里引发出来。

总之，怪诞是一种手段，而不是目的，优秀的怪诞艺术是美的。正如桑塔耶纳所说：“出色的怪诞也是新的美。”[②]

第六节　丑

丑作为一个重要的审美范畴，是不同于生活中的丑而具有其美学意义的。

一、审美的丑与生活的丑

审美意义的丑和生活中的丑是不同的，二者的主要区别如下。

(1) 生活中的丑主要是指道德意义上的恶和违背生活常态的畸形。这类丑往往是不可克服的丑。审美意义上的丑主要是指艺术中的丑。它除了充当艺术作品中的美的烘托、陪衬、对立面以外，还可以通过艺术家成功的艺术处理(包括正确的道德评价和精湛的艺术描述)而取得一种不同于生活中原有的美学属性，成

---

① 沃尔夫冈·凯泽尔等著，曾忠禄等译：《美人和野兽》，华岳文艺出版社，1987年。

② 乔治·桑塔耶纳著，缪灵珠译：《美感》，中国社会科学出版社，1982年。

为艺术美的一个因素。正如鲍姆嘉通所说:“丑的事物单就它本身来说,可以用一种美的方式去想;较美的事物也可以用一种丑的方式去想。”[①]这里所说的“美的方式”就是车尔尼雪夫斯基所说的“美丽地描绘一副面孔”,即成功的艺术处理,它的产物就是艺术美。鲍姆嘉通说的“丑的方式”也是成功的艺术处理,由此产生的东西就是艺术丑,不管它表现的内容是美还是丑。人们常说艺术的“化丑为美”是指用艺术的方式成功地处理生活丑。罗丹的《老妓》就是典型的例子,该作品表现的是一位裸体的、皮肤干瘪的风尘老妇人。如果在生活中见到这样的人物,你会为她的丑陋而惊骇,现在却将她表现为艺术品,审美性质得以改变。她仍然是丑的,但这种丑已属于审美的丑。

(2) 生活中的丑重在它的伦理性内容或认识的内容,判断事物的美与丑主要看它的伦理性内容或认识性内容,主要看它的善、恶、真、假;审美的丑除了要考虑它的伦理性内容或认识性内容外,还要考虑它的外在形式,审美总是离不开形式的。鲍山葵说:“一个丑的表象,也和任何东西一样必然有一个形式,而在某种意义上有一种自我表现,但这种形式给予人的印象却是没有形式。”他还说:“如果它不是有形的,亦即没有一个用来体现什么的表现形式,那么从审美目的说来,它什么也不是。但是如果它是有形的,即如果它有表现形式,因而体现一种情感,那么它本身就属于美的普遍定义之内,即等于审美上卓越的东西……如果它没有表现形式,它就不是审美对象。如果有,它就属于美的范围。”[②]鲍山葵认为,一切审美对象都必须是有形的,丑作为审美对象也是如此。鲍山葵说的这种丑即为审美的丑,他说的“美的范围”实指美学的或审美的范围。

(3) 生活中的丑具有很强的功利性,它以积极的形式对生活中的美粗暴地予以了否定,与人们的厉害直接相关。用桑塔耶纳的话来说就是,这是一种“积极的恶”。对于这样一种恶,人们无法对它持审美态度,即使用上“丑”,也觉得太轻了。并不是生活的一切都可以成为审美对象,对人直接构成危害的事件(如地震、空难、恐怖、凶杀)就不能成为审美对象。化除丑的途径之一是变为历史(距今的时间跨度视情况而定),丑恶的东西成为历史之后,对现实的危害性就不存在了。不过,成为历史也未必能成为审美对象。要成为审美对象,必须具备两个条件:一是这丑的产生及灭亡含有比较深刻的社会文化内涵,能引起人们的反思;二是这丑之中还有那么一点美的因素、一点美的情趣。克罗齐说:“丑到极点,没有一点美的因素,它就因此失去其丑。”[③]化除丑的途径之二是将其作为素材创造成艺术。出现在艺术作品中的生活丑除了保持生活中原有的审美属性外,增加了艺术美。

---

① 北京大学哲学系美学教研室:《西方美学家论美和美感》,商务印书馆,1980年。

② 鲍山葵著,周煦良译:《美学三讲》,人民文学出版社,1965年。

③ 克罗齐著,朱光潜译:《美学原理》,作家出版社,1958年。

二、丑的本质

在美学史上，对丑的论述远不如对美的研究充分，往往是在论述美的本质时为了进行比较才附带地谈到丑。

苏格拉底说："任何一件东西如果它能很好地实现它在功用方面的目的，它就同时是善的又是美的，否则它就同时是恶的又是丑的。"[①]他认为美与丑都与事物的效用有关。

中世纪的奥古斯丁认为，上帝热爱秩序，并创造了秩序。世界在努力效仿上帝的统一性时取得了多样性的统一，或者说取得了和谐。这和谐就是美。在这和谐的整体中，丑占什么地位呢？他认为，丑是相对的，个别的东西看起来是丑的，但从整体上来看，它衬托出整体的美。"比如罪恶，一经得到惩治，就会成为正义美的一部分。""即使在微小而又卑劣的动物(跳蚤)身上，也可以看到精巧的结构，来进一步证实他关于世界已经达到审美完善的论点。"[②]因此，在奥古斯丁看来，在这个上帝所创造的和谐的美的宇宙里，丑不是主要的，它只是美的较低的陪衬。

18 世纪，英国经验主义美学家荷加斯认为，丑是自然的一种属性，适宜则产生美，不适宜则会变丑。他用赛马和战马的不同性质、体形来说明："赛马的马周身上下的尺寸，都最适宜于跑得快，因此也获得了一种美的一贯的特点。为了证明这一点，让我们设想把战马的美丽的头和秀美的弯曲的颈放在赛马的马身上……不但不能增加美，反而变得更丑了。因为，大家的论断一定会说这是不适宜的。"[③]他认为变化可以产生美，而"没有组织的变化，没有设计的变化，就是混乱，就是丑陋"。[④] 他说："美是一些部分的那样一个秩序和结构，它们由于我们天性的原始组织，或是由于习惯，或是由于爱好，适于使灵魂发生快乐和满意。这就是美的特征，并构成美与丑的全部差异，丑的自然倾向乃是产生不快。因此，快乐和痛苦不但是美和丑的必然伴随物，而且还构成它们的本质。"[⑤]

18 世纪，德国的理性主义美学家鲍姆嘉通认为："完善的外形就是美，相应不完善的就是丑。因此，美本身就使观者喜爱，丑本身就使观者嫌厌。"他又说："美学的目的是(单就它本身来说的)感性知识的完善(这就是美)，应该避免的感性知识的不完善就是丑。"[⑥]他从感性认识的完善和不完善来区分美和丑。

另外，谷鲁斯从主观的感受规定了丑的本质，他认为"丑这个范畴是在审美的

① 北京大学哲学系美学教研室：《西方美学家论美和美感》，商务印书馆 1980 年。
② 凯·埃·吉尔伯特等著，夏乾丰译：《美学史》，上海译文出版社，1987 年。
③ 北京大学哲学系美学教研室：《西方美学家论美和美感》，商务印书馆，1980 年。
④ 北京大学哲学系美学教研室：《西方美学家论美和美感》，商务印书馆，1980 年。
⑤ 大卫·休谟著，王海民译：《人性论》，商务出版社，1985 年。
⑥ 北京大学哲学系美学教研室：《西方美学家论美和美感》，商务印书馆，1980 年。

外观上肯定会使高级感官感到不快的东西”[1]。克罗齐则认为,美是成功的表现,丑是不成功的表现。他所谓的“表现”是指主体心中所产生的物象。他说:“丑和它所附带的不快感,就是没有能征服障碍的那种审美活动;美就是得到胜利的表现活动。”他又说:“丑就是不成功的表现,就失败的艺术作品而言,有一句看来似离奇的话实在不错,就是:美现为整一,丑现为杂多。”[2]他也否认丑是客观事物的一种性质,他所说的“表现”(即心中的物象),实际上指的是精神活动,在艺术中把丑仅仅归结为形式上的杂多是片面的。

马克思、恩格斯在谈到现实中丑的事物时,把“丑”看作是客观事物的一种社会属性,并从历史的发展中说明丑的根源,并指出了生活中的丑和卑鄙、虚伪、腐朽的事物之间的联系。例如,马克思在《〈黑格尔法哲学批判〉导言》中指出 19 世纪 40 年代德国旧制度不过是历史喜剧中的丑角,当时德国在各个社会领域中都充满了卑鄙、虚伪的事物,激起了人民的憎恨和厌恶。恩格斯在《英国工人阶级状况》中,对资本主义社会的丑恶从两方面做了深刻的剖析。首先,他抨击了资产阶级本身的罪恶。在资本主义社会中金钱关系统治一切,在资产阶级看来,“他们活着就是为了赚钱……”[3]所以资产阶级的丑恶首先表现在其灵魂是丑恶的。恩格斯指出,资产阶级“在这种贪得无厌和利欲熏心的情况下,人的心灵的任何活动都不可能是清白的”[4]。这些分析都是从伦理学的角度出发的,使人们通过概念的形式对资产阶级的“恶”有了一个明确的认识。如果从美学上研究丑,则必须结合形象。一切美和丑都不是抽象的。人们从理论上指出资产阶级的剥削、贪婪、伪善时,还只是分析了丑的内在因素——恶,只有当这种内在因素显现为形象,这才是美学上所研究的丑。这里可以举一个例子来说明,恩格斯在评论德国画家许布纳尔的一幅画《西里西亚的纺织工》时指出:“画面异常有力地把冷酷的富有和绝望的穷困作了鲜明的对比。厂主胖的像一只猪,红铜的脸上露出一副冷酷相,他轻蔑地把一个妇人的一块麻布抛在一边……老板的儿子,一个年轻的花花公子斜倚着柜台,手里拿着马鞭,嘴里叼着雪茄,冷眉冷眼地瞧着这个不幸的织工。”[5]这里所描写的资产者都是从性格到外貌使人生厌的丑的形象。这个例子从理论上分析资产阶级的剥削和从美学上揭露资产阶级的丑,二者既有内在的联系,又有区

---

① 李斯托威尔著,蒋孔阳译:《近代美学史评述》,上海译文出版社,1980 年。

② 北京大学哲学系美学教研室:《西方美学家论美和美感》,商务印书馆,1980 年。

③ 中共中央马克思恩格斯列宁斯大林著作编译局:《马克思恩格斯全集》第二卷,人民出版社,1972 年。

④ 中共中央马克思恩格斯列宁斯大林著作编译局:《马克思恩格斯全集》第二卷,人民出版社,1972 年。

⑤ 中共中央马克思恩格斯列宁斯大林著作编译局:《马克思恩格斯全集》第三卷,人民出版社,1972 年。

别，主要表现在恶显现为形象才能成为丑。在巴黎公社时期，革命群众画了许多讽刺漫画，有一幅画《奸笑的梯也尔》刻画了梯也尔一副满脸笑容却内藏奸诈、凶残的丑相。这些漫画的美学价值就在于通过艺术形象揭露了现实中丑的本质。其次，资本主义社会的丑恶还表现在：由于资产者的残酷压迫所造成的无产阶级的牛马不如的生活。恩格斯在《英国工人阶级状况》中对此有深刻的揭露。在上述的同一幅画中除了表现资产者的冷酷，同时还表现了织工的绝望和贫穷。画中描绘了资产者对产品的无理挑剔、拒绝收购，有的织工由于出售绝望而昏倒。这些生活现象作为资本主义社会的现实来看也是丑的。

以上说明，丑是一种客观存在的社会现象。它是在感性形式中包含着一种对生活、对人的本质具有否定意义的东西。丑和恶虽然有密切的联系，但是丑并不等于恶。

三、丑是近代社会文化审美活动的产物

“丑”作为美的特定形态和范畴，是近代社会文化审美活动的产物。莱辛在《拉奥孔》里首先强调：“艺术在近代占领了远较宽广的领域。人们说，艺术摹仿要扩充到全部可以眼见的自然界，其中美只是很小的一部分。真实与表情应该是艺术的首要法律；自然本身既然经常要为更高的目的而牺牲美，艺术家就应该使美隶属于他的一般意图，不能超过真实与表情所允许的限度去追求美。如果通过真实与表情，能把自然中最丑的转化为一种艺术美，那就够了。”[①]从莱辛的这段话里可以知道，早在18世纪中叶(《拉奥孔》成书于1766年)，丑已经引起了更多的关注。不过莱辛并没有把丑直接当作美的一种特定形态，而只是要求将“自然中最丑的东西转化为一种艺术美”。到19世纪，以法国伟大作家雨果为代表的浪漫主义思潮，更在莱辛开辟的道路上迈出了有决定意义的一步。雨果说：“古代的丑怪还是怯生生的，并且总想躲躲闪闪。可以看出它还没有正式上台，因为它在当时还没有充分显示其本性。它对自己还一味加以掩饰。”[②]而到了近代，“诗神”的认识提高了：“她会感到，万物中的一切并非都是合乎人情的美，她会发觉，丑就在美的旁边，畸形靠近着优美，丑怪藏在崇高的背后，美与恶并存，光明与黑暗相共。”[③]因此，雨果响亮地对丑发出了呼唤：“在自己的作品里，把阴影掺入光明，把滑稽丑怪结合崇高优美而又不使它们相混，换言之，就是把肉体赋予灵魂、把兽性赋予理智……”[④]他说：“现在是时候了，一切富有学识的人应该抓住那一条总是把我们称

① 莱辛著，朱光潜译：《拉奥孔》，商务印书馆，2013年。

② 维克多·雨果著，柳鸣九译：《雨果论文学》，上海译文出版社，2011年。

③ 维克多·雨果著，柳鸣九译：《雨果论文学》，上海译文出版社，2011年。

④ 维克多·雨果著，柳鸣九译：《雨果论文学》，上海译文出版社，2011年。

之为美的东西和我们根据偏见称之为丑的东西连接了起来的纽带。缺陷——至少我们是这样称呼的——往往是品格的一个命定的、必然的、天赋的条件……我们在什么地方看到过没有背面的奖章？哪一种才能不随着它的光明也带来阴影，随着它的火炬也带来烟雾？某一种污点只可能是某一种美所具有的不可分割的后果。这种不协调的笔法，虽然对人有些刺激，但它使效果更完全，并且使整体突出。如果删掉了丑，也就是删掉了美。"①

雨果不仅在理论上大胆地发表了自己的宣言，而且身体力行地在自己的创作中给丑以突出的地位，他不仅仅把丑与美鲜明地对立起来，同时还竭力在丑中发现美，从而推动了近代艺术与审美观念的演进。在他的代表作《悲惨世界》中，与善和美的化身冉阿让处处对立的警长沙威，虽然是一个制度的代表人物，却不仅忠于职守，而且在故事的结尾，因承受不住私放冉阿让的心理压力而投河自杀。同样，在直接表现1793年法兰西大革命那动荡不安岁月的《九三年》里，焚毁村庄、屠杀无辜的朗德纳克侯爵竟在听到一个母亲呼天喊地的悲号声，毅然从地道中出来，返回大火熊熊的堡垒救出三个孩子，义无反顾地把自己的头颅献给革命军。显然，作家赋予反面人物沙威和朗德纳克的这些品质是以往文学中极少见到的，是与雨果就丑所发表的宣言的精神相一致的，已经隐含着在现代派、后现代派文学艺术中成为主流的对丑的直接讴歌。

19世纪中叶兴起的、于诗歌创作中的象征主义发端的现代派美学理论与文艺思潮，把丑抬高到了至高无上的地位。1857年，象征主义始祖波特莱尔出版了他的诗集《恶之花》，力求在"丑"与"恶"中绽放出绚丽的艺术之花，以显现出美。波特莱尔之后，现代派、后现代派艺术此起彼伏、层出不穷。他们毫不留情地唾弃以往的美学观念和传统，有意识地将丑从各个方面渗入艺术创作与人们的审美意识，如绘画迷恋于表现丑的事物、音乐大量采用不和谐与破碎的旋律、戏剧创作醉心于大城市的混乱和人们的精神迷狂，等等。如果说在传统美学中，丑不过是一种否定的对象，那么在现代派、后现代派的美学和艺术里，丑竟成为其审美理想的标志。

"丑"的这种审美地位的颠倒，是有其深刻的社会文化原因的。我们知道，从19世纪末到整个20世纪，一方面，随着科学技术的日新月异，社会生产力获得了极大的提高，物质产品异常丰富；另一方面，先后两次世界大战的爆发、社会主义国家人民政权的建立，无不意味着资本主义世界矛盾的更加激化。生活在资本主义社会中的人们，时时处处都深切地感受到物质与精神、客体与主体、社会与个人的对立。荒诞派剧作家尤奈斯库曾说："世界使人感到沉重，宇宙在压榨着我。一道帷幕，或者说一堵并不存在的墙矗立在我和世界之间，我和自我之间；物质填满

① 维克多·雨果著，柳鸣九译：《雨果论文学》，上海译文出版社，2011年。

各个角落，充塞所有的空间，在它的重压之下，一切自由全部丧失；地平线迫近人们面前，世界变成了令人窒息的土牢。语言支离破碎，面目全非，文字落地如石块，或如死尸；我感到自己为沉重的力量所侵袭，对此，我只能做出徒劳的反抗。”[①]这种感受，确实极具代表性。在这样的情况下，一切敏感而又有所追求的美学家、艺术家，从对现实的迷惘、怀疑，发展到悲观的绝望。他们难以在生活感受到美的愉悦，因而借丑的讴歌来抒发自身的激愤；他们凭借科学的知识认识到由动物进化而来的人类并不可能完全没有兽性，因而认为兽性、丑恶同人性、美善一样，都是人的品格不可分割的组成部分，而不能以科学的世界观来区分现实生活中人性的增值与贬值。所以，他们倾情于丑，觉得丑能引起“一种不安甚至痛苦的感情。这种感情，立即和我们所能够得到的满足混合在一起，形成一种混合的感情，一种带有苦味的愉快，一种肯定染上了痛苦色彩的快乐”[②]。在这种社会现实和社会思潮的背景下，丑在现代派、后现代派的艺术中耀眼的光彩就不足为怪了。当然，这种类似乎饮鸩止渴、以毒攻毒的审美追求，虽是一种宣泄、一种抗争，却并不符合审美活动的客观规律，也无助于人们明辨美丑、善恶。这就是为什么现代派、后现代派艺术往往只能在具有所谓先锋意识的人文精神中，产生了一定的影响，而难以为大众所赞同的原因。

值得注意的是，西方国家于 20 世纪末相继出现了以“恶”为美的“世纪末的表演艺术”。始于 20 世纪 50 至 60 年代的荒诞剧，到了 90 年代，更以极度荒诞的内容及舞台表演，展现正在变得荒诞，甚至比荒诞戏剧更荒诞的现实世界。莫斯科塔甘卡剧院演出的《大师与玛格丽特》和列恩喜姆剧院演出的《对亡灵的祈祷》都让人在贤愚混杂、美丑并置的怪诞故事和令人震惊的血腥罪行背后，领悟到这种前所未有的荒诞。洛曼·维克丘剧院把让·日奈的《女仆》歌舞化，采用形形色色的超常手段，让多种作假、虚幻的事物重叠并置，虚假套着虚假，以此映现现今人们生存的这个世界。20 世纪 90 年代的西欧舞台出现了一批把笔触深入人们内心最隐秘的角落揭示人的罪恶的作品。这类作品彻底打破了传统与现代、现代主义与后现代主义的界限，为我所用地将不同类别艺术的各种技法、语言，叠用、拼贴在同行其是的舞台上，已经抛弃了以新奇、怪异、惊世骇俗取胜的手段，而直接敞开心扉、暴露灵魂，在沉沦困顿中表现恶与道德的复杂性、多样性。在布鲁塞尔国际艺术上，美国“国家马戏剧团”演出的《顽固的白人右派》吸引了相当多的观众。演出在废弃的大仓库里进行，动用了数面大银幕、大视屏和大幕布，同时交替映现记录、言情、警匪和色情片断镜头，对观众视听感官狂轰滥炸；同时七个演区的演员运用各种手段表演，以类似 MTV 的快速节奏交替呈现。整个演出通过性控制

① 中国社会科学院外国文学研究所：《外国现代剧作家》，中国社会科学出版社，1982 年。

② 李斯托威尔著，蒋孔阳译：《近代美学史述评》，上海译文出版社，1980 年。

和性反抗，表现黑人受侮辱与受迫害的历史以及他们后起的抗争。他们认为，通过这些被世俗"伪善"的道德视为"下流""恶"的狂烈动作，发泄对"善"的挑战与反抗，就能刺痛伪善者脆弱的神经，从而显现某种"恶之花""恶之美"。事实上，丑与恶本身当然不具审美的正价值，在当今西方舞台上露骨地展现的丑与恶，只有在对恶的清醒意识、在"审丑"观照的作用下，才能成为人类自省自查的镜子，才能产生审美的正价值，因而才值得表现。这种"世纪末艺术"所力图展示的"恶中之美"的取向也不同程度地存在于其他艺术门类中。其作为演化中的一种客观现象，值得关注和研究。

四、丑与美

丑在美学中具有重要的地位。这是因为美与丑是相对的，没有丑就没有美，没有美也就没有丑，美与丑总是相互依存的。毛泽东曾说："真的、善的、美的东西总是在同假的、恶的、丑的东西相比较而存在，相斗争而发展的。"[①]中国近代的葛洪也曾说："不覩琼琨之熠烁，则不觉瓦砾之可贱；不觌虎豹之彧蔚，则不知犬羊之质漫。"[②]看不见美玉之光泽闪烁，则不知道瓦砾之低贱，看不见虎豹之文采，则不知犬羊之"质漫"。"质漫"是不好、丑的意思，这说明美与丑是相比较而存在的。在文艺复兴时期，达·芬奇也讲过"美和丑因互相对照而显著"。法国文学家雨果曾说，丑就在美的旁边，畸形靠近着优美。他说："滑稽丑怪作为崇高优美的配角和对照，要算是大自然所给予艺术最丰富的源泉。毫无疑问，鲁本斯是了解这点的，因为他得意地在皇家仪典的进行中，在加冕典礼里，在荣耀的仪式里也掺杂进去几个宫廷小丑的丑陋形象。"[③]艺术家在艺术创作中经常运用美与丑的对比，要么在美与丑的对比中着重揭露丑，要么在美与丑的对比中着重显示美。德苏瓦尔说："丑是一种背景，用来增强美的光辉。"在艺术作品中通过美丑对比能加深欣赏者对美的感受。雨果说："滑稽丑怪却似乎是一段稍息的时间，一种比较的对象，一个出发点，从这里我们带着一种更新鲜更敏锐的感觉朝着美而上升。"左拉在其短篇小说《陪衬人》中讽刺资本主义社会把"丑"当作商品。他说，在法国巴黎，"这个商业的国度，美是一种商品，可以拿来做骇人听闻的交易。大眼睛和小嘴儿可以买卖；鼻子和脸蛋儿都标有再精确不过的市价。某种酒窝、某种痣点，代表着一定的收入"。但老杜朗多（小说中的一个"工业家"）却起了一个奇妙而惊人的念头——拿"丑"做买卖。把"丑"的这种迄今一直是死的物质纳入商品流通，就是以丑女作为"陪衬人"。杜朗多登了一则广告，声称他所新创一所商号，"旨在永葆夫

① 毛泽东：《毛泽东选集》第5卷，人民出版社，1977年。

② 北京大学哲学系美学教研室：《中国美学史资料选编》上册，中华书局，1981年。

③ 北京大学哲学系美学教研室：《西方美学家论美和美感》，商务印书馆，1980年。

人之美貌……无须一条丝带，无须一点脂粉，只消为夫人觅得一种手段，引人注目，而又不露蛛丝马迹。”这就是“租一陪衬人，与之携手同行，是使夫人陡增姿色……价格：每小时五法郎，全天五十法郎”。在这里，左拉无情地讽刺了资本主义社会，并指出了形而上的美与丑是相比较而存在的，形式丑可以起衬托形式美的作用。

同时，在一定条件下，美与丑也是可以相互转化的。旧中国变成新中国是丑向美的转化；一个人经受不住金钱的诱惑，从清官走上贪官的通路，是美向丑的转化。在现实生活中，这种美与丑的相互转化给审美教育提出了一个现实而又十分重要的任务。

再者，如果不是谈论一般的美与丑的关系，而专从艺术的美与丑的关系来说，生活中的丑也是可以转化为艺术美的，李白所说的“丹青能令丑者妍”就是这个意思。生活丑是从现实的角度说的，艺术美则是从形象的角度说的。生活丑可以成为艺术描写的对象，这是由艺术创作的特性决定的。罗丹说过：“一位伟大的艺术家或作家，取得了这个‘丑’或那个‘丑’，能当时使它变形……只要用魔杖触一下，‘丑’便化成美了——这是点金术，这是魔法！”这里的“点金术”“魔法”应当科学地理解为艺术的典型化。生活丑一旦进入艺术领域成为反面艺术典型，就获得了一种特殊的审美价值，这是一种以艺术的存在否定自身现实存在的美。美学界常常用罗丹的《老妓》来阐释这个意思。老妓名叫欧米哀尔，年轻时非常美丽，以至诗人维龙歌颂其为“美丽的欧米哀尔”。但罗丹却将之雕刻成一个年老色衰、干瘪丑陋的“老妓”。而记录罗丹关于艺术的谈话的葛赛尔看了这个雕像，却禁不住惊呼：“丑得如此精美”。诗人所歌颂的“美丽的欧米哀尔”变成了丑陋的“老妓”，而丑陋的“老妓”到了罗丹手里，却又“丑得如此精美”，变成了艺术中的美。这几个变化说明了生活丑与艺术美之间的复杂关系。

首先，艺术的美与不美，不在于生活是丑或美。生活中的美可以成为艺术的美，生活中的丑也可以成为艺术的美。因为任何艺术作品既根植于现实生活，又是艺术家的创造。因此，艺术形象既含有现实性因素，又含有创造性因素，这两种因素都会影响欣赏者相应的情绪反应。将生活美转化成艺术美比较容易，因为无论是现实性因素，还是创造性因素，都会引起欣赏者的肯定性情绪。但把生活丑转化成为艺术美，情况就比较复杂。因为其中的现实性因素是丑的，而创造性因素又是美的。人们只有在欣赏活动中，真正从审美的角度看待艺术，才能从中感受到艺术的美，体味到艺术家何以能表达得如此深刻与生动。正因为这样，所以年轻美貌的欧米哀尔和年老色衰、变丑了的欧米哀尔都可以成为艺术描写的对象、都可以成为艺术的美。反之，如果人们在欣赏中撇开艺术家的创造性因素，而片面着眼于现实性因素的丑，把作品中的人物完全当作生活中的坏人来看待，就会厌恶、憎恨他（她），这实际上已经越出了艺术欣赏的界限。

其次，生活中的丑成为艺术中的美，不是丑变成了美，而是生活中的丑经过艺术的表现，变得更典型了。如果在作品中歪曲地表现生活、牵强地美化生活，反而失去了真实，也失去了美的基础。只有遵照典型化原则，把对象丑的本质深刻地揭示出来，进一步揭示其典型的本来面目，这样表现丑的形象才有可能取得美的属性。年老的欧米哀尔“肉体受着垂死的苦痛”，“发现自己活像一只尸体而感到恐惧”，罗丹在雕刻中深刻地揭露了欧米哀尔老年的这种丑，引起人们心灵的震颤，从而使人们从而不能不惊叹于他艺术表现的精美绝伦，不能不赞叹他艺术的美。因此，生活中的丑到了艺术中，不是变美了，而是暴露了它丑的真正面目，让人真实地认识它丑的本质，变美的不是丑本身，而是艺术。

再次，生活中的丑不仅常常不以丑的面目出现，而且作怪弄丑，把自己打扮得似乎很美。不知真情的人常常为丑所惑，身在其中的人也会当局者迷，弃美而就丑。可是艺术却把生活如实地反映了出来，使当事人变成旁观者，而旁观者清，自然能够辨别美丑了。艺术具有强大的教育作用。亚里士多德早就说过，在作品中真实地揭露丑可以使人增长知识、产生美感。艺术能够通过烛照美与丑来明辨是非，把生活中被颠倒了的美与丑重新颠倒过来。

五、艺术丑

艺术丑是指艺术作品的丑。艺术丑和艺术美是对应的。艺术美是对艺术家的创造、智慧、力量的肯定，而艺术丑是对艺术家创造性劳动的否定。艺术丑与生活丑不同，生活是现实性因素的丑，艺术丑则是创造性因素的丑。因此，衡量艺术作品的美丑的标准主要不是看作品所反映的对象的美丑性质，而是看艺术家怎样去表现对象。受艺术家本身主观条件的影响，他可以使作品成为美的，也可以使作品成为丑的。在艺术中使用“丑”的概念常有不同的含义。

1. 艺术作品反映丑的对象不等于艺术丑

当艺术家表现丑的对象时，由于所塑造的形象中体现了艺术家的创造性劳动，所以作品本身可以是美的。因为作品的美取决于艺术家的创造性劳动，而不受制于体现客观对象性质的形象的丑。例如，17 世纪西班牙画家委拉斯凯兹所画的《教皇英诺森十世像》斜视的三角眼、紧缩而微竖的眉头、鹰钩形的鼻子表现出教皇的阴险、狠毒和威严；正襟危坐、双手扶着椅子、左手拿着一张签署的纸条表现出教皇的权势；他那座椅上镶嵌的宝石、手指上闪光的戒指、红色缎子的僧帽、法衣象征着教皇拥有的财富……这一切构成了人物形象的丑，揭露了客观对象的丑的本质。但是，其作为一件成功的艺术作品却是美的。因为艺术美虽然来自生活，但并不是完全取决于作品所反映的对象是什么，而是取决于艺术家如何去反映对象。鲍姆嘉通曾说：“丑的事物，单就它本身来说，可以用一种美的方式去想；

较美的事物也可以用一种丑的方式去想。”[①]艺术作品内容方面的审美价值主要在于如何评价和表现现实中的美与丑。例如，反映丑的事物，可以是美化它，也可以是揭露它。如果是在进步的审美理想指导下去揭露丑，那就是从反面肯定了美。同时，艺术家在反映现实丑的时候，并不是再现一切丑的细节，而是着重刻画丑的本质特征。《教皇英诺森十世像》这件作品不仅体现了画家对现实丑的深刻的观察、理解，而且表现了艺术家在运用色彩、形体、构图等方面的精湛的技巧。所以对作品中丑的形象的欣赏，实际上是通过丑的形象对艺术家的创造智慧、才能和技巧的欣赏。

又如，俄国19世纪画家列宾所画的《祭司长》。画中的祭司长被称为“教会的狮子”。他那大腹便便的肚子，扶在胸前的肥胖的右手，还有那在黑色袈裟和无边帽衬托下的整个面孔，浓浓的白胡子，左手拄着竹杖象征着教会的权利，加上两道竖眉，活像一头刚刚吞食了野兽的狮子。画家抓住了“祭司长”的这些本质特征，刻画出那吸人膏血的贪婪、凶残和伪善的性格，塑造了一个典型的丑的形象。还有西班牙画家戈雅所画的《国王的一家》深刻地揭露了西班牙国王卡洛斯四世及其家族的丑态。他把人物内在精神的腐朽、空虚和外表服饰的豪华、艳丽做了强烈的对比：肥胖的国王挺肚直立，身上披着各种色彩的绶带，胸前挂满了各种勋章，腰间挂着精致的佩剑；王后、公主浑身珠光宝气，打扮得花团锦簇，所有这些外部的装饰不仅无法掩盖他们的昏庸、腐朽、空虚，而且更加衬托出他们的丑恶的灵魂。所以，有人把这国王的一家称作“锦绣的垃圾”。意大利文艺复兴时期的伟大艺术家达·芬奇在《最后的晚餐》中成功地刻画了叛徒犹大的形象。犹大侧身后倾，面部浸沉在阴影中，右手紧握钱袋，表现出一种惊惶、卑劣、猥琐的神态。艺术家为了刻画犹大的心理和面貌，差不多用了一年的时间，经常到无赖汉聚集的地方去观察类似犹大面貌的人。以上说明，在艺术作品中丑的形象不仅可以折射出艺术家的进步理想，而且反映了艺术家的敏锐的观察力和精湛的技巧。人们在欣赏这类作品的时候，一方面对艺术家的创造性劳动产生喜悦，同时对作品中的丑的形象产生厌恶。

2. 艺术丑指艺术作品的内容虚假、腐朽、技巧低劣

罗丹曾说：“在艺术中所谓的丑，就是那些虚假的、做作的东西，不重表现，但求浮华、纤柔的矫饰，无故的笑脸，装模作样，傲慢自负——一切没有灵魂，没有道理，只是为了炫耀的说谎的东西。”[②]另一种情况下，艺术丑指技巧上的失败。在中国书法中，对字的形势、疏、密、长、短处理不当，便会产生丑。所谓：“不宜伤密，密则似痾瘵缠身；不舒展也。复不宜伤疏，疏则似溺水之禽；诸处伤慢。不宜伤长，

① 北京大学哲学系美学教研室：《西方美学家论美和美感》，商务印书馆，1980年。

② 罗丹：《罗丹艺术论》，人民美术出版社，1978年。

长则似死蛇挂树；腰肢无力。不宜伤短，短则似踏死虾蟆；形丑而阔也。”[①]

3. 艺术丑还指一种特殊形式的美

在园林艺术中，其中的山石往往以丑为美。刘熙载在《艺概》中写道：“怪石以丑为美，丑到极处，便是美到极处。”[②]这里所说的“丑”实际上是指一种不规则的变化，是一种险怪突兀的美。李渔在《闲情偶寄》中写道：“言山石之美者，俱在透、漏、瘦三字。此通于彼，彼通于此，若有道路可行，所谓透也；石上有眼，四面玲珑，所谓漏也；壁立当空，孤峙无倚，所谓瘦也。”[③]除了瘦、透、漏外，还有皱，皱指山石表面凸凹不平。所有这些特点和一般情况所说的形式美，如整齐一律、对称均衡、光滑细腻等是对立的，所以有些人称它为“丑”。实际上这里所说的“丑”，是指山石的错综变化的美。例如，太湖石就体现出了这种变化的美，据《园冶》上记载，太湖石“性坚而润，有嵌空、穿眼、宛转、险怪势……其质文理纵横、笼络起隐，于石面遍多坳坎，盖因风浪中冲击而成”。特别是在中国古代的、方整的庭院中设置这种山石，可以打破庭院平板单调的气氛，给人一种变化的审美感受。

4. 某些艺术中的“丑角”不等于丑

如戏曲中的“丑角”不等于生活中的丑。戏曲中的丑角不一定是反面人物，例如《乔老爷上轿》中的乔溪、《金玉奴》中的金松、《七品芝麻官》中的唐知县、《苏三起解》中的崇公道等，虽然鼻上有白点，但他们多是作为正面的，或较善良的人物出现。为什么正面的人物要以“丑角”形式出现呢？因为正面人物也有各种不同的性格、气质，有些人性格庄重、严肃，使人敬仰；有些人性格则憨直使人感到可爱，甚至有几分可笑。在后一种人的脸上涂上白点，并不是丑的标志，而是可爱的标志，或者可以说是性格美的某种特殊标志。马戏团的丑角也具有这种特点。在另一种情况下，戏曲中的“丑角”则是丑的形象，像《十五贯》中的娄阿鼠、《望江亭》中的杨衙内，他们脸上的白点正是他们肮脏灵魂的写照。梅兰芳曾对各种丑角的脸谱做过分析，在谈中国京剧的表演艺术时说道：“小花脸……只在鼻眼间涂一小方块，不得过脸骨，所以名曰‘小花脸’，如蒋干、汤勤……这一种人地位较低，行为比较猥琐，性格也不是爽朗的。至于有的书童和一般群众，也有在鼻间抹一点白粉的，是表示他们的幽默、滑稽的性格，使观众觉得有趣。”所以，艺术中的“丑角”不同于生活中的丑。

① 孙过庭：《孙过庭书谱笺证》，上海古籍出版社，1982年。

② 北京大学哲学系美学教研室：《中国美学史资料选编》下册，商务印书馆，1981年。

③ 北京大学哲学系美学教研室：《中国美学史资料选编》下册，商务印书馆，1981年。

第七节　意　　境

意境是中国古典美学的一个重要范畴。宗白华先生指出，意境是“中国文化史上最中心也是最具有世界贡献的一方面”。在中国美学历史上，意境是衡量艺术作品艺术美的一个重要标准。

一、什么是意境

意境是客观生活景物与主观思想情感相融合的产物。它是情与景的统一、意与境的统一。

“意境”一词最早由唐代诗人王昌龄提出，是与物境、情境并列的三境之一。司空图在其《二十四诗品》中又将这一范畴具体化，认为诗的极致，也就是意境在于“不着一字，尽得风流”“羚羊挂角，无迹可求”。而宋朝严羽则以佛教的禅境比喻诗的意境，认为二者完全一致。王国维在《人间词话》里将此范畴又发展为“境界”。他说：“文学之事，其内足以摅已，外足以感人者，意与境二者而已。”（《宋元戏曲考》十五）他还说：“境非独谓景物也。喜怒哀乐，亦人心中之一境界。故能写真景物、真感情者，谓之有境界。”（《人间词话》六）他认为“境界”应包括情感与景物两方面，“境界”是情与景的统一、意与境的统一，是艺术美的本原。他说：“言气质，言神韵，不如言境界。有境界，本也。气质、神韵、末也。有境界而二者随之也。”（《人间词话删稿》十三）艺术作品中只要有了境界，也就自然而然地产生了神韵和气质。自此，意境或者说境界作为艺术美的标准也就逐渐明确了。

那么意境空间是怎样形成的呢？意境是情与景的统一、意与境的统一，情或意属于主观的范畴，景或境属于客观的范畴，意境也就是主观与客观的统一、心与物的统一。也就是说，意境的形成与主观和客观的关系、心和物的关系有关。

首先，在意境的形成中，境是基础。这里所说的境，不仅指直接唤起情感的某种具体的景物（如《早发白帝城》诗中的“彩云”“猿声”“轻舟”“万重山”等），而且指与这景物相联系的整个生活，如李白从流放到遇赦等，正是由于诗人的生活赋予了这些具体景物以审美的意义。祝允明有两句名话说得较透彻：“身与事接而境生，境与身接而情生。”[①]这里所说的“事”指生活、事件；“境”指与生活相联系的景物。情感正是由特定生活条件下的景物所引起的。因此我们说“境”是形成意境的基础，因为脱离了境，实际上就是脱离了生活中的形象。这样，情与意就无从产

① 北京大学哲学系美学教研室：《中国美学史资料选编》下册，中华书局，1981年。

生，也无所寄托。因为在意境中情是“景中情”，情是消融在形象中的。刘熙载曾说：“山之精神写不出，以烟霞写之；春之精神写不出，以草树写之。故诗无气象，则精神亦无所寓矣。”①

其次，在意境的形成中，情、意是主导。“境”虽然是形成意境的基础，但在意境中起主导作用的仍是情、意。为什么说情、意是主导呢？因为情、意虽然从境中产生，但是在艺术中出现的景，并不是生活中自然形态的景，而是“情中景”，即是唤起诗人特定情感的景，是在这种特定感情支配下经过提炼取舍所创造的景。艺术意境中的景浸透了诗人的情感，这种景不同于生活中自然形象的景。描写这种景时，诗人只需抓住那些能唤起特定情感的自然特征，而无须罗列一切细节。在“意境”中，艺术家的情、意对自然特征的选择、提炼起着潜在的指导作用。意境中的景由于成为“情中景”，因此它往往以一种洗练、含蓄的形式给人带来强烈的、情感上的影响，如李白的诗《早发白帝城》，诗是写景的，但每一景中却又都洋溢着浓浓的情。诗的前两句“朝辞白帝彩云间，千里江陵一日还”，诗人借早上绚丽的景色流露其出发前的欢快心情。诗的后两句“两岸猿声啼不住，轻舟已过万重山”，诗人又借舟行的疾速表达了急切思归的情感。在这里，猿声本来是使人感到凄婉的，所谓“巴东三峡巫峡长，猿鸣三声泪沾裳”，但在此时由于诗人欢快、急切的心情，连猿声也被涂上了一层欢快的色彩。所以，全诗之中，无一字直接言情，却又无一字不在言情。作者流放途中，突然遇赦急切盼望与家人重聚的欢快、振奋情感都融合在景物之中。这就说明，在诗歌的意境中，情、意起着主导作用。

再次，生活基础是意境形成的前提。我们说情、意是主导，肯定情、意在意境形成中的作用，但并不是说情、意是意境产生的源泉。意境的形成要有生活基础，生活基础是意境形成的前提。如徐悲鸿的画《逆风》，画面上偃伏的芦苇表现了风的动势，左侧的几只小麻雀正迎着狂风吃力地向前奋飞，画的右上方空白处有一只麻雀正展翅冲在最前面。这幅画的构图很有意思，偃伏的芦苇占去了画面的绝大部分，对这几只麻雀来说几乎是压倒的优势，画家正是以这种反衬的手法表现麻雀的奋进的精神。徐悲鸿在画这幅画时曾说：“鱼逆水而游，鸟未必逆风而飞……”意思是说，他要像麻雀那样逆风而飞，做与众不同的飞鸟。在这幅画里，徐悲鸿借麻雀的形象表现了自己的精神寄托。徐悲鸿的另一幅画《风雨如晦》也是通过生动的形象表现了画家在特定条件下对未来光明世界的展望。这些画既是画家对自然美的独特发现，同时又是画家现实生活感受的抒发。这说明，没有一定的生活基础是不可能创作出意境这么丰富而深刻的作品的。又如，李苦禅的画《落雨》，在湿漉漉的芭蕉叶下面有几只避雨的家雀，这些家雀挤在一起，紧缩着身体，俨然一些天真可爱的孩子挤在屋檐下躲雨。齐白石的画《荷花倒影》，画面中

① 刘熙载：《艺概》，上海古籍出版社，1982年。

一群蝌蚪正在水中戏逐荷花的影子，形象逼真、活泼可爱。这些生动的细节、优美的意境，如果画家没有对生活的独特发现和感受，也是不可能捕捉到并加以表现的。总之，见景生情，再缘情而景，这是在构思过程中情景的交互作用，然后在作品完成时才能寓情于景，达到在艺术形象中的情景交融。因此，不能说意境只是主观作用于客观、主观拥抱客观的结果，而是二者的交融和统一的结果。

二、意境的特征

意境的情与景、意与境的统一性形成了意境的本质特征。

（一）意境是感性的

因为意境的基础是情景交融的形象，意境是具有生动的形象的。如“红杏枝头春意闹”“细雨鱼儿出，微风燕子斜”，是春天的优美景色，是春天的生动形象；“山中一夜雨，树梢百重泉”“幽林一夜雨，洗出万山青”是雨后山林清新景象的形象；“大漠孤烟直，长河落日圆”是边塞壮美的形象。这些形象是这些诗歌中意境的触发点和源泉，这些诗歌中正是有了这些形象才形成了其或优美，或壮美的意境。所以说，诗歌只有借形象说话才有意境。这正如刘熙载在《艺概》中所说：“‘昔我往矣，杨柳依依。今我来思，雨雪霏霏’，雅人深致，正在借景言情，若舍景不言，不过曰春往冬来耳，有何意味？”[①]这里所说的借景生情，就是用形象说话。当然这并不是说生活中的任何形象都能形成意境，只有艺术家在生活中抓住那些典型的富有诗意的形象，并融入自己的审美情感，这些形象才能形成诗的意境。这说明，意境的形成离不开一定的感性形象，也就是说，意境总是感性的。

（二）意境具有深刻的哲理意味

意境是指运用艺术意象，在主客体交融、物我合一的基础上，将接受者引向一个超越现实时空、富有形而上本体意味的境界中。意境是以意象的存在为前提的，因为它要求的也是一种主客一体、物我合一的境界。这样看来，意境与意象是相通的，因为二者均是主体与物象碰撞时形成的一种心理状态，都要求主客、物我、情景之间的谐调、浑契，如王廷相所说：“夫诗贵意象透莹，不喜事实黏著，古谓水中之月，镜中之影，可以目睹难以实求是也。”这是意象与意境的一致性。然而二者毕竟不属同一层次的概念，是有区别的。

(1) 虽然二者均有主客、物我、情景浑契的结构，但它们所达到的层次、深度是不同的。意象主要体现的是审美的广度，意境则主要体现的是审美的深度，意象

---

① 刘熙载：《艺概》，上海古籍出版社，1982 年。

广阔、意境深邃。如用空间尺度来说明的话，意象偏于横向，意境则偏于纵向，如“大漠孤烟直，长河落日圆”便是以意境为主、意象辅之，主要体现了一种跨越时空的景致。再如屈原的《天问》则主要是横向性的意象排列，意境稍逊。

(2) 意境是意向的升华，是主体的升华，是主体心灵突破了意象的域限所再造的一个虚空、灵奇的审美境界。所谓“境生于象外”，就是说意象仅仅是“意”依托的“象”，虽包含着超越性，但只有当“意”突破了“象”的束缚，向哲理性、终极性升华时才逼近了“意境”。从意象走向意境，是从有限走向无限、从形而下的外观走向形而上的感悟；意境不能离开意象而独立存在，但又必须超越意象方能达到；意象以个别、特殊为其特征形态，意境则通向一般而具有普遍性，意境往往和中国人的哲理意识相联系，所以说意境是具有哲理意味的。

王国维认为，意境最重要的是一个“真”字，他说：“大家之作，其言情也必沁人心脾，其写景也必豁人耳目。其辞也脱口而出，无矫揉装束之态。以其所见者真、所知者深也……能写真景物、真感情者，谓之有境界。否则谓之无境界。”(《人间词话》)王国维还认为，语境有“隔”与“不隔”之别。“不隔”的关键是“所见者真，所知者深也”，这“真”与“深”说的就是理性洞见，也即是说意境重理，往往需具有哲理意味。

(三) 意境是空灵的。意境是意与象、情与景的深层统一

意境不重在“象”与“景”，而是重在“象外之象”“景外只境”，“象外”“景外”是没有边界的，因而它呈现为动态的、空灵的状态。空，意味着通向无限、丰富而不确定，具有最大的自由空间；灵，意味着生意盎然、变量丰沛，具有最大的创造可能。苏轼说：“欲令诗语妙，无厌空且静。静故了群动，空故纳万境。阅世走人间，观身卧云岭。成酸杂众好，中有至味永。”

宋朝严羽用禅语说诗，认为诗的意境类似于禅，“羚羊挂角，无迹可求”“其妙处透彻玲珑，不可凑泊，如空中之音，相中之色，水中之月，镜中之象”。这种如“空中之音”的“象”不能不有些朦胧、有些不可捉摸，但充满生气，又颇多玄妙，因而具有巨大的魅力。唐朝诗人皎然用“气象氤氲”表达诗的意境，这种“气”所表达的意味就空灵了。

空灵的意境是中华艺术的优秀传统。苏轼说：“欲令诗语妙，无厌空且静。静故了群动，空故纳万境。”皎然说：“诗情缘境生，法性寄鉴空”，“古罄清霜下，寒山晓月中”。对于中国古代艺术家来说，虚、空、远等意境的空灵感始终是其创造追求的核心目标。如陶渊明的诗《饮酒》：“采菊东篱下，悠然见南山。山气日夕佳，飞鸟相与还。此中有真意，欲辩已忘言。”诗人于诗中的无限的自然景观中，勾勒出一幅独具特色的绘画空间，用无言的载体托起这无限的生命体，这也就从实在走向了无言的虚空境界，意境的空灵感也就自然而然地产生了。

（四）意境是自由的

意境所透显的精神状态是自由的。意境的自由，一方面表现在它的开放性，即不同的审美主体可以从中体验到、感悟到不同的意义；另一方面表现在它的创造性，即无论是创造者还是欣赏者，都可以在意境中拥有丰富的想象空间。意境形象鲜明而又含蓄，它往往是“言有尽而意无穷”“言在意外，使人思而得之”。正像梅圣俞所说：“壮难写之景如在目前，含不尽之意见于言外。”王国维也曾说：“语语明白如画，而言外有无穷之意。”正是意境的这种鲜明形象而含蓄的特点给人留下了丰富的想象余地，让人去自由地创造，从而使意境具有了更大的、充分的自由性。

总之，意境是主观与客观的统一，是客观景物经过艺术家思想感情的熔铸，是凭借艺术家的技巧所创造出来的情景交融的艺术境界。这种艺术境界能调动人丰富的想象力，使人受到强烈的感染。李可染曾说：“意境是山水画的灵魂。没有意境或者意境不鲜明，绝对创作不出引人入胜的山水画。”这虽谈的是山水画的意境，但对艺术中的所有意境具有普遍意义。

第七章　美的创造

人们研究美学，研究美的本质、美感以及美的各种现象等问题，除了能认识美的本质、规律以进一步发展这门学科之外，重要的还在于能提高人们审美和创造美的能力。正如马克思在《关于费尔巴哈的提纲》中所指出那样："哲学家们只是用不同的方式解释世界，问题在于改变世界。"人们进行美的创造，在改造客观世界的同时，也改造了人们自己的主观世界。

随着美学研究的深入，美学领域对美的创造问题日趋重视，对美的创造的研究也越来越向纵深处发展。

第一节　美的创造的本质

创造是人类所特有的一种自由、自觉的活动，它体现了人的本质力量。创造意味着主体通过实践活动生产出前所未有的新的对象。正如奥尔德里奇所指出的，创造不是受动的摹制，而是主动的"构造性的崭新展现"。人们早期的创造是为了自身的生存和延续，以实用为目的。随着实践的不断发展和人类进步，人类的创造能力不断地提高。当人类能够从所创造的对象世界中直观自身并感到喜悦的时候，人类的创造活动就突破以实用为唯一目的的局限，进入了对创造对象的美的追求。由此可见，美的创造是在人类一般实践创造基础上逐步形成的一种在一定审美理想指导下，按照美的规律进行的自由、自觉的实践活动。

美的创造是人类所特有的活动。人类之所以能够进行美的创造，是因为人类能够进行有目的、有意识的生产活动。马克思曾说："动物只是按照它所属的那个物种的尺度和需要来进行塑造，而人则懂得按照任何物种的尺度来进行生产，并且随时随地都能用内在固有的尺度来衡量对象；所以，人也按照美的规律来塑造物体。"动物的活动是出于本能的活动，它只能按照其种族的本能遗传从事千篇一律的工作，不能进行创造。而人却不同，人不仅能够掌握客观世界的规律，按照对象本身所要求的尺度（即标准或规律）来进行生产，而且能够在掌握客观世界规律的基础上，用本身内在固有的尺度去衡量对象，按照自己的意愿和要求去进行生产，给对象打上人的“意志的烙印”，使其对象在合规律的同时合目的。所以，人的社会实践活动是创造性的，人可以按照美的规律来创造、可以在创造中贯彻自己的美的理想，这就是美的创造的本质。其具体表现如下。

一、美的创造是在审美理想指导下的创造

美的创造是通过人类的社会实践实现的。人的社会实践是自由的、自觉的、有意识的、有目的的活动，这种活动的结果从一开始就已经以观念的形式存在于人的头脑中。美的创造作为人类社会实践活动的一部分，同样是在预定的目的下进行的。它不仅受到对象的“物种尺度”的制约，也必然要符合审美理想指导下的“内在尺度”。而人在美的创造中产生的审美理想，就体现了人的这种“内在尺度”的要求。

审美理想是在审美实践中生成的审美意识的完善化。它渗透着社会形态的理论因素，体现了人们对美好生活的向往和追求，因此，它一经产生就对人的审美活动和美的创造产生巨大的能动作用。

审美理想对美的创造的作用从宏观上主要表现在两个方面。一是激发人的创造欲。那些有助于社会和人类进步的审美理想，将包含真、善品格的社会审美意象内化为个体的人生价值追求，激起其强烈的审美情感，使其产生去实现这种审美理想的创造冲动。同时，在审美理想的召唤下，人们克服种种内在和外在的困难，在美的创造的过程进一步形成创造美的意志力，使创造美的活动充满勃勃生机。人们即使是处于艰难困苦的生存环境之中，也会执着地去追求美和创造美，这就体现了审美理想的强大的推动力。二是审美理想可以丰富人们创造美的能力。审美理想是人们在各个领域的审美意识的理论综合和升华，它具有多重指向性。因此，在美的创造过程中，人们的美的创造活动可以在丰富的审美理想的指导下丰富地展开，从而人们也就可以具有较强的美的创造能力。

在此基础上，审美理想就可以对美的创造发生一系列的微观作用。首先，有了审美理想，审美主体就可以按照审美理想的要求，在生活中去寻找美和发现美的创造原型。审美经验告诉我们，审美注意和审美选择必须以审美理想为指导，没有审美理想作为审美选择和审美注意的尺度，可供作为美的创造的原型就会从创造主体的视野消失，美的创造就失去了对象，美的创造过程也就无法完成。其次，有了审美理想，具体的美的创造就有可供执行的标准。美的创造活动实际上就是实现创造者审美理想的实践过程。因此，确立审美理想对美的创造活动具有定向性的指导意义。我们知道，元朝王实甫的《西厢记》是根据唐朝元稹的《莺莺传》而创作的，两部作品都是以张生与莺莺的爱情故事为题材。但是，由于作者对

这一故事的理解和评价不同,作品在题材处理、结构安排、主题开挖、技巧运用等方面显示出很大差异,其思想、艺术价值也有明显不同。在元稹的《莺莺传》中,张生是一个“始乱终弃”、玩弄女性的封建文人,莺莺被视为妖人尤物,且作品流露出封建士大夫的陈腐观念。而在王实甫的《西厢记》中,张生是一个诚恳、热情、执着地追求恋爱自由的风流才子,莺莺是一个从犹豫、动摇走向坚定并果敢地追求自由的相门小姐。张、崔的爱情被赋予了反抗封建礼教和婚姻制度的积极意义,体现了作者审美理想的进步性。由于作者审美理想的迥异,两部作品有了全然不同的审美价值和追求。最后,审美理想还激励着人们为创造美好的生活而奋斗,在现实生活中也有着其重大的积极意义。

二、美的创造是按照美的规律所进行的创造

人类的美的创造活动不外乎两种情况:一种是在一定的物质材料和物质条件的基础上按照一定的审美理想进行加工、改造,使之由原型变成具有一定审美价值的审美对象;另一种是依据一定的审美理想,运用一定的物质材料和手段,使审美理想物态化。前者以客观的对象为基点,主体的创造必须建立在这一基点上;后者以创造主体的审美理想为基点,一定的物质材料和物质条件只是实现审美理想的手段和工具。无论是前者还是后者,美的创造都必须按照美的规律来创造。怎样按照美的规律来创造呢?

首先,美是客观的、社会的存在。美的客观社会性决定了美的创造不能始终停留在观念之中,即便是艺术美的创造也必须借助于一定的物质材料把观念形态的艺术构思外化为物态化形式的艺术作品。因此,洞察物质对象的性质、把握物质对象的客观规律,是完成美的创造所必须进行的一个重要环节。不同的物质对象或物质材料有不同的性质、特点,以及独特的“种的尺度”。要美化某种事物(即进行现实美的创造),或依据某一物质材料进行艺术美的创造,就要了解这种事物的特性和规律。如果不懂得需要美化的对象的客观规律,不清楚所借助的物质材料的特性(对于艺术创作来说),就不可能把审美理想变为美的现实。例如,雕塑家必须透彻了解他所使用的材料,或石头,或象牙,或钢铁,或竹木,等等。同样,歌唱家也只有懂得自己的音色、音质、音域的特点,才能充分发挥自己的长处,使演唱达到理想的境地。另外,语言的把握和运用对文学创作起着重要的作用。正如高尔基所说:“语言是一切著作,特别是文学作品的基本材料。”[①]他还说:“正如木旋工和金属旋工一样,一个文学工作者应该清楚地知道他的素材——语言、文字,否则他就不能够‘描绘’自己的经验、自己的情感和思想,也就不能够创造画

① 卢那察尔斯基著,蒋路译:《论文学》,人民文学出版社,1978 年。

面、人物性格等。”[①]至于进行现实美的创造、美化整个自然界和人类社会，更应该对复杂的客观世界的种种规律有深刻的了解。只要回顾一下人类航天事业的发展，就可以对这个问题有一定的认识。早在数千年前的远古时代，人们就向往着飞向月亮、遨游太空，从东方的《嫦娥奔月》的美丽神话到西方国家关于飞毯、飞靴的传奇故事，无不都表现了人们对飞天的强烈渴望。可是在生产力水平和科学技术水平极为低下的古代，这一愿望只能是一种幻想。即使到了20世纪初，人类已经造出了飞机，可以在地球的大气层里飞翔，离飞向宇宙还有很大的距离。现今人类到过除地球外的唯一天体，也不过是地球的卫星——月球，要真正达到在太空自由飞翔的目的，不知还要经过多么漫长的岁月。这不仅要解决一系列科学认识上的问题，还要解决许许多多复杂的物质技术问题，需要一代又一代人的不懈努力。

美的创造是一种主观见之于客观的实践活动。在这个活动中，人们除了认识、把握对象的内在规律外，还必须具备种种实践所需要的创造才能和技巧。抹杀才能的重要性，把强调才能的主张视为唯心史观、天才史观的观点是片面的、错误的。唯物主义美学与唯心主义美学的区别，不在于是否承认才能、天才在美的创造中的作用，而在于是否把才能看作美的创造唯一要素，以及是否把才能归结为先验的、神灵赐予的东西。歌德曾强调："才能不是天生的，可以任其自便的，而要钻研艺术，请教良师，才会成材。"[②]有的美学家认为，美的创造与美的欣赏一样，需要一种先天的才能。茫茫尘世，芸芸众生，不懂得鉴别美丑，自然更谈不上美的创造。柏拉图就认为，真正成功的诗作必须凭借"诗神"赐予的灵感，他说："凡是高明的诗人，无论在史诗或抒情诗方面，都不是凭技艺来做成他们的优美的诗歌，而是因为他们得到灵感，有神力凭附着……诗人是一种轻飘的长着羽翼的神明的东西，不得到灵感，不失去平常理智而陷入迷狂，就没有能力创造，就不能做诗或代神说话。"[③]把创造艺术美的才能归结为"神力凭附"，当然是一种谬误。实际上，先天的生理、心理素质，只不过为人提供了具备某种才能的可能性，要真正获得这种才能，还需要人们在长期的社会实践中不断地学习、探索和锤炼。总之，才能、技巧虽然不是天生的、神灵赐予的，但却是进行现实美和艺术美的创造不可缺少的。法国画家德拉克洛瓦说得好："大家知道，不好的将军可能打胜仗，因为在战争中，走运等于才能，而有时走运更重要；但是，不好的艺术家却从来创造不出好作品。"[④]人类美化自己生活的历史早已证明，只有在某个方面练就纯熟的技能、技

---

① 高尔基著，曹葆华等译：《高尔基文学书简》下卷，人民文学出版社，1962年。

② 爱克曼辑录，吴象婴等译：《歌德谈话录》，上海科学院出版社，2011年。

③ 柏拉图著，朱光潜译：《文艺对话集》，人民文学出版社，1963年。

④ 柏拉图著，朱光潜译：《文艺对话集》，人民文学出版社，1963年。

巧，才有可能得心应手地进行美的创造，把审美理想变成美的现实。《庄子·养生主》中著名的寓言故事《庄子·庖丁解牛》的寓意说明，即使从事像宰牛这样平凡的劳动，如果在实践中锻炼出高超的技巧，那么也能“奏刀马然，莫不中音，合于《桑林》之舞，乃中《经首》之会”，给人以美的享受。歌德早年偏爱绘画创作，但在中年时到意大利游历时，见到了许多古希腊造型艺术的杰作，意识到自己的才能不足以在这方面获得成就，也就不再从事绘画了。所以，他回答他人提出的“一个人怎样才能知道自己在造型艺术方面有真正的才能”的提问时，强调说：“真正的才能对形象、关系和颜色要有天生的敏感，不要多少指导，很快就会处理得妥帖。对物体形状要特别敏感，还要有一种动力或自然倾向，能通过光照把形体形状画得仿佛伸手可摸那样活灵活现……”[①]歌德的切身体验告诉人们，要创造美的造型艺术作品，这种对应的才能确实是不可少的。

总之，创造美必需的基本条件是，在审美理想的指导下，既要把握客观对象或使用的物质材料的内在规律，又要得心应手地运用一定的创造才能和技巧。也就是说，在社会实践活动中，为了进行美的创造，人们应当通过熟练的技巧把合目的性与合规律性统一起来（即一定要按照美的规律来创造），这样才能创造出日益丰富和完善的美的事物来。

三、美的创造是一种价值的创造

美的创造的产品是主客体在相互交融的能动过程中所形成的客观的审美对象。这个审美对象往往能以其独特的审美属性而与主体发生审美关系，并使之产生审美愉悦，获得强烈而又丰富的审美心理效应，这种效应就是审美对象的价值所在。可以说，任何创造都是价值的创造，任何美的创造也都是审美价值的创造，审美价值的创造既是过去的、已有的审美关系的结果，又是建立新的审美关系的基础。从某种意义上说，审美关系就是具有审美需要的人通过实践活动在对物的那些能“满足需要”的属性的把握和占有的过程中建立起来的。当我们说某物美时，意味着该物获得了我们肯定性的态度和情感，引起了我们身心的愉悦，满足了我们心理和精神上的需要。这说明，该物对人是具有价值的。因此说，人与世界的审美关系实际上就是一种价值关系。

价值，舍弃其经济学含义，是指事物对人的有益性。马克思指出：“‘价值’这个普遍的概念，是从人们对待满足他们需要的外界物的关系中产生的。”[②]价值是指在实践活动中，客体的属性能满足主体的需要这一事实。因而，审美价值既不

---

① 爱克曼辑录，吴象婴等译：《歌德谈话录》，上海社会科学院出版社，2011 年。

② 中共中央马克思恩格斯列宁斯大林著作编译局：《马克思恩格斯全集》第 19 卷，人民出版社，1985 年。

作为客体的一种属性存在于客体之中，也不应当归结为主体纯粹的主观评价存在于主体之中，更不能视为一种超现实的规范或理性存在于主客体之外。它存在于主体与客体现实的审美关系之中。正如法国当代著名现象学美学家杜夫海纳所说："价值表现的既非人的存在，也非世界的存在，而是人与世界之间不可分割的纽带。"[①]这个"纽带"就是人的审美实践活动，是人的美的创造活动。在这一活动中，人在创造美的对象的同时，也创造了自身。它一方面赋予了自然事物以社会性质，实现了自然的人化，使其具有了审美价值属性；同时，也使人在对象中直观自身，欣赏到自己的本质力量，从而在实践中进一步改造，完善自身，并最终表现为人的审美需要的满足和丰富、审美能力的培养和提高以及新的审美观念的形成和确立，即审美价值的全面实现。

因此，审美价值是人类在审美实践活动中客体的审美属性能满足主体的需要并引起主体审美感受所能达到的程度。它在审美活动中建立起来，并实现于审美关系之中。这样，审美价值就有了区别于功利价值(实用价值)、道德价值和宗教价值的特征。但是由于人类的创造领域是丰富而广阔的，创造品的价值属性也是多方面的，因此价值在不同的创造领域的表现也各不相同。艺术领域里的创造以追求审美价值为核心，而在其他领域的创造中，其价值构成就复杂得多。

在物质世界的创造过程中，审美价值和实用价值是交织在一起的。人类的创造活动经历了一个由低级到高级、由功利到审美的漫长的发展过程。审美需要最初是与人的实用需要结合在一起的。随着人类实践活动的逐步深入、审美观念的不断增强，人的审美需要从粗陋的肉体需要和狭隘的物质需要中提升了出来，成为一种特殊的精神需要。这时，物质创造所追求的价值既有功利的实用价值又有审美的精神价值，这说明人类审美价值和功利价值既有相互联系的一面又有相互区别的一面。前者表现为一种物质效用，后者表现为一种精神效用。当然，这并不是说，在人类以后的实践活动中，审美和功利就截然对立。事实上，在实用艺术和建筑艺术的创造活动中，人们对产品功利用途的注重和对其审美价值形式的追求往往是结合在一起的，甚至在某些科学技术和生产劳动的创造活动中二者的完美统一达到了令人惊讶的程度——"在一个大型企业里，美学专家为新型起重机造了一个模型。它下面的支撑部位，形状匀称而美观。同时很重要的一点是，材料消耗降低了，支撑部位的负载也重新分配，机械工程师对美学家设计的起重机的稳固性表示怀疑。结果，经过科学的计算和试验表明，在新的、更加美观而轻便的形式中，起重机更加稳固了"[②]。这样，在艺术设计师的参与下，在生产美学的原则的实施中，劳动产品的制造既具有了较高的审美价值，又带来了直接的功利效

---

① 刘纲纪著：《美学与哲学》，武汉大学出版社，2006年。

② 列·斯托洛维奇著，凌继尧译：《审美价值的本质》，中国社会科学出版社，1984年。

用。这一事实说明，在物质世界的审美创造中美与善具有密切的关系。但是，如果把艺术设计和生产美学的全部意义归结为获得看得见、摸得着的物质结果，那就大错特错了。审美创造不单是为了借助美学研究来提高劳动效益，同时要在人类的实践活动中使审美获得相对独立的意义和价值。

在人类社会的创造中，审美价值与道德价值也是交织在一起的。精神效用并不为审美价值所独有，道德价值也包含着精神因素。伦理道德活动是人类维护协调某种特定的社会关系的活动。社会美的创造的实质就是通过人际关系的协调求得生产力的提高和人们生活水平的改善。在社会整体中，人与人、个人与社会构成了极为复杂的关系。为了维护社会的整体统一，除了以法律的强制手段来维持特定社会秩序外，还需要一定的伦理规范来制约人们的行为，这就是道德。道德要受社会理性的制约以抑制有害于社会的感性冲动。道德规范也是人们在社会理想指导下的创造，是历史发展的产物。一种社会道德的形成也就是一种社会美的创造的产生。当人们致力于某一项道德活动或为社会做出某种贡献，在其行为中表现出一种社会责任、义务和主体的自律乃至自我牺牲时，人们创造的就是道德价值。人们从这里获得的满足和愉悦就是道德感。可是当人们专注于和谐的人际关系的形式特征，从而获得了一种内在体验的精神自由时，人们注意的就是审美价值，由此得到的满足和愉悦就是审美感。由此可见，在人际关系和谐美的创造中，道德价值和审美价值也是密不可分的。道德伦理观念是社会关系美的内在意蕴，优雅和谐的道德行为是社会美的形式显现。正因此，有些最高尚的道德行为也就是最崇高的美。把道德价值和审美价值割裂开来或混为一谈都是不对的。

与人对世界的审美关系一样，宗教关系本质上也是一种价值关系。而且，在人类的思想、文化史中，宗教意识和审美意识表现为复杂的交织关系，甚至产生宗教体验和审美心理体验的心理结构具有某种共同性。然而，作为人的两种不同的价值体系，审美价值与宗教价值仍有显著的不同之处。

宗教信仰活动源自于人类实践，也是人类主要的精神活动之一。最初，原始人类面对大自然和自身的种种未能理解、未能掌握的现象，感到恐惧和神秘，于是开始用巫术、献祭、祈祷等形式来乞求神灵保佑，进而形成原始的宗教。进入阶级社会以后，由于受到这种社会盲目的异己力量的支配，人们常常无法掌握自己的命运，于是想逃离这“世俗的基础”，“使自己和自己本身分离，并使自己转入云霄，成为一个独立的王国”①，在这个虚幻的王国中得到慰藉和解脱。所以，宗教源自于人消除自我分裂和自我矛盾形成的心理紧张的需要和从虚幻的神灵和信仰王

① 中共中央马克思恩格斯列宁斯大林著作编译局：《马克思恩格斯全集》第3卷，人民出版社，1985年。

国中追求慰藉的需要。

而超自然的神灵、虚幻的王国都是由人设想出来的,是“人的自我异化的神圣形象”①。因此,宗教活动根植于人的理性,信仰本质上是一种理性价值观念。尽管宗教活动中有着强烈的情感和想象因素,但这里的情感伴随着精神空虚、悲哀、绝望、无所依从时的消极情感和寻求解脱的情感;这里的想象是对表象世界背后的那个虚幻王国、虚幻的力量的想象,更接近于幻想,而这理想的境界是人根据理性所构筑的。正因为如此,宗教信仰中的愉悦来自于对神的膜拜所带来的心灵上的安慰,具有超自然、超感性的性质,带有精神的抽象性、彼岸性。而审美价值的实现是以人的感性生命得到发挥和满足、得到自由自在的表现为条件的。审美活动忠实于人的感性生命,特别是情感、欲望。在审美过程中,那些高尚的、纯洁的人类情感在深切的体验中获得神圣、宝贵的意义,那些卑下、可耻的情感和欲望在无拘无束的倾吐和宣泄之后逐渐消失,人的心灵变得健康和纯洁,人对社会、人生、宇宙、自我有了更深的体验。这种精神的满足感和愉悦感不是来自宗教的虚幻和慰藉,而是人在感性生命的自由活动中感到的真实满足和愉悦。审美价值的全面实现将使整个人类和社会都趋于审美化、趋向自由与和谐的理想境界。

宗教也是人的创造,也有人的理想感情的渗透,因此其间也不乏审美价值。昔日的宗教经典已被作为文学名著来欣赏;被人顶礼膜拜的庙宇、佛像也成为人们审美的旅游胜地;宗教题材的艺术作品更是充斥于各个时代、各个民族的许多艺术领域中。这种宗教价值与审美价值的复杂关系说明,即使是带有明显消极色彩的宗教创造也同样有审美价值的创造因素。

总之,美的创造的实质是人的本质按照一定的理想和规律在创造实践中的价值实现,是一个多领域、多侧面的创造系统和价值系统。

第二节　美的创造的历史形态

美的创造是在一定的社会历史条件下进行的,总是受到一定社会历史条件的制约。它一方面与一定的社会生产力发展状况密切相关,另一方面也受到一定的社会的政治、哲学、宗教等意识形态的影响。因此,在社会发展的各个历史时期,美的创造具有不同的历史特点。随着社会的发展、文明的进步、人的自由创造能力的提高,人类的美的创造活动也不断丰富和发展。人类的历史也就是人类实践获得自由的历史,是人的美的创造和人与世界的关系全面走向审美关系的历史。

---

① 中共中央马克思恩格斯列宁斯大林著作编译局:《马克思恩格斯全集》第1卷,人民出版社,1985年。

一、原始社会中的美的走向

人类历史从蒙昧时代到原始社会解体，长达数百万年。在这漫长的数百万年里，人类通过其繁重而又艰难的生产劳动一步步地提高自己生产物质财富和创造美的价值的能力。

在五六十万年以前，处于旧石器时代早期的周口店的北京猿人已经懂得选用质地坚硬的石料，打制砾石砍砸器、燧石刮削器、脉石英尖状器等，用来砍树木、剥兽皮、割兽肉。这些人类最早的创造物粗笨得同自然状态的物质没有多大差别，可是终究留下了人类劳动的痕迹，打上了人的意识的烙印。因此，它虽不是自觉的、美的创造物，是出自实用目的的创造，但却仍有其审美价值。

到了距今二三十万年以前的旧石器时代中期，猿人逐渐进化为古人。这一时期的人类化石，在我国发现的有广东韶关马坝人、湖北长阳的长阳人、山西襄汾的丁村人，经过数十万年生产实践经验的积累，在工具的制作上，古人相较猿人有了显著的进步。丁村人打制的石器不仅类型比北京猿人的多，有可供投掷的多边形石球和锐利均衡的三棱行尖状器，而且制作精细、加工难度较大，这显示了人类才能、智慧的进一步发展。

大约三四万年前的旧石器时代后期，人类进化到新的阶段。在这一阶段，人类创造的工具形式更为精巧，效用显著提高。如山顶洞人所使用的石器，刃部锋利，造型均匀，特别是一枚长 82 毫米的骨针，针身细圆、针头尖锐、针孔窄小，这不仅表现了相当高明的劳动技艺，而且说明了山顶洞人已经能够制作兽皮衣服。除此之外，在山顶洞还发现了大量的装饰品，例如，经过磨制并钻孔染色的小石珠、挖孔的兽牙、磨孔的海蚶壳、刻纹的鸟骨等。装饰品的出现意味着人类最迟在这一阶段已经有了精神的需要。据人类学家的研究，山顶洞人之所以佩带穿孔的兽类的犬齿，是因为这些野兽“很可能是当时被公认为英雄的那些人的猎获物。每得到这样的猎获物，即拔下一颗牙齿，穿上孔，佩带在身上作标志”，又因为犬齿在全部牙齿中是最少的，在食肉类动物的牙齿中也是最尖锐有力的，取“最尖锐的牙齿更能表现其英雄”[①]。所以说，装饰品的出现虽不能作为山顶洞人已经具有独立的审美意识的根据，但起码可以证明山顶洞人实际上已察觉到对象中包含了自身的本质力量，从而或多或少具备了在自己创造的世界中直观自身的能力。

进入新石器时期，人类美化自身生活的能力有了飞速的提高。以磨制石器为特征的生产工具（如石铲、石刀、石斧、石凿等）精巧、光洁、锐利，大大提高了原始人在恶劣的自然条件下的生存能力。而磨制的石簇证明人们已发明了弓箭，扩大

① 贾兰坡:《中国大陆上的远古居民》，天津人民出版社，1978 年。

了狩猎的范围,提高了打猎的效率,促进了社会生产力的发展。我国在1953年发现的距今五六千年的西安半坡遗址,是一个相当完整的新石器时代氏族村落的遗址,有房屋遗迹四五十座,围栏两座,储藏窑穴二百多处,制陶窑址六座,以及生产工具、生活用具约万件。半坡人烧制的陶器,有种种不同的造型和用途。作为灶具的有灶、甑、釜、罐等;作为饮食用具的有钵、盆、碗、杯。陶器上彩绘的显著特点是动物形象较多,有人面、鱼、鹿等,而以鱼纹最为普遍。著名的“人面含鱼纹盆”突出地显示了在半坡人的生活里审美与实用的紧密结合。丰富的半坡文物告诉我们:当时人们对于美的创造已不限于生产工具,而是旁及了社会生活的各个领域;从房舍建造到生活工具,从物质生产到艺术造型,美的创造的领域在不断地扩大,人们的审美视野也随之而发展。山东大汶口氏族公墓出土的玉器、象牙制品等,有的已失去实用价值,具有独立的审美意义,如作为氏族头人权力象征的“玉铲”,其造型规整、厚薄匀称、色泽晶莹,在今天看来,仍具有很高的审美价值。

人类告别动物界是以制造工具为标志的。“在生产中,人客体化,在消费中,物主体化。”①原始人按预定目的制成的工具,凝结了自身的意志和力量,客观上就具有了审美的价值——尽管当时的猿人囿于粗陋的实际需要,对它的美还不可能有什么感觉。我们可以说,原始人在制造工具的同时,实际上也开始了美的创造。

马克思说:“在劳动过程中,人的活动借助劳动资料使劳动对象发生预定的变化。过程消失在产品中。它的产品是使用价值,是经过形式变化而适合人的需要的自然物质。劳动和劳动对象结合在一起,劳动物化了,而对象被加工了。在劳动者方面曾以动的形式表现出来的东西,现在在产品方面作为静的属性,以存在的形式表现出来。”②这就是说,劳动的结果对于作为主体的人来说,有两个方面的意义:其一,在劳动中,人们按预定的目的改造客观对象,从而使产品能够满足人的物质生活的需要,使其具有使用价值;其二,在劳动过程中,实现了人与自然、主体与客体之间的物质交换,“劳动物化了”,主体方面以动的形态表现出来的东西,化为产品以客观存在形式显现出来的静的属性,这也就是人的本质力量获得了客观的感性显现的形式,从而成为可供人类实现自身观照的对象。换句话说,产品的审美价值伴随着使用价值在劳动过程中产生。

但是,由于人类的认识是随着人类社会实践的发展而发展的,所以人类首先注重的是产品的实用价值。墨子曾说:“长无用,好末淫,非圣人之所急也。故食必常饱,然后求美;衣必常暖,然后求丽;居必常安,然后求乐。为可长,行可久,先

---

① 中共中央马克思恩格斯列宁斯大林著作编译局:《马克思恩格斯选集》第二卷,人民出版社,1972年。

② 中共中央马克思恩格斯列宁斯大林著作编译局:《马克思恩格斯全集》第23卷,人民出版社,1985年。

质而后文，此圣人之务。”只有生产力发展到一定水平，原始人才能摆脱粗陋的物质需要的局限，意识到产品的审美价值，在自己的劳动和劳动产品中直观自身而发现美。

总之，原始社会里美的创造，经历了从人类整个物质生产活动逐步分离而具有独立形态的复杂过程。原始人最初创造的美尽管是低级的、粗糙的，现今看起来似乎谈不上有什么审美价值，但是，作为美的创造的第一步，其意义绝对不能低估。这一创造是人类审美意识和创造美的才能进一步发展的必不可少的基础。有了这个基础，才有审美意识、审美理想的逐步觉醒和深化，才有后来的美的创造的高度发展。因此，原始社会时期的美的创造有其深远的历史意义。

二、私有制社会中美的创造

在人类社会发展的过程中，随着社会分工和私有制的出现，原始社会解体，私有制社会逐步形成。私有制的出现是生产力发展的结果，是历史演变的必然。恩格斯在谈到私有制出现在历史上所起的作用时说：“私有制财产在历史上的出现，绝不是掠夺和暴力的结果……在私有制财产形成的任何地方，这都是由于改变了的生产关系和交换关系，是为了提高生产和促进交流——因而是由于经济的原因产生的。”[①]同时恩格斯又指出：“只有奴隶制才使农业和工业之间的更大规模的分工成为可能，从而为古代文化的繁荣，即为希腊文化创造了条件。没有奴隶制，就没有希腊国家，就没有希腊的艺术和科学；没有奴隶制，就没有罗马帝国；没有希腊文化和罗马帝国所奠定的基础，也就没有现代的欧洲。我们永远不应该忘记，我们的全部经济、政治和智慧的发展，是以奴隶制既为人所公认，同样又为人所必需的这种状况为前提的。在这个意义上，我们有理由说：没有古代的奴隶制，就没有现代的社会意义”[②]。私有制的产生，对生产力的解放、促进物质文明和精神文明的发展具有重要意义，但是，私有制条件下的阶级压迫和剥削对劳动的异化也是不容忽视的。马克思把这种私有制条件下的社会实践活动就叫作异化劳动。美是人类自由、自觉的创造性活动的结果，但在私有制社会条件下，劳动被异化，劳动者的自由意志无法实现，而美的创造却并未停止，这是为什么呢？异化劳动与美的创造的关系究竟怎样？

异化是德国古典哲学中的一个术语，指的是主体经过转化，成为外在的、异己的东西。黑格尔用异化来表示他的绝对精神发展的各个阶段，最后又复归为绝对

---

① 中共中央马克思恩格斯列宁斯大林著作编译局：《马克思恩格斯选集》第三卷，人民出版社，1972年。

② 中共中央马克思恩格斯列宁斯大林著作编译局：《马克思恩格斯选集》第三卷，人民出版社，1972年。

精神。因此，在黑格尔的哲学里，异化、外化、对象化的含义是基本相同的，不包含同主体相敌对的这层意义。费尔巴哈用异化来阐释宗教的本质，指出人按自己的面貌创造了上帝——异化为上帝，然后加以崇拜；一旦人认识到上帝的本质不过是人的本质时，异化也就消失了。所以，费尔巴哈讲的异化已含有与主体对立的意思，只是他仅仅从抽象的思辨理解这个问题，而没有根据人的社会实践来加以把握。其实，假若没有物质条件和社会关系的变革，单凭认识的提高或思想批判，是无法消除对上帝的迷信这种异化现象的。

在《1844年经济学哲学手稿》中，马克思在论述异化劳动时，赋予异化以新的含义，把它同现实化、对象化、物化、外化等区别开来。人通过物质生产实践，把属于人的本质体现在对象中，这就是主体的现实化、对象化、物化、外化。到了私有制社会，劳动生产的结果为剥削阶级所获取，劳动者生产的产品越多，剥削阶级掠夺的东西也就越多，其力量也越强大。于是，劳动产品对劳动者来说，成了异己的、统治自己的、压迫自己的力量，这就是劳动的异化。因此，马克思所说的异化包含与主体对立的意思，不同于黑格尔所说的异化。同时，它并非指观念、认识，而是指人的实践活动及其成果，所以也有别于费尔巴哈所说的异化。在《1844年经济学哲学手稿》里，马克思充分论述了异化劳动所包含的四个规定。

(1) 人与劳动产品的异化，即劳动者与劳动产品的对立。劳动产品是劳动者生产实践的产物，是劳动者的生产成果。它作为劳动者本质力量的一种确证，理应归劳动者所有，并引起劳动者的愉悦之情，劳动者与劳动产品之间应该是一致的、统一的。但是，在私有制的社会条件下，劳动者生产出来的产品，由于剥削关系的存在而不能归他们所有，而是被生产资料的所有者——剥削阶级所占有。“工人同自己的劳动产品的关系就是同一个异己的对象的关系。”“工人在劳动中耗费的力量越多，他亲手创造出来反对自身的、异己的对象世界的力量就越强大，他本身、他的内部世界就越贫乏，归他所有的东西就越少。”[①]劳动产品成为一种与劳动者相对立的异己力量，“同他对抗”。

(2) 人与劳动活动本身的异化，即劳动者与劳动的对立。劳动创造了人，是在物种关系上人区别于其他动物的基本特征。然而，阶级剥削和压迫却使劳动成了苦役，而难以带来自由创造的愉悦。所以，马克思指出：“异化不仅表现在结果上，而且表现在生产行为中，表现在生产活动本身中。”[②]他还强调：“劳动对工人来说是外在的东西，也就是说，不属于他的本质的东西；因此，他在自己的劳动中不是

---

① 中共中央马克思恩格斯列宁斯大林著作编译局：《马克思恩格斯全集》第42卷，人民出版社，1985年。

② 中共中央马克思恩格斯列宁斯大林著作编译局：《马克思恩格斯全集》第42卷，人民出版社，1985年。

肯定自己，而是否定自己，不是感到幸福，而是感到不幸，不是自由地发挥自己的体力和智力，而是使自己的肉体受折磨、精神遭摧残……只要肉体的强制或其他强制一停止，人们就会像逃避鼠疫那样逃避劳动。”[①]本来，自由的创造性劳动使人类在物种关系上得到了提升、具有了优越感，给人类带来了愉悦，但是，劳动的异化却使劳动者的身心受到极大的伤害和摧残，使其完全丧失了对自己所从事的劳动的兴趣。劳动者和劳动变成了一种对抗。

(3) 人与人的“类本质”的异化，即人的非人化。劳动产品和劳动自身的异化必然造成人的“类”的异化。劳动本来使人从动物中提升出来，但在异化劳动的情况下，人的生产活动失去了自由创造的特性，而成了仅仅是维持肉体生存需要的手段，像动物那样只是在直接肉体需要下进行生产，正如马克思在其《1884 年经济学哲学手稿》中所说：“只有在运用自己的动物机能——吃、喝、性行为；至多还有居住、修饰等的时候，才觉得自己是自由活动，而在运用人的机能时，却觉得自己不过是动物。动物的东西成为人的东西，而人的东西成为动物的东西”。这样，人就失去了他的“类本质”，降到了动物的水平。

(4) 人与人的异化，即人与人的对立，也就是劳动者与剥削者的对立。在私有制条件下，由于劳动者在劳动中深受剥削阶级的欺压和剥削，劳动产品不能归自己享有而为剥削阶级所占有，劳动者在其物质生活和精神生活上都丧失了人应有的享受而沦为动物，劳动者和剥削阶级的矛盾激化，二者完全对立，于是，人与人之间的关系也就出现了异化。这样，人就不仅在物种关系上退回到动物状态——表现在把劳动当作苦役，而不是作为生活的第一需要；并且在社会关系上也同动物状态没有什么差别——表现在弱肉强食的竞争与人压迫人，人剥削人。劳动者和剥削阶级的关系被异化，亦即非人化。人与人的关系的异化使人丧失了人的本质。

那么，异化劳动既然使人丧失了人的本质、回到动物状态，它是否就与美的创造无关呢？是否在私有制条件下劳动者就不参与美的创造呢？马克思在分析异化劳动时曾明确指出：“当然，劳动为富人生产了奇迹般的东西，但是为工人生产了赤贫。劳动创造了宫殿，但是给工人创造了贫民窟。劳动创造了美，但是使工人变成畸形。劳动用机器代替了手工劳动，但是使一部分工人回到野蛮的劳动，并使另一部分工人变成机器。劳动生产了智慧，但是给工人生产了愚钝和痴呆。”[②]马克思所指出的这些私有制条件下的事实告诉我们，异化劳动同私有制本

---

① 中共中央马克思恩格斯列宁斯大林著作编译局：《马克思恩格斯全集》第 42 卷，人民出版社，1985 年。

② 中共中央马克思恩格斯列宁斯大林著作编译局：《马克思恩格斯全集》第 42 卷，人民出版社，1985 年。

身一样，具有矛盾的二重性。它既生产丑，也创造美。异化劳动之所以能创造美，其原因如下。

(1) 异化劳动作为人类改造客观世界的一种活动，不能不显现出人的本质力量来。在异化劳动中，劳动者从事的是服从剥削阶级意志的强迫劳动，其智慧和创造力都遭受压制。整个劳动过程，对他们来说，也无疑是一种苦役。因此，异化劳动中的劳动者个人，不可能从他们生产的产品中直观自身、看到自己的本质力量，从而不能获得美感。然而，从客观实际情况来看，异化劳动中的劳动者，作为人类整体，充分发挥其智慧、才干和惊人的力量，不仅按照“任何一个种的尺度来进行生产”，而且随时随地都能把“内在的尺度运用到对象上去”，从而使自己改造客观世界的活动，沿着事先设定的目标前进，并从中达到了自由的境界。唯其如此，异化劳动及其创造物依旧体现了“种的尺度”与“内在尺度”的统一，成为特定历史形态下人的本质力量的一种显现，因而具有美的价值。

(2) 异化劳动体现了人的增值和贬值之间的矛盾。一方面，异化劳动包含了上述种种消极方面，使人的价值贬低，甚至降到动物的水准。另一方面，作为一种特定历史阶段的产物，异化劳动又是人类社会向前发展不可缺少的一环，具有符合客观规律的一面。各具形态的异化劳动，相对于此前的那个历史阶段来说，都具有解放生产力、提高人的价值的积极方面。回顾人类演进的历史，在迄今为止的漫长的私有制条件下，生产力的不断发展不仅使物质生产产品的审美价值日益提高和拓展，而且有力地推动了精神产品及艺术美的丰富和发展。同时，随着物质技术水平的提高和科学的发展，人们对客观事物规律的认识逐渐深入，审美能力也不断提高。这些都对创造美和发展美起到了不容抹杀和低估的积极作用。

(3) 异化劳动没有、也不可能完全扼杀劳动者的创造才能。阶级剥削和阶级压迫对具体劳动者的束缚并非时时刻刻都一样强烈、一样明显。异化劳动使劳动者受到束缚是绝对的，而束缚的程度却具有相对性。在束缚程度相对较轻的情况下，劳动者可以获得某些自由创造的天地。而且，在异化劳动的情况下，劳动者的生活与他的劳动实践仍然有着必然的联系，例如生命的延续、后代的繁衍以及在一定条件下生活状况的改善等。因此，在一定的时间、场合，劳动者还是可以表现出某种程度的积极性、创造性，尽管这种积极性、创造性经常会遭到剥削阶级的打击，甚至扼杀。

(4) 异化劳动尽管意味着人与人相异化，但这是就剥削阶级与劳动者的关系而言的。在劳动者之间，依旧存在着友爱、团结、生死与共的相互关系。这种关系激励着劳动者的生活勇气和斗争意志，因而对美的创造具有重大作用。

在剥削阶级的压迫、奴役下，劳动者对美的创造的实践活动还有一个重要方面，就是他们为争取自身解放所进行的反抗和斗争。从奴隶起义、农民战争到无产阶级革命，人类日益自觉地把握了社会发展的客观规律和意识到自身的历史使命。正如列宁早就指出的那样："革命是历史的火车头——马克思这样说过。革命是被压迫者和被剥削者的盛大节日。人民群众在任何时候都不能够像在革命时期这样以新社会秩序的积极创造者的身份出现。在这样的时期，人民能够做出从市侩的渐进主义的狭小尺度看来是不可思议的奇迹。"[①]所以，广大人民群众反剥削、反压迫的革命斗争集中体现了那个时代的人的本质力量，是私有制下美的集中表现和美的创造的动力和源泉。

三、共产主义社会中美的创造

共产主义社会是人类最高级、最理想化的社会形态，也是一种审美化的社会。在这个社会里，人类完成了从必然王国向自由王国的过渡。人战胜了自然，而又回归了自然，人与自然达到高度的和谐与统一。同时，人也摆脱了人的一切束缚，消除了阶级差别，建立起人与人之间平等、友爱的社会关系。正如马克思所说，共产主义"是人和自然界之间，人和人之间的矛盾的真正解决，是存在和本质、对象化和自我确证、自由和必然、个体和类之间的斗争的真正解决"[②]。这是一个自由的审美的王国，一切现实的都是自由的，一切创造的都是审美的。

首先，在共产主义社会里，人是美的创造的人，也就是完全审美化的人。在共产主义社会里，人不仅是美的创造的主体，也是美的创造的对象，人的本质力量得到充分的体现，所以这时的人应该是完全审美化的人。人将从宗教、家庭、政权回归到他的人性的存在，回归到社会性的存在，即人性从异化到回归。这种回归既是对异化劳动中消极的破坏因素的扬弃，又是"彻底的、自觉的、保全了以往发展的全部丰富成果的"。在此基础上，人将是具有全部丰富本质的人，具有人的各种生命表现的完整的人。正如席勒所说：只有人性充分实现的人，才是理想的人，完全审美的人。"只有当人是充分意义上是人的时候，他才游戏；只有当人游戏的时候，他才是完整意义上的人。"[③]这里的游戏是指同时摆脱了来自感性的物质强制和理性的道德强制的人的自由活动。只有当人自由活动时，人的本质力量才能充分实现，人才会既按照美的规律去改造和美化客观世界，又能按照审美理想来改造和美化自身世界。

其次，在共产主义社会里，劳动成了美的创造。也就是说，劳动是一种自由的、愉悦的活动。共产主义社会是一种理想化的社会，理想社会中的劳动也应该是理想化的、自愿的、自由的、快乐的，是既合规律又合目的性的，这充分体现了人

---

① 中共中央马克思恩格斯列宁斯大林著作编译局：《列宁选集》第1卷，人民出版社，1963年。

② 中共中央马克思恩格斯列宁斯大林著作编译局：《马克思恩格斯全集》第42卷，人民出版社，1985年。

③ 弗里德里希·席勒著，冯至等译：《审美教育书简》，北京大学出版社，1985年。

的自由本质的美的创造的活动。这时,劳动不仅是生产的手段,而且是生活的第一需要。理想社会中的劳动,既是劳动又是娱乐,既是创造也是欣赏。劳动者与劳动达到高度的和谐与统一。

最后,在共产主义社会里,人与人的关系也是美的创造。因为在共产主义社会里,人与人的关系摆脱了所有物种的束缚和社会的束缚,人都成了充分自由的、审美化的人,所以人与人之间的关系也就由一定的伦理道德关系和利益关系上升为审美关系。马克思认为,要使人真正从动物界摆脱出来,必须经过两次"提升",一次是通过一般生产,在物种关系方面把人从其余的动物中提升出来;另一次是通过一种能够有计划生产和分配的自觉的社会生产组织的建立,在社会关系方面把人从其余的动物中提升出来。完成两次"提升"之后,只有进入到共产主义,人才能处在一种完全平等的关系之中。人与人之间的这种互助友爱、高度和谐的关系,标志着人与世界的审美关系的全面实现。

当然,在共产主义社会的初级阶段,异化现象还会在一定的范围内残存。社会主义条件下的劳动,既是谋生的手段又是人们生活的一种需要。人们虽然免除了受剥削、受压迫的痛苦,但还不能在劳动中完全地实现自己,还要受一定的生产力发展水平和分工的制约。这就在一定程度上影响了人们创造才能的自由发挥,而审美关系作为整个社会生活中的一种最普遍的精神关系,也不可能完全建立起来。

第八章　现实美的创造

现实美是人类生活的主要内容，现实美的创造是按照美的规律来创造的，是人类的美的创造的主要任务之一，其与人类的物质文明建设和精神文明建设有着密切的联系。

第一节　现实美创造的途径

随着社会的发展，人类的生活日趋审美化，现实美成为人类生活的主要内容，因此，现实美的创造也就成为人类的美的创造的主要任务之一。人类的现实生活是无比丰富的，人类的现实美的创造的途径也是多种多样的。现实美创造的主要途径如下。

一、在生产劳动中进行美的创造

人类的生产劳动作为一种自由的、自觉的社会实践活动，其在本质上也是一种美的创造的活动。马克思在论及人类的生产劳动时曾说："我在我们生产中物化了我的个性和我的个性特点，因此我既在活动时享受了个人的生命表现，又在对产品的直观中由于认识到我的个性是物质的、可以直观地感知的因而是毫无疑问的权力而感受到个人的乐趣。"[①]也就是说，人类在自己的创造物中凝集了自身的本质力量，从而能在自己的创造物中直观自身并获得自我实现的愉悦，这种愉悦就是审美的愉悦。所以说，人类的生产劳动作为一种创造性的活动，不仅创造了物质产品和精神产品，而且创造了美。

① 中共中央马克思恩格斯列宁斯大林著作编译局：《马克思恩格斯全集》第 42 卷，人民出版社，1985 年。

（一）劳动过程中的美的创造

生产劳动是一种自由创造的活动，因此，劳动的过程也必然是美的创造的过程。钢花飞溅、铁水奔流是一种美的创造；耕种锄耪、挥镰收割同样是一种美的创造。当然，劳动过程的美的创造是以自由劳动为前提的，因为只有在这样的劳动过程中，劳动者才可能是自愿的，而不是被强迫的；劳动者的心情才能是轻松愉悦的，而不是痛苦的。

当然，劳动过程的美必须与劳动组织的美联系在一起。生产劳动是一种社会性的活动。很多劳动往往是集体性的，有时甚至需要成千上万的人参加。因此，把广大的劳动者恰当地组织在一起，使他们上下一致、万众一心，也使他们既能保持高昂的劳动热情又能紧张而有序地工作，这既是一门重要的领导艺术也是一种美的创造。作为生产劳动的领导者，应当建立科学的劳动组织和管理制度，使整个生产劳动过程和谐、协调，因为劳动组织的科学性、合理性和严密性是生产劳动美化的关键所在。

（二）劳动条件和劳动环境中的美的创造

劳动条件和劳动环境的美的创造，既是劳动者从事大规模的现实美的创造的可靠保证，又是劳动者进行现实美的创造的有机组成部分。它不仅可以激发劳动者的积极性、消除过度的紧张、减轻疲劳、防止发生工伤事故、协助找到最佳的工作节奏、提高劳动效率，而且可以充分发挥劳动者的创造才能、丰富劳动者的审美情感、发展劳动者的审美能力，从而使其获得更多的审美享受。因而，这一美的创造途径越来越受到人们的重视。

创造良好的劳动条件和环境，需要从各个方面着手。以工厂为例，良好的工作条件和环境需要工作场所具有合理的光线和照明、良好的通风、正常的空气温度和湿度以及墙壁和设备的合理色调、机器安装合理而有序、空间宽敞和周围环境的整洁、美观等。

合理的色彩和照明能够稳定劳动者的神经系统和心理，使劳动者在工作中感到轻松、舒适和愉快，有利于劳动者的身心健康。因此，人们在注重生产效益的同时，也在不断地改善劳动条件、美化劳动环境。在色彩的选择上，要充分地利用色彩的物理和美学性能，注意生产的性质、物件的功能以及周围背景和其他方面的协调一致。在照明的处理上，要正确地分布光源，使工作环境明亮而又柔和，使灯具的外观同建筑上的装饰搭配得当，从而尽可能地使劳动环境舒适、美观。

足够的操作空间、合理的设备安装、井然有序的材料放置，都在美化劳动环境中占有重要地位。为了使劳动者在工作中方便安全、节省时间和精力、提高劳动效率并满足劳动者的审美需要，人们还按照人体工程学要求去设计制造各种机器设备和设置劳动物品，保证其结构和尺寸大小尽量适合人体活动的需要，使人的体力和精力消耗降低到最低程度，最大限度地提高劳动效率和增加劳动者的审美愉悦感。

另外，厂区应做到整齐清洁、绿树成荫、景色宜人，场院要有草坪和花圃、塑像和喷泉，这不仅有保健作用，而且有审美作用。劳动工作服也是劳动中的审美因素，轻便、合体、美观的工作服不仅有利于安全生产，而且可以增强劳动者的职业荣誉感和责任感并给其以审美享受。

（三）劳动产品中的美的创造

劳动产品是劳动实践的产物，是人类智慧和才丁的结晶。美的创造的产品不仅具有功利作用，而且能给人以赏心悦目的美的享受。

劳动产品的美是在构成产品的所有因素的和谐统一中体现出来的，是由劳动者把握住与该对象的实用价值最为合适的质量、数量关系以及与人的感受最相适应的形式中产生出来的。在产品制造中，劳动者应遵循实用与审美相统一的原则，要求“内质量”和“外质量”的和谐、一致。所谓“外质量”，就是产品美的外在形式要具有结构合理、造型新颖、色彩和谐、装潢讲究等特点；所谓“内质量”，也就是产品美的内在形式，一般指产品的材料、结构、性质、功能等。在富有创造才能的劳动者那里，产品的实用功利尺度和形式上的审美尺度能够得到完美地掌握和使用。尤其是近年来世界上兴起的技术美学，它要求把产品的技术设计和艺术设计完美巧妙地结合起来按照美的规律来制造产品，使产品设计中的当代性、科学性、实用性、艺术性元素和谐、一致，从而创造出既实用、美观又内外统一的新型产品。这就要求生产部门加强技术美学的研究和对社会消费心理的估测，注意观察时代的新潮趋向，制造出新颖、别致、美观、实用的产品。

二、在自然中进行美的创造

自然作为广义的生活环境或者说生活环境的扩大化，是人类劳动和生活的重要组成部分。因而，自然的美化也是人类的现实美的创造的重要内容。自然的美化实质上就是自然的人化和人的本质力量的对象化。人类通过社会生产实践活动对客观自然对象进行加工改造，逐步征服自然和支配自然，使纯粹的、自在的自然物转化为美的自然物，成为供人欣赏的审美对象。所以，自然美的创造是自然人化的结果，是人类征服自然、改造自然从而改变人与自然的关系的产物，是人的本质力量的确证。

如前所述，自然美有两种，一种是经过人的生产实践直接改造、直接加工的自然事物的美；另一种是尚未经过人类加工，甚至根本不可能经过人类劳动直接加

工的自然事物的美，如璀璨的星空、湛蓝的大海、皑皑的雪山、皎洁的月色等。当这些自然事物在一定的社会条件下，成为人的“无机的身体”的时候，从理论领域来说，它是“人的意识的一部分，是人的精神的无权机界”；“从实践领域来说，它也是人的生活和人的活动的一部分”①。因此，这类自然事物就改变了它与人类之间的漠然的甚至对立的关系，成为人类可亲的对象，从而客观地、历史地变成了自然美的一部分。所谓自然的美化，这两类自然美当然都包括在内，它们的范围都在不断扩大。但是，人们一般更为强调和注重的，则是后一类自然美向前一类自然美的不断转化。即人类通过实践活动，不断地向生产的广度和生产的深度进军，从而越来越深广地对自然界施加影响，日益扩大前一类美的领域。例如，把自然山水加工为园林风景区，某些自然景观由于建筑装饰、树碑刻石、重大历史事件纪念物的保留等原因而变为人文景观，等等。

自然的美化是人类对自然景观的美化。自然景观包括山水、动植物以及岩溶、火山、沙漠、冰川、天象等。其中，有的根本无法加工、改造，有的很难加工、改造，所以人类美化自然的重点当然是山水与生物。山清水秀、绿树成荫、鸟语花香就是人类美化自然的目标。

自然的美化是物种本身的尺度和人类在认识其客观规律基础上，力图使合目的性与合规律性相统一的“内在的尺度”交互作用的结果。因此，随着人类认识的深入，自然美的范围也会越来越大、越来越丰富。

自然的美化的根本问题是如何处理好人与自然的关系。在古代，中国哲学家提出了“天人合一”的思想。董仲舒说：“天人之际，合而为一。”天，即自然；人，即人为。“天人合一”，即强调自然与人文的统一。人化的自然对人来说具有一种亲和性，它在本质上与天人合一的哲学命题相吻合。天人合一的哲学概念要求人与自然和谐相处。人对自然的美化的目的就是加强人与自然的亲和关系，让人类生活在无比美好的环境中。在人对自然的美化过程中，首先必须要考虑的一个基本前提就是保持生态环境的平衡。那些不可再生的自然资源绝不能破坏，不允许自然环境恶化，也不能让自然环境损害人类健康。任何人破坏自然生态平衡的行为都应当受到惩罚。人类必须建立生态价值观，加强环境保护意识，使人类赖以生存的自然界不断得到美化。

三、在日常生活中的美的创造

生活越现代化，人们越追求生活的美化。随着社会的发展，美日益渗入到人们的日常生活之中，美对人们的思想感情也就发生着深刻的影响。

---

① 中共中央马克思恩格斯列宁斯大林著作编译局：《马克思恩格斯全集》第 42 卷，人民出版社，1985 年。

日常生活的美化主要包括以下两个方面的内容。

（一）生活环境的美化

人是生活在一定环境之中的，生活环境的美化与人的身心健康息息相关。安静幽雅、整洁舒适、完美和谐的生活环境会增添人们的生活乐趣，愉悦人们的身心，提高人们的精神境界，使人们得到美的享受。因此，生活环境的美化是现实美的创造的重要内容。

生活环境的美化主要包括两个方面。

（1）室外环境的美化。室外环境的美化包括山、水、林、田、路以及园林建设、城市雕塑、街心花园、庭院住宅、市容街道等的综合治理和各种生活场所的布局。要创造一个清新、舒适、优美的生活环境，就需要按照美的规律来建造，如改造自然环境、维持生态平衡、消除污染和减少噪声。在城市建筑上，要遵循实用和审美统一的原则，体现高尚、健康的艺术趣味。要美化市容，需要大力建设园林花圃、街心花园、绿化小区等。在庭院、屋顶、阳台上种树养花，可以改良空气、美化环境、陶冶性情。

（2）室内环境的美化。室内环境的美化包括家具、用品的选用以及室内的布置、装修等。整洁、美观、朴素、大方的室内环境有利于人的生活和学习，使人的精神饱满、身心愉快。室内陈设与布置要从实际出发，做到处理好实用与审美的关系、处理好整个格调氛围与居住对象审美个性的关系，做到陈设精当、简洁明快、优美高雅、协调恰当。

（二）服饰的美化

服饰打扮是人们审美个性的外观，是身体美的一个重要因素。

服饰打扮在人们的日常生活中占有重要的位置。“穿着”不仅仅是为了满足自己的生理需要和生存需要，也是为了真正地表示人是作为历史的、社会的、精神的、存在的人。那么，在服饰打扮上，怎样才能符合审美规范呢？下面从两个方面进行论述。

（1）服饰打扮要有利于生活和健康，做到美、善结合。人们的穿着首先要实用，然后才是美。美要服从实用，这是服饰美的原则。无论制作何种样式的服饰，首要条件是人们的穿着能够有利于顺利地从事某种活动，有利于身体的发育和健康。那些不实用且单纯追求美的衣着打扮应加以摒弃。此外，服饰打扮也要考虑场合，如为了表达悲痛的心情要穿着暗色系的衣服。可以说，“穿着”具有一种传达心情的性质。

（2）服饰打扮必须依据个人的特点，遵循形式美的规律，充分显示个性美。修饰打扮的方式是多姿多彩的，但也因人而异。同一种方式，对一个人来说是锦上添花、美不可言,而对另一个人来说却可能适得其反、丑不堪言。因此,在服饰打扮上一定要注意个性特点,要根据个人的年龄、性别、体型、肤色、性格、气质、职业和民族等各方面的因素加以选择,绝不能盲目地模仿、追求时尚,否则就会闹出“东施效颦”“邯郸学步”的笑话。

日常生活的美化是社会审美意识发展的一个重要侧面,它与人类文明的发展进程相适应。人类文明发展的程度越高,在美化自身及其居住环境等方面所表现出来的趣味越精细、越高尚。在如此复杂的现代社会结构中,作为这一社会结构的现象的日常生活的美化,必然会呈现出一派纷繁多样的景观。

第二节　现实美的创造与文明建设

现实美的创造与文明建设有着密切的关系。所谓文明,就是指人类社会进化的一种程度,也是人类认识世界、改造世界所获得的成果。人们习惯于把认识世界和改造世界所获得的物质成果称为物质文明;把认识世界和改造世界所获得的精神成果称之为精神文明。前者属于人类物质生产方面的成果,后者属于人类精神生产方面的成果。现实美的创造是直接依附于物质生产、服务于物质生产和其他各项社会实践活动的一种美的创造。与艺术美的创造相比,它更直接地受到物质生产水平的制约;同时,它也受到整个精神文明发展水平的制约。而另一方面,现实美的创造对物质生产和精神生产的发展也有着积极的推动作用。

一、现实美的创造与物质文明的建设

现实美的创造直接依附于物质生产劳动,受到物质生产劳动的制约。其具体表现如下。

(1) 物质生产劳动的发展为现实美的创造提供了物质条件。物质生产劳动是促进社会不断地发展的主要动力。在人类的社会生产中,只有物质生产劳动为人类提供了充足的物质条件、满足了人类的物质生活需要,才能使人类的精神需要和活动得以产生和发展。正如马克思所说,一个忧心忡忡的穷人,对最美的景色也无动于衷。这就充分说明,只有物质生产劳动的发展,才能为现实美的创造提供条件、开拓空间、促进现实美的不断发展。

(2) 生产力的发展水平也制约着人的审美心理结构的发展。一定社会的审美心理结构“是由它的境况所造成的,而它的境况归根到底是受它的生产力状况和

它的生产关系制约的"[①]。一定社会的生产力的发展水平决定人类对"种的尺度"和人类对"内在尺度"的认识水平，决定了人类对美的规律的认识和掌握，也决定了人类的审美意识的发展和演变，因此也就决定了人类的审美心理结构的发展。如早在石器时代，人类就利用均衡、对称等形式规律以及光滑、明亮等审美属性来加工石器；在制陶劳动中，人类又运用线条及其节奏的审美属性，等等。凡此种种，都是与当时的生产力水平分不开的。再以建筑来说，从古代穴居的山洞到现代注重采光、照明和通风效果的窑洞，从半坡氏族公社时代的方形或圆形的半地穴建筑到今天的高楼大厦，从殷墟城垣到现代城市建设等这些历代建筑物所体现的审美属性和审美尺度都是与各自时代的物质生产条件分不开的。正如普列汉诺夫所说："人的本性使他能够有审美的趣味和概念，他周围的条件决定着这个可能性怎样转变为现实；这些条件说明了一定的社会的人（即一定的社会，一定的民族，一定的阶级）正是有着这些而非其他的审美的趣味和概念。"[②]也就是说，一定民族的审美心理结构是由其生产力状况决定的，社会审美心理结构的形成与发展与其所处的社会物质生产条件有着直接的关系，不同时期的社会实践决定着人类在不同时期的审美心理结构。

(3) 劳动生产资料和生产工具的发展水平等人类进行物质生产的技术条件，规定着人类进行现实美的创造的能力。以建筑为例，商代的宫室和陵墓，其巨大的规模和木质结构就离不开当时较为成熟的夯土技术和利用铜制工具加工木材的技术等因素；周代宫殿和宗庙的"如翚斯飞""作庙翼翼"则是在我国木制建筑已趋向成熟的基础上所形成的飞动之势；此后出现的铁制工具更推动了生产力的发展，促进了城市建设规模的扩大；到了战国时代，砖、瓦和彩绘的出现，进一步改变了我国建筑的整体面貌；现在，各种物质产品的美化，例如轿车、电子产品等，都与科学技术的迅猛发展和现代化的生产水平有着直接联系。劳动资料越丰富，劳动工具越先进，人类从事生产劳动的条件也就越成熟，因而也就标志了人们进行现实美的创造的能力也逐渐加强。

另外，现实美的创造对物质文明也具有积极的能动作用，为物质文明的发展提供了精神动力和智力支持。如前所述，美是人类社会的产物，美一经产生，就在人类社会生活中起着积极的能动作用。现实美的创造对物质生产所产生的积极影响尤为明显。任何生产都是"按照美的规律来建造"的，人类总是充分运用美的各种规律的，如厂房、墙壁、机器的色彩选择、车间照明的适度、音响的控制以及产

---

① 普列汉诺夫著，汝信等译：《普列汉诺夫哲学著作选集》第 5 卷，生活·读书·新知三联书店，1974 年。

② 普列汉诺夫著，汝信等译：《普列汉诺夫哲学著作选集》第 5 卷，生活·读书·新知三联书店，1974 年。

品的设计、工艺、包装等都离不开对美的规律的运用与掌握，这些都有力地促进了生产的发展。此外，从科学技术的发展趋向来看，人类寻求、认识和掌握合目的性与合规律性相统一的美的尺度所做出的努力，是科学和技术发展的内在驱动力。

二、现实美的创造与精神文明建设

精神文明的具体内容的实质就是人类在追求真、善、美的过程中所积淀下来的精神成果。这些精神成果一方面表现为科学、社会科学以及各种艺术作品等思想意识的物化，这是它静的一面；另一方面则表现为一定的社会风气，这种社会风气是通过教育、培养具有一定的文化教养、思想品质和审美观念的人来实现的，这是它动的一面。现实美的创造活动是人类建设精神文明的重要一环，两者的关系密不可分。

(1) 现实美的创造不能脱离一定的社会精神文明的发展水平，其必定要接受已有的精神成果的影响和制约。这可以从两点得到确证：其一，从继承与革新的关系来看，人类的一切创造活动都不是凭空进行的，不能离开前人积累起来的各种成果。现实美的创造也是在继承前人优秀文化遗产的基础上，借鉴前人创造美的经验而进行的。正如马克思所说："人们自己创造自己的历史，但是他们并不是随心所欲地创造，并不是在他们自己选定的条件下的创造，而是在直接碰到的、既定的、从过去继承下来的条件下创造。"[①]因此，我们必须看到现实美的创造与前人文化传统的血脉关系，必须看到传统文化中所积淀着的美的精华，这是现实美产生的基础。其二，从创造现实美的审美心理结构来看，一切现实存在的审美心理结构都是人类几千年、几万年积淀下来的文化传统内化的结果。现实美形成了人的审美心理结构，人的审美心理结构也创造了现实美。这正如马克思所说："艺术对象创造出懂得艺术和能够欣赏美的大众。"所以，任何审美活动都是一种在相互适应的规定中和相互适应的特定水平上的主客体双向同构的活动。人类自身的艺术实践也是生产艺术器官的过程，其外在客观进程是艺术不断由低级向高级发展的过程，其内在主观进程是审美心理结构不断地建构的过程。艺术发展以心理建构为目的，心理建构以艺术发展为标志，这是一种双向对逆运动。

(2) 现实美的创造是一定的社会精神文明的组成部分。马克思说："社会的进步，就是人类对美追求的结晶。"现实是人类文明的产物，其产物总是与社会的进步、精神文明的发展紧密联系在一起的。同时，现实美又是社会精神文明的重要组成部分，它们的关系是部分与整体的关系。因此，积极地美化生产、美化环境、美化人与人的新型关系，就能使人的心灵更加纯洁、情操更加高尚，就能进一步地

---

① 中共中央马克思恩格斯列宁斯大林著作编译局：《马克思恩格斯选集》第一卷，人民出版社，1972 年。

净化社会风气、提高社会整体的精神文明水平。总之，现实美的创造不能脱离整个社会精神文明的发展水平，而现实美的创造的不断深入开展又能促进整个社会的精神文明的发展。

第三节　现实美创造的原则

现实美的创造是按照美的规律来创造的。因此，现实美的创造一方面受到人类实践中获得的内在尺度的制约，另一方面又受到客观物种尺度的制约，这就形成了两条基本的原则——合目的性的平衡原则和合规律性的协调原则。

一、合目的性的平衡原则

人作为自然的一部分，一方面要征服自然，另一方面也要适应自然以及和自然保持和谐的关系。为了维持个体和整个种族的生存和发展，人类就必须与周围的环境保持一定的平衡关系，这就是合目的性的平衡原则的基本含义。对个体来说，打破这种平衡就意味着生病或死亡；对整个社会来说，打破这种平衡就会造成灾难或灭亡。人类的一切创造性活动都应遵循这一合目的性的平衡原则。

人与动物一样，都是自然的一部分。他们都要依靠自然界来维持生存，都需要从自然界那里索取生活资料，都要进行维持生存的生产活动。但是，人的生产活动和动物的生产活动又有着本质的不同：动物的生产是无目的、无意识的本能活动，它不能事先在头脑中观念地制造出活动的结果；而人的生产则是有目的、有意识的自觉活动，这种活动所要达到的目的可以先以观念的形式存在于劳动者的头脑中。所以，“人类的特性恰恰就是自由的自觉的活动……有意识的生命活动把人同动物的生活活动直接区别开来”[①]。恩格斯说：“人离开动物愈远，他们对自然界的作用就愈带有经过思考的、有计划的、向着一定的和事先知道的目标前进的特征。”[②]这就证明，人类越来越能够更加自觉地掌握和运用合目的性的平衡原则。人类进行现实美的创造活动的基本原则也必须要有利于人类自身的生存和发展。

合目的性的平衡原则的最简单的、最基本的形式，是机体需要与客观自然提供的条件之间达到相对平衡。如原始人采摘野果充饥、躲进岩洞御寒就是为了维

---

① 中共中央马克思恩格斯列宁斯大林著作编译局：《马克思恩格斯全集》第 42 卷，人民出版社，1985 年。

② 中共中央马克思恩格斯列宁斯大林著作编译局：《马克思恩格斯选集》第三卷，人民出版社，1972 年。

持这种最低限度的平衡，一般动物也能做到这种最低限度的平衡，因为“动物也生产。它也为自己营造巢穴或住所……生产它自己或它的幼仔所直接需要的东西”。但是，这种最低限度的平衡不是真正的人类学和美学意义上的合目的性的平衡原则，因为“动物只是按照它所属的那个种的尺度和需要来建造，而人却懂得按照任何一个种的尺度来进行生产，并且懂得怎样处处都把内在的尺度运用于对象，因此，人也按照美的规律来建造。”[①]这就是说，只有按照人类的目的、需要利用自然，只有通过劳动实践改变自然，才能让它成为符合一定目的的对象，才能保证主、客体之间的平衡。

随着人类的自我意识的不断提高，人类也越来越以更高的目的、要求和更强的责任感来理解和掌握自己与自然和社会环境的关系，人类希望自然的发展变化与人类自身的发展变化在整个范围内最大限度地保持平衡。当今，保持整个世界生态平衡以确保人类的生存发展已是一个紧迫的课题，也是人类所追求的合目的性的平衡原则的高级形态。

人类的需要和目的是多方面的，既有物质生活方面的也有精神生活方面的，只有各方面的需要和目的都达到相对满足的时候，才算实现了合目的性的平衡。但一旦外在环境不适合或不利于人类的生活或审美需求，主客体之间失衡，就需要通过实践或斗争进行调节，以求得新的平衡。这种从相对平衡到打破的平衡、再到新平衡的运动发展，就是人类在合目的性的平衡原则的规定中不断地提高生活水平、不断地美化生活水平的发展历史。

二、合规律性的协调原则

为了维持自身的生存和发展，人类必须通过创造性的实践活动不断地在客观世界中实现自己的目的。这种创造性的实践活动是一种主客体的双向对逆运动。主体改造客观对象，对象也制约着主体。主体在改造客体时改善自身的某些机能；客体经过主体同化改造而改造内在的性质和结构网络。人类自身的生产实践也是生产自身的思维能力和创造能力的过程。这种创造绝不是不顾客观条件的、盲目的、主观的改造，而是必须在掌握和遵循客观世界的规律、协调主客体之间的关系的基础上改造。这就是现实美创造中的合规律性的协调原则。

客观事物有其自身的发展规律，这些规律是不以人的意志为转移的。人类在生产劳动中要“懂得按照任何一个物种的尺度来进行生产”。只有遵循这种客观规律，才能进行自由创造，从而使客观事物的“真”不断为人所掌握，达到人的预想目的。如果违背这种客观规律，就会适得其反。如人类种植农作物、建造水利工

① 中共中央马克思恩格斯列宁斯大林著作编译局：《1844年经济学哲学手稿》，人民出版社，2002年。

程等所采取的措施都必须符合对象的客观规律。人类越能深刻地掌握对象的规律，就越能使更多的“自在之物”转化为“为我之物”，达到合规律性与合目的性的统一。

人类对于客观世界的各种规律的认识和掌握是从长期的、大量的生产实践中不断总结、提升中得来的。在生产实践过程中，人类学会更加正确地理解和运用自然规律，学会正确认识人对自然界的干预所引起的比较遥远的后果，学会正确处理眼前利益与长远利益，学会正确处理自然美的创造与保护自然环境的关系。具体来说，就是设立自然保护区、扩大自然植被、清除“三害”污染、维护生态平衡、美化生存环境等。各种自然科学的建立与发展极大地拓展了人类的视野，使人类越来越能够支配自然、驾驭自然，进而显现人类自身的本质力量。可见，实现合规律性的协调原则，同样有一个客观的、必然的历史发展过程。

人类的实践活动受着两方面的制约：自然规律的制约和社会生产关系及其发展规律的制约。原始社会的解体、私有制的出现是生产力发展的结果，是历史演变的必然趋势。它适应了生产需要，促进了社会发展和文化繁荣，但却又产生了压迫和剥削阶级，使劳动人民陷入苦难深渊，给人类带来了“异化”状态。在历史发展过程中，人民群众曾经掀起无数次运动，旨在改变现存的社会关系，这些运动推动着社会向理想化的、合规律性的协调生活的轨道前进，是符合历史发展的必然要求的。共产主义社会是人类获得合目的性的平衡与合规律性的协调的理想社会形态。“在这种制度下第一次能够谈到真正的人的自由，谈到那种同已被认识的自然规律和谐一致的生活。”①

总之，人类为了生存和发展，就要保护和发展自然界，就要在改造客观世界的同时不断地改造主观世界，实现合规律性与合目的性的统一。如果合目的性的平衡原则体现为目的，合规律性的协调原则代表着手段，二者紧密联系，缺一不可，那么合目的性的平衡原则只有在合规律性的协调原则的基础上才能实现，而合规律性的协调原则必须符合合目的性的平衡原则的要求才有意义。这两条原则之间的关系是对立统一的关系。

① 中共中央马克思恩格斯列宁斯大林著作编译局：《马克思恩格斯选集》第三卷，人民出版社，1972 年。

第九章 艺术美的创造

艺术美是美的集中表现，艺术美的创造是美的创造的重要内容，因此，探讨艺术美的创造的一般规律是美学研究的主要课题之一。

第一节 艺术美的创造与艺术家

艺术美是艺术家在客观现实的基础上自由创造的成果，是艺术家审美理想的物态化，因此，艺术美的创造与艺术家有着不可分割的密切关系。

一、艺术美的创造与艺术家的世界观

世界观是人们对整个世界的根本看法。任何一个艺术家在进行艺术创造时，都要对他们所描写的生活现象做出判断和评价，都要表明他们的态度和倾向。艺术美的创造是艺术家对现实的审美感受的表现，对真、善、美以及假、恶、丑的判断，都是由艺术家的世界观所决定的。艺术家对生活的认识是否正确以及这种认识发展到了什么高度，最终都取决于艺术家的世界观。一个世界观水平低下、充满庸俗和错误思想的艺术家，绝对不可能正确认识并揭示生活的本质，绝对不可能创造出真正的艺术美。在艺术美的创造中，艺术家的世界观是作为其审美修养的一个有机组成部分而发挥作用的。

那么，世界观又是怎样在艺术美的创造中发挥作用的呢？根据艺术家审美活动的特点和规律，艺术家的世界观对艺术美的创造的指导作用有其特殊的途径和方式。

首先，在艺术美的创造中，艺术家的思想倾向总是与艺术美的形象紧密结合在一起的，艺术家通过审美对象的生动鲜明的形象来表达其思想观点。正如恩格

斯所说:“倾向应当从场面和情节中自然而然地流露出来,而无须特别把它指点出来。”①艺术家进行艺术创造不是写哲学讲义,不能直接把自己对人生、对世界的理解用理论的形式表现出来,而只能把自己的审美感受、审美评价和审美理想熔铸在艺术美的形象之中。如在抗日战争时期,生活在沦陷区的齐白石为了表达自己大义凛然的民族气节,画了一幅《螃蟹》,并题上“看你横行到几时”。后来,他又画了一幅《不倒翁》,让不倒翁头带乌纱帽、鼻子涂白点,并题了一首诗为“乌纱白帽俨然官,不到原是泥半团。将汝忽然来打破,通身何处有心肝”。画家的世界观是通过画中的形象来表达的,而不是用理论文章直接陈述。如果一位艺术家的世界观与他对生活的具体认识相脱离,而变成某种抽象的理论信念,即使他的世界观是正确的、具有系统性的,他也绝对创造不出成功的艺术品。

其次,在艺术美的创造中,艺术家的世界观是与其情感态度紧密结合在一起的。艺术家在理智上所肯定的东西,同时也是他在情感上所热爱的东西。只有在这种情况下,艺术家的世界观才能真正地指引他去认识和评价生活并有可能创造出成功的艺术美来。因为,在艺术美的创造中,艺术家对生活中多种事物的看法和评价,不是表现在对这些事物的理论分析里,而是直接表现在他对这些事物的情感态度中。同是画花鸟鱼虫、飞禽走兽的画家,清初朱耷的花鸟虫鱼怪诞冷傲、诡异俏拔,无论是秃头傲视的鹰、单眼睥睨的鸟,还是扁嘴含怒的鱼,都让人感受到他的那种愤世嫉俗、孤高自傲、意欲抗争的深沉情感;而清末任伯年的花鸟虫鱼,那枝头唱着的小鸟,或那叶下叫着的小虫,或那绽开着的并不浓艳的花朵,从色彩、造型到构图又别有一番情调,既显示出生命的欢乐活泼,又表现了他恬淡、闲适之情。至于描写广阔而复杂的社会生活的叙事性作品,艺术家对多种人和事的评价,也总是伴随着艺术家的情感态度的。福楼拜在介绍自己的创作经验时说:“写书时把自己完全忘却,创造什么人物就过什么人物的生活,真是一件快事!”据说,巴尔扎克在创作时经常跟他想象的人物吵架;汤显祖创作《牡丹亭》时,当写到“赏春香还是你旧罗裙”不禁号啕大哭起来,等等。这一切都说明艺术家在艺术美的创造中,总是与作品中的人物形象同呼吸、共命运、同甘共苦的。艺术家的世界观与其对事物的情感态度所达到的内在统一的程度,是决定艺术美审美价值的重要因素。对艺术家来说,世界观的掌握不仅是一个理论认识的问题,而且是一个情感转变的问题。

此外,在艺术美的创造中,有些艺术家的世界观内部的多种观点之间往往存在着矛盾,并成为一个矛盾的统一体。这种矛盾不仅表现在他的不同时期的不同作品中,也表现在他的同一部作品中。如巴尔扎克的作品既倾注着对贵族阶级的

---

① 中共中央马克思恩格斯列宁斯大林著作编译局:《马克思恩格斯选集》第四卷,人民出版社,1972年。

同情，又包含着对贵族阶级的尖刻的嘲讽和深刻的批判，他批判贵族阶级的最终目的是为了贵族阶级的利益，是为了上流社会的必然崩溃唱“挽歌”。在我国古代的一些艺术家的创作中也存在这种情况。如陶渊明的诗作既有“采菊东篱下，悠然见南山”的闲适、恬静、清淡的一面，又有“刑天舞干戚，猛志固常在”的金刚怒目的一面。而杜甫则既写出了“朱门酒肉臭，路有冻死骨”的深刻揭露封建社会贫富不均的名句，也写出了“致君尧舜上，再使风俗淳”“葵霍倾太阳，物性固莫夺”的宣扬封建观念的诗作。这些艺术作品都是艺术家世界观的内在矛盾的集中表现。

由于艺术家的世界观对艺术美的创造具有很重要的作用，因此，革命的、进步的艺术家必须逐步树立无产阶级世界观，必须正确认识、评价和反映现实生活，以创造出优秀的艺术作品，为人民群众提供最好的精神食粮。

二、艺术美的创造与艺术家的审美修养

马克思说：“如果你想得到艺术的享受，那你就必须是一个有艺术修养的人。”①这是从艺术欣赏的角度讲的。从艺术美的创造来说，艺术家要创造出成功的艺术作品，也必须具备一定的审美修养。

审美修养，也就是艺术修养，是指艺术家的审美境界所达到的层次，包括其艺术知识的积累、艺术鉴赏的能力和美的创造的技能所达到的程度等，这对艺术美的创造是十分重要的。在艺术美的创造中，艺术家的审美层次具有某种决定性的意义。艺术家审美境界高下层次的决定性内在因素是艺术家的审美理想，因此，艺术家的审美理想就成为体现该艺术家审美层次高下的主要标志，成为该艺术家进行艺术美的创造的关键性所在。事实上，从审美感知、审美体验到特定审美意象的形成，从艺术构思、艺术表现到艺术美的创造，无不是在艺术家的审美理想的指引下而逐步实现的。因此，在特定的时代社会条件下，不断自觉地努力提高思想修养、道德修养和文化修养，在确定健康、高尚的人生追求的同时建立并完善审美理想，是艺术家提高其审美修养的根本和关键所在。

艺术家的艺术修养的突出体现是其艺术才能的高低。艺术才能是指艺术家创造艺术美的能力。任何物质和精神创造都要求艺术家具备特殊的能力。如果艺术家没有艺术才能，他就无法进行艺术美的创造。艺术才能主要包括两个方面的能力：一是对社会生活的审美体验和艺术构思的能力，二是传达审美体验、体现艺术构思的创造和表达能力。艺术家对生活现象的敏锐的审美感知、强烈的情感反应、精细的特征辨析、清晰的细节记忆、丰富的联想和想象以及由此获取的独特的艺术构思，并创造性地自由驾驭一定物质手段进行意象塑造的能力，就是这种

① 中共中央马克思恩格斯列宁斯大林著作编译局：《1844年经济学哲学手稿》，人民出版社，2002年。

艺术才能的具体表现。

具有高度的洞察力和惊人的创造性的艺术才能的人常常被称作艺术天才。康德认为："天才就是那天赋的能力，它给艺术制定法规。"①这种看法显然是过分夸张的。人们认为，天才虽具有"天赋"的因素，但更重要的还是后天锻炼培养的结果。具有一定天赋生理条件的人，经过勤奋锻炼、艰苦探索及积聚群众智慧和历代艺术经验的过程，便有可能成为具有这种特殊才能的艺术天才。这种被称为"天才"的艺术家，总能创造出具有开创性意义和价值的艺术珍品。在创造艺术美的事业中，需要大量造就这种具有高度艺术修养的艺术家。

艺术才能在艺术美的创造中的发挥，又具体表现为熟练的艺术技巧。艺术技巧包括对生活现象的观察、体现、选择、提炼、集中、概括等活动中各个环节的处理，也包括艺术传达活动中各种表现手法的运用和富有创造性的技能发挥，还包括支配和使用特定物质材料的技术的掌握。艺术家在不同艺术种类的创造过程中，其艺术才能既具有共同性，又具有各自特殊的性能和形态。艺术家必须在自己特有的生活实践和艺术实践中，不断地锻炼艺术技巧、增强艺术才能、提高艺术修养。

三、艺术美的创造与艺术家的创作个性

艺术家的创作个性，亦称艺术风格，是艺术家的审美反映与审美创造的个性差异在艺术创作中的特殊表现。艺术创造的显著特性与艺术家的爱好和趣味密切相关，因此，艺术家的个性特点在其创作中具有充分发挥的必然要求和可能性。创作个性的形成对艺术家来说就是其创作技巧是否成熟的标志。在艺术史上，一切伟大的艺术家之所以能对艺术的发展做出杰出的贡献，其原因就在于他们有独特的审美个性，并能以其新颖的艺术风格丰富人类的艺术宝库。艺术贵在独创，没有创作个性的艺术作品，就像过眼烟云一样稍纵即逝。因此，艺术家只有具有独特的艺术创作个性，才能进行真正的艺术美的创造。艺术家的创作个性集中表现在以下两个方面。

(1) 艺术家对现实的独特的重复感受和认识。每一个具有创作个性的艺术家，其对客观现实生活的美都具有独特的、敏锐的感受力。这不仅表现在不同的艺术家有不同的选材范围，而且表现在有相同选材范围的不同艺术家还有不同的感受和情感体验。如赵树理因熟悉山西农村生活，其笔下的人物的性格和生活情调都具有浓厚的山西泥土气息；而吴强因熟悉部队生活，其作品中表现的更多的是对人民军队铁人红心、豪迈雄伟、革命英雄主义精神和高尚品德的赞颂。即使

① 康德著，韦卓民译：《判断力批判》上卷，商务印书馆，1987年。

取材范围相同的艺术家，由于他们大都从个人的观点来观察和评价生活，因而也存在着个性差异。如高尔基和契诃夫同样是描写俄国社会底层人民的生活，高尔基因其进步的革命思想，其作品具有坚定、明晰、有力的风格；契诃夫则以其资产阶级改良主义的思想和人道主义的精神而使其作品具有亲切、温和和感伤的风格。

(2) 艺术家具有独特的艺术表现方法。艺术家独特的审美感受和认识使其在艺术创作中对语言的运用、对人物形象的塑造、对情节的组织与安排、对艺术技巧的运用等，都具有鲜明的个性特征。这些不同的艺术表现手法和语言特色，都是艺术家的创作个性的重要组成部分。

艺术家的创作个性的形成有主观和客观两个方面的因素。从主观方面来看，创作个性的产生和形成往往与艺术家独特的生活实践、艺术实践以及由此形成的个人气质、兴趣爱好、审美修养和创作才能有关。因为这一切决定了艺术家对生活的认识和感受，决定了艺术家表现生活事件的方式和方法，也决定了艺术家对民族传统文化的继承和发展，同时也构成了艺术家各自不同的创作个性。如肖邦的高雅、柴可夫斯基的深沉、贝多芬的奔放，李白的奔放飘逸、苏轼的豪放雄厚、杜甫的沉郁顿挫，等等。此外，艺术家的创作个性不是一成不变的、固定静止的，随着艺术家的生活的变化、世界观的转变、艺术修养的完善，其创作个性也随之发生变化。如茅盾早期作品的基调大都消沉、悲观，随着他对革命的认识的提高，其后期作品就更多地充满着乐观向上的个性特色。从客观方面来看，艺术家创作个性的形成又有着深刻的社会历史根源，明显地受时代、阶级和民族特点的制约和影响。如在我国历史上出现的“汉魏风骨”就根植于当时那个战乱频繁、社会动荡、人民痛苦、人心哀怨的特定的时代土壤中。可见，创作个性的形成不只是一种个人的现象，而是一种社会的历史现象。

总之，艺术家的世界观、审美修养和创作个性是艺术家创造艺术美时所必须具备的条件。世界观决定艺术美的认识价值，审美修养决定艺术美的审美价值，创作个性决定艺术美的艺术价值，这三者相互影响、相互促进，共同形成艺术美的综合价值。

第二节 艺术美的创造过程

艺术美是通过艺术美的创造过程实现的，而艺术美的创造过程就是艺术家的审美体验、审美构思和审美传达的物态化过程，因此，艺术美的创造过程的主要环节就是审美体验、审美构思和审美传达。

一、审美体验

审美体验是一种复杂的审美感受，是指审美主体面对审美对象产生审美感知、想象、情感体验和理解。审美体验是一种综合的心理反应，它既是艺术创作活动的起点，又是艺术创作的准备阶段。

在艺术美的创造中，没有审美体验，就没有审美意象的形成，也就没有艺术美创造的发端；没有艺术美创造的发端，也就无法进入艺术美创造过程。一切艺术的创造都是导源于艺术家内心的创作欲望和创作冲动的，而这种审美欲望和审美冲动来自于艺术家一定的审美体验或审美感受。罗丹说："美是到处都有的。对于我们的眼睛，不是缺少美，而是缺少发现。"①这里所说的"发现美"，其实就是指由审美感受所引发的审美注意。审美感受所引发的审美注意有两种形式，即有意注意和无意注意。所谓无意注意，是指非期待性的注意，事先没有固定的目的，只是由客观事物的奇特性所引起的一种定向反应。如鲁迅的小说《狂人日记》，就是从他的一个表弟患精神病这件事中受到激发而创作的。所谓有意注意，是指自觉地、有目的地把注意指向集中在某些对象的注意形式。如世界名画《蒙娜丽莎》的创造就是有意注意的结果。这幅画的原型据说是意大利一个商人的妻子，她长得漂亮，但性格骄傲、沉郁。为了获得丽莎·盖拉尔迪尼发自内心的微笑，达·芬奇请人给她讲笑话、请喜剧演员为她做滑稽表演，以及请乐队为她演奏轻快、欢乐的歌曲，等等。这样，丽莎·盖拉尔迪尼有时也会笑一笑，但是笑得很不自然。于是，最后达·芬奇就让乐队演奏她心爱的家乡的歌曲，这才使她嫣然会心地发出笑声来。而达·芬奇也终于在此时获得了美的体验和感受，立即进入了创作状态，最终把丽莎·盖拉尔迪尼这一瞬间的笑化作了永恒。

艺术美的创造中的审美体验是一种复杂的审美感受。它的主要特征如下。

(1) 艺术美的创造中的审美体验往往伴随着紧张的、剧烈的内心活动。这正如詹姆斯所说："当美激动我们的瞬息之际，我们可以感到胸部的一种灼热，一种剧痛，呼吸的一种颤动，一种饱满，心脏的一种翼动，眼睛的一种湿润，小腹的一种骚动，以及除此而外的千百种不可名状的征兆。"②这种状况常常让艺术家陶醉，甚至如痴如狂。郭沫若创作《女神》时曾处于一种极度抖颤、不能控制的状态之中，巴金也常感到自己被内心某种神奇、超常的力量推动而成为写作的"工具"，福楼拜认为"爱玛就是我"，托尔斯泰与作品中的人物悲喜与共，等等。

(2) 审美体验在伴随着紧张的、激烈的内心活动的同时，也展开了体验审美物象、超越审美物象的心灵的创造活动。遍照金刚的《文镜秘府论》中说："感兴势

① 罗丹：《罗丹论艺术》，人民美术出版社，1978 年。

② 威廉·詹姆斯著，周芳译：《心理学原理》下册，北京理工大学出版社，2013 年。

者，人心至感，必有应说，物色万象，爽然有如感会。”当动情、动思融入主体的心灵创造因素的审美体验中时，审美活动便不再是纯客观地、“复现”式地“反映”或“映现”审美物象，出现在这一审美境界中的是“万象”从天而降、联翩奔涌而来、悠然即逝。人们似乎被一些无意识、非理性、超人格的神力差遣，在“兴”或“感兴”的状态中“爽然感会”，构成兴中之象、兴造之象、有兴之象的“兴象”。这种成为审美体验的独特的成果和独特的标志的“兴象”，产生于审美活动深化的进程中，即“当其有所触而兴起也，其意、其辞、其句劈空而起，皆自无而有，随在取之于心，出而为情、为景、为事，人未尝言之，而自我始言之，故言者与闻其言言者，诚可悦而永也”(《原诗·内篇》)。这种“众里寻它千百度”是难以觅求却在突然间降临的“兴象”，是在往昔的记忆意象、当前的感知意象和未来理想的碰撞和融通中迸发出来的审美体悟与发现，是“自无而有”“自我始言之”的崭新的审美创造，是艺术家对其所经历的有关人生在审美体验的瞬间所得到的升华。这种在社会实践基础上所获取的对人类活动有限中的无限、刹那中的永恒的体验，这种发现于审美体验之中真正体现着美的“兴象”，被艺术家遵循艺术规律、运用相应的艺术形式转化为审美意象，这便是艺术美的创造。

二、审美构思

审美构思也就是艺术构思，是艺术家以审美体验为基础，经过反复酝酿和深入思考，最后完成再现或表现未来作品的总体建构及细部描绘的全面设计与实施方案的酝酿过程。艺术构思是艺术家由审美体验转向审美创造时所特有的精神活动，它不仅要求艺术家基本完成特定审美意象在自己心中的建构，而且还要对这一意象的艺术表达方式与途径做出初步的设定。艺术构思是艺术创作的中心环节。

艺术构思是审美体验的逐步发展和深化的产物，是人类艺术地掌握世界的方式。它不同于一般的科学地掌握世界的认识方式。科学地掌握世界的认识方式所使用的主要是理性思维的方式，而艺术地掌握世界的方式所使用的主要是形象思维的方式。在艺术构思中，形象思维特别活跃。形象思维的特殊性在于，其不采用纯客观地抽取事物本质属性的方式把握客观世界的规律，也不依靠准确的数据和严密的逻辑推理来揭示事物的本质，而是把从现实生活中感知来的生活现象与艺术家的喜、怒、好、恶等主观感情融为一体，使审美自觉经过深入感受而达到理性领悟的程度。这种形象思维的方式特别适宜于艺术构思，因为艺术家在艺术构思的过程中总是沉浸在血肉丰满的感性材料中做所谓的冷静、理性的分析，并透过错综复杂的社会现象发掘生活的内在意义，从而完成从审美感性向审美理性的转化，最终形成审美意象。因此，形象思维不仅存在于艺术构思阶段，而且贯穿

于整个艺术创作过程。不过，在艺术构思过程中，形象思维显得更为活跃。

在艺术构思中，形象思维的主要方式是想象。想象是人的一种再造或创造表象和形象的心理活动，是人类特有的一种心理功能。对艺术构思来说，想象具有特别重要的意义，其具体表现为：一方面，艺术家通过想象可以把记忆中的各种表象重新组合起来，使其具有新的意义。如现实生活中秋瑾被杀与愚昧者用人血馒头治痨病本是不相干的事，但是由于鲁迅在其小说《药》的艺术构思中把二者联系起来，于是这样的艺术内容就具有了一种震撼人心的力量。另一方面，艺术家通过想象还可以虚构现实生活中并不曾存在的事物，通过表象的变幻组合，创造出新的艺术世界。正如古希腊的阿波罗尼阿斯所指出的那样，想象所创造的那些艺术作品，"它的巧妙和智慧远远超过摹拟。模仿只会仿制它所见到的事物，而想象连它所没有见过的事物也能创造，因为它能从现实里推演出理想"。《西游记》里的"天空"、拉斐尔笔下的圣母、米开朗基罗塑造的"地狱"等没有被谁见过，它们都是艺术家的想象，都是从现实中"推演"出来的。

在艺术构思中，形象思维的重要方式是情感活动。情感在艺术构思中具有特殊的意义。别林斯基说："感情是诗人天性的最主要的动力之一。没有感情，就没有诗人，也没有诗歌。"[①]这里所讲的"诗"，是广义的诗，泛指一切文学艺术。白居易也曾指出："诗者：根情、苗言、华声、实义。"（《与元九书》）"情"是艺术之根，在艺术构思中贯穿始终，是必不可少的。艺术家在艺术构思时，总是饱含着情感去想象、体验和创造。情感因素不仅是艺术构思的有机成分，而且是艺术构思的媒介和直接动力。艺术家的创作冲动、创作欲望，实际上就是一种情感冲动、情感欲望，因为有激情才会有艺术的产生。曹雪芹说自己写《红楼梦》是"满纸荒唐言，一把辛酸泪"，"字字看来皆是血，十年心酸不寻常"。一切伟大的艺术作品都是艺术家用灼热的情感铸造而成的。同时，在艺术构思中，艺术家的情感体验常常带有个人的独特的主观色彩。如西欧的许多画家都画过圣母玛丽亚的画像，但由于各自的情感内容不同，使得画出的圣母玛丽亚出现了很大差异，有的高不可攀、有的俨然如天堂女皇、有的又似人间贵妇。然而，一生坎坷贫困的伦勃朗所画的圣母像，却如同荷兰农妇，善良而纯真。可是，艺术家在艺术构思中的主观情感和他所创造的艺术形象是水乳交融般地联系在一起的。此外，从情感对想象的作用来看，情感是激发想象的驱动力；反之，想象又激发着情感，使情感得到深化。艺术家的想象只有与情感相结合，才能使其头脑中的各种知觉表象鲜明生动起来，才能理解到它的内在意义并加以改造和综合，从而创造出具有艺术感染力的形象。当然，我们强调情感在艺术构思活动的重要地位，并不是排斥理性思想。艺术构思所孕育出的艺术形象，应该是情与理、主观因素与客观因素的统一体。

---

① 中国社会科学院外国文学研究所：《外国理论家作家谈形象思维》，中国社会科学出版社，1979年。

另外，灵感也是艺术构思中的一个重要的心理想象。所谓灵感，就是艺术创作中的一种“顿悟”，是艺术家在艺术构思过程中由于被某种事物触发而豁然开朗起来的一种特殊的心理现象。灵感是艺术构思中的一种飞跃，是艺术构思成熟的表现。在艺术构思中，灵感能够促进艺术家的创作热情，增强艺术家的创作冲动，唤起艺术家的丰富的想象力，充分发挥艺术家的创作才能。灵感对艺术构思的完成具有特殊的作用。

灵感具有三个突出的特点：一是，灵感的到来是偶然突发、不期而遇的。“长期积累，偶然得之”是灵感的特质。对艺术家来说，灵感是可遇而不可求的。灵感的产生既需要丰富的生活经验的积累，又需要苦苦思索中的某种契机，灵感是在艺术构思中很难得的一种心理现象。因此，很多艺术家都十分珍惜艺术构思中的灵感的降临。二是，灵感到来时，艺术家在精神上会处于一种高度集中、高度灵敏的亢奋状态。灵感来临时，由于长期不解的问题骤然间茅塞顿开，所以艺术家的精神上在此时常常会出现一种异乎寻常的兴奋状态——想象丰富、思维敏捷、文思泉涌，艺术创作的热情也会十分高涨。三是，灵感到来时，艺术家的感受和体验往往是新颖独特的、富有独创性的。灵感的出现对别人来说是无法模仿的，对自己来说也是不可重复的。因此，灵感是一种独特的发现和创造，独特性是灵感的一种标志，也是灵感产生出的效果。

总之，灵感是艺术构思过程中所出现的一种特殊的心理现象。它既依赖于艺术家平时的、丰富的生活经验的积累，又依赖于艺术家对其所创造的意象的不倦追求。灵感是对艰苦的精神劳动的一种回馈。

三、审美传达

审美传达又叫艺术传达、艺术表现。在艺术的创造的整个过程中，艺术构思阶段所孕育的艺术意象还只是艺术家的头脑中的观念性的东西，而要把这种观念性的东西转化为人们可以感知到的具体的艺术形象，就必须通过艺术表现的活动。艺术表现是艺术家的审美体验和艺术构思的物态化体现，是艺术的创造活动的完成阶段。

从根本上说，艺术表现是一种把艺术家的精神内容转化为某种物态化形式的实践活动。它的任务是把艺术家的头脑中的审美意象外化为物态化形式的艺术品，因此，艺术表现必须借助于一定的物质材料和手段。如绘画艺术中的纸张、颜料和笔墨，音乐艺术中的音响、节奏和旋律，雕塑艺术中的泥、石和木头，语言艺术中的语言、文字、符号，等等。因此，艺术表现活动显然会带有物质生产的某些特征。但是，艺术表现是以给人们提供欣赏对象而非实用的对象为目标的。艺术家所创造的产品，虽然具有某种物态化的形式，却不同于人们直接改造自然、改造社

会的物质生产实践的物质产品。艺术作品的审美特性，又决定了艺术家要遵循艺术创作的特殊规律来创作。艺术表现对构成和显示艺术的基本特性具有至关重要的意义，因此，艺术表现是艺术的创造过程中的一个必不可少的环节。

事实上，艺术表现活动是艺术的创造过程中的一个与艺术构思密不可分的环节。美国哲学家布洛克说："当我们以语言、色彩、声音或诸如此类的东西表现我们自己时，我们并不是先想好自己将要表现什么，然后再决定用什么方式表现。"[①]在实际的艺术的创造过程中，意象的产生总是与表现方式的构想同步进行的。画家想象人物模样和作品构图时，必定连同线条、颜色、光彩一起构思；诗人构想意境时，更是离不开语词、文句及其声音、意义的选择、提炼和推敲。显然，艺术家的构思包孕着表现的因素。黑格尔曾说："按照艺术的概念，这两方面——心里的构思与作品的完成(或传达)是携手并进的。"[②]因此，虽然从总体来说，艺术表现是审美意象导引、转化为艺术作品的手段，但就其审美创造的本质而言，艺术表现绝非只是把艺术从内心意象移植为外在形态的"搬运工"，它所包含的也决不仅仅是技术、技艺、技巧等纯形式的东西。即艺术表现既在审美理想的烛照下以潜在形态与艺术构思渗透并进，又在艺术创作的物态化阶段以显现形态与艺术构思相交融。此时，构思阶段的思维和情感活动继续处于兴奋状态，并在积极的延续中越趋深入和强化。此外，艺术表现作为审美创造的物态化实践活动，还兼负有一项必然的任务，那就是对艺术构思的意象化成果加以检验，并进而予以修正、深化和完善。这是因为，在审美意象物态化为成品的创作实践过程中，艺术家总会发现主观设想与客观实际存在某些脱节的地方需要加以调整；而且，人们的认识也总是在实践中不断地发展和深化的。因此，在艺术创作过程中，艺术表现仍是一个极富有创造性的阶段。艺术构思对艺术表现有着根本性的决定和支配作用。它在艺术构思物态化的过程中得到完善之后，又进一步促进艺术表现臻于完善。艺术创作的理想境界正是在艺术构思与艺术表现的渗透和促进中实现的。

艺术表现必须遵循艺术规律，一切艺术门类都要按照某些共同的规律来创造。同时，由于建构意象的方式和运用的物质材料各不相同，各种不同的艺术门类在艺术表现上还需要遵循各自的特殊的规律。比如，一定的物质材料有其自身的性能，而用其作为体现审美意象的媒介又有特定的规律。石雕、玉雕质地坚硬、易碎，其形象基本是一次完成的，不能像泥塑那样具有"可塑性"。《历代名画记》中说："宋太子铸丈六金像与瓦官寺，像成而恨面瘦，工人不能理，乃迎颙问之。"[③]戴颙是东晋著名画家兼雕塑家戴逵的儿子，对雕塑艺术很有见地。他见到此"面

---

① H. G. 布洛克著，滕守尧译：《美学新解》，辽宁人民出版社，1987 年。

② 弗里德里希・黑格尔著，寇鹏程译：《美学》，江苏人民出版社，2011 年。

③ 葛路：《中国古代绘画理论发展史》，上海人民美术出版社，1982 年。

瘦”的“丈六金像”后，说：“非面瘦，乃臂胛肥耳。”[①]于是，“铝减臂胛，像乃相称。时人服其精思”[②]。将臂胛削瘦还可做到，“面瘦”加肥却是绝不可能的。正是由于戴颙对石料性能的了解，他才提出了合理的意见。同时，在艺术表现中，综合掌握这些特殊的规律，不只是理论认识的问题，而且必须转化为自由驾驭的熟练技能。如歌唱家过硬的嗓音、作曲家对音响和旋律的性能与规律的把握能力、雕塑家巧夺天工般的操刀绝技、文学家遣词造句的特有功力等，都是艺术家进行特殊的艺术传达所必须具备的技术条件，高超的艺术技巧正是在此基础上产生的。凡是真正的艺术都有赖于高明的技巧，技巧既是对艺术手段的熟练运用，同时又充满了创造性。石涛说：“至人无法，非无法也，无法而法，乃为至法。”(《石涛画语录·变化》)所谓“法”，就是创作规律；所谓“无法而法”，就是对规律的创造性地把握。其中，技巧起着重要作用。那么，什么是艺术技巧呢？美国肖勒认为：“内容(或经验)与完成的内容(或艺术)之间的差距便是技巧。”[③]应该承认，这个看法是有其深刻意义的。艺术家头脑中的构思与作品的审美意象之间的差距，是由艺术家的艺术表现能力造成的，而艺术表现能力的强弱反映了艺术技巧的高低。因此，艺术的魅力在很大程度上与艺术技巧的高低分不开。刘熙载在评论孙过庭所书的《书谱》时说：“用笔破而愈完，纷而愈治，飘逸愈沉着，婀娜愈刚健。”[④]这种艺术效果正是来源于高超的艺术技巧。

总之，整个艺术的创造是在艺术体验、艺术构思和艺术表现这三者既相独立又相互联系、相互转化的过程中完成的。

第三节　艺术典型与意境的创造

艺术典型和艺术意境是艺术类的集中表现。艺术典型属于再现型艺术，艺术意境属于表现型艺术，二者分别通过典型化和意境创造技巧来完成其美的创造。

一、再现型艺术的典型化

所谓再现型艺术，是指侧重于对客观现实的模拟描写，侧重于如实再现事物的客观形态，并将艺术家对事物的评价和主观情感消融于这些客观事物的艺术作品。再现型艺术美的集中体现是艺术典型。

① 葛路：《中国古代绘画理论发展史》，上海人民美术出版社，1982 年。

② 葛路：《中国古代绘画理论发展史》，上海人民美术出版社，1982 年。

③ 肖勒：《技巧的探讨》，世界文学，1982(1)。

④ 刘熙载：《艺概》，上海古籍出版社，1982 年。

所谓艺术典型，是指艺术家用典型化的方法创造出来的既具有鲜明的个性特征，又能反映一定的社会状况的某些本质方面或非本质方面的艺术形象。这些艺术典型来自现实生活，却又比普通的现实生活更高、更强烈、更有集中性和普遍性。因此，再现型艺术创造的主要目标就是创造艺术典型，创造艺术典型的方法则是典型化。

典型化是艺术家概括现实生活、创造典型形象的方法和过程。典型化的过程包括概括化和个性化两个方面，这两个方面既不可分割又和谐地统一。

艺术典型的概括化是指概括事物的某些共同特征。概括化的根本要求在于通过对共同特点的展现，深刻地提示该事物之所以为该事物的本质特征或必然规律。简单地说，概括化的实质就是展示其必然性。

揭示事物必然性的概括化使艺术典型具有反映特定生活内容的普遍性。亚里士多德早就指出，艺术创作要描写"按照可然律或必然律可能发生的事"，并且明确地把它与普遍性相联系。他说："诗所描述的事带有普遍性，历史则叙述个别的事。所谓'有普遍性的事'，指某一种人，按照可然律或必然律，会说的话，会行的事，诗要首先追求这个目的，然后才给人物起名字"。[①] 这就是说，只有深刻地揭示必然性，才能正确而充分地显现一般性。

典型化过程中的概括化不在于表现某一人物所属阶级共性的多少，也不在于它是否表现了某一阶级的主要阶级特征。它既可以展示某个阶级的某些主要属性，也可以展示其他非主要的特征。其关键在于是否深刻地揭示这些属性、方面、特征之所以成为有关人物的属性、方面、特征的必然性。

再现型艺术侧重于客观地、具体地描绘一定时代的社会生活，着力塑造典型人物。在这里，概括化的核心问题就是能通过具体人物展示特定的社会历史必然性。黑格尔说："日常的外在和内在的世界固然也现出这种存在本质，但它所现出的形状是一大堆杂乱的偶然的东西……艺术的功用就在使现象的真实意蕴从这种虚幻世界的外形和幻相之中解脱出来，使现象具有更高的由心灵产生的实在"。[②] 黑格尔理解的体现必然性的"更高的实在"是一种唯心主义的绝对理念，但其中包含着可供我们汲取的合理的内核。艺术的概括化的灵魂，正是从包容必然和偶然因素的"日常现实世界"中描绘出来的"更真实的客观存在"。恩格斯在批评《城市姑娘》不典型时指出，小说既没有表现"工人阶级对他们四周的压迫环境所进行的叛逆的反抗，他们为恢复自己做人的地位所做的剧烈的努力"，又没有揭示出以耐丽、乔治为代表的伦敦东头工群众为什么"那样不积极地反抗，那样消极

① 亚里士多德著，罗念生译：《诗学》，商务印书馆，1996 年。

② 弗里德里希·黑格尔著，寇鹏程译：《美学》，江苏人民出版社，1995 年。

地屈服于命运,那样迟钝”,所以整个作品缺乏必然性,不是“充分的现实主义的”。[①] 恩格斯在这封写给哈克奈斯的信里强调:“据我看来,现实主义的意思是,除细节的真实外,还要真实地再现典型环境中的典型人物。”[②]恩格斯的观点揭示了典型塑造的根本规律,即通过对具体的实际生活的描绘,真实地展示特定的社会现实关系发展的必然性。

同时,恩格斯也说:“每个人都是典型,但同时又是一定的单个人,正如老黑格尔所说的,是一个‘这个’,而且应当是如此。”[③]黑格尔所说的“这个”是存在于特定时间、特定空间的独特性格,是不可重复的“这一个”。如果失去了鲜明的个性特征,那么也就失去了艺术的生命、失去了典型的概括意义。因为典型的概括意义必须熔铸在鲜明独特的个性之中。单有概括化,没有个性化,有可能建立起反映事物本质特征的构图来,却不可能创造出艺术典型。典型塑造的个性化就是提炼体现必然的偶然。马克思指出:“具体之所以具体,因为它是许多规定的综合,因而是多样性的统一。”[④]在具体事物的多种规定性中既有本质原因所引起的必然趋向,又有非本质原因所造成的偶然因素。必然性通过偶然性来为自己开辟道路,偶然性是必然性的补充和表现形式,这就使事物的发展呈现出丰富生动的多种面貌。艺术典型的个性化,正是要在这些必然因素与偶然因素的特殊组合中,深刻显现并充分发挥其独特性,从而创造出既突现出必然性又显现出鲜明特殊的偶然性来。这样,才会有个性化的艺术典型,才有可能真切生动地反映现实生活多彩多姿、各具特色的美的风貌。作为个性化的成果的偶然,有别于生活中的偶然。生活中的许多偶然,远远不能充分表现必然,甚至是与必然无关的“真正”的偶然。而作为艺术典型的体现形式的偶然则是充分表现必然的必要的方式。显然,典型塑造的个性化,一刻也离不开概括化;个性化的成功,正是概括化的实现。同样,对成功的典型塑造来说,概括化的过程也正是个性化的过程。所以,个性化越显特殊、越具偶然性,便越有活生生、意笃笃地展示必然的艺术魅力。

典型塑造的概括化,是在艺术家的创作活动中发生并得以实现的。它们展开和完成的过程,正是艺术家的审美意像形成、发展、完善并转而在艺术构思和

① 中共中央马克思恩格斯列宁斯大林著作编译局:《马克思恩格斯选集》第四卷,人民出版社,1972年。

② 中共中央马克思恩格斯列宁斯大林著作编译局:《马克思恩格斯选集》第四卷,人民出版社,1972年。

③ 中共中央马克思恩格斯列宁斯大林著作编译局:《马克思恩格斯选集》第四卷,人民出版社,1972年。

④ 中共中央马克思恩格斯列宁斯大林著作编译局:《马克思恩格斯选集》第二卷,人民出版社,1972年。

艺术表现中发挥统率作用的过程。杰出的艺术家的审美意象，总能够在一定程度上符合客观现实的某些内容和必然规律。在这里，审美意象便成为一定社会生活的本质，成为必然性和规律性的审美形式。同时，艺术家的审美意象，受制于艺术家的审美理想，具有其个人经验性，因而在对现实的本质把握中，又必然凝聚着特有的情感、认识、愿望、评价，从而形成鲜明的个性特色。这就表明，艺术家的审美意象存在着历史的必然与经验的偶然、理性的普遍与感性的个别的内在矛盾。艺术家的主观世界的这种对立统一与反映客观现实的概括化与个性化的统一，当然是密切相关的。这两种对立统一的契合，便是艺术典型化的全部实质。

反映客观现实的概括化是整合在个性化之中实现的。艺术家审美意象的必然性的理性内容，是建立在个体经验性的感性基础之上并通过鲜明的个性特色发挥统率作用的。这样，典型的艺术美创造活动，便具有了这样的特点：一方面，起着统率作用的审美意象具有明显的经验差异和个性色彩；另一方面，被反映的现实对象具有内部构成和感性形态上的多样性质。因此，一切成功的艺术典型无例外地既反映着描写客体的鲜明特征，也体现着艺术家独有的创作个性。在艺术家审美理想的烛照和特定的审美意象统率下，经过典型化创造出来的审美意象不仅无不具有于有限中展示无限的丰富意蕴，而且呈现出千差万别、变化多端的独创性和丰富性。

二、表现艺术的意境创造

表现艺术侧重于艺术家主观情志的抒发，它以创造真切感人的艺术意境为目标。

意境是指艺术家的审美体验、情趣、理想与经过提炼、加工的生活形象融为一体后形成的艺术境界. 意境是主客观的统一，它要求以现实生活和艺术家对它的主观感情的真实为基础，并能反映出现实生活的某些本质方面，使有限、生动、鲜明的个性形式得以蕴含无限丰富、深刻的艺术内容，即黄钺说的“意在笔先，妙在画外”(在有限的形象中暗示出不可穷尽的象外和景外之景)。因此，表现艺术意境创造与开拓的本质特征，就在于以有限的具体意象寄寓真切的情思，从而表达出艺术家丰富的人生体验或对生活必然性的理解。意境的创造与开拓，包括了艺术家主观世界的“意”和表现于艺术中的现实人生的“境”两个方面。现实人生中能够传达出生活精髓神趣的对象是构成意象的客观基础；在有限的传神形态中，表现出艺术家对社会人生的真切而深刻的理解的无限情志，则是开拓意境的关键所在。

首先，意境的开拓要做到形神兼备，以“形”写“神”，把形似与神似统一起来。

表现艺术和再现艺术一样，都不能没有人可感的、具体的“形”。只有当艺术家所描绘的“形”生动传神，才有可能产生意境。“红杏枝头春意闹”所说的“春意”，本是不“闹”的，然而，“红杏”爬满“枝头”，更仿佛显出一种“闹”意来。这一诗句也正因为极其生动传神，便有了“境界”。因此我们可以说，形神兼备的审美意象是意境创造的基础。在这里，“形似”还只是外貌的相像，未必能传达出内在的意蕴。艺术的真实则必须揭示生活的必然，这就要求在“形似”的基础上达到“神似”。张彦远说：“若气韵不周，空陈形似，笔力未遒，空善赋彩，谓非妙也。”（《论画六法》）所以，凡是有意境的作品总是形神兼备的。形神兼备，以形写神，就可以突破一览无余的、有形实体的局限，创造出蕴蓄深厚的景外之意、弦外之音、味外之致。无限深广的社会现实生活的精髓意味透过活脱脱的生动意象传达出来，便能使人领悟到深刻的真理和无穷的意趣。显然，以“形”写“神”，从“形似”中求“神似”，是意境的创造的基本要求。

其次，情景交融、情理统一是意境的创造与开拓的核心。艺术家总是受到客观现实生活的感动，才产生创作动机的。在创作过程中，他又把这激动的感情贯注在审美意象当中，从而产生意境。当然，并非艺术家的一切感情都能对意境的创造产生积极作用。只有那些与人民、与时代相通的感情以及建立在与“理”相统一的基础之上的感情（即具有客观必然性的感情），才能扣人心弦，激起人们的艺术联想，使人们进入广阔的艺术天地。这里所说的“理”，即整理，就是指客观事物的内在规律在艺术家头脑中的正确领悟。情与理互相统一，表达艺术家的情感与揭示事物发展的规律相结合，作品的意境才能开拓得更为深远。黄宗羲说：“文以理为主，然而情不至则亦理之郛廓耳。”[①]刘勰说：“神用象通，情变所孕；物以貌求，心以理应。”（《文心雕龙·神思》）这就是说，现实生活的本质需通过具体的物象来表达，主观的情感在这里起着催生的作用，对象的描绘在求外貌之“真”的同时，还应显现艺术家对生活规律的深刻把握。只有在形神兼备的基础上达到情理统一，才能在有限的意象中展示出无限的韵味并构成意蕴弥深的意境。

再次，开拓意境的手段和形式是多种多样的，具有无限广阔的艺术天地。各种艺术辩证手法的运用，更具有效果。这里，仅对虚实隐显的不同艺术处理略作阐释。实是直接性的形体描绘，虚是间接性的内在寓意。实中有虚、虚处见实，虚实相生、相得益彰，就能通过有限的个别对象开拓出无限深厚的“意境”来。其间，对形、神、情、理辩证渗透关系组合方式的不同侧重形成虚实隐显的艺术处理的不同格局和特色，又可以造就出种种独具意味和情趣的意境。如偏重于间接表情的，以“境”胜，隐为特色，更显含蓄的醇美。陶渊明吟唱：“采菊东篱下，悠然见南

① 北京大学哲学系美学教研室：《中国美学史资料选编》下册，商务印书馆，1981年。

山。山气日夕佳，飞鸟相与还。”(《饮酒二十首》之五)这是一种并未直接抒发明确的思想感情的“无我之境”，但这首诗描绘出的完整、生动的画面，却意趣弥深地传达了诗篇特有的生活内容和思想情感。司空曙的诗句“雨中黄叶树，灯下白头人”(《喜外弟卢纶见宿》)又是一种间接表情的类型。笔先之“意”，言外之“神”，若隐若现、欲露不露、反复缠绵，而无一语道破，却借黄叶树与白头人的强烈对照引发人深沉的联想、思索。这类作品大多通过虚实关系特殊比例的独到处理，使作品更偏于间接性的品位，带引人们在客观意象中玩味捉摸，触发并推动想象趋向于徐缓渐进的深入理解。因此，尽管具体作品仍各有姿色和独特意趣，但特别含蓄深厚却是与此相应的另一类作品共同的、是偏重于直接抒情的，以“意”胜，以明晰见长，露为特色。这类作品的虚实处理，在辩证统一中偏于直接性的突出，促使人的想象以迅速紧凑的运动节律趋向于理解，因而常常能够造成拍案叫绝式的顿悟效果，其突出的审美特征也正与间接性的深沉特异，更多地表现为直接性的新颖。王国维赞美“云破月来花弄影”时说：“著一‘弄’字而境界全出矣。”(《人间词话》)可谓言简意赅地道破了这类诗句“意境”创造的奥秘。境界以晰而意趣无穷也正是“意境”开拓中一种独具魅力的表现形态。

第二编
生命美学

第十章　生命美学理论的发生

生命美学是19世纪上半期到20世纪初期在美学史上逐渐形成的一个美学流派提出的美学理论。这个美学流派包括以叔本华和尼采为代表的唯意志论美学，以狄尔泰、柏格森为代表的生命哲学美学以及弗洛伊德的精神分析美学和荣格的分析心理美学。

第一节　生命美学的理论基础及其思想来源

西方人本主义现代哲学思潮和生命价值哲学美学给生命美学提供了强大的理论基础，而其对实践美学的理论反思又为其自身提供了主要的思想来源。

一、生命美学的理论基础

西方人本主义现代哲学思潮和生命价值哲学美学，为生命美学的理论思路和方法的确立提供了多方面启示。

西方人本主义现代哲学思潮产生于19世纪上半期，它强调以人为本，在对通过逻辑分析、把握本质这一形而上的研究方式进行解构的基础上，主张把人的生存置于本体地位，站在人的生存角度把握一切，认为人的生存（即本质）是揭示人的一切活动的根源。这一哲学思潮包括叔本华的唯意志论哲学、萨特的存在主义哲学、尼采的文化哲学、弗洛伊德的心理分析学和柏格森的反理性主义的直觉主义哲学等理论。

叔本华的唯意志论是他美学思想的一块重要理论基石。他用意志替代康德的“自在之物”，用表象替代康德的“现象界”，把世界归结为意志和表象两大终极因素。在叔本华看来，意志是指人类的本能冲动、欲念意向等，是完全敌视客观世界的神秘生命力（即一种盲目的、不可遏制的冲动），是第一性的。他把意志视为世界和终极本体、构成世界的基质。他说：“一切表象，不管是哪一类，一切客体都是现象，唯有意志是自在之物。作为意志，它就决不是表象，而是在种类上不同于

表象的。它是一切表象、一切客体和现象的可见性、客体性之所出。它是个别(事物)的,同样也是整体(大全)的最内在的东西,内核。"[①]在他看来,世界上形形色色的物质、事物的可见性都是意志的客体化,人类正是通过直观的自我意志才得以认识和把握现实世界,而且意志以理念为中介显现为客体对象的同时,也变成了表象。总之,叔本华认为决定世界的不是上帝,也不是物质自体,而是生命意志,并且这种生命意志不受理性支配,是一种盲目的但又不可遏止的生命冲动。

步叔本华和尼采后尘的柏格森则更为直截了当地提出了以"生命冲动"为标志的生命哲学美学。柏格森提出的构成世界的终极本体是"生命冲动"或"生命之流"的观点,侧重于从超越个体意识的宇宙意志的视角来探寻世界的本原。他与狄尔泰对何谓生命和生命冲动的观点基本一致,他们都认为生命不是具有物质躯体的生物有机体,而是超越个体生命的构成世界终极本体的生命冲动。狄尔泰认为生命不是生物学意义上的有机体生命,而是处于历史发展进程中的人的生命。他还认为世界的根基是生命本身。狄尔泰更重视生命个体,认为人类的生命活动虽然是在整个历史发展进程中展现出来的,然而它却是无数个活生生的感性个体所组成的历史整体。柏格森对生命的理解不囿于生命个体,而把它视为蛰伏在生命个体中的一种冲动,或者认为生命是一种连续不断或不可分割的创造进化过程,是一种宇宙运动。柏格森认为,与其说生命个体是构成生命进化的有机部分,不如说生命个体是生命进化的具体表现。正因为如此,他认为生命冲动是非物质性的意识流程,是一种时间的绵延,具有非可视性的特征。总之,柏格森认为整个世界充满着、体现着"生命冲动"的创造式进化过程,物质只不过是这种精神进程的障碍物,理性只能认识这种作为生命冲动过程障碍物的物质,而只有直觉才能印证这一生命意识的"绵延"。这些现代哲学思潮的共有特征是对传统理性的反叛和对个体生命的重视。我国的生命美学理论对生命的强调及其对个体价值的关注,正是建立在对西方人本主义现代哲学思潮的理论基础之上的。

20 世纪初,西方国家继而又出现了以狄尔泰、西美尔为代表的生命价值哲学美学。狄尔泰等高举生命意识和生命价值的大旗,把自然科学与精神科学做了科学的"划界",追本溯源地将生命作为人类历史发展与人类精神活动的主宰、作为精神科学真正的研究对象。另外,还有中国 20 世纪 90 年代出现的、以潘知常等为代表的、以生命为本体的、以对生命的价值关照为归宿的生命美学思潮。尽管他们的生命美学观念与狄尔泰、西美尔的生命价值哲学美学存在着许多不同点,但他们对生命价值的主张则是共同的。

20 世纪 70 年代,这些西方人本主义现代哲学和生命价值哲学美学思潮大量涌入中国,受这些思潮的影响,沉寂了多年的中国美学学术理论界的一元化格局

---

① 叔本华著,石冲白译:《作为意志和表象的世界》,商务印书馆,1982 年。

趋向消退,多元化格局逐渐形成。在中国美学界,人们对认识论美学与实践论美学的几次大讨论的关注热情逐渐消退,开始尝试从别的角度切入来研究美学理论。生命美学理论就是在西方人本主义现代哲学思潮对我国美学界产生广泛影响的情况下,以对这些哲学思潮的理论借鉴为思想来源,在对处于主流地位的实践美学进行反思的基础上建构起来的、属于我们自己的理论观点。

二、生命美学的思想来源

生命美学属于后实践美学,换言之,它也是在与实践美学进行对话以及在对实践美学的反思中产生的。众所周知,20 世纪 90 年代中国美学界令人瞩目的景观莫过于实践美学与后实践美学之间的论争,这场批评与反批评、超越与双重超越的论争展示了世纪之交中国美学界多元化的理论景观,集中体现了中国美学正在发生的深刻变化和发展趋势,显示了中国美学蓄势待发的生机活力和前途。

由于历史和时代的原因,实践美学在建构和发展过程中不可避免地带有一定的局限性,这些局限性就成为生命美学理论产生的理论起点。20 世纪 50 年代后期,第一次美学大讨论使实践美学的思想得以萌芽。当时的社会状况是任何社会活动都和政治需要结合在一起,学术活动常常成为某种主义、路线、政策的附庸,在这种时代背景下产生的实践美学便带上了一定程度的政治化倾向。实践美学成熟于 20 世纪 80 年代的第二次美学大讨论,虽然随着当时思想解放运动的开展和改革开放格局的形成,学术研究有了越来越大的独立性和自主性,但由于国内美学研究者对马克思主义的理解有一定的局限性,因此,以马克思主义哲学实践观为逻辑出发点建立起来的实践美学便也具有了一定的局限性。虽然后来又对这一时期形成的实践美学理论进行了多方面的发展和探讨,形成了"美在创造中""美是自由的感性显现""美是辨证发展的和谐"等卓有建树的观点,并使实践美学成为中国美学理论研究的大潮,完善了实践美学初期的理论偏颇,但实践美学还是不能完美地解释所有的美学现象。另外,时代的发展也给出了新的美学话题、产生了新的美学话语和美学语境,而这些都是实践美学没有解决的问题。

生命美学理论就是在关注实践美学的薄弱环节的基础上产生的,在实践美学理论与生命美学理论的几次论争中,生命美学的理论逐渐成型。

需要强调的是,实践美学的主要观点是建立在马克思主义哲学实践观的基础上的,而生命美学对实践美学的批评完全不同于对马克思本人的"实践唯物主义"的美学的批评。生命美学和实践美学都是以马克思主义为基础来进行美学研究的。生命美学对实践美学的批评是从考察实践美学本身对马克思主义实践原则的阐释中得出的结论,而不是从考察马克思本人对实践原则的论述中得出的结论。有人认为,批评实践美学对马克思主义实践原则的错误理解就是批评马克思

主义的实践原则，这实际是风马牛不相及的事情。正如潘知常在其《生命美学论稿》一书中所阐述的："生命美学之所以要对实践美学提出批评，并不是由于实践美学的以马克思主义实践原则作为自己的理论基点这一正确选择——在这个方面，生命美学与实践美学并无分歧，而是由于实践美学对于马克思主义实践原则的阐释有其根本的缺陷。在这个方面，正如在论战中许多文章所指出的那样，实践美学对于马克思主义实践原则的阐释存在着严重的偏颇。"[①]生命美学认为这种偏颇具体表现在如下两个方面。

(1) 实践美学对马克思主义实践原则的阐释的本身所存在的严重偏颇。例如，实践美学往往只强调实践活动的积极意义，却看不到实践活动的消极意义，但实际上这两重意义都是人类实践活动的应有内涵。事实上，实践活动不会只以一种理想状态存在，人们常说的异化活动，不论产生多么消极的后果，也不能被掩饰为自然的异化、神的异化，而只能被真实地理解为实践活动本身的异化。马克思正是从这一层面出发去强调，劳动创造美的同时也创造了丑。一方面，"劳动创造了宫殿"，"劳动为富人生产了奇迹般的东西"，[②]"劳动变化了他自己的自然"[③]，"劳动产生了智慧"[④]；但是另外一方面，劳动也"给工人创造了贫民窟"，"使工人变成畸形"，"给工人生产了愚昧和痴呆"[⑤]。再如，实践美学在对实践活动的阐释中片面地强调人之为人的力量，它强调"人是大自然的主人"，并且以对大自然的"战而胜之"作为实践活动的标志。然而，这种"强调"和"战而胜之"不是实践活动，充其量只是一种变相的动物活动。因为只有动物才总是幻想去主宰自然、主宰世界，就像猫主宰着老鼠那样。

(2) 实践美学对马克思主义实践原则的阐释的背景所存在的严重偏颇。如李泽厚先生所说的，实践美学也存在着从传统的理性主义、目的论、人类中心论、审美主义等知识背景的角度去阐释马克思主义实践原则的缺憾。上述的实践美学理论片面地强调实践活动的积极意义、片面地强调人之为人的力量、片面地强调实践活动作为审美活动的根源的唯一性等缺憾，实际上正是传统的理想主义、目的论、人类中心论、审美主义等偏颇所造成的必然结果。

因此说，生命美学对实践美学的批评并非是对马克思主义实践观的批评。相

---

① 潘知常：《生命美学论稿》，郑州大学出版社，2002年。

② 中共中央马克思恩格斯列宁斯大林著作编译局：《马克思恩格斯全集》第42卷，人民出版社，1985年。

③ 中共中央马克思恩格斯列宁斯大林著作编译局：《资本论》第1卷，人民出版社，1956年。

④ 中共中央马克思恩格斯列宁斯大林著作编译局：《马克思恩格斯全集》第42卷，人民出版社，1985年。

⑤ 中共中央马克思恩格斯列宁斯大林著作编译局：《马克思恩格斯全集》第42卷，人民出版社，1985年。

反，生命美学同样也是以马克思主义实践观为基础的，正如潘知常所说："在生命美学看来，它强调从人类生命活动的角度考察审美活动，其最为真实、最为深刻的思想背景，不是来自别的什么地方，而正是来自马克思主义美学本身。从生命活动的角度考察人类自身，在马克思的著作中有着大量论述。"①然而，它们之间所不同的是，实践美学把实践原则直接应用于美学研究，而生命美学则只是把实践原则间接应用于美学研究。生命美学认为审美活动是美的根源，而实践活动则是审美活动的基础。

第二节　生命美学理论的发生及其演变过程

生命美学理论在 20 世纪 90 年代才开始作为一种美学理论出现于中国大陆。生命美学理论的首倡者是潘知常先生，他出版于 1991 年的《生命美学》是最早的美学理论成果；继其之后，封孝伦的《人类生命系统中的美学》、黎启全的《美是自由生命的表现》等生命美学理论著作相继出版。这些理论著作对生命美学理论的构建具有开创性的意义。②

生命美学理论把目光由理性转向感性、由科学转向人的转变，突破了抽象思维狭窄、僵硬的模式，把人类鲜活的自然生命解放了出来；生命美学理论强调人的个体性、感性和自由性对人和人的存在的积极意义，将主体的感性存在内容在社会理性与科学理性的强大势力面前凸显了出来。

生命美学理论对主体性问题的重视在当代美学与文艺理论界具有重要价值。它突出地强调主体的地位，提倡尊重人的主体价值、发挥人的主体力量，要求以人为中心、为目的完成审美活动。可见，生命美学理论对主体性的重视开拓了人们的视野，使人们形成了关注主体的观念，有益于纠正以往理论界中存在的只注重客体的理论偏颇，富有现实针对性。它针对的是过去很长时期一直存在的忽视个体生命的自由解放和片面强调社会群体规范的状况，甚至假借虚假的"社会集体"名义压抑和扼杀个体生命的自由解放的状况。正是由于上述局限的存在，中国文学在相当长的一个时期普遍地发生了主体性失落的现象。生命美学理论将以"人"为本的观念注入美学和文艺理论系统，带来了理论内部结构的深刻变革，促使了美学与文艺理论领域中的主体意识的强化，激发了研究者的理论自觉性和建立新的批评模式的热情，从而推动了美学研究方法向多样化发展。

---

① 潘知常：《生命美学论稿》，郑州大学出版社，2002 年。

② 潘知常：《生命美学与超越必然的自由问题——四论生命美学与实践美学的论争》，《河南社会科学》，2001 年 3 月 10 卷 2 期。

作为一种理论形态，生命美学也有着其致命的弱点。它以生命为逻辑起点来审视主体价值，但生命是什么？生命如何在审美中体现主体的自由？生命如何使个体具有普通有效性？对这些问题，生命美学理论没有做出解答。而且，生命美学理论号称是对实践美学的超越，但它对实践美学的认识是片面的。实践美学中的实践概念该如何理解？实践美学中主体的本质问题该如何把握？这些问题在生命美学理论那里都是非常模糊甚至错误的，而这也决定了生命美学理论的发展道路必将是曲折而艰难的。

生命美学以其新颖的审视主体价值视角和对主体价值的特殊关注，引起了美学理论界的注意。它对个体的肯定、对主体感性特征的强调，都对现代美学理论研究有一定的醒世作用。但是，生命美学表现出的对主体性的偏颇理解和对实践美学的片面认识，决定了生命美学理论不能从根本上为中国的美学理论带来建设性的成果。

第十一章　生命美学理论的本质内涵

生命美学就是在对以往的客观论美学、主观论美学和关系论美学的批判和继承中发展起来的，并使美学走上了一条继往开来的道路。它秉承了客观论美学的本体论追求，不过它并不认为美的本体是实体性的，而是认为美是存在于事物之中或隐藏在事物背后的抽象的、先验的“理念”；生命美学也吸纳了主观论美学对主体在审美活动中的状态的关注，但并不就此把美等同于美感；生命美学也认定了关系论美学的看法，即美就是审美，但是不满于“关系”这个词的空洞。文化哲学大师卡西尔指出：“美不能根据它的单纯被感知而被定义为‘被知觉的’，它必须根据心灵的能动性来定义，根据知觉活动的功能并以这种功能的一种独特倾向来定义。它不是由被动的知觉构成，而是一种知觉化的方式和过程。”①这种“心灵的能动性”“知觉化的方式和过程”就是人的活动，就是人的生命。生命美学把“生命”作为美学中最核心的概念和范畴，通过“生命”来揭示美的深层奥秘：美的本源在生命；生命是能动的，建构着审美主体和审美客体的联系和意义，美即是审美；生命又是运动变化的，而美就存在于这样的生命活力之中；生命是具有理想性的，总是试图以一种“可能性”来取代“现实性”，而美为我们开辟出一个美好的生命向度，引导我们前行。所以，美感就是对各种形式的动态生命力的敏感性，而这种生命力只有靠我们自身的一种相应的动态过程才能把握。

具体来说，生命美学的主要含义包括以下几个方面。

（1）生命美学以人的生命为美的本质，认为生命是美得以发生的规定性内涵。叔本华在他的生命美学理论中强调，人的本能冲动、欲念意向等意志的客观化才产生世界万物，“意志和世界的关系是‘使具体化’”，由此他提出了两个著名的命题：“世界是我的表象”“世界是我的意志”。美就存在于意志的具体化、客观化之中，越是清晰而完整的显现意志的事物越是美。尼采认为生命就是“权利意志”，所以他把“权利意志”视为世界本体，认为美是“权利意志”的肯定性的显现，凡是在生命个体上能充分反映出“权利意志”者就是美的，反之就是丑的。生命美学的

① 恩斯特·卡西尔著，甘阳译：《人论》，上海译文出版社，1985 年。

集大成者柏格森则直截了当地把生命本身作为哲学、美学的起点，认为美源于生命本体，美的本质在于通过感性的形象显现内在的生命冲动。尽管诸多生命美学家在内涵和表述上有所不同，但是可以肯定的是他们都把生命作为世界和美的本原。美来自生命，生命是美得以产生的规定性内涵。

卡西尔在回答"人是什么"这个问题时，指出："如果有什么关于人的本性或'本质'的定义的话，这种定义只能被理解为一种功能性的定义，而不能是一种实体性的定义，我们不能以任何构成人的形而上学本质的内在原则来给人下定义；我们也不能用可以靠经验的观察来确定的天生能力或本能来给人下定义。人的突出特征，人与众不同的标志，既不是他的形而上学本性也不是他的物理本性，而是人的劳作，正是这种劳作，正是这种人类活动的体系，规定和规划了'人性'的圆周。语言、神话、宗教、艺术、科学、历史，都是这个圆的组成部分和各个扇面。"[①]人的本质不是抽象的，而是处于劳作之中的，只有在劳作中人才是真正意义上的人。艺术、美都是人的劳作的组成部分，其本质只能内蕴于人的生命劳作中。据此，我们可以这样理解有关生命美学的生命本体观：美在生命，美不存在实体性的本质，美的本质是功能性的；美只有在人的动态的生命劳作之中才能体现。

(2) 生命美学视野中的"生命"是一个有机的整体。如前所述的生命哲学、生命美学是以一种对抗科技理性所导致的社会危机与精神危机的姿态出现，比较崇尚感性、本能，并赋予生命以非理性含义。但是生命美学者认为"生命和理智、生命和文化并不是势不两立的"，应该"把理智和文化收入生命范畴，视为生命的一个组成部分"[②]。

狄尔泰指出，生命存在于自我和环境的相互作用之中。这种相互作用产生了"心理生命的结构关联"，此结构由认识(通过形成对象的图像建立起和外部世界的关系)、意志(通过行为准则建立起和外部世界的关系)、情感(通过形成价值判断建立起和外部世界的关系)所组成。生命就是三者动态的、目的性的结构关联，而且这三者在每一生命瞬间都是共存的。由此，理性主义传统用理智来代替心理生命整体的看法是错误的。知、情、意相互联系、相互补充才构成了人的心理生命的基本内容。

(3) 生命美学高扬"体验"的认识方式。考察表明，体验的德语原文是"erlebnis"，是动词"erleben"(即经历)的名词化；而"erleben"又是"leben"(即生命、生存、生活)的动词化。所以从词源学来看，体验是一种和生命活动密切相关的经历。因此，在生命美学研究者看来，"体验"和"生命"一样，也是一个核心范畴。狄尔泰指出，人和世界除了主客分立的模式外，还有一种更为本原的关系，就是主客

① 恩斯特·卡西尔著，甘阳译：《人论》，上海译文出版社，1985年。

② 李超杰：《理解生命——狄尔泰哲学引论》，中央编译出版社，1994年。

同一。“体验”就很好地体现了这种关系，原因是“体验不是主体的活动，不是思想，它是直观的，而非概念性的，体验总是作为现实直接的‘为我在那儿’”①。同时，“体验不是作为被知觉到或者被表象到的某物与我相遇，它不是呈现给我的，只是因为我有对它的内省，因为我把它作为在某种意义上属于我的东西直接地具有它，体验的实在性才在那儿为我存在”②。也就是说“体验”不单纯地等同于主观的思考，也不单纯地等同于客观的存在，“体验是一种具体的存在于世界的形式”③。在这种形式中，“不存在没有我的世界，世界一旦显现，就已经有了我。只有对我来说，才有世界，然而，我又不是世界”④。主体与客体同一，意识与对象同一，体验就是主体将自己的情感、需要、理想等全部心灵投入客体中，使对立的双方融合无间、分离消失，达成“一体化”。“体验”以生命为前提，而且究其实质就是主体内在生命力得以激发的过程。当主体将自己的全部心灵投入到客体之中，客体完成了向被主体体验到的生命存在的转化时，主体就会对这种内在生命力的对象化实现产生一种由衷的喜悦，进而流连忘返，“美”就接踵而至。也正是在这种意义上，美不在心也不在物，而是根源于生命的能动性所产生的一种“交流”，即美是一种“审美”。

(4) 审美营造出一个理想而可能的生活世界。这根源于人的生命的理想性。卡西尔指出，人和动物最根本的区别就是人不是被动地接受“事实”“现实性”，而是总是生活在理想的世界中并向着“可能性”前进。这种区别的产生正是在于人能发明、运用各种“符号”，能创造出自己需要的“理想世界”；而动物却只能按照物理世界给予它们的各种“信号”行事，所以，始终不知何为“理想”、何为“可能”。所以，“对动物而言，世界就是它现在的样子；对人来说，这是一个正在被创造的世界，而做人就意味着处在旅途中”⑤。艺术就是人在生命的旅途中，“导向对事物和人类生活得出客观见解的途径之一”⑥，所以当“我们所有的人都模糊而朦胧地感到生活具有无限的潜在的可能，它们默默地等待着被从蛰伏状态中唤起而进入意识的明亮而强烈的光照之中。不是感染力的程度，而是强化和照亮的程度才是艺术之优劣的尺度”⑦。

审美世界作为人运用符号创造出的一个理想的世界，或者是拒斥生命的负面，暴露生命的虚无与沉沦，成为生命的挑战者和揭露者；或者许诺着人们有限的

---

① 李超杰：《理解生命——狄尔泰哲学引论》，中央编译出版社，1994 年。

② 李超杰：《理解生命——狄尔泰哲学引论》，中央编译出版社，1994 年。

③ 弗迪南·费尔曼著，李健鸣译：《生命哲学》，华夏出版社，2000 年。

④ 叶朗：《现代美学体系》，北京大学出版社，1999 年。

⑤ A.J.赫舍尔著，隗仁莲译：《人是谁》，贵州人民出版社，1994 年。

⑥ 恩斯特·卡西尔著，甘阳译：《人论》，上海译文出版社，1985 年。

⑦ 恩斯特·卡西尔著，甘阳译：《人论》，上海译文出版社，1985 年。

生命中没有的东西，把尚未到来或永远都不会到来的东西带入人们的生命。不管怎样，审美活动就是要超越此时此地，屹立在未来的地平线上，引导人类设定未来的生命。正是在这种意义上，生命美学把审美看成是人的一种最高级的生命存在方式，美也就成为自由的境界。

(5) 在生命美学看来，审美形态（如和谐、悲剧、喜剧、荒诞等）都不是外在于人的，而是人运用符号创造理想，而各种生命活动中特定的生命状态存在于“人性的圆周”当中。

和谐与优美表现为主体与客体之间的顺畅交融，没有丑、恶的干扰和障碍，使人的生命追求在对象上能够顺利实现。和谐与优美的表现能令人产生一种单纯的感观愉快，使人心境舒畅、情意融融，并符合社会的原则与道德律令。[①]

荒诞表现为生命的无意义、无价值，是“人在与整体客观世界的关系的反思与追问中失去了生命的价值和意义”[②]。荒诞在内容上表现为人的生命没有目标、精神上没有支点。如戏剧《等待戈多》描写了两个瘪三在荒凉的乡间土路上无聊地等待戈多的情景，但他们对戈多是谁、为什么要等他、他什么时候到来一无所知，以此显示他们的生命的空虚和无意义。荒诞从表面上看有些“胡闹”的性质，但是在“胡闹”的背后有着远非“胡闹”的东西，它深刻的体现着人们长久尊崇或习以为常的东西的失败，进而也就体现了人的一种觉醒。

悲剧表现为对生命的一种欺凌，是生命的一种苦难和毁灭。这种苦难和毁灭似乎不能完全归结为罪过或者错误，更多的是伴随着任何伟大创举必不可免的东西，好比攀登无人征服过的山峰的探险者所必然面临的危险和艰苦。[③] 黑格尔也指出：“凡是始终都只是肯定的东西，就会始终都没有生命，生命是向否定以及否定的痛苦前进的。”因此，悲剧具有对生命的价值与意义的独特地审美解读，是一种以直接地否定人的生命的方式来间接地肯定生命的理想，是流着眼泪甚至鲜血显示、获得以及强化人的生命价值和生命正义。

喜剧与滑稽是人们关注和体验的特殊审美形态。如果说悲剧所产生的美感是痛感中的快感，是对人的生命以否定的形式出现的间接肯定，那么喜剧则突出地表现为一种直接的快感，是对生命的直接而绝对地肯定；如果说荒诞使人发出的是无可奈何的笑声，那么喜剧和滑稽则会令人发出生活智者的微笑或者大笑。它们所显示的是对生命力的某种程度地自由操纵。

崇高可以说是一个最能激发人的生命活力的审美形态。崇高所展示的是一种深层的美、深邃的美、堂皇的美。它激起的不是单纯、轻松、来也匆匆去也匆匆

① 封孝伦：《人类生命系统中的美学》，安徽教育出版社，1999 年。

② 封孝伦：《人类生命系统中的美学》，安徽教育出版社，1999 年。

③ 朱光潜著，张隆溪译：《悲剧心理学》，人民文学出版社，1983 年。

的快感，而是复杂的、深刻的、迟缓的、令人震撼与敬畏的美。它可能表现为人经过激烈的内心冲突——感性生命与理性生命的冲突、理想生命与现实生命的冲突，最终使人对一切伟大事物、一切比人自身更神圣的事物产生热爱与向往，进而使人设定自己生命的真正目标。

综上所述，生命美学以对科技理性所导致的世界“物化”的反动为基础，将注意力投向人及人的生命活动领域，并在超越传统美学的基础上发展起来。20世纪80年代后期，生命美学受到中国学者的普遍关注，使生命美学流派得以迅速崛起，并给中国美学的发展注入了活力、指明了中国当代美学发展的新方向。中国的生命美学论者秉承并发展了西方生命美学流派把“生命”作为美学最核心概念和范畴的思想，也通过“生命”揭示了美的深层奥秘。封孝伦认为，人有生物生命、精神生命和社会生命三重生命，而美就是能够满足这三重生命需要的对象。潘知常明确指出，美学的根本问题就是人的问题，美学也必须以人类自身的生命活动为广阔的现代视野。徐岱则鞭辟入里地指出：“所谓的‘美感’本质上也就是一种‘生命感’，是主体生命在审美情境中得到充实、内在生命力被激发而产生的一种生命的喜悦。”[①]美感来源于生命，美也不在人们的生命之外，美的存在是以人们自身的生命存在为基础的，其生成于生命生生不息的劳作中。所以，“所谓‘美’，就是主体内在生命力得到激发之后的一种对象化实现，是其生命之火被点燃后所产生的对生命之为生命的领悟，以及由此带来的对存在的感激和喜悦”[②]。

---

① 徐岱著：《美学新概念——21世纪的人文思考》，学林出版社，2001年。

② 徐岱著：《美学新概念——21世纪的人文思考》，学林出版社，2001年。

第十二章　生命美学的基本特征

作为一种新的美学理论，生命美学在超越传统美学理论而形成自身的理论体系的过程中，体现出其鲜明而又突出的美学基本特征。这些基本特征包括以生命为逻辑起点来审视主体价值，超越主客关系高扬审美主体价值以及强调审美主体的自由性、重视主体的感性等。

生命美学突出地强调主体的地位，提倡尊重人的主体价值，发挥人的主体力量。在审美活动中，以人为中心、为目的，开拓了人们的视野，使人们关注主体，有益于纠正以往的美学理论界中只注重客体的理论偏颇，富有现实针对性。

第一节　以生命为逻辑起点来审视主体价值

作为一种新的美学理论，生命美学以生命为逻辑起点来审视主体价值并建构其理论体系。生命美学以独特的生命意识和生命活动视角进行理论探索，将生命意识、生命观念引入主体性研究中，确立了生命美学的生命本体论，充分地体现了其思维方法和研究角度的新颖性，从而消解了以往的美学理论界对西方纯粹的理性思辨的方法论原则机械地信奉的理论迷雾，不再满足以形式逻辑或者辩证逻辑作为唯一的思维工具，放弃了固守从抽象到具体、从演绎到归纳、从分析到综合等单向度的理论模式。生命美学选择了以理性层面之下的人类精神的诗性活动作为自我思维的起点，以心灵的悟性冲动和直觉智慧作为更高形态的方法论和认识论，不再是凭借单纯的逻辑切割看待审美现象和探索审美经验，而是专注于从生命的有机整体性来考察整个美学问题。

生命美学理论认为，审美活动与人和人的生命有着不可分割的联系，美永远是相对于人的关系而言的，而传统的美学研究却往往忽视人、忽视人的生命。比如说，实践美学以实践为逻辑起点研究审美活动，把审美活动当作一般的实践活动来考察，这就使审美活动带有浓厚的理性、现实性、目的性和物质性的色彩，而审美活动具有不同于物质生产活动的特质——它的精神性、超功利性、感性等都被掩盖了；而以生命作为美学的逻辑起点就会不同，把审美活动放在生命中来考察，把审美活动当作生命活动中最高的精神活动来研究，才能使审美活动各种特质（如它的感性、个体性、精神性）得以彰显，才能使审美主体真正回到它的本质面貌上去。对审美的主体性，生命美学强调引进生命意识和生命活动视角。它将文学创作活动的出发点理解为肯定自己、确证自己和发展自己的生命内在需要，强调文艺创作是在内部需要的驱使下所进行的生命活动。“在创作过程中，充满着作家的生命体验和生存颖悟。创作是一种源于生命本能的冲动，有着不可遏止的写作欲望和写作激情，文学的出现不仅是为了满足人的精神需要，更是为了满足人的生命需要，充溢着生命勃发的激情。”①封孝伦认为：“人类生命存在，才是人类一切活动最古老、最基本、最坚实、最有力的根源。离开了人所从来的动物性，人为什么要实践，怎样实践，都是说不清楚的。”②并且，他还把生命分为生物生命、精神生命、社会生命三重层面，认真地将自己的三重生命学说贯彻到人类审美活动的各个环节。

总之，生命美学将独特的生命意识和生命视角引入对审美主体性的研究中，认为实现审美价值主体性的基本途径是生命体验与实践活动。在生命体验与实践中，审美价值得以揭示审美的内在运动规律，把握审美精神世界的复杂和神秘，在生命的律动中体验生命的价值和意义，获取生命的智慧和勇气，体悟、领会、理解并获得生命的本质。这无疑对体现审美活动的主体价值以及实现审美主体的精神和心灵的自由与超越具有积极的意义。

第二节　超越主客关系高扬审美主体价值

生命美学理论认为，审美主体价值由审美活动的特质——它的感性、精神性、个体性所决定，美感不存在本质，美的本质就是美的现象本身；对审美活动的考察也不能像对自然科学活动的考察一样可以用理性逻辑分析，即追问本质（通过存在追问本质，通过现象追问普遍）的认识论方法来获得。正如潘知常在其著作中所说：“生命美学强调从超主客关系出发去提出、把握所有的美学问题（它们不再是知识论的而是存在论的）。在超主客关系中，本质并不存在，存在的只是现象。美学的领域是对于必然性领域的超出。”③生命美学理论通过把目光由理性转向感性、由科学转向人的转变，突破了抽象思维狭窄僵硬的模式，把人类鲜活的自然生

① 唐玉宏：《人类生命历程与审美实践关系探析》，郑州大学学报，2002(2)。

② 彭萍：《论审美活动的特征》，湖南城市学院学报，2005(5)。

③ 陈相伟：《试论审美文化的特征》，齐齐哈尔师范高等专科学校学报，2006(2)。

命解放了出来。它强调人的个体性、感性和自由性对人和人的存在的积极意义，在社会理性与科学理性的强大势力面前，将主体的感性存在内容凸显了出来。这充分体现了生命美学理论对审美主体个体价值的高扬。

生命美学立足于生命活动，通过生命活动、生命的自由表现来揭示生命的价值、审美主体（人）的价值，确证审美主体的本质力量，体现出对必然和有限的超越，并借以使审美主体发现自己的本真、彼岸，从而使审美主体寻求到精神的慰藉和心灵的归宿，实现审美主体为人的意义和价值。对此，生命美学理论认为，生命美学肯定了生命是文艺创作的最高准则的同时，又把生命作为文艺创作的尺度和手段、作为创作主体的一种精神性活动。生命体验是审美主体的一种体验，它消融了主客体的对立与距离，使主客体高度融合、物我同 ，使生命价值主体在体验中自由、在体验中超越，从根本上揭示了文艺创作活动是生命的自由表现。

生命美学确立了审美活动这一本体论内涵。它认为，审美活动是美的核心，美是对象与主体相互作用的产物，同一对象对不同主体或同一主体在不同时候面对同一对象都会产生不同的美，美的个体性、特殊性、精神性就在此时凸显出来；在审美活动中，没有现实主体和现实对象，只有审美主体和审美对象，美在审美主体和审美对象的交流活动（即具有精神性的审美活动）中产生，审美活动产生了对象和主体，规定了对象和主体，审美活动的发展变化引起了主体与对象的发展变化，审美活动具有充分的特殊性——个体性。在审美活动中，主体充分张扬。这样，生命美学理论深刻地抓住了审美活动的本质，突出了审美活动中主体的能动性、个体性。审美活动既是以实践活动为基础的，又是超越实践活动的超越性的生命活动。审美所应展现的不是人类性，而是非人类性，即真正体现人的特性的非逻辑、非规律、非抽象的表达。美学应该是对人类性的消解，对理性主义的拒绝。因此，生命美学理论具有关注审美活动中主体本身、反叛在主客关系中对审美的偏理性分析的特征。

第三节　强调审美主体的自由性，重视主体的感性

既然审美活动是不同于物质生产活动的人的最高级的精神性生命活动，那么审美活动的一个突出的特征就是：它超越主客关系形成了自由性。正是在审美活动的这个突出的特征的基础上，生命美学对自由的含义做出了重新界定。生命美学理论认为，审美活动的自由不同于人在物质生产劳动过程中的自由（即实践的自由），实践的自由是对客观规律和客观必然性的把握，是人的活动合目的、合规律的自由；而审美活动的自由是超越于这种自由之上的，是一种在人的生命活动中产生并在审美活动中得到实现的自由。生命美学理论提出的审美的自由并不

是对客观和必然的认识和把握而产生的自由，审美的自由应该是对这种自由的超越，是超越必然的自由；审美自由不是在物质生产实践中由于对客观规律的认识、对必然本质的把握而产生的相对自由，而是在这种自由基础上产生的一种更高层次的自由。事实上，把握必然的自由并非来自超越必然的自由，超越必然的自由也并非来自把握必然的自由，它们共同地来自于人类的生命活动本身。正是人类的生命活动才导致把握必然的自由与超越必然的自由的同时产生。生命美学理论在著述对主观性、超越性及其和自由的客观性、必然性的关系时认为：把握必然，只是认识了实现自由的条件，但却绝对不是实现了自由本身。把握必然只是自由的必要条件，并非是自由的充分条件。因为把握必然固然能规定人类生命“不能做什么”，却不能规定人类生命“只能做什么”；只能决定人类生命“不能如何”，却不能决定人类生命“应当如何”。在“不能做什么”“不能如何”与“只能做什么”“应当如何”之间存在着一个广阔的、超越必然的、自由的创造空间，在这个有着极大自由度的空间里，人类存在着诸多的、可能的主观选择，人类生命活动中超出必然的需要也将得以实现，而人类超出必然的层次越高，超越的需要的实现程度也就越高，一旦超越必然的自由的实现活动本身成为目的，人的真正需要也就最终得到了全面实现，人也就真正地实现了人性的完全解放，也就真正地实现了自由。因此，超越必然的自由的实现是人之为人的根本特征、立身之本。

然而，作为一种社会性存在的人在面临诸多的、可能的主观选择时，也往往受到现实生活的种种限制。因此，人类根本不可能在现实中全面地实现超越必然的自由。那么，人类如何使超越必然的自由的全面地实现成为可能来确证自己的最高追求呢？在生命美学看来，只能通过审美活动来实现。因为在人类的生命活动中，只有审美活动与自由的目的的实现是相对应的，也只有审美活动与超越必然的自由密切相关，只有审美活动的实现意味着超越必然的自由的理想实现。

审美活动并不像以往的美学(如实践美学)所理解的那样，等同于人类的对象化的活动。生命美学认为，审美活动之所以成为审美活动，并不是因为它成功地把人类的本质力量对象化在对象身上，而是因为它“理想”地实现了人类的自由本性，是对人类最高目的的一种“理想”地实现。从生命活动类型的角度来说，它既不与实践活动重叠，也不与认识活动重叠；从生命活动的超越类型的角度来说，它既不与现实超越重叠，也不与宗教超越重叠。它是建立在实践活动基础之上又超越于实践活动的超越性生命活动，是人类自由本性的真正显现，意味着生命自身的提升。它与人类生命活动在自由表现中为自身所带来的自由愉悦同在，是人类生命存在中最为重要的东西，也是人类生命活动的根本需要。

应该说，生命美学理论主张在超越中实现审美自由。因为，这对实现人对现实的实际功利目的的超越，调解人与自然、主体与对象、自由与必然之间的矛盾，重建生命的意义世界无疑有着重要作用。生命美学理论从美学的特质入手，对审

美自由进行强调和重新界定、对美学理论研究、避免对审美的现实性的过分强调以及加强对主体价值的关注是有积极意义的。生命美学理论对个体生命的肯定、对美的感性特征的强调，在当今个性张扬、思想解放的时代具有一定的意义。它的产生具有一定的历史必然性，它体现了对现状的一种思索，并启迪人们不断地对生活进行探索。从某种程度上说，生命美学理论对主体个性的、感性的、自然本性的强调和突出对当代主体性的研究有一定的启迪意义，使长久以来一直沉浸于用理性思维模式对美学进行探讨的美学理论研究者首次抬起头对主体性问题进行了一次全面的、整体的审视。

第十三章　生命美学的价值与意义

作为一种新的美学理论，生命美学的产生既具有一定的理论的超越性价值，又具有一定的现实社会中人的价值与意义。

第一节　生命美学的理论价值

生命美学在美学理论方面的超越性与包容性不仅有利于建立一个良好的学术环境、理论氛围，而且极大程度地活跃了20世纪的中国美学研究，并开启了未来美学研究的新的理论空间。

一、给予美学理论研究新的研究方法与视角

生命美学在以生命为逻辑起点审视主体价值并建构美学理论的同时，还以独特的生命意识和生命活动视角对美学进行理论探索，将生命意识、生命观念引入审美主体性研究的过程中，不仅消解了以往的美学理论界对西方纯粹的理性思辨的方法论原则机械地信奉的理论迷雾，放弃了以形式逻辑或者辩证逻辑作为唯一的思维工具，放弃了从抽象到具体、从演绎到归纳、从分析到综合等单向度的理论模式，而且新选择了以理性层面之下的人类精神的诗性活动作为自我思维的起点，依赖心灵的悟性冲动和直觉智慧，专注于从生命的有机整体性来考察整个美学问题，充分地体现了其思维方法和研究角度的新颖性。

二、赋予美学理论新的理论内涵

生命美学理论主张在超越中实现审美自由，高扬审美主体的个体价值，这对实现人对现实的实际功利目的的超越，调解人与自然、主体与对象、自由与必然之间的矛盾，解放人类鲜活的自然生命，强调人的个体性、感性自由性对人和人的存在的积极意义，重建生命的意义世界无疑有着重要的作用。生命美学理论从美学的特质入手对审美自由进行强调和重新界定、对美学理论研究、避免对审美的现

实性的过分强调以及加强对主体价值的关注具有积极意义。

三、使美学理论研究具有现实针对性和理论启迪性

生命美学理论的产生具有一定的历史必然性，它体现了对现状的一种思索，并启迪人们对主体性问题不断地进行探索。

生命美学对主体的认识具有现实针对性。它针对的是过去很长时期一直存在的忽视个体生命的自由解放、片面强调社会群体规范的状况，甚至假借虚假的“社会集体”的名义压抑和扼杀个体生命的自由解放的状况。过去，有些理论打着马克思主义的旗号，其实是误解和曲解马克思主义的。《德意志意识形态》中提到：“全部人类历史上的第一个前提无疑是有生命的个人的存在。”①可见，马克思主义是十分重视个体生命的自由解放的。马克思和恩格斯都认为：“人类社会的一切上层建筑和意识形态都是以个体生命的存在和发展为前提和基础的，人类的一切奋斗（包括革命和阶级斗争），也都以个体生命的自由解放和全面发展为最终目标。没有全人类社会的自由解放，也不可能实现所有个体生命的自由解放；压抑和扼杀个体生命自由解放的社会自由解放，也只是一句空话，它决不可能真正实现。”②

潘知常认为：“实践美学设定的人的本质是一种类本质，作为人的本质力量的实践也是一种社会性的类化实践。这种普遍性的命题不但对个体的审美自由构成威胁，而且因其以人的社会属性取代自然属性，以审美活动的现实性取代更为重要的超越性，从而造成了实用压倒审美、理性压倒感性、现实性挤压超越性的不正常状况。和实践美学对现实性、功利性的执著相反，生命美学将主要的目标集中在了美的非功利、超越性的层面，认为审美活动归根结底要靠它的非功利和对现实的超越来体现自己的独特品质。”③生命美学理论提出以后，引起了理论界的关注，其对主体性问题的重视在当前的社会转型过程中日益凸显出来。当代中国美学应该在马克思主义指导下思索并高扬主体精神，以人的自由、自觉的创造为核心，高度地肯定人的价值和尊严，倡导人的本性、人的解放的思想和态度。生命美学理论的突破点也是被实践美学所忽略或没有足够重视的方面，其理论本身的切入视角对实践美学就有启迪作用，并对我国当代主体性问题的研究产生积极的推动作用。

---

① 中共中央马克思恩格斯列宁斯大林著作编译局：《马克思恩格斯全集》第3卷，人民出版社，1985年。

② 中共中央马克思恩格斯列宁斯大林著作编译局：《马克思恩格斯全集》第3卷，人民出版社，1985年。

③ 潘知常：《再谈生命美学与实践美学的论争》，学术月刊，2000(5)。

但是，我们也应该看到，生命美学理论对生命的解释因过于抽象和宽泛而流于虚无和空洞；生命美学理论在高扬个体生命的同时，又不可避免地陷入个体性与社会性脱离的自身矛盾之中；生命美学理论在宣扬主体自由的同时，又因过分强调对自由客观性、必然性的超越而使自由失去了具体内容，使生命活动导入了低级的感性活动。

可见，生命美学是在当代特殊的历史条件下发展起来的，其局限在所难免。对此，我们必须要有清醒的认识，只有扬长避短、吸取精华、弃其糟粕，才能对我国当代的主体性问题的研究有所助益。

第二节　生命美学的现实意义

生命美学不仅以人的生命为焦点研究人类的审美现象，把美和人类的生命密切联系起来，为人类的生存悬置目标，确立人生价值的取向，而且还立足于生命活动来观照和弘扬生命价值，确证审美主体的本质力量，体现出对必然和有限的超越，为人类寻求精神的慰藉和心灵的归宿，实现审美主体为人的意义和为人的价值。生命美学具有非常积极的现实意义。

一、生命美学的人学意义

生命美学的发展与完善符合当今世界美学发展的大势，即走向人学。生命美学立足于生命本体，着眼于生命体验，观照人的生命运动和人的精神的自由实现的实质，其实是对人的关注、对人的意义世界的关注以及对人的主体价值、人的主体性的高扬。生命美学以生命为本体，对人做出了正确的判断，即人既有理性的一面也有感性的一面；人的生命既有生物生命的症状，又有精神生命的人类特征，还有社会生命价值的高蹈。生命美学克服了理性传统所把持的美学所具有的疏远人性、淡化主体、漠视人本的尴尬，真正还美于人，使论人的美成为其高贵的文化品格。

二、生命美学的人文精神意义

生命美学立足于生命运动，不仅仅局限于实践领域，而且真正地走进人的生存世界、生命世界、精神世界和情感世界，拓宽了审美的空间和阈限。它在肯定人的生物生命的满足的同时，关注了人的精神时空和精神自由，还心灵于人自我的空间和私语的地带，使人真正地体验到了精神自由的实现，这对实现人的完整性、实现人的终极价值、完成对人的终极关怀无疑有着重要的作用，并最终体现出人文精神的理想。

三、生命美学重建生命的意义

生命美学以实现审美的精神自由为己任，主张在超越中实现审美自由，这对克服时下的有限、不完备、不如意、不理想以及实现无限、完整、理想提供了坚定的精神支撑，对实现人对现实的实际功利目的的超越、调解人与自然、主体与对象、自由与必然之间的矛盾——理性的压制、技术主义的猖獗、工具理性的奴役以及重建生命的意义世界无疑起到了重要的作用。

四、生命美学人与自然的和谐意义

生命美学立足于对人的正确认识的基础上，把人放在自然界的大家庭中，既把对人的关注摆在一个重要的位置上，又不把人作为世界的中心、万物的主宰，使人在生命的运动中与万物保持亲密的接触，在"仁者乐山，智者乐水"中达到与物天然和谐、物我同一的美妙境地，提高人的乐生情趣以及丰富和完美人的情感世界。这对缓解当下人与自然尖锐的对立——因人类破坏环境而遭受自然强烈的报复，实现人与自然和谐相处的整生之美无疑有着极其重要的作用与意义。

第三编
生态美学

第十四章　生态美学理论的发生及其背景

生态美学是19世纪末，由我国学者在后现代社会文化、全球问题和“人类困境”、全球性生态危机与生态主义兴起等的社会背景下提出的，并于2000年后迅速崛起并成为我国美学研究的一个热点问题。

一、后现代社会文化

20世纪是人类社会发生急剧变革的时代，人类历史进程发生了决定性的变化：在短短的几十年里，几千年来人类缓慢发展的时代结束，一个新的动力时代开始。科学技术迅猛发展，生产力得到极大解放，人类在大自然面前获得了前所未有的自信和成功，创造潜力和欲望空前地被激发出来，征服自然的能力大大提高。至此，在某种程度上说，人类已不再是自然的奴隶而成了自然的主人。第二次世界大战以后，世界获得一个相对和平稳定的发展时期，全球经济和科技进入一个飞速发展阶段，托夫勒将其称为“第三次浪潮”。随着计算机的发明和迅速普及、生物技术和生命科学的不断突破、网络的出现和大众化，知识和信息以爆炸式的速度增长，物质财富以几何级数增长，人民的生活水平和生活质量空前提高，由此，人们的生活方式、思维方式和价值观念发生了深刻的变化。另一方面，人类在文化、思维观念、道德水平等方面的进化的发展速度跟不上人类改造自然、获取物质财富的能力的增长速度。换句话说，人类文化的缓慢发展不适应生产力的迅猛发展，由此带来了人与自然、人与社会、人与人以及国家与国家之间的尖锐矛盾冲突。英国历史学家汤因比说：“自从旧石器晚期以来，大约从70 000—40 000年之前，人类就一直在侵害生物圈的其他部分。但人类成为生物圈的主宰只是工业革命开始后的事情，至今不过200年。在这200年中，人类已使他的物质力量增大到足以威胁生物圈生存的地步，但是他精神方面的潜能却未能随之增长。结果使两者之间鸿沟在不断地扩大，这种不断扩大的裂隙使人忧心忡忡。因为人类精神潜能的提高，是目前能够挽救生物圈的生物圈构成要素中唯一可以信赖的变化。”①

① 阿诺德·汤因比著，徐波等译：《人类与大地母亲》，上海人民出版社，2001年。

但现实的情况不容乐观。20世纪两次世界大战给人类带来了巨大灾难,"冷战"期间,东西对垒、美苏争霸,两国的"太空大战计划"耗费了惊人的钱财。现在,世界各国有一半的科技人才用于开发、生产高科技武器,可是这些高科技带给人类的不是幸福而是毁灭的祸根。可以说,人类心理发展的不成熟导致了人类对高科技的滥用、误用,这好比中国古代神话故事中那个获得金手指的穷人,他用那根神奇的金手指将周围的东西全都变成了金子,最后却是躺在金山上活活饿死。任何事物的发展都必然有个限度,一味地过度追求经济的发展和物质财富的增长只会给人类带来灾难。今天,技术理性无孔不入地渗透进人们的思维和生活,工具理性将人贬低到手段地位,这既造成人与自然关系的恶化,也造成人类存在意义的丧失。正如有学者指出的那样:人类在快速走向现代化的过程中,在用先进科技征服、改造自然的同时,也在许多场合破坏了自然界的生态平衡,造成环境污染、气候改变、职业病增多等现象的发生,这一系列的问题使人类面临着新的生存困境与危机。[①] 新的经济模式必然带来新的社会变革,20世纪60年代前后,西方发达国家在社会、思想和文化上发生了重大转型,一个新的社会——后现代社会诞生了。杰姆逊认为,20世纪50年代末期到60年代初期"一个全新型的社会已经到来并已开始,这个社会最流行的名称是'后工业社会',但也常常被称作消费社会、信息社会、电子社会或'高技术'社会,等等"[②]。无论是把它称作后现代社会还是把它称作后工业社会都表明我们今天所处的世界与此前的时代在经济、社会、思想、文化上有着某种深刻的断裂与超越。

这一时期,文化上出现了后现代主义思潮。对"后现代"这个概念,学界有许多互相矛盾的理解和评价,但是曾繁仁的概括是比较精练和准确的。他认为:"所谓后现代,在经济上是以信息产业主导为其标志,知识取代机器与资本在经济发展中起到决定性作用。而在文化上,后现代则意味着网络文化与大众文化迅速崛起,文化产业迅速发展。在思想上,后现代则是对近代以来的现代理论体系,包括主体性、工具理性与结构主义哲学的一种解构与超越。从总体上看,后现代实际上是对现代性的一种反思与超越。"[③]后现代主义文化总体上呈现新的反传统格局,其基本特点是在消解传统文化的同时呈现出意义的不确定、去中心、多元多义化。利奥塔德把后现代文化精神归结为:"消解、去中心、非同一性、多元论、解'元话语'、解'元叙事';不满现状、不屈服于权威和专制,不对既定制度发出赞叹,不对已有成规加以沿袭;不事逢迎,专事反叛;睥睨一切,蔑视限制;冲破旧范式,不

① 朱立元:《当代西方文艺理论》,华东师范大学出版社,1997年。

② 包亚明:《二十世纪西方美学经典文本》第4卷,复旦大学出版社,2000年。

③ 曾繁仁:《美学之思》,山东大学出版社,2003年。

断地创新。”[①]后现代主义在文学艺术上追求平面感，削平了深度；滞留于断裂感，放弃历史意识；满足于“零散化”，消解主体性；复制“类象”，抹杀距离感。

其实，后现代主义并非全是否定、破坏、怀疑、解构，后现代主义也有建设性的向度。由格里芬等人倡导的建设性的后现代主义有三大重要特征：一是倡导创造性。在后现代思想家那里，最推崇的活动是创造性的活动，最推崇的人生是创造性的人生，最欣赏的人是从事创造的人。格里芬说：“从根本上说，我们是‘创造性’的存在物，每个人都体现了创造性的能量（至少在这个星球上如此）。”[②]二是鼓励多元的思维风格。后现代思想家对多元论的倡导与他们对“本体论的平等”概念的信仰分不开。根据“本体论的平等”概念，任何存在的东西都是真实的，一个人（不管是伟大的还是平凡的）、一种思想（不论是伟大的还是平凡的）都是真实的。本体论的平等原则要求摒弃一切歧视，“接收和接受一切差异”。三是倡导对世界的关心、爱护。同持二元论的现代人与自然处于一种敌对的或漠不关心的异化关系不同，后现代人信奉有机论。后现代主义具有一种新的时间观，倡导对过去和未来的关心。在人与人的关系上，后现代主义则摒弃现代激进的个人主义，主张通过倡导主体间性来消除人我之间的对立。[③] 这种建设性后现代主义与生态美学有着内在精神的一致性，医治现代社会的病患、寻求新的人生、构建美好未来是建设性后现代主义给生态美学的启示，也是生态美学追求的目标。

市场经济、大众文化、商业文化、消费主义的共谋就是现代人的生存语境。毫无疑问，把今天的生活世界称为消费社会可能没有人会有异议，尽管非洲和波罗的海的一些国家仍然处于绝对贫穷状态。今天，现代化、工业化、商品化、城市化已成为世界各国共同的追求目标，引进外资、拉动内需、促进消费成为政府加快经济发展的重要手段，美容、时装、高档轿车、豪华别墅成为人们追求的梦想，各种各样的广告每天持续不断地刺激人们的消费欲望……消费已经成为人们的生活方式，挣钱—消费—再挣钱—再消费就是绝大多数人的生活内容，人成了消费的动物。今天，穷人越来越少，富人越来越多，但人们的感觉却越来越贫乏、精神越来越空虚，人们失去了崇高的追求，没有了希望和梦想，只有消费神话操纵着人们的思想和行为。“人们把一切美好的东西都变成了消费的对象，空中的飞鸟、地下的矿藏、海里的游鱼，甚至人本身。消费社会里的唯美倾向，不仅不是生命意义上的，反而是生命的丧失，或者是福柯所言的‘规训’——被美（装修、美食、美景、华服等）驯服，没有了主体性，也没有了超越性。不仅不能获得自由，反而被束缚在

① 王岳川，尚水：《后现代主义文化与美学》，北京大学出版社，1992年。

② 大卫·雷格里芬著，王成兵译：《后现代精神》，中央编译出版社，1997年。

③ 大卫·雷格里芬著，王成兵译：《后现代精神》，中央编译出版社，1997年。

消费里。归根结底，与消费联系在一起的‘美’不是对生活的改变，而是装点。”①

物质的欲望是永远不可能得到满足的，因而人在物质享受上永远不可能得到满足。当人们沉浸在高消费的物质生活当中去追求人生的实现和完美时，最终收获的只能是身心的疲惫和伤痛，是欲望无法实现的失落和人生价值的虚无。因为人生的价值、意义和幸福根本就不在这里，从物质享受上去追求幸福必然是误入歧途，只会妨碍真正的人生的实现。因此，“在今天，我们应该明白，消费决定着人们的人生理想和价值观念，消费成为实现自由的障碍。大众传播媒介不仅主宰着我们对物品的选择，也决定着我们的生活方式和价值观念，这就很可怕了。它把对鲜衣、美食、豪车、广厦的追求当作了生活的目的。大批量生产的文字和图像垃圾充斥了市场，麻木了人们的神经。人们什么都有，却没有个性、没有自我，只是一些越来越迟钝的欲望感受器”②。今天，享乐主义和高消费倾向是造成环境污染、生态破坏和各种社会冲突的重要根源，因而对消费社会的批判和消费主义文化倾向的改造已刻不容缓，生态美学应该在这方面有所作为。

二、全球问题和“人类困境”的现实吁求及其回应

（一）全球问题和“人类困境”

全球问题和“人类困境”是罗马俱乐部提出的研究课题和问题框架。所谓全球问题，是人类历史发展到现阶段产生的一种特殊现象，它的出现与人类发展中的一些客观过程，特别是与20世纪中叶科学技术的加速发展有关。最近几十年来，科学技术的迅猛发展，特别是微电子学和生物技术所激起的加速发展，一方面为人类积极性的发挥开辟了新的活动范围和方向，为人类文明的繁荣开拓了有利的可能性；另一方面，又正因为它大大增强了人类影响自然的能力，使之成为一种堪与自然界本身的威力相比拟的强大力量，大大扩大了人类对居住环境的影响，在人类对它失去控制的情况下会造成不良的后果，这就引起了影响人和人的未来的极其复杂的社会问题，而且这些问题还相互纠缠，在解决时要求全球范围内协同一致的努力，所以被称作全球问题。全球问题具有四个方面的特征：一是全球问题具有全球规模的普遍性；二是全球问题涉及人类当前和未来的根本利益；三是全球问题具有相互缠结的复杂性，其建设性解决要求有世界各国人民的相互协作、共同努力；四是人类还没有把握住有些全球问题的发展前景。总之，全球问题就是具有相当的普遍性和复杂性、涉及人类利益、需要在全球范围内密切关注并通过协同一致的国际行动加以解决的问题。具体说来，全球问题又分为两大类：

① 李晓林：《审美主义：从尼采到福柯》，社会科学文献出版社，2005年。

② 徐崇温：《全球问题和“人类困境”——罗马俱乐部的思想和活动》，辽宁人民出版社，1986年。

一类是属于人类社会与自然界之间相互作用的最优化问题，如科技革命、文化教育、人口发展，自然资源、营养、环境污染等；另一类是属于国际关系的改造问题，如维护世界和平等。

（二）濒于爆发的全球性生态危机

19世纪的历史学家经常用“危机”这一概念来标示一个民族或者它的人民的命运中的某种转折点、某个做决定的时刻，或者某一群人的意志真正受到考验的时刻。可见，危机（包括生态危机）范畴的最重要的内涵是“转折点”以及“做决定的时刻”。今天，人类正面临生态危机，这就意味着我们在生态问题上正处于某种关键性的转折点上，因而我们必须立即做出决定并采取措施，来解决这一历史课题。

生态问题包括自然生态、社会生态、精神生态三个方面的内容，所以广义的生态危机是指20世纪中期以来首先在西方国家出现随后遍及全球的人与自然、人与社会之间的关系以及人自身的精神世界（包括信仰与价值观念等）失去平衡并产生的尖锐的冲突。当前生态问题的核心与关键是人与自然的关系。生态危机最初的、最基本的含义是指自然生态的危机问题。所以，狭义的生态危机是指由于人类盲目活动而导致局部地区甚至整个生物圈结构和功能的失衡，从而威胁到人类的生存的危机。生态危机的实质是人类对生态规律的漠视引起的人与自然关系的扭曲和错位。人类为了自身的需求和享受，不顾自然的承受能力（自然资源的存量极限和生态秩序的最大阈限）向自然掠夺性索取资源，对自然环境肆意破坏。这就不可避免地造成了自然生态的失衡和紊乱，使地球上包括人类在内的所有生命的生存状态迅速恶化。生态问题带有全球性，它所带来的后果严重威胁人类的生存和发展。

生态危机在20世纪30年代初现端倪，震惊世界的“八大公害事件”之一——“马斯河谷事件”就发生于1930年12月1日至3日。其后，美国多诺拉烟雾事件、英国伦敦烟雾事件、美国洛杉矶光化学烟雾事件、日本水俣病事件、日本富山神通川骨痛病事件、日本四日市哮喘病事件、日本爱知县米糠油事件都在20世纪40年代末期到60年代初期接连发生。

20世纪70年代以后，环境问题在范围上变得更广，在危害程度上变得更深，沙漠化、酸雨、臭氧层破坏、全球性气候变暖和物种多样性减少等严重关系人类和其他生物存亡的现象已比比皆是。1962年，美国生物学家蕾切尔·卡森所著的《寂静的春天》一书面世，她在书中详细描述了滥用化学农药造成的生态破坏，引发了人们对环境问题的广泛关注和讨论。此后许多科研机构对环境问题和生态危机进行了广泛而深入的研究。其中影响最为深远的研究成果是1972年罗马俱乐部发表的研究报告——《增长的极限》，这份由米都斯等人完成的著名研究报告

的结论这样写道:“如果在世界人口、工业化、污染、粮食生产和资源消耗方面现在的趋势继续下去,这个行星上的增长的极限有朝一日将在今后一百年中发生。”[①]最可能的结果将是人口和工业生产力双方有相当突然的和不可控制的衰退。虽然这份报告当时就受到严厉的批评,并且以康恩为代表的乐观主义者发表专著《下一个二百年》对其进行了系统性地驳斥,但是从1974年爆发的“石油危机”和这40多年的世界发展形势来看,罗马俱乐部的看法也许更为深刻,而康恩等乐观主义者的看法也许过于乐观。[②]

1992年,《增长的极限》一书的三位作者——H. 米都斯、L. 梅多斯、约恩·兰德斯,又出版了《超越极限:正视全球性崩溃,展望可持续的未来》一书。该书作者对自1972年之后的20年的生态环境进行了连续跟踪和调研,得出结论是,从全球范围来看,人口、物质财富的增长、资源的耗竭、环境的污染不但没有减缓,反而有所增强。作者在书中再一次向人类发出警示和忠告:许多资源和污染的流动已经或正在超越其自身的支撑极限,建立可持续发展的社会已迫在眉睫。

1995年,世界观察研究所在对世界环境进行12年的跟踪调查后指出“地球正在变成一个悲惨世界”。该研究所在《1995年世界状况》报告中说,世界环境继续恶化,经济滑坡、社会解体的趋势在发展,许多国家的森林、牧场、表土、地下水和鱼类等资源的枯竭,以及日益严重的空气污染和水污染问题造成的结果正变得十分明显,前景令人沮丧和充满厄运。[③]

2000年,联合国可持续发展会议发布的《21世纪议程》告诉我们:“人类站在历史的关键时刻。我们面对国家之间和各国内部长期存在的悬殊现象,贫困、饥饿、病痛和文盲有增无减,我们福祉所赖的生态系统持续恶化。”

20世纪以来,生态事件频频发生。1918年,流感病毒席卷全球,造成了2000万~5000万人死亡。20世纪30年代至60年代震惊世界的“八大公害事件”给环境造成了严重污染,受害的人口和牲畜不计其数。20世纪30年代美国出现的黑风暴使得8000万公顷土地受到加速侵蚀的损害,2000万公顷生产土地弃耕。20世纪90年代发生“疯牛病冲击波”。2002年底到2003年上半年SARS病毒在全球肆虐,给人们带来无法估量的精神创伤。艾滋病加速蔓延,截至2002年底,全世界累计发现6000多万人感染艾滋病,死亡1800多万人,我国已累计有84万人感染艾滋病。2004年12月26日,印度尼西亚海域发生里氏9级地震并引发海啸,造成14万多人亡。2005年,禽流感再次袭击全球,不仅大面积在禽类动物之间传

① 米都斯等著,李宝恒译:《增长的极限》,四川人民出版社,1984年。

② 徐崇温:《全球问题和“人类困境”——罗马俱乐部的思想和活动》,辽宁人民出版社,1986年。

③ 布朗:“1995年世界状况”,绿色家园,2003-10-29。

播,更严重的是波及了人类,导致数百人感染禽流感死亡。

这些事实、权威性研究报告和资料无不在警示人们:全球生态环境持续恶化,生态危机已迫在眉睫,人类正面临着生态灾难的危险,生态问题已经严重地威胁着人类的生存和发展。

(三)生态主义的兴起

面对困境,人类不能坐以待毙。20世纪中叶,人们开始认识到生态问题的严重性,纷纷行动起来寻求各种解决办法。其中,生态主义的迅猛发展格外引人注目。生态主义既是一种理论,也是一种实践;既是一种政治哲学思潮,也是一种环境保护意识。

生态问题的提出和生态主义的兴起实际上经历了一个价值发现的过程,其中包含着人们对人与自然价值冲突的思考和对人类中心主义的反思。20世纪中叶,对自然价值的尊重和生态意识的觉醒引发了人们对环境危机的关注,由此产生了声势浩大的生态运动。西方国家有几万个非政府组织和无数个非正式团体致力于追求环境和社会的正义,其中绿色和平运动提出了一句响亮的口号——"全球性的思考,地方性的行动"。1972年,联合国人类环境会议通过了《人类环境宣言》,确认环境问题是全球面临的重大危机。在1992年里约热内卢环境与发展大会上,联合国又通过了《关于环境与发展的里约宣言》及《二十一世纪议程》,把实施可持续发展战略,改善人类生态环境作为人类共同的目标和使命。西方国家蓬勃发展的生态运动,标志着作为一种新的哲学政治思潮的生态主义的兴起。

从总体上看,这种生态主义思潮又称绿色思潮,是指西方国家从20世纪下半叶开始,由于环境运动的促进而产生的一系列绿色组织和政党在保护环境、维持生态平衡以及确保人类与自然发展协调一致的生态思想的旗帜下,汇合成为一股席卷整个西方社会的世界性的社会意识形态。这股绿色浪潮的参与者有学者、专家、医生、政治家、技术工作者、青少年、企业家、政客,观点流派也是多种多样,如生态运动声讨的对象主要是对环境不负责任的政府和以牺牲环境为代价只顾挣钱的资本家;绿色和平运动以保护环境、反对核试验和核战争、维护世界和平为主要内容;生态女权运动则以妇女运动和生态运动相结合,研究男性统治女性和人类统治自然之间的关系;奈斯的深层生态学以自然实现和生态中心平等主义为最高准则,同时提出八条行动纲领,这标志着环境运动由改良转向激进;"生态社会主义"试图以社会主义理论解释当代生态危机,从而为人的生存危机寻求一条通向社会主义的现实出路。另外,绿色组织和政党的成立在这场思潮中也具有深远的意义。20世纪60年代后,新西兰、美国、德国等西方国家先后成立了绿色组织

和政党,特别是德国绿色组织和政党在该国具有广泛影响。绿色组织和政党基本原则是:崇尚生态,反对暴力,强化社会责任感和实现基层民主。生态主义力求阐明人类绿色困境的根本原因在于自近代社会以来的建立在人类中心主义立场上的工业文明的崛起及其世界性扩展,而对传统工业文明的历史性超越就构成人类摆脱全球性生态危机的切实出路。不仅如此,人类将通过新的价值视野与认知方法的确立,把对既存文明弊端的克服变成一种绿色文明的创造。因而,生态主义所追求的并不只是对现代工业社会的反叛,而是力图实现对工业主义的替代,从而从根本上变革人类现代文明的观念与物质基础。

生态主义要求人类真正超越个体或局部利益至上的现代文化以达成对类与整体利益的尊重。就个体与整体、属与类的关系而言,现代文化或工业文明是建立在承认和保护个体与社会局部(如民族权益)的独立与不可剥夺基础上的。结果,形形色色政治文化纷争背后是掩饰不住的经济利益争夺,现代社会发生了一个不仅仅在战场上决战的全面战争。不受他人和整体利益道德与文化尊重规约的自由竞争,与人类对自然的机械化认知和征服态度一样,成为现代社会生态环境危机的主要根源。因而,人类所真正需要的并不仅仅是自然价值观念的拓展,还包括自身文化价值基础的更新,特别是确立对整体利益的充分尊重和基于整体需求的认知方法。在很大程度上,人类只有实现了对个体或同类整体的文化与社会尊重,才会真正对异于人类的非人自然存在做到这一点,就像现实中人对人的剥削和征服关系直接影响着人类与自然的关系一样。

同样重要的是,生态主义是一种地球意识,是对我们生存的这颗蔚蓝色星球发自内心的珍视。地球为人类提供了四时有序、风雨循环的生存环境,提供了基本的生活资料和各种能源,提供了文明形成及其延续的自然与物质基础。我们对地球的任何人为伤害,最终破坏的都是人类自身生存的基础,也就是对自己的伤害。正如许多的绿色理论家所指出的,人类的未来是和地球的未来连在一起的,地球的命运就是人类自己的命运。所以,生态主义总是将地球称作人类的家园,认为爱护地球就是爱护我们自己的家园,它所追求的也就是对人类这种仁爱自然之心的启蒙与呼唤。

理论产生的真正动因是什么呢?中世纪的黑暗和腐朽达到极点就催生了文艺复兴和启蒙运动。在文艺复兴和启蒙运动的时代大潮下,近代文明、近代哲学和近代美学得以萌芽、确立并不断完善。所以说,时代的情势和环境是理论产生的真正原因。正是在全球问题和"人类困境"的现实吁求下,在生态主义理论与实践的推动下,生态美学应运而生。

三、美学学科的发展与转型

环境恶化、生态危机等全球问题和“人类困境”是生态美学崛起的现实需求和外部原因。另外，生态美学的出现和兴起也有其内在的原因，即美学学科内在的发展规律催生了生态美学的崛起。

随着美学研究核心问题的变革，到了20世纪90年代中期，美学作为一门学科何以可能、审美活动作为人的生命活动何以可能、人作为在审美活动中生成的人何以可能、美学为何等问题成为美学研究者关注的中心。于是，许多美学研究者重新审视传统美学，积极寻求构建新体系的方法和途径，从而掀起了美学研究的新一轮热潮。正是在这一大背景下，文艺美学、生态美学、审美人类学等相继产生并成为美学研究的热点，从此，美学研究逐渐摆脱西方古典美学研究的思路，开辟了一个新的发展空间。

分化与综合是现代学科发展的必然趋势和内在规律。在现代化学科分化独立的过程中，各学科在建构中获得了新的可能性，这就是跨学科的发展。美学在现代性的进程中分化为不同的亚学科，生态学本身也在不断地发展和深化，这就为生态美学的酝酿奠定了基础。有学者认为，在人文社会科学的学科建设中，研究者始终关注着跨学科的整合，生态美学的出现正是跨学科整合的结果。美学学科的建设与发展更为明显，20世纪出现了美学与心理学嫁接的审美心理学、美学与社会学整合的美学社会学、美学与语言学结合的形式主义美学。随着这些跨学科的美学形态的模式化，人们开始探寻美学的新的存在形态，这就催生了生态美学、新闻美学、医学美学的产生。学科的交叉综合是生态美学产生的深刻动因，但却不是根本动因，因而，许多研究者把生态美学定位为一门新的交叉性学科，这种定位是有一定道理的，但是未能准确地把握生态美学的根本性质。

生态美学产生和崛起的根本动因是美学观念、审美观念的发展与变革。生态美学不仅仅是美学与生态学交叉综合的结果，不仅仅是运用生态学的方法来研究美学问题的美学分支学科，从根本上说，它是生态哲学观在美学领域的运用和发挥，是生态化的世界观、人生观、价值观在审美观上的反映，是审美观的生态化，是传统的哲学观、世界观、价值观已经不再适应时代发展需要而产生的新的审美观念，是一种审美观念的根本变革。

生态美学的提出又进一步地丰富、深化了存在论美学，进而促使了我国美学学科由实践美学向存在论美学转移。所谓生态美学，实际上也就是人与自然达到中和协调的一种审美的存在观。因此，生态美学的提出促进了由实践美学向实践基础上的存在论美学的转移，而这种转移更贴近审美的实际。

总之，后现代标志着一个新时代的来临。由人与自然关系尖锐矛盾冲突带来的生态灾难与危机催生了生态化的哲学观、世界观、人生观、价值观，也带来了美学上的审美观念的生态变革，这也是时代精神在美学上的反映，这种美学核心观念的发展、交替与演进有其时代和历史的必然性。时代的需要和情势决定了美学发展的逻辑与方向，使得对人类生存与命运的探讨必然进入到美学研究领域并成为重要课题，进而为生态美学的产生提供了必要条件。正是在这种意义上，我们说美学核心观念的内在演进才是生态美学产生和崛起的根本动因。

第十五章　生态美学的理论基础

任何一种理论体系都是在一定的理论基础上构建起来的，生态美学理论体系的构建理论基础是其生态哲学观。

第一节　什么是生态哲学观

生态哲学观是一种新的世界观、新的价值观、新的自然观、新的方法论、新的哲学方向。作为一种新的世界观，生态哲学观的产生和发展是一种哲学范式的转变，即从笛卡儿-牛顿世界观到生态世界观的转变。从总体上看，生态哲学观的基本内涵有生态整体观、"天人合一"观和生态平衡观等。

一、生态整体观

由挪威哲学家阿伦·奈斯开创的深层生态学是现代生态哲学的基本理论来源，生态哲学观的生态整体观主要来自深层生态学的整体观。深层生态学把当前的生态危机归咎于西方文化传统中对待自然的二元论、还原论和功利主义态度。它拒斥近代哲学主流中的机械唯物论和人类中心主义世界观，而主张一种整体论的观点。深层生态学把整个宇宙看成是由一个基本的精神或物质实体（或"要素"）组成、由实在构成的"无缝之网"。人和其他生物或自然都是"生物圈网上或内在关系场中的结"，是它的不同表现形式。阿伦·奈斯认为，把个体看成是脱离各种关系之网的、彼此分离的实在，就打破了实在的连续性和统一性。因此，深层生态学的中心直觉是在存在的领域中没有严格的本体论划分。换言之，世界根本不是分为各自独立存在的主体与客体，万事万物都既是主体又是客体，人类也不例外，人类世界与非人类世界之间实际上也不存在任何分界线，而所有的整体都是由它们的关系组成的。在本体论上，深层生态学坚持一切实在基本上是动态的、易变的、整体的、相互关联的和相互依赖的；从长远的观点看，人类必须建立一种人与自然关系的新的理解，这种理解应当是生态中心主义的，而非人类中心主

义的、二元论的；在价值观层面上，深层生态学从整体论立场出发，把整个生物圈乃至宇宙都看成是一个生态系统，认为生态系统中的一切事物都是相互联系和相互作用的，人类只是这一系统中的一部分，人既不在自然之上，也不在自然之外，而在自然之中。人类的生存与其他部分的存在状况紧密相连，生态系统的完整性决定着人类的生活质量，因此，人类无权破坏生态系统的完整性。整体论强调每一物种在维护整体生态系统健康存在中所起的作用，也主要是从这个意义上评价一个物种的价值。因此，深层生态学立论的基本前提之一就是生态系统中每一存在物都具有内在价值。这种信念用康芒纳的“生态学第三定律”来表述就是“自然界最了解自己”[①]。人类对自然系统所做的任何改变都可能影响该系统。因此，深层生态主义者主张对自然过程做出谦卑默认：让自然按照自己的节律“生活”而不要去破坏它。应该说，深层生态学的宇宙观、世界观、自然观、价值观都是发人深省的、非常深刻的，标志着人类的认识和思维水平达到了一个新阶段。深层生态学的生态中心主义主张、自然具有内在价值等观点都建立在生态整体观的基础之上，因此，生态整体观是深层生态学的基本观点，也是生态哲学的基本观点和出发点。

生态世界观认为，整体内部各部分（个体、构成单位或因素）之间的相互联系不是外在的，而是内在的。格里芬指出：“现实中的一切单位都是内在地相互联系着的，所有单位或个体都是由关系构成的。”生态学告诉我们一个非常简单的道理：事物不能从其他事物的关系中分离出去。它们可能会从一组自然的关系中被转移到一组人为的关系当中（如实验室），但当这些关系被改变后，事物本身也会发生变化。因此，事物之间的关系内在地决定着它们的性质、影响着事物的变化和发展。机械唯物论者也认为万物是相互联系的，但是他们认为物质实体之间的联系必然是外在的。二元论和机械唯物论的自然观都是建立在实体观的基础之上的，认为实体是不依赖他物而存在的，不管关系如何，它基本保持不变。很明显，笛卡儿-牛顿的这种机械论世界观已经不符合我们这个时代发展的需要，必然要被生态世界观所代替。

生态世界观还认为，事物整体与部分的区分只有相对意义，它们的相互作用是更基本的，而且是整体决定部分（即部分的性质是由整体的动力学性质决定的，它依赖于整体），而不是部分决定整体。部分只是在整体中才获得它的意义，离开整体就会失去其存在。因而，首先是整体，它的动力学决定部分；其次才是部分，部分作为整体的内容表现整体，二者是互补的、不可分割的。因而，生态哲学观强调事物的相互联系、相互作用和相互依赖的整体性。

有机整体观念也是中国古人的基本观念，中国很早就有“万物一体”的观念。

---

① 章海荣：《生态伦理与生态美学》，复旦大学出版，2005 年。

中国古代哲人认为,世界上的万物(包括人在内)尽管千差万别、各不相同,但又息息相通、融为一体。每个人、每个物都以这个"一体"为根源,离开这个"一体",就谈不上有任何人和任何物的存在。把世界看成一个有机统一的整体,强调事物之间的普遍联系和相互作用,认为"万物不同而相通"是中国古人最为重要的生存智慧。今天,我们必须树立整体观:人类是一个整体,人类与自然是一个整体,确立人类的统一意识、人类与自然的统一意识,是人类和谐共存和发展进步的关键。

总而言之,生态世界观认为世界是一个血脉相连、息息相通的有机整体,万事万物都处于普遍联系、相互作用的内在关联之中,部分只是在整体中才获得它的意义,离开整体就会失去其存在。

二、"天人合一"观

"天人合一"是中国古代哲人对人与自然(或宇宙)关系的独特领悟和概括,是中国古人看待世界与人生的根本出发点,它既是世界观、伦理观、价值观、审美观,又是认识论、方法论和思维方式。"天人合一"体现着中国古人的生存智慧和生态智慧,是中国文化的生长点和核心范畴。"天人合一"观念蕴含丰富的生态思想,值得我们认真总结。

作为中国传统文化中的一个重要的核心命题,从认知的意义上来看,"天人合一"是人与自然关系的形而上学说;从伦理的意义上来看,它反映了古人善待自然的积极态度,体现了中华民族博大胸怀的精神境界;而从审美的意义上来看,它又体现了人们以人情看物态、以物态度人情的审美思维方式;而在中国传统的审美思想中,人与自然是统一的,万物生命间是息息相通的,处在相互对应的有机联系中,存在于统一的生命过程中,体现出生命的某种象征意义。因此,从认知、伦理、审美和思维方式等角度上来看,这种"天人合一"观念正是一种生态哲学观念。

(1) 在宇宙观上,"天人合一"表现为人与自然和谐统一的整体理念。"天人合一"在中国哲学中有很多种含义,"天"的歧义也很多,我们这里只是取其自然万物的意思。"天人合一"突显了人与自然的和谐统一、和谐共生关系,认为人与自然本为一体,天与人是一种相亲相合的关系。它内在地包含了"以人合天""以天合人""天人相通""天人感应"等内涵。在古代哲人看来,既然天与人是一个血脉贯通的、活生生的整体,那么这个整体的各个部分必然是不可分割地联系在一起的,因而各个部分必然是相通相感的,人作为这个整体的一个组成部分,应该自觉调整自己的行为以顺从天的运行规律,从而达到与天一致,这样天才会满足人的愿望与要求,于是天人相互协调配合,共同达到一个和谐统一、和谐共生的理想状态,这是一种生生不息的宇宙大化流行的世界万物之生存图景,这是天之德与人之德的最高体现。正因为如此,自然在古人的眼中是可亲、可近、可居、可游的对

象，是愉情悦性的对象，人们可以从中获得身心的愉悦和满足。这表现在审美活动上就是个体将自己投身到自然大化中以实现个体生命与宇宙生命的融合。中国美学从“天人合一”的生命情调（即人与自然的亲和关系）中寻求美，用生态的意识去审美，正体现了中国传统的思维方式。在审美的层面上，人既不是自然的主宰，也不是自然的奴隶，而是人即自然、自然即人。“天人合一”的境界就是天人和谐境界。

（2）“天人合一”意味着对待自然与世界的审美化态度：亲近自然、尊重自然、顺应自然。“天人合一”认为人与自然是一种亲和关系，因而热爱自然、亲近自然、走向自然、尊重自然进而顺应自然就是它所都要求的对待自然的正确方式和态度。亲近自然、尊重自然、顺应自然也是一种价值取向，它表明我们不能把自然只看成是为人类提供生活资料的储存库，更应该把它看成是人类赖以安身立命的生态家园，看成是美的源泉，看成是天人和谐统一大家庭中可亲、可近、互助、互爱的血肉相连的同胞兄弟，看成是养育自己的伟大母亲，所以善待自然、呵护自然就是人类的义务与责任。具有这样一种态度，我们就不会心存征服自然的理念，不会只为自己的贪欲去肆意掠夺自然资源、破坏自然的平衡和完整。

在今天，主动顺应自然规律是人类应该选择的一种生存态度和生存智慧。当然，我们所说的顺应自然是从它的积极意义上说的，是人类积极主动地顺应自然而不是消极被动地顺应自然，不是要求在自然面前无所作为，而是强调对自然规律地充分尊重，在充分尊重自然规律的前提下积极、主动地发挥人的创造性，让人扮演自然生态平衡调节者的角色。

（3）“天人合一”也是一种浑然一体的思维方式。“天人合一”超越了人与世界（自然、整个环境）抽象绝对的主客二元模式，将人视为在世界中生活的、存在的人，将世界看作人类“在世”生活这一整体中的世界。人和世界在人类生活中是本原一体、浑然未分的。中国传统“天人合一”思维方式自然有其值得肯定的地方，但是对此也应有正确的认识。在人的思维和实践活动中，提倡绝对地主客不分实际上既不必要也不可能。在人的生存活动和价值评价中就必然存在主客二分，人必然会关注自己的生存需要和利益。问题不在于主客二分的思维模式本身是不是合理，而在于人在区分主客的思维和实践活动中过分张扬和强调主体的价值和利益，忽视、不尊重，甚至蔑视客体的价值和利益，是造成主客矛盾冲突不可调和的根本原因。因而，我们提倡用中国传统中的“天人合一”的思维模式与价值观念来超越主客二分的功利价值观，抑制过分膨胀的主体性欲望，缓和人与自然、人与人之间日益尖锐的矛盾冲突，从而达到在“人-社会-自然”生态系统中的和谐与平衡，这才是正确的解决方法。任何矫枉过正的做法都无助于问题的有效解决，那种希望用中国传统中的“天人合一”思想来完全取代西方主客二分思维模式的做法，在实践上的有效性和可行性值得怀疑。其实，海德格尔对主客二分问题的认识就异常深刻，他认为二元对立只是在认识论中存在，而在本体论中根本不存在。

总之，"天人合一"的思维方式体现了中国传统审美活动的独特特征。钱穆认为，"天人合一"观"是中国文化对人类的最大贡献"，"是整个中国传统文化思想归宿处"。这体现了有机整体的思想方法，对我们总结人类审美活动的基本特征，乃至将中国传统的文艺理论思想发扬光大有着重要的理论意义和实践意义。

三、生态平等观

生态哲学观认为生物圈中的一切存在物都有生存、繁衍和充分体现个体自身以及实现自我的权利。在中国古代道家的生态智慧中就有万物平等的思想。《庄子·秋水》中说："以道观之，物无贵贱。"在庄子看来，站在"道"的高度上审视万物，万物都是平等的，没有高低贵贱之分。生态哲学观把平等的范围扩大到整个生物圈，是一种彻底的平等主义。正如德韦尔和塞欣斯所说："生物圈中的所有事物都拥有生存和繁荣的平等权利，都拥有在较宽广的大我的范围内使自己的个体存在得到展现和自然实现的权利。"[①]生物圈中的一切存在物，无论是我们自身还是我们所认同的对象都具有某种同一性，这种同一性就是内在价值。既然我们认为我们拥有内在价值，而我们自身的存在又与其他存在物密不可分，那么，那些存在物也应当拥有内在价值。因此，生态平等的基本思想是生物圈中的所有生物及实体，作为整体相关的部分，都具有平等的内在价值。具有几十、上百个物种的生态系统显然要比仅有两三个物种的生态系统更具稳定和健康发展的基础，因此，一切存在物对生态系统来说都是有价值的。当我们把注意力转向包括人类自身在内的生态系统时就会发现，一切生命体都具有内在目的性，它们在生态系统中具有平等的地位，没有等级差别。人类不过是众多物种中的一种，在自然的整体生态关系中，既不比其他物种高贵，也不比其他物种更坏。因此，人在自然生态系统中并无优于其他存在物的天赋特权。

提倡生态平等观念对人与自然和谐相处的意义重大。提倡生态平等无疑是对人类中心主义的一种批判和否定。人类中心主义主张征服自然、统治自然，把自然界当成满足人类幸福的工具，人类可以对任何非人类的生物进行残酷屠杀和对自然资源进行毁灭性开发。因而，人类中心主义割裂了人类与自然之间的生命联系，把人类与自然对立了起来，片面强调人类是自然的统治者，不惜牺牲自然和人类的长远利益和整体利益，来换取一时一地的发展，成为人类粗暴干预自然、破坏生态环境的理论依据。特别是近代人类中心主义，更是成为近现代生态危机的思想根源。生态哲学观提倡生态平等，尊重自然万物的内在价值，尊重一切存在

① 章海荣：《生态伦理与生态美学》，复旦大学出版，2005年。

物的生存、繁衍和个体实现自我的权利，这就意味着把人类的生命优先权适度地扩展到自然生物（乃至无机的环境）中去，把人类的伦理学适度地推广和运用到非人类生命中去，为非人类生物乃至环境提供无偏私的道德庇护，以建立一种新的跨类的生命观和伦理价值，因而它有利于人的生态意识的建立，有利于缓解人与自然的紧张关系，有利于实现人与自然的和谐共存。万物皆有生命，万物各归其主，这是生态美学应该确立的观念。只有确立人与自然在生命基础上的平等关系，人类中心主义才会真正走向它的末日，当代生态美学才能确立自己的伦理基础。这是因为，只有平等才会有人对自然的真正意义上的爱，只有平等才会有双方的共荣共存。只有自然作为与人平等的生命受到尊重，人与自然和谐共存才会真正实现。

第二节　生态哲学观的基本原则

作为一种哲学观，生态哲学观具有其一定的哲学原则，其中包括生态首位原则、动态平衡原则等。

一、生态首位原则

卢岑贝格认为，地球是一个有机的生命体，是一个活跃的生命系统，人类只是巨大生命体的一部分。应该说，卢岑贝格的论述不仅依据生态学理论，而且依据系统整体观点。在他看来，是地球上的动物、植物、岩石、土壤所形成的生物链、光合作用、物质交换等，使地球不同于其他处于死寂状态的星球，而人只是这个生命体系的一个组成部分。如果没有其他的动物、植物，没有大气层、水、岩石和土壤，人类也就不复存在。正是从这个颠扑不破的事实出发，卢岑贝格才指出："如果我们认识到这一点，那么我们就需要一个完全不同于现在的伦理观念。我们就不可以再无所顾忌地断言，一切都是为我们而存在的。我们人类只是一个巨大的生命体的一部分。"他认为，人们需要对生命恢复敬意，人们必须重新思考和认识自己。[①] 事实上，自然不仅是人类的养命之源、生存之根，更是人类的精神家园，自然与人类之间有着水乳交融、一脉相承的血缘关系和精神纽带。离开了阳光、空气、水等生态环境条件，人类不可能存在。当我们把自然界赐予人类的丰富自然资源和良好生态环境视为理所当然的时候，对它的关爱、珍惜以及感恩的心态是不会存在的，我们甚至忘记了它对自己生存的基础性前提与决定性作用，于是对自然

① 何塞·卢岑贝格著，黄凤祝等译：《自然不可改良》，生活·读书·新知三联书店，1999 年。

的肆无忌惮的破坏和掠夺就成为一种必然；当世界各国竞相向自然索取资源和财富成为时代的主旋律时，自然资源的迅速枯竭和生态环境的日益恶化就不可避免地成为人类今天面临的一个严峻现实。当生态危机和生态灾难已经威胁到人类自身生存的时候，什么东西最重要？存在还是存在者？是应该追问存在本身还是应该进一步追问何以存在？很显然，当人类面临着生存危机的时候，人的存在本身就成为首要的需要人们关注并解答的问题，如果人自身都无法存在了，那么如何存在有什么意义呢？追问存在和存在者、存在者的意义与价值又有什么意义呢？生态是人类和地球上所有生命赖以生存的根基和本源，没有这个根基和本源生命不可能存在。

生态不是外在于人的东西，而是内在于人并且参与人的生命和精神建构，因此，人类必须把生态作为自己生存和发展的最重要的一个方面来加以考量。在人类面临严峻的生态灾难和生存危机的今天，生态应该成为我们判断人类活动是非的首要标准。

二、动态平衡原则

由于生态系统具有负反馈的自我调节机制，在通常情况下，生态系统会保持自身的生态平衡。生态平衡是指生态系统通过发育和调节所达到的一种稳定状态，包括结构上的稳定、功能上的稳定和能量输入、输出上的稳定。生态平衡是一种动态平衡，因为能量流动和物质循环总在不间断地进行，生物个体也在不断地进行更新。在自然条件下，生态系统总是按照一定规律朝着种类多样化和功能完善化的方向发展，直到使生态系统达到成熟的最稳定状态。

当生态系统达到动态平衡的最稳定状态时，它能够自我调节和维持自己的正常功能，并能在很大程度上克服和消除外来的干扰，保持自身的稳定性。虽然生态系统具有自我调节功能，但是这种调节功能是有一定限度的。只在某一限度内可以调节自然界或人类施加的干扰，这个限度就叫作“生态阈限”。当外界压力超过“生态阈限”时，生态系统的自我调节功能就会受到损害甚至失去作用，从而引起生态失调，甚至造成生态系统的崩溃，具体表现在生态系统的营养结构被破坏、有机体的数量减少、生物量下降、能量流动和物质循环受阻等，甚至发生生态危机。例如我国西北地区有的地方在历史上曾是森林茂盛或水草丰盛之地。我国黄土高原也是因森林破坏，生态系统结构变得单一和缺损的典型，其生态结构失调导致生产结构单一，从而陷入“越穷越垦，越垦越穷”的恶性循环中。

生态平衡失调在初期往往不容易被觉察，但一旦发展到出现生态危机，就很难在短期内恢复平衡。为了正确处理人和自然的关系，必须认识到整个人类赖以生存的自然界和生物圈是一个高度复杂的、具有自我调节功能的生态系统，保持

这个生态系统结构和功能的稳定是人类生存和发展的基础。因此，人类的活动除了要讲究经济效益和社会效益外，还必须特别注意生态效益和生态后果，以保证在改造自然的同时能基本保持生物圈的稳定和平衡。

引起生态平衡的因素有自然因素和人为因素两类，其中人为因素是地球上生态平衡失调的主要原因。当前，世界范围内广泛存在的沙土流失、土地沙漠化、草原退化、森林面积缩小等都是人类不合理利用自然资源破坏生态平衡的表现。20世纪以来，工农业生产有意无意地使大量污染物进入环境，从而改变了生态系统的环境因素，影响了整个生态系统，由此造成的空气污染、水污染、土壤污染、固体废弃物污染等是生态破坏的另一重要原因。

因此，生态学理论中最首要的规律应是动态平衡规律。从物质上看，地球生态系统基本上是封闭的，生命活动通过物质循环来进行；从能量上说，该系统则是开放的，太阳能的输入和输出基本上保持平衡，循环在升成与降解的能量子系统中进行。动态平衡是生态进化的成果之一，并且是生命活动趋向的一种状态。

生态平衡是一种动态平衡，这种平衡只具有相对稳定性，生态系统处在不断运动、变化和发展之中，因而平衡不是固定的，是每时每刻都在进行的平衡，是一种动态的过程。维持这种动态平衡是极其重要的，因为它是“生命的根本条件”，是人类生存和发展的基础，社会的全部经济活动是在生态平衡条件下进行的。同时我们也要看到生态平衡是由各种生物群落所具有的自我调节能力来维持的，它具有一个“生态阈限”。因此，我们必须充分认识和掌握生物调节机理，把人类对自然的开发利用控制在“生态阈限”的范围内，积极地增强生态系统的自我调节能力。

总之，在生态哲学观看来，我们必须把维护生态系统的动态平衡作为处理人与自然关系的一个重要的原则来坚持。

第三节 生态哲学观的基本精神

生态哲学观的基本精神具有生态与人文统一、批判与建构交融等内容。

一、生态与人文统一

生态哲学、美学思想的建立和发展是与对人类中心主义的批判紧密联系在一起的。许多学者将当今世界的生存危机、生态危机和人与自然的尖锐冲突归咎于人类中心主义思想观念带来的恶果。他们认为，人类中心主义把人与自然的关系看成是敌对的——改造与被改造、役使与被役使、征服与被征服的关系，在这种理论影响下的实践造成了生态环境受到严重破坏并直接威胁到人类生存的严峻现实。正是面对这样的严峻现实，多有识之士在20世纪后半期才提出了生态哲学及与其相关的生态美学。

生态哲学和生态美学反对人类中心主义。那么，生态哲学和生态美学应该具有什么样的价值取向和精神特质呢？是提倡生态中心主义还是提倡非人类中心主义？人类中心主义具有三种意义。一是认为不存在自在的道德，任何一种环境道德都是人思考出来的，因而具有人的属性的认识论意义。二是认为作为生物，人必然要维护自己的生存发展的生物学意义。三是认为人是唯一具有内在价值的存在物，其他存在物都只具有工具价值，大自然的价值只是人的情感投射的产物，人也因此是唯一有权获得道德关怀的存在物价值论意义的。然而，人并非一切事物的衡量尺度。他不是宇宙的中心，不是一切价值的源泉，也并非地球进化的终点。因此人类中心主义必须超越，人不可能脱离自身的利益与目的而存在，人类社会也不可能离开人的目标和价值而发展。人类的利益和目的是人类活动的杠杆，也是社会历史规律性、必然性的自为内容的体现。所以，从本质上说，作为人类对自身的终极价值关怀的人类中心是无法超越的，但从每一历史时段来看，特定的人类中心观念是可以改变与超越的。

生态与人文应该统一起来。生态哲学观展现了人类的一种生存境界：它是一种符合人类自身需要、符合人性的生存方式，是理性与价值双重尺度的统一，是人的尺度与自然尺度的结合，是人道主义与自然主义张力的平衡，是人类对自我的超越。把生态尺度与人文尺度完全结合起来，是生态哲学与生态美学的内在要求。哲学和美学离不开对人生问题的关注，离不开对人的命运人生的意义与价值的思考和探求。人文主义与人本主义是不同的，正如有学者指出的那样，关注人、对人带有精神关怀，提倡对人自身的崇尚是人文主义的本意，而通过极力推崇人的力量、人的意义和伟大来对抗神的崇尚，并由此确立对人自身的信仰则走向了人本主义。人文主义的核心内容就是人文精神和人文关怀。人文关怀不仅仅是关怀人，它也是对生命的关怀、对生存状态的关怀、对生态的关怀。实质上，人文关怀和人文精神是一种社会层面上普遍的用法，含有对人的关怀、对人的心灵或精神世界的提升、对理想人格的教养及塑造、对普遍本质人性的重视、对人文学科及精神文明的强调以及以人自身为对象的信仰等多方面内涵，是广义的人性。生态与人文统一的一个重要方面就是生态关爱和人文关怀的统一。所谓生态关爱，就是指对人与自然共处的世界的关心和爱护，对人类生存环境的珍惜，对大自然和一切生命的敬重。所谓人文关怀，是对人的生存、人的需求、人的个性、人的价值和根本利益的关心与尊重，特别是关怀普通民众和人的文化需求。人文关怀和生态关爱都是人类的根本需求，人文关怀既是生态关爱的一部分，生态关爱又寓于人文关怀之中，生态失衡的地球需要关爱，地球上的人类更需要关爱。人类需

要良好的生态环境和依靠人文关怀协调人与人的关系，共同获得生态关爱。因此，生态关爱不能失去人文关怀，人文关怀不能背离生态关爱。

生态与人文统一既是一种价值取向，也是一种精神追求和理想境界。把生态与人文相结合的生态人文主义是一种自觉地用生态理念来指导人类发展和个人发展的人文主义，是按照生态世界观及其科学方法论来积极发挥人类维护和促进自然进化的人文主义。生态人文主义主张人类重返自然的怀抱、重返生物圈的有机联系之中，这要求人们建立一种整体主义的价值观，既肯定人类的尊严，又绝不贬抑万物的价值观；既肯定大自然中万物的生生不息，又强调人与万物的平等共处、涵融互摄的价值观，从而实现人与自然和谐共处、协同进化的价值理想。

二、批判与建构交融

欧阳康指出："哲学的最根本功能，是要帮助人们作为主体来处理好与外部世界的各种复杂关系，为此必须给人们提供哲学意义上的世界图景，作为人类活动的最一般、最普遍的前提，并对这种前提不断地进行批判性审查和重建。"[①]因而，生态美学在哲学层面的研究任务就是对历史和现实进行深刻和彻底的批判与反思，揭示其中的不合理性，透析其深层原因，并指出克服的途径，以消除或减少人类活动前提中的不合理性、虚妄性，并使这种前提在新的基点上不断更新、不断重建。

生态美学以对过去的时代及其思想、哲学、美学的批判性审查和评价为前提，在此基础上对现时代的时代精神进行理解、提炼和升华，进而达到对真正的时代性美学的合理建构。因此，批判性是生态美学得以建立的必要条件。

生态美学的批判是对世界历史进程合理与否的批判性审视与评价，是对人类实践的不合理方面的批判，是对人类实践的合理性方面的肯定与张扬，因而在本质上也是对实践的一种批判，其目的在于推进人类实践的合理化进程。因此，生态美学必须立足和扎根于人类实践。但是，客观地说，在各种特定的具体历史条件下，人类的实践活动并不都是完全有效的、合理的，其中包含着各种无效的或负效应的实践。这种实践及其结果不是有助于人类自身主体性的确立和强化的，而对其起着消极、背反甚至阻碍的作用，因而在本质上是一种反主体效应的不合理实践。这种实践既依据于一定的错误理论原则和方法论指导，又必然作为一种现实基础而孕育和生出新的错误理论、思想和观念，从而作为一种消极的甚至反动的力量而与人类进步、合理、有效的实践相对峙、抵触甚至冲突，破坏人类实践的合理化发展，阻碍人类文明的发展与进步。

---

① 欧阳康：《哲学研究方法论》，武汉大学出版社，1998 年。

生态美学的提出，本身就表明它具有强烈的实践性品格。生态美学的重要任务就是通过对人类思想文化的严肃、深刻反省和批判而扬弃其中那些过时、落后、保守的东西，将那些破坏环境、不利于人类发展的思想、观念、生活方式和思维方式清除掉，使其中以征兆、端倪、萌芽形式存在的合理因素得以强化和发展，使其通向更加接近合理有效的人类实践。

生态哲学、生态美学的研究绝不只是为批判而批判，它们的学术旨趣并不在于揭露传统世界观、人生观、价值观、审美观以及思维方式等的谬误和虚妄，而是为了重建一种新的世界观、人生观、价值观、审美观，树立新的社会风尚，追求高远的生存境界，因而生态哲学、生态美学的真正学术旨趣不是批判而是建构。批判只是手段，建构才是最终目的。批判以建构为鹄的，建构以批判为基础，批判与建构交融才能真正完成生态哲学、生态美学的研究任务，达到生态哲学、生态美学的研究目的。

第十六章　生态美学的本质及其内涵

第一节　什么是生态美学

一、生态美学的内涵

生态美学同生态环境学、生态哲学、生态意识学等生态科学群落一样，是伴随着生态危机而产生的全球环保与绿色运动而发展起来的一门新兴学科。它以研究地球生态环境美为主要任务，是环境美学的核心组成部分，其构成内容包括自然生态、社会物质生产生态和精神文化生产生态三大系统。目前，生态美学尚属草创时期，仍需要进行学科的基本建设。生态美学既是美学学科的一个分支，又是美学发展的当代形态，更是美学发展新范式的主要体现者与承担者。生态美学实际上是一种在新时代经济与文化背景下产生的有关人类的、崭新的存在观，是一种人与自然、人与社会达到动态平衡的、和谐一致的、处于生态审美状态的存在观，是一种新时代的、理想的审美的人生，是一种“绿色的人生”。生态美学的深刻内涵是包含着新的时代内容的人文精神的，是对人类当下“非美的”生存状态的一种改变的紧迫感和危机感，是对人类永久发展、世代美好生存的深切关怀，也是对人类得以美好生存的自然家园与精神家园的一种重建。因此，生态美学确实是生态学与美学两种学科交叉、碰撞所产生的新的学科，但这并不说明它等同于二者的简单相加。生态美学应该是生态学与美学的有机结合，是从生态学的视角研究美学问题并将生态学的重要观点和方法吸收、融合到美学中去，从而形成新的美学理论形态。所以，从本体论的高度来看，生态美学就是以生态为本体的美学。

二、生态美学的基本内容

生态美学致力于把美学从不食人间烟火的经验美学的神圣殿堂中解放出来，它从不以非功利性标榜和自居，也从不否认自己的实用主义（或功利主义）色彩。

实际上，生态美学具有与生俱来的实用主义视界、方案和色彩，它的产生、出发点与归宿都具有非常明显的实用主义根源和目的。从精神实质上看，它与实用主义美学有着更为相近的旨趣和追求。我们不能盲目地反对功利主义，也不能笼统地讨论功利主义的对错，这没有意义。我们不能认为功利主义是肤浅的、庸俗的、完全不可取的东西，而认为非功利思想就是高尚与完美的道德的体现。在许多情况下，功利主义也是可取的，甚至是完全必要的。功利主义有好坏、层次、境界之分，关键要看是什么样的功利主义——是极端利己的功利主义还是对人类、社会和自然界有促进作用的功利主义，满足个人和少数人贪欲和享乐的功利主义应该予以否定，而有利于自然与社会和谐、稳定、可持续发展的功利主义就应该鼓励、提倡。许多人过分地抬高审美主义，有意无意地贬低功利主义，就与这种对功利主义的偏见不无关系。其实，在更高的层面上，审美与功利是一致的、统一的。在生态美学观念里，真、善、美必然也应该是统一的，真、善、美的浑然一体性是由生态美学的生态整体理念与思维方式决定的。在生态美学看来，美的东西必然离不开善这一重要维度，美的实现离不开善的价值诉求。生态本身就蕴含了“使……生，让……生”这一伦理内涵；生态关爱既是自然界的运行法则，也是生态的内容和实质，更是生命得以产生和孕育的根据与条件。试想：如果没有大自然给人类提供的阳光、空气、食物、水等良好的生态环境条件，人何以生？如果没有春风吹拂、气温上升、大地变暖以及其他生物提供的无机养料等适宜的环境气候条件，草何以长？每一种生物都处在生命链的一个“网节”上，都依赖其他生物才得以生存，同时它的存在也给其他生物的生存提供某种支撑。互相关爱、互相支撑、共存共荣，就是生态关爱的实质。从这个角度来说，生态本身就是自然界的一种伦理，是天地间的一种最大的、最根本的伦理。因此，伦理维度与伦理诉求必然是生态美学的一种本质规定。在这里，生态美学能够将审美主义与功利主义统一起来，对审美至上的推崇不但不妨碍某种功利的实现，反而是实现生态和谐这个终极功利的最佳途径；在这里，生态和谐这个最大的功利其实就是美，在这个层面上，功利就是伦理、就是美，功利主义与审美主义在这里得到了统一。

在传统美学观念中，美学关注的是个体，是个体的情感，不是个体与他人、与社会的关系。诚然，美学必须关注个体的情感，从鲍姆嘉通（特别是康德）以来，知、情、意或真、善、美的三分就给美学划定了明确的研究范围。美学的力量主要在于通过作用人的情感来影响人、改造人，而且这种作用的最终效果可以改变人与人、人与社会、人与自然的关系。当然，这种改变只有通过个体才能达到，然而任何个体都不可能独立地存在，都总是处在一定的关系中。20世纪60年代以来，日益恶化的生态灾难和环境危机强有力地向人类昭示了人与环境不可分割的血肉关系，同时还昭示出一个真理：“单子”似的独立个体是不可能存在的，联系是事物更内在的本质，必须把个体放到整体中去考察，个体的意义与价值只有放在整

体中才能得到充分地解释和说明。另外，美学在现代的生机和活力取决于它对现代生活的关注程度和与现代生活的结合程度，因而美学必须结合我国社会当前的发展形势，必须对我国现时代经济的大发展、人们的精神生活状况、社会审美化及艺术边缘化进行科学的理论阐释，从而提供有益的价值导向及前进方向。所以，美学应该扩大自己的研究范围和视野，把人与人、人与社会、人与自然的关系纳入自己的研究范围，而不是局限在个人情感的狭小领域里。

生态美学的研究对象是人与自然、人与环境之间的生态审美关系。生态美学按照生态世界观把人与自然、人与环境的关系作为一个生态系统和有机整体来研究，既不脱离自然去研究孤立的人，也不脱离人去研究纯客观的自然与环境。美学不能脱离人，生态美学不应限于研究人与自然环境的关系，而应包括研究人与生态环境的关系。生态环境问题应是生态美学研究的中心问题。生态美学以审美经验为基础，以人与现实的审美关系为中心，去审视和探讨处于生态系统中的人与自然、人与环境的相互关系，去研究和解决人类生态环境的保护问题和建设问题。生态美学研究的主要内容包括人与自然的美学意义，生态现象的审美价值和生态美，生态环境的审美感受和审美心理，人类生态环境建设中的美学问题，艺术与人类生态环境，生态审美观与生态审美教育，等等。另外，在本体论的层面，生态美学应该回答如下问题：生态美学应该建立在什么样的哲学思想基础之上？它的哲学依据是什么？生态美学的理论逻辑是怎样的？逻辑起点在何处？逻辑推演如何展开？生态美学跟以前美学（如实践美学等）的关系如何？生态美学要加强实证研究，通过实证研究来回答生态美存在于何处、生态美有哪些表现、生态美与生态平衡是什么关系、以及生态美可不可以分类、怎样进行分类等问题。

第二节　生态美学的本质及其性质

作为一种新的美学理论体系，生态美学无论是在其世界观上，还是在其伦理观与价值观上都具有特有的本质和属性。

一、生态美学是生态世界观在美学上的延伸和运用

作为一种世界观的、自然科学与人文科学结合的生态美学，本质上是一种世界观，一种生态的世界观。可以说，生态美学就是生态世界观在美学上的延伸和运用。

生态美学坚持生态系统整体观，认为人是自然生态系统的有机组成部分，要求人类必须遵循生态系统的整体规律，重新建构人与自然和平共处、和谐统一的

关系。生态美学把自然理解为一个整体、一个寓多样性于一身的统一体，自然中的每一存在的发展都是更大的发展系统的不可分割的部分，每一存在都是价值的展示。有机整体的观念可以追溯到黑格尔特别强调的事物的内在联系和整体观念，这种有机整体主义学说甚至被看作是黑格尔主义的实质。有机整体主义的观念是："元素或概念，不具有独立的同一性或本质，而一概都是它同它所属的那个整体中所有其他元素或概念的相互关联的一种作用。"[①]这种整体主义与分析哲学在思维路向上大异其趣——"分析活动，是在逻辑原子主义的庇护下开始进行的。逻辑原子主义的观念是：世界上至少有一些逻辑上独立的事实或东西（即使它们仅仅是感觉材料），构成现实、真理和证明的不变的基础，并以某种方式，通过我们的概念图式，在经验中再现给我们"[②]。有机整体主义在20世纪受到分析哲学的猛烈地抨击，可以说逻辑原子主义是对黑格尔主义的某种正确的反驳，但是当逻辑原子主义不恰当地扩大了自己的应用范围——当人们把孤立的个体看作是能够完全独立自主的个体的时候，必然会加剧人与人、人与自然之间的矛盾冲突。而当自然以灾害的形式报复人类的自大和狂妄时，这就无疑是在告诉人类，人并不是一个孤立的原子，因此人与世界是一个整体。可以说，不是理论而是整整一个时代的人类实践活动的结果，显现和证实了物质世界和人类生活世界是一个有机统一的整体这一真理性事实。

生态美学在肯定人与自然万物具有本质差别的基础上，坚持认为人与自然万物的关系不是以主客二分为主要特征，而是以主体间性，和主客一体、"天人合一"为特征；坚持认为人与自然事物不是主体与客体的关系，而是主体与主体的关系。自然万物（包括人）之间的关系是既有区别又平等的主体间的关系；人与自然万物的作用不是机械地相互作用，而是有机统一的关系；人不是自然界的主人，而是自然界的有机组成部分。因此，在生态美学看来，传统美学对美的本质的主客观性质的区分是没有意义的，可以说"美是主观的还是客观的"这种提问方式本身就存在问题。在本体论的意义上，不存在主客二分，也就没有主体与客体——主体即客体，客体即主体。美既不在心也不在物，美是心与物的某种契合。这里的心包括人的感觉器官和心灵；这里的物既指自然万物，也指人和自然宇宙的精神。

二、生态美学是生态伦理观终极目标的审美救赎

生态美学更以其鲜明强烈的现实关怀品格，致力于寻求"诗意地栖居"的现实途径，因而审美本身对生态美学来说就是伦理。正如舒斯特曼所说："在决定我们对怎样引导或塑造我们的生活和怎样评估什么是善的生活的选择上，审美的考虑

① 理查德·舒斯特曼著，彭锋译：《实用主义美学：生活之美，艺术之思》，商务印书馆，2002年。

② 理查德·舒斯特曼著，彭锋译：《实用主义美学：生活之美，艺术之思》，商务印书馆，2002年。

是或应该是至关紧要的、也许最终是最重要的。它通过将审美确立为美好生活的正确伦理理想、首选模式和估价标准，使维特根斯坦伦理学和美学是一回事这个含糊的格言充实起来。”①

如果个人的审美潜能得到充分发挥，每个人都能审美地生存，那么这种审美生活必然会造就一个充满善的社会。韦伯强调，在宗教衰落的时代，审美就具有了某种取宗教而代之的世俗的“救赎”功能。“审美救赎”行为本身必然是指向善的，“审美救赎”的内容和实质也是善的，如此看来，审美当然可以成为伦理的一部分。生态美学不是一种微观的美学理论，而是一种宏观的文化美学、伦理美学。②

“我应该如何生活”这个问题对人类来说是首要的问题。对人类来说，要真正地改变其行为方式，就必须依靠道德来促使其自觉意识的觉醒，因为人与自然、人与人紧张关系的合理解决最终仍然要依靠道德的力量。传统伦理观只关注人的利益和权利，而忽视非人类的、自然界的生存权利，把人对自然的征服和掠夺看成是天经地义的。它承认只有人类是权利主体，自然界不具备主体的特性，只有人类才是唯一值得尊重的物种。这必然造成人类自以为是、凡事以人类的需要和利益作为唯一出发点和最终目标，而不是以人与自然是否和谐发展为衡量准则，从而促使传统伦理观陷入“人是目的”的误区而不能自拔的局面的形成。在人类社会已进入新世纪的今天，当人们不得不合理地解决困扰人类持续发展的资源、生态环境等难题时，必须深刻反思人与人、人与自然、人与环境、人与生态的关系，由此便产生了生态伦理这一崭新的伦理观念。生态伦理观不仅扩大了旧伦理观的视野范围，而且对人与自然的关系给予了科学的阐释。它把人与自然看成是一个系统，当作一个有机整体来对待，从伦理的角度来维护和促进人与自然的和谐发展与共同进化，为人类社会发展寻求新的发展途径。

承认自然具有内在价值是生态伦理观的独特之处，也是其理论的根基所在。承认自然具有内在价值才能超越工具价值和工具理性的狭隘和偏执，才能承认自然界的权利，才能做到真正尊重自然、关心自然、敬畏生命，也才能达到人与自然和谐共存的理想境界。人类从自然中诞生，并在自然中得到提升和完善，因而，人类只能与自然共生、与自然同行。人类作为众多生命物种中的一种，与其他所有生命有着共同的根源，因而具有亲缘关系。就生命而言，所有生命都具有共同的本质，人类与所有生物都是平等的、没有特殊地位。在生命的舞台上，人类只有与自然进行交流和对话，才能使物质与精神之间处于平等状态，进而获得生命的全部意义。这就意味着人类应该让鲜花开放、让虎狼生存以及让沼泽、荒漠不被破坏，这是生命个体、物种以至生态群落生存、稳定、完整、完美的权利。承认自然界

① 理查德·舒斯特曼著，彭锋译：《实用主义美学：生活之美，艺术之思》，商务印书馆，2002年。

② 章海荣：《生态伦理与生态美学》，复旦大学出版，2005年，序言2。

的权利就意味着要对自然界尽义务。人类应当爱护、珍惜自然界，热爱自然就是保护人类自己。对自然界的爱是保护自然的内在动力，只有发自内心的爱自然，才会对自然遭到破坏的行为感到痛心，才会激发出保护自然的责任感和使命感，进而维护自然界的稳定与持续发展。因此，生态伦理把人类道德关怀的对象从人类社会成员扩大到整个自然界，认为人类对自然、生态系统和所有具有内在价值的自然系统的完整、稳定、美丽负有道德责任和义务。利奥波德认为，生态伦理学的基本原则就是："一个事物，当它有助于保护生物共同体的和谐、稳定和美丽的时候，它就是正确的；当它走向反面时，就是错误的。"①

利奥波德的"大地伦理"思想是生态意识、道德意识和审美意识的完美结合。在利奥波德看来，在以往的历史中，人们对自然的保护出于一种审美的要求，即从审美的感受性上来认识自然存在的必要，但是人们对自然的审美常常只停留在一种欣赏自然风景的表面上，只有达到了一种在精神上同大自然交流的境界，审美才是最为深刻的。利奥波德从河水的叮咚声中、从它在石块、树根和险滩上弹奏出来的音符中听到的是生命的脉搏，是生物共同体的和谐。他说："我们领会自然特性的本领与对艺术的观察能力一样，是从美丽的东西开始的。这种特性通过日臻完美的阶段，发展到难以用语言捕捉其真义的程度。"②

然而当我们的知解力达到这样一个程度时，我们面前的沼泽就不仅仅是沼泽，鹤也不仅仅是一种鸟了。我们对沼泽和鹤就会有一种特殊的感情，就会对它们怀有一种尊重，从而去爱它们和珍惜它们。这是一种超越了利害的情感，也是一种更高的价值观，更是一种自觉、自愿的爱——是在心灵受到激发而抛开感觉的限制，进而使精神得到提高或振奋时所表现出来的人的道德精神。如果我们能用一种超越了利害关系的审美观去看待自然和大地时，它便会增强我们的道德感。因此，在利奥波德看来，审美与伦理是统一的。他的"大地伦理"思想就是通过阐述大地共同体的内涵，去激发人们对大地的热爱，从而在人与大地之间建立起一种道德义务。③

人与自然和谐共生既是生态哲学观的基本要求，也是生态伦理观的终极目标，同时还是生态美学的最高理想。人与自然的和谐共生思想是中国古代生态伦理传统的独特价值所在。这个思想建立在人类与天地万物的同源性、生命本质的统一性、人类与自己生存环境的一体性的直觉意识的基础之上。人与自然和谐共生用中国传统的术语来表达就是"天人合一"，"天人合一"是生态哲学观的基本内涵和基本要求。在生态哲学观看来，人与自然是一个有机整体，在人与生物赖以

---

① 章海荣：《生态伦理与生态美学》，复旦大学出版，2005年。
② 章海荣：《生态伦理与生态美学》，复旦大学出版，2005年。
③ 章海荣：《生态伦理与生态美学》，复旦大学出版，2005年。

生存的生物圈内，每一种事物都与别的事物相关，生态系统的整体利益与人类的长远利益和根本利益是一致的，破坏了自然生态系统的整体平衡也就破坏了人类赖以安身立命的根基，所以人与自然的和谐共生是生态哲学的基本要求。生态美学思想是在人类和整个地球的生存危机这个大背景下产生的，是人类对防止和减轻环境灾难的迫切需要在思想文化领域里的表现，是在具有社会使命感和自然使命感的批评家、作家和美学家对拯救地球生态的强烈的责任心的驱使下出现的。正因为如此，人与自然的和谐共生才成为生态美学追求的理想目标。在生态美学看来，和谐是生命之间相互支持、互惠共生以及与环境融为一体展现出来的美的特征，也是美的理想。人和世界在人类生活中是本原一体、浑然未分的，这就意味着应该消解人与自然、人与整个对象世界的二元对立模式，将人与物、人与自然的关系彻底地还原和复归于人类生活的本体性、整体性、直接性的和谐。

三、生态美学是一种客观价值判断

价值是人看问题的基本出发点。美学与价值密切相关，美本身属于价值的形态，它是生成的，而非既成的。从本质上说，美是一个价值问题，审美过程是一个价值评价过程，审美判断是价值判断。因此，从某种意义上来说，美学是研究审美价值的学科。

人们通常把价值概念理解为主客体之间的一种特定关系，即客体的性质、功能等对满足人类主体需要的有用性。因此，人是价值的本原，也是宇宙中唯一具有内在价值的存在，非人类的生命和自然物并不具有自身的价值，自然界的价值是指自然界作为资源或工具满足人类生存和发展的需要，因而自然界只具有工具价值。这种价值观一味地强调人类对自然的权利，忽视人类对自然应尽的义务；一味地强调自然对人类的服务性，忽视自然对人类的制约性。在这种价值观的指导下，人类生存环境急剧恶化，生态平衡遭到严重破坏，人类陷入生态困境之中。正是在这种时代形势和背景下，传统价值观念的合理性和科学性受到质疑，一种新的价值观——生态价值观开始出现。生态价值观强调综合的生态共生价值，强调人类作为生态系统中的一名成员对生命共同体的依赖性，也强调人类在维护自然的生态价值中的重要作用，把人与自然当作一个相互依存的有机整体来看待。生态价值观认为，人与自然、人与社会的辩证关系是一种生态关系，在人与自然之间没有主客界限，人与自然都是价值、权力和责任的主体。生态价值观强调事物的相互关系和彼此作用，强调人与自然、人与社会的协调发展。

在生态价值观看来，价值随生命进入世界，是自然的有机性和生命性赋予给它的内在价值。作为一个生命有机体的自然，其生命就意味着一种自我调节、自我维持、自我发展的目的性存在。自然系统在其自身结构中蕴含了一个内在的适

应环境和发挥潜能的“目的”和“需要”，并自动寻求和趋向这个目的——整体的存在与发展。在这种目的的定向过程中表现出来的“目的”、“需要”、功效性、合理性等关系，既是一种客观的事实，又具有一种“意义”。这种自然事物间的意义或效用关系就是自然的内在价值。自然的内在价值是自然以自身为目的的价值，是自然系统自我存在、自我发展的一个基本源泉和动力，是自然在长期的发展深化中客观地形成的和储存的成就。自然的内在价值以自身为尺度，不依赖于人类评价者的存在，是一种客观的价值。我们应该认识到，自然价值是内在价值与工具价值的统一体。所有生命在生物圈中，既是目的又是手段(对自身存在是目的，对其他生命存在是手段)。人类与自然的价值的互补与转换同样处于一种生态关系之中，体现着人与自然之间的互为依存、互利互惠和共生进化。

承认自然具有内在价值是生态美学应该坚持的价值原则。生态美学反对人类中心主义者否定非人类生命的内在价值，坚持非人类中心环境伦理学，肯定和重视非人类生命的内在价值。生态美学认为自然万物与人类一样，既具有工具价值，也具有内在价值，还具有生态价值；既具有目的性，又具有客观性。在价值论的意义上，不仅人是价值主体，而且生命和自然界也是价值主体；不仅人具有内在价值，因而具有生存权利，人是生存权利的主体，而且生命和自然界也具有内在价值，因而也具有生存权利，生命和自然界也是权利的主体。生态世界观认为，人、生命和自然界的内在价值与外在价值的统一是主客统一的一个方面，具有不可分割的性质。原有的价值观念只考虑人自身，现在的价值观念扩展到自然领域并承认自然界的价值，这意味着生态美学也应当扩大自己的审美观念。过去，美是一种价值，这种价值也只是对人而言的；现在，对生态美学来说，美也是一种价值，但这价值已经不只是对人的价值了，而是人的价值与自然价值的统一，并且这种价值就是人与自然和谐的生态价值。审美价值作为一种特殊价值，有着不同于其他价值的特点。它不同于知识价值、道德价值，也不同于物质功利，它是一种精神价值、一种情感价值。杜书瀛还认为，审美价值与许多事物的物质功利价值相比，具有更明显的精神性，是一种精神价值；尤其是它具有更强烈、更明显的情感性，甚至可以说是具有一种情感价值。杜书瀛认为，与其他价值相比，审美价值更明显地表现为它是以人自身为最高目的、以人的全面而完整地发展为最高理想、以满足人本身的自由生命创造为最高尺度的价值，并且审美价值的形式具有至关重要的意义，可以说，没有形式就没有审美价值。在生态美学看来，审美价值的特殊性在于，它是由客体的形状、色彩、情态或精神所引发的主客之间的对话与交流，这种对话与交流达到一种深度的情感共鸣与契合后主体就会产生一种主客不分、忘我、一体的精神状态，在这种精神状态中，主体对客体的特质感同身受，从而获得或愉悦，或痛苦，或崇高的情感慰藉与净化。毫无疑问，生态审美观的形成对生态价值观的形成具有十分重要的促进作用。

现有的全球性的生态危机从表面上看是来自于人类对生态环境的破坏，然而我们对其进行哲学分析可以看到，这些现状是来自于人类对自然环境的一种主宰性思维——将人与自然放置于对立面。由于人类的这种人本位思想引发的强烈的个人主义，是导致社会问题和个人的精神状态失衡的根本原因。因此，生态美学主张丢弃原有的主客二分、二元对立的机械论，主张超越人类中心主义思维模式的束缚，在人与人、人与自然之间寻找一种生态平衡状态下的整体和谐。生态美学的研究是以与当代生态文化观念相对应的审美现象的再认识为基础，把人类历史上自发形成的生态审美观提高到一种理性的自觉，形成了生态美这一特定的审美范畴，体现了人类主体的参与性。在人类主体与自然环境的依存关系——人与自然和谐共生的时代，生态审美意识和生态美学观是人的生态意识和生态价值观中重要的组成部分。这种新的意识把保护生态环境、追求人类的持续发展作为社会价值的目标，用人与自然和谐发展的价值观指导人类自身的实践行动，表示人与自然的和谐关系从不自觉到自觉的转变，建设以人与自然和谐发展为特征的社会文明。这是一种新的价值观，冲击着原有的、以人为价值主体的、狭隘的价值观念。生态美学的价值认为，自然是其外在价值和内在价值的统一体，人类应该不光把注意力放在对自然的外在价值的利用上，还应该创造包括生态审美文化在内的内在价值观念，人类对整个世界的认识离不开人类对自然价值的理解和尊重。这种新的价值观是一种自然主义、整体主义，承认内在价值有利于缓冲人与自然的生态危机，有利于使人们重新审视和调整对自然的态度，通过观照自然回归对人类心灵体察的目的。它借助于生态美学，帮助人们确立一种生态存在论价值观，并以此价值观作为生态文明时代的主导性世界观。这就有别于农业时代的宗教世界观和工业时代的理性世界观。生态存在论价值观是一种适应时代要求的生存态度，必将有利于重建人类美好的物质家园和精神家园。

第十七章　生态美学的现实价值与意义

生态美学所具有的生态世界观在美学上的延伸和运用、生态伦理观终极目标的审美救赎、一种对客观价值进行判断的世界观等本质属性使其具有非常重要的现实价值与意义。

第一节　生态美学赋予现代性的人类生存智慧

在新的世纪里,"人类如何发展、以何种方式发展"这一考验人类生存智慧的重大问题,既是哲学问题,也是美学问题。生态美学的研究旨趣是探寻人的生存方式,即人如何才能审美地生存、诗意地生存。在生态环境日益恶化、人与自然的矛盾越来越尖锐、人类面临异常严峻的生存危机的今天,探求人与自然和谐共存、人"诗意地栖居在大地上"的审美生存方式的生态美学本身就是人类生存智慧的现代性体现。

一、现代性与后现代性

现代与后现代、现代性与后现代性一直是学界讨论的热门话题,对它们的理解和看法各异,这就引发了许多争论。很明显,现代与后现代、现代性与后现代性之间存在着许多不同。哈桑指出,后现代有两个最基本的特征:不确定性和内在性,前者是非中心化和本体论消失的产物,后者则是将一切实在据为己有的精神倾向。在杰姆逊看来,现代主义和后现代主义有一系列的区别和对立,比如:现代主义是时间深度模式,而后现代主义则是空间平面化模式;现代主义是主体中心化的焦虑,而后现代主义则是非中心化的主体零散化;现代主义主张自律的审美观,而后现代主义则倾向于商业社会的消费主义;现代主义具有个性化的风格,而后现代主义则无风格,等等。福柯认为,现代性与其说是一种历史分期的概念,不如说是一种思维方式。利奥塔德声称,后现代就是抛弃元叙事(解放的叙事和启蒙的叙事),从追求共识的统一性转向差异性,总体性被多元论、不可通约性和局

部决定论所取代。另外，现代与后现代、现代性与后现代性之间也有着深刻的联系。利奥塔德说："确切地讲，我们不得不说，后现代总是蕴含在现代之中，因为现代性、现代的时间性本身就含有一种进入超越自身状态的冲动……现代性本来就不断地孕育着它的后现代性。"[①]利奥塔德强调，后现代并不是现代性的终结，而是现代性自身的超越和反思。鲍曼认为："后现代性并不必然意味着现代性的终结，或现代性遭拒绝的耻辱。后现代性不过是现代精神长久地、审慎地和清醒地注视自身而已，注视自己的状况和过去的劳作，它并不完全喜欢所看到的东西，感受到一种改变的迫切需要。后现代性就是正在来临的时代的现代性：这种现代性是从远处而不是内部来注视自身，编制自己得失的清单，对自身进行心理分析，寻找以前从未明确表达过的意图，并发现这些意图是彼此抵触和不一致的。"[②]鲍曼强调二者的内在联系："作为划分知识分子实践之历史时期的'现代'和'后现代'，不过是表明了在某一历史时期中，某一种实践模式占主导地位，而绝不是说另一种实践模式在这一历史时期完全不存在。即使是把'现代'和'后现代'看作是两个相继出现的历史时期，也应认为它们之间是连续的、不间断的关系(毫无疑问，'现代'和'后现代'这两种实践是共存的，它们处在一种有差异的和谐之中，共同存在于每一个历史时期中，只不过在某一个历史时期中，某一种模式占主导地位，成为主流)。"[③]

从概念本身的角度来看，现代和后现代是指不同的时期，后现代就是"现代之后"。现代性是用以描述现代时期总体特性或认知范式的概念，后现代性则是现代性之后的总体文化特性或认知范式。有些人看到二者的明显差异后宣称后现代就是现代的终结，有些人洞察到它们之间的深刻联系后则坚持现代性是一个尚未完成的规划。现代与后现代的关系是异常复杂的，如果从连续论和一致性的角度来解释二者的关系，后现代其实是审美现代性基本精神的延续，即后现代性也是一种现代性。

现代性的内涵极其复杂，充满了矛盾和歧义，它大约可以描述为一个维特根斯坦所说的"家族相似"的概念，或者本雅明所说的"星丛"的概念。现代性既是指现时代社会文化的变化及其特性，又是指一种对这些变化和特性自觉的反思和理解。从范围上看，现代性主要包含了两个基本层面：一个层面是社会的现代化，它体现出启蒙现代性的理性主义对社会生活的广泛渗透和制约；另一个层面则是以艺术等文化运动为代表的审美现代性，它常常呈现为对前一种现代性的反思、质疑和否定。由此，现代性也就存在两种具体形态：一种是启蒙的现代性，它追求数

---

① 周宪：《审美现代性批判》，商务印书馆，2005 年。

② 周宪：《审美现代性批判》，商务印书馆，2005 年。

③ 周宪：《审美现代性批判》，商务印书馆，2005 年。

学的精确、明晰和统一，追求形而上学和绝对，合理化和工具理性是其基本表现，社会生活的现代化是其具体展现；另一种是文化的现代性、审美的现代性，它是从启蒙的现代性中衍生出来的，既受到启蒙精神的恩惠，又不可避免地反对启蒙的现代性。审美现代性的主导取向就是它对社会现代化及其启蒙现代性的解构和反思。从内涵上看，审美现代性就是社会现代化过程中分化出来的一种独特的自主性表意实践，它不断地反思着社会现代化过程本身，并不停地为急剧变化的社会生活提供重要的价值。它像是一个爱挑剔和爱发牢骚的人一样对现实中种种不公正和黑暗非常敏感，关注着被非人的力量压制的种种潜在想象、个性和情感的舒张和成长。它又如一个精神分析家或牧师一般关心着被现代化潮流淹没的形形色色的主体，不断地为生存的危机和生存意义的丧失提供精神的慰藉和解释，提醒他们注意本真性的丢失的危机，并指导他们寻找家园的路径。审美现代性绝不可能取代启蒙现代性的正面功能，它只是相对于社会现代过程中负面影响而有所作为。这就是说，审美现代性作为启蒙现代性的一种"他者"存在，旨在克服或改善启蒙现代性的消极的、负面的作用，即生态美学所要克服的正是工具理性所带来的种种弊端。从这个角度来说，生态美学也具有现代性的维度，是一种现代性的体现。

后现代的几个重要特征是批判在场概念、否定本原概念、拒斥统一性、拒绝任何先验标准。总之，后现代与现代相比较，是以多元化对抗一元化、以差异对抗同一、以相对主义对抗绝对主义、以地方性对抗总体性。因而，周宪认为，后现代的各种表征就呈现在审美现代性的主流倾向之中，审美现代性包含了后现代性的多种基本精神。后现代性并不是一般意义上地对抗现代性，即后现代精神要抵制和颠覆的是一种现代性——启蒙现代性及其工具理性的霸权，而这个目标其实是与审美现代性基本一致的。因此，后现代性从审美现代性那里延续的是对启蒙现代性及其工具理性霸权的反抗，它们的基本精神是一致的，所以现代性没有终结，或更准确地表述为审美现代性没有终结。在这种意义上说，后现代性也是一种现代性。

二、生态美学是人类生存智慧的现代性体现

从某种意义上说，美学不是一门学问，甚至不应是一门学科，而是身临现代型社会困境时的一种生存论态度。从根本上说，生态美学就是人类身临现代型社会困境时的一种生存论态度，它所追求的就是在审美中实现人与自身、人与自然、人与社会的和谐与统一，这种审美的生存论态度才是人类在当今环境和时代形势下应该坚持和选择的正确的生存论态度和价值立场，对这种生存论态度和价值立场的选择本身就是人类生态智慧的现代性体现。

如前所述，人类正处在生死存亡的危急关头，人类正面临严峻的生态危机，如果人与自然的尖锐冲突得不到有效遏制和及时扭转，人类自身将面临消亡的危险。今天，人类消亡已经成为西方国家引人注目的话题，可以说，对人类消亡的恐惧是20世纪以来环境保护运动的主要动机之一。有资料显示，地球上曾经存在的物种当中，大约99.8%已经消亡，而人类正是大量物种迅速消亡的罪魁祸首。汤因比对人类的前途忧心忡忡，他在其《人类与大地母亲》一书中说："未来是难以预料的，因为它还没有成为现实。其潜在的可能是无限的，所以人们不能根据过去来推断未来。毋庸置疑，过去发生的一切事情，如果条件相同，仍会重演。但是，过去发生的事情并不一定会重演，它仅仅是许多未知的可能性之一。有些可能性是不可预料的，原因在于人们不知道过去的先例。在1763—1973年这200多年间，人们获得了征服生物圈的力量，这一点就是史无前例的。在这些使人类迷惑的情况下，只有一个判断是确定的。人类，这个大地母亲的孩子，如果继续他的弑母之罪的话，他将是不可能生存下去的。他所面临的惩罚将是人类的自我毁灭。"①在全书的结尾，他又说："人类将会杀害大地母亲，抑或将使她得到拯救？如果滥用增长的技术力量，人类将置大地母亲于死地；如果克服了那导致自我毁灭的放肆的贪欲，人类则能够使她重返青春，而人类的贪欲正在使伟大母亲的生命之果——包括人类在内的一切生命造物付出代价。何去何从，这就是今天，人类所面临的斯芬克斯之谜。"②今天，人类所面临的这一斯芬克斯之谜正是对人类将要面临的生存智慧的重大挑战，对这个谜的回答构成了20世纪以来人类文明的亮丽风景。毫无疑问，生态美学就是这道风景中的一个闪光点，它致力于为人类的生存寻求一种审美的救赎。

生态美学要求人对世界采取一种"亲和"的态度和价值观。生态美学着力实现的是人与自然、人与社会、人与自身的和谐。在美学的视野中，生态审美观对生态现象及其问题的把握，着重强调的是人类对自然存在的生命感受性，着重强调的是这种感受性活动的超越本质——超越一般物质活动的占有关系和利益，超越自然存在的"对象化"形式，进而张扬人以内在生命感受方式与自然存在相联系的必然性。因此，生态审美观要重新确立人与世界的关系的价值本位、人的生存维度及其内在本质，应重点反思人的"创造"在生态改变过程中的负面性，把人引入一个"向内"的生命价值建构过程——生命活动的指向不是朝外扩张的，而是内在充盈的，是人的生命与自然生命、社会生命的交流与化合。因而，这样一种生态审美观强调的是对生命的尊重态度：不仅尊重自然，尊重社会，而且尊重人自身的生命存在；不仅尊重人的生存利益，而且尊重人与世界的关系的整体利益。

---

① 阿诺德·汤因比著，徐波等译：《人类与大地母亲》，上海人民出版社，2001年。

② 阿诺德·汤因比著，徐波等译：《人类与大地母亲》，上海人民出版社，2001年。

因此，重新弥合人与世界的天然的、内在的亲密伙伴关系，重新建立人与自然的相亲相近、可居可游的血缘关系和情感纽带，能够有效地抑制人类的贪欲以及对自然的过度攫取和“改造”，能够有效地缓解人与自然的尖锐的矛盾冲突，这对摆脱人类当前面临的生存困境和生态危机至关重要。

从思维方式上说，生态美学所具有的“类关怀”品格也是一种人类生存智慧的体现。李西建认为，与以往美学理念不同，生态美学还表现出一种“类关怀”的文化品格，这种“类关怀”就是一种人文思考中的“全球性视野”，它以克服存在与本质、对象化与自我确立、自由与必然、个体和类的冲突与对立以及真正解决人与自然、人与人的矛盾与分裂为核心。

生态美学充分地重视与强调审美的意义与作用，主张并肯定审美的至上性，这也是人们主张建构生态审美观来解决人类当前面临的生存困境的内在根据。现代性思想历程的重要产物之一是高扬美与审美对人类的至高价值，进而形成审美主义。显然，审美成为主义旨在于一种鲜明的价值取向，即将“美”提升为一种价值向度，而不仅仅是客观产物的一种属性或主体认知活动的一种结果，更应该把该向度设定为人生重要的目标，甚至是首要的目标。因为，审美活动归根结底是一种情感活动，审美需要则是一种情感需要。正因为它是一种情感需要，所以审美活动才会源于人的内在要求。人们爱美、审美正如飞蛾对光的追寻，因此爱美源于人的本性，因而审美于人而言是不可或缺的，它慰藉着人的心灵、完善着人的个性。生态美学对人类生存的独特贡献和价值就在于：它是从人的情感上对人产生潜移默化的作用，通过人的审美体验和情感体验来培养审美认同和情感认同，进而达到对自然的关爱和同情，从而更好地、真正地实现对自然环境的保护和生态平衡的维持。从这种角度来说，生态学与美学的结合是一个最完美的结合，它从文化、价值观念、行为方式、生存范式等方面对人类进行根本性的改造，内在地孕育着一种人的革命——人的思维模式的革命，因而，这种结合也是一场审美革命、美学革命。对今天的中国乃至整个世界经济建设与社会发展来说，如果生态意识不确立、观念不转变，即使投入再多的资金、使用再先进的科技设备也不能改善人与自然的关系，只能造成更严重的生态破坏。要进行生态意识教育、唤起人们对自然的“生态良知”，生态审美观的确立是至关重要的。如果我们以生态审美的眼光来看待这个世界，按照生态美学的观点和方法去处理和对待人与自然的关系，就会打破人类中心主义的局限。而坚持非人类中心环境伦理学就会避免现代性主客二分的偏颇，将自然万物都看作是与人类平等的不同主体，把它们之间的关系看作是和谐的、统一的主体间的关系，肯定和重视非人类生命的内在价值、工具价值、生态价值，肯定它们的目的性和客观性，视自然万物为人类的朋友而与它们和平共处，将不再把人类看作唯一的目的，而是把它们仅仅看作实现人类目的的工具和手段；不再把人类看作自然界的主人，而是把人类看作自然界的有机

组成部分。人与自然万物的相互作用不是机械的，而是和谐统一的。如果我们用生态美学的理论指导社会实践，就能坚持生态经济观和科学发展观，既能“以人为本”，又能树立全面、协调、可持续发展的观点，实现经济、社会、生态和人的全面发展。在社会发展过程中，如果我们不再把“以人为本”看作是“一切都为了人”，而是认为自然为人而存在，人也为自然而存在，人成为自然、社会、精神的统一体，那么我们就能面对经济发展过程中造成的资源匮乏和生态环境恶化的事实，保持冷静的头脑以制订出合理的方案，使经济的发展与人口、资源、生态环境相协调。这样，我们在社会实践过程中就会发展对人类有利的方面、消除对人类不利的方面，把经济规律和生态规律综合运用于现代化建设，既能提高经济效益又能提高生态效益，才能坚持经济效益、生态效益和社会效益的有机统一、达到经济系统和生态系统的协调发展，从而全面地、有效地消除人与自然关系的异化，真正地实现可持续发展，促进人类社会的长足进步和发展。

总之，生态美学是一种健康的、生态的世界观、伦理观、价值观。人类只有用生态审美观念和生态审美理想建构起来的世界观、伦理观、价值观，才能发展出一种建立在和谐的基础上而不是建立在征服的基础上的对待自然的态度。人类只有用这种方式，才能把已经在理论上接受的东西（即人是自然的一个组成部分）付诸实践；也只有这样，才能最终改变消费主义、享乐主义的生活方式，从追求物质财富的占有转变为追求精神世界的完满和康健，从而真正实现人与自然、人与社会、人自身（即自然生态、社会生态、精神生态）的全面和谐。生态美学所要扭转的正是主体性神话的偏颇，所要抵制和颠覆的正是启蒙现代性及其工具理性的“霸权”，所要克服的正是工具理性所带来的种种弊端。生态美学作为一种崭新的理论形态，其深刻性在于其所拥有的价值立场与理论向度。这种价值立场与理论向度突出地体现了人类生存的智慧高度，而人类重新思考人与自然、人与社会及人与文化之间的审美关系也体现了人类对前途和命运的绿色关怀。从这个意义上说，生态美学也具有现代性的维度，是一种审美现代性的体现。

第二节　生态美学有利于人类走出科学技术高度发展所带来的困境

近代以来，发端于西方社会的文艺复兴以实验科学为肇始，开辟了科学革命的道路。科学的伟大理性精神迅速而强大地渗透到人文精神的领域，人类以前所未有的尊严和智慧创造了科学文化和工业文明的伟大时代。但是，任何事物都具有两面性。科学技术这把双刃剑一旦握在人类的手中，将既可以打造通向自然宝库的钥匙，也可以担当人类对自然肆虐的工具，即以巨大的科学技术的破坏力引发世界范围的生态危机。现代科学技术与工具理性的片面发展造成了感性与理性、物质与精神、人与自然、个人与社会的分裂与对立，它带来的是人性的异化、商品与物对人的统治与奴役、自我中心主义文化的张扬。今天，我们所面临的危机不单单是自然环境问题一个层面，由它所引发的社会生态危机和精神生态危机也日益凸显出来，这也是科学技术无限制发展带给人类的又一个负面效应——“经济和技术的混乱以及生态灾难，最终导致精神上的肢解和分裂”[①]。雅克·莫诺在其《偶然性和必然性》中也有这样的论述：“在此，我不提及人口爆炸和自然环境的破坏，甚至也不提及数量众多的百万吨级的核力量；我只想提一个更阴险和更深层的罪恶——一个围绕着精神的东西。它是由思想发展的最关键的转折点而引起的，而且，这一发展还在同一方向上不断继续和加速，加剧着人心灵上的痛苦。”[②]毫无疑问，自然环境的破坏正在蔓延，蛰伏在人们心底的对生存的欲望促使人们肆无忌惮地争夺财富，人们被卷入物质社会的大潮中随波逐流而展示出感官的欲念。富国越来越富而穷国越来越穷，贫富差距随着经济的发展日益扩大，社会的公平和正义并没有随着经济的发展而向前推进，恰恰相反，财富的增长使富人阶级获得了更具压倒性的力量来巩固他们的特权和利益。今天，科技突飞猛进带来的负面后果是物种灭绝、环境恶化、社会不公和精神生态的衰败，自然生态、社会生态和精神生态都在工具理性和科学技术的过分的、片面的膨胀中出现了严重问题。

面对全球问题和“人类困境”，作为人文学科的美学也有自己的话要说、也有自己的一份责任要尽、也有自己的独特的解决方式，即是人类困境的美学解决方式——通过生态审美教育去培养人们的生态审美观和生态审美态度，用生态审美的方式去塑造一种绿色的、健康的、生态的世界观、伦理观和价值观，从而改变人们的行为模式、思维方式和生活方式，以解决人与自然、人与社会、人与自身关系的矛盾和冲突，达到自然生态、社会生态和精神生态的和谐与平衡。生态美学是美学家提出的、用于解决人类生存困境的、美学方式的理论形态，是一种生态审美观、生态审美意识、生态审美理论等多层面的理论体系。在全球人类困境中，生态美学应该以其固有的批判精神和光芒成为对抗社会异化的堡垒，在重建人类精神家园的过程中承担起审美救赎和审美建构的独特功能。

生态美学的目标不仅要求重建人与自然的和谐关系，还要求在此基础上重建人与人、人与社会、人与自身的全面和谐关系，以此促成一种更加“自然”也更加符合“人性”的生态审美生存方式，让人类和其他生命一起在大地上“诗意地栖居”。生态美学的价值目标和审美理想都决定了其必然成为人类解决自然生态、社会生

① 大卫·雷·格里芬著，王成兵译：《后现代科学》，中央编译出版社，2004 年。

② 大卫·雷·格里芬著，王成兵译：《后现代科学》，中央编译出版社，2004 年。

态和精神生态的有效途径。在阎国忠看来,审美活动与其他认识活动、道德功利活动不同,它内在地包含着实现人与自然统一的条件和可能性。第一,审美活动需要感觉、知觉、情感、理智、意识以及潜意识的共同介入。悟性(理智)与想象力(感性、情感)自由协调的活动是构成审美活动的基本因素。因此,人的各种心理机制在审美活动中得到全面调动,从而使感性与理性的统一成为可能。第二,审美活动既是个体的又是群类的活动。审美活动最具有个体性,几乎没有两个人是完全相同的,但又最具有群类性,因此审美活动成为人与人沟通情感的最简便易懂的手段。第三,审美活动被自然(或技艺、艺术)引发,经过心灵的创构,造就了一个新的自然,其间既有受动性的一面也有能动性的一面。由于受动,人从自然中汲取了新的营养,从而丰富、充实了自己;由于能动,人将自身的禀赋施之于自然,使自然焕发出新的生命。审美活动作为人的一种生命活动,是生命的完整体验,是人以及作为人的对象的自然的价值的全面实现。在生态审美活动中,由于生态美学所特有的生态哲学基础、生态本体理念、人与世界的"亲和"观念、"天人合一"、人与自然和谐相处共存共荣的情感态度和审美理想,人与自然之间的情感交流更容易进行,人与自然之间的审美态度更容易建立,人与自然的统一更容易实现。正如王德胜所指出的,审美生态观所追求的是实现一种人与世界之间相互的"亲和感"。

在美学视野里,一切生态现象及其存在都鲜明地呈现出特定的情感意味。面对生态领域的一切,人不是抱着某种实践的意志,而是如同热爱自己的生命一样去感受它、体会它、触摸它,而感受世界的过程则是人在自己的生命行程中体悟全整生命意味的过程。在这样的感受中,人获得了一种与自我生命交流的情感满足;在这样的体悟中,人沉潜于生命世界的最深处,在人与世界的整体性发展中获得生命的升华。人与世界的相互"亲和",诞生了生态存在对人的生存满足的内在美学价值:生态完整性的意义不仅在于它表现了人与世界关系的和谐,而且在于它表现了人自身的生命和谐。在这样一种审美生态观中,人与自然之间的对立性被消弭,人与社会之间的对抗性被破除,人的内外隔阂被打通。世界是人的生命世界,人则是世界中的生命。很明显,这样一种生态审美活动有助于培养人们的生态意识,有助于缓解人与自然、人与人之间的矛盾与冲突,有助于净化心灵、平衡心态,有助于消解人内心的贪欲、提升人的精神境界。生态审美活动通过培养人们的自然审美能力来强化对自然的审美情感和审美态度,通过对自然的认同、热爱与审美来健全和完善人的心灵与人格、提升人的精神境界、促进人与人之间的互信和互爱,通过对个人素质的提升、人与人之间互爱及亲和感的形成来削弱由过度的自私与贪欲带来的人与人之间、国家与国家之间的竞争和冲突以及对资源与环境的过度攫取,最终通过对个人生态和社会生态问题的解决来达到对自然生态问题的完全解决。因为,自然生态危机就是人的危机,是人的精神生态的危机。而人的精神生态并不是纯精神性的，它还有情感的一极，人的精神还需要情感的支撑，情感与精神密不可分地结合在一起，共同构成了人的精神生态境域。毫无疑问，审美既是精神的又是情感的，因为有情感的推动，审美才得以进行；因为有精神的引领，情感才得以升华。审美情感的实质就是一种爱，正因为它是一种爱，所以审美的力量也就在这里。美，无论被命名为主观的“情感”、客观的“荣耀”，还是被命名为主客体相互融合的“精神性物质”，都是这种爱折射出的光辉，都异常鲜明地体现了主体与客体之间相互依存、不离不弃的关系。只有爱这个世界，才能把碎片化的世界重新黏合起来，才能实现整体的生态自然之美。[①] 生态美学的意义与价值在这里彰显出来：通过生态审美观的建构来引导人进行生态审美，通过生态审美来完善人的情感、激发人的爱心、实现人的心态和谐，通过对健全的人的审美培养最终实现人与自然、人与社会、人与自身的全面和谐。试想，还有什么比对自然的爱更能促使人们对自然的呵护呢？

生态审美施加于人的影响还来自审美的非功利性和超越性力量。黑格尔说，审美有一种令人解放的性质。从一开始，美的观念就存在于感性和超越性两极之间，就其超越性的维度而言，它是与真和善密不可分的形而上学原则；就其感性维度而言，它又是具体、可见的。这种特性潜藏着一个极其重要的暗示，那就是：美是人从感性生存进达超越境界的重要途径。“美由于一方面联系着人的感性生存，另一方面又可以通向形而上学的超越境界，成为最可能的超越途径。”[②]生态审美以生态为本体的生态美学主张超越了人与自然的二分对立而回归到人与自然浑然未分的一体化状态，主张在万物一体化的生态平衡中保护生态的整体和谐美。生态美学的这一超越使它把人与自然的本原生态性解放了出来，解除了人对自然片面地、主宰式地征服、占有和改造，使人去关心自然、爱护自然，使自然万物能够自由存在，而不再仅仅是人们生产的原材料、宰制的对象和工具及实用功利的对象。因此，生态美的概念的提出与强化也正是人类生存环境遭遇到严重破坏、生态问题日渐突出，人们越发强烈地呼唤人与自然的和谐共生，寻求美学的价值关怀的一种必然体现。生态审美建立在对生命的深层理解之上，是以生态观念为价值取向而形成的审美意识，因此，它是将建立在人与自然、人与社会、人与自身生态关系之上的整个生命的生态过程与生态环境作为审美对象而产生的审美关照。生态审美反映了生命与生命的和谐统一性。生态审美意识不仅仅是对自身生命价值的体认，也不仅仅是对自然审美价值的发现，而且是所有生命的共感与欢歌。生命的共感既体现了生命之间的共通性，也反映出生命之间的共命运感。在这里，审美不是审美主体情感的外化或投射，而是审美主体心灵与审美对

① 张华：《生态美学及其在当代中国的建构》，中华书局，2006年。

② 张华：《生态美学及其在当代中国的建构》，中华书局，2006年。

象生命价值的融合。它超越了役使自然而为我所用的价值取向的狭隘，使审美主体将自身生命与对象生命世界交融。

也许，更为重要的是生态美学能够促成生态信仰和生态价值观的形成。信仰作为人类精神的底层，其重大的价值与意义在于它所独具的终极关怀作用。首先，信仰所关怀的东西是终极性的，它在终极意义上使指向人类精神生活的其他各种关怀成为初级的关怀，使后者为它所统摄；其次，源自信仰的终极关怀是无条件的，它不为特殊的性质、意愿和环境所制约；再次，这一关怀是整体性的，它将人类世界的全部囊括无余；最后，这一关怀还是无限的，它与人类社会共生共存，相对于终极关怀也不会有丝毫的懈怠。而生态美学的意义就在于重新唤起、确立人对全整生命的信仰与热情，重新弥合人与世界关系的裂隙，以审美的价值体验方式面对自身、世界生命运动的伟大。

总之，当保护环境、维持生态平衡、追求人与自然的和谐相处成为一种信念并进而形成一种风俗和习惯时，它将具有一种制度化、审美化的力量，成为人们心灵的法律，并且这种法律不是写在法典里而是镌刻在人们的心灵和肉体上。这种风俗和习惯的获得依赖于生态审美态度和生态审美观的养成，所以，对人们进行生态审美教育、培养人们的生态审美意识具有相当重要的意义和紧迫性。当生态哲学观、生态价值观上升为一种信仰或信念时，人类必然会按照生态规律来行动，必然会采取一种符合生态规律的生活方式。到那时，人与自然、人与社会、人与自身的和谐也就形成了，同时也意味着生态时代的真正来临。因此，人们树立的生态信念和生态价值观具有异常重要的意义与作用，这一切都依赖于生态审美观的深入人心和生态审美的普及与实现。